Sustained Shared Thinking
im frühen naturwissenschaftlich-technischen Lernen

Waxmann Verlag GmbH
Steinfurter Straße 555, 48159 Münster
info@waxmann.com

Michaela Hopf

Sustained Shared Thinking im frühen naturwissenschaftlich-technischen Lernen

Waxmann 2012
Münster / New York / München / Berlin

Bibliografische Informationen der Deutschen Nationalbibliothek
Die Deutsche Nationalbibliothek verzeichnet diese Publikation in
der Deutschen Nationalbibliografie; detaillierte bibliografische
Daten sind im Internet über http://dnb.d-nb.de abrufbar.

Die Arbeit wurde als Dissertation an der
Bergischen Universität Wuppertal angenommen.
1. Gutachterin: Prof. Dr. Charlotte Röhner
2. Gutachterin: Prof. Dr. Susanne Viernickel

Internationale Hochschulschriften, Bd. 572
Die Reihe für Habilitationen und sehr gute
und ausgezeichnete Dissertationen.

ISSN 0932-4763
ISBN 978-3-8309-2710-5

© Waxmann Verlag GmbH, 2012
Postfach 8603, 48046 Münster

www.waxmann.com
order@waxmann.com

Umschlaggestaltung: Christian Averbeck, Münster
Umschlagbild: © kali9 – iStockphoto.com
Satz: Stoddart Satz- und Layoutservice, Münster

Gedruckt auf alterungsbeständigem Papier,
säurefrei gemäß ISO 9706

Inhalt

Teil 3: Videoanalysen von Interaktionsprozessen.
Die Dokumentarische Interpretation von *Sustained Shared Thinking*

Teil 1: Theoretische Einbettung

1. Einleitung

Die Bedeutung der frühen Kindheit wird längst nicht mehr nur im Kontext der individuellen kindlichen Entwicklung betrachtet, sondern als Ort früher Bildung in ihrem Stellenwert für die Bildungsbiographie hervorgehoben. Bereits die vorschulischen Erfahrungen haben ein großes Gewicht für den Schulerfolg. Vor dem Hintergrund von Befunden, die ungleiche Bildungschancen auf die soziale Herkunft von Kindern zurückführen (Baumert, Stanat & Watermann 2006), werden vor allem in Einrichtungen des Elementarbereichs „neue Chancen der Förderung und der Verringerung von sozialen Disparitäten" (Expertenrat *Herkunft und Bildungserfolg* 2011, 11) gesehen. Mit Verweis auf empirische Evidenzen wird dabei eine Fokussierung auf die Bereiche Sprache und mathematische Vorläuferfähigkeiten vorgenommen (Expertenrat *Herkunft und Bildungserfolg* 2011), da diese nachweislich durch differenzierte Förderangebote positiv beeinflussbar sind (Krajewski, Renner, Nieding & Schneider 2008; Hasselhorn 2010). Naturwissenschaftliches Lernen soll dagegen durch die gezielte Begegnung mit physikalischen, chemischen, biologischen und technischen Phänomenen vorbereitet werden, indem der Aufbau eines *Vor*wissens unterstützt wird, das kompatibel für die spätere Entwicklung wissenschaftlich belastbarer Konzepte ist (Carey 1985; Bliss 1996; Möller 2007a; Duit, Treagust & Widodo 2008). Der Kindergartenbesuch hat jedoch nicht per se positive Auswirkungen auf die kindliche Entwicklung, sondern hängt von verschiedenen distalen und proximalen Faktoren ab[1]. Ein Vergleich von Studienergebnissen wird dadurch erschwert, dass die Qualität pädagogischer Arbeit in unterschiedlicher Weise operationalisiert und erfasst wird (Kuger & Kluczniok 2008). Als sicher gilt dabei, dass eine hochwertige institutionelle pädagogische Qualität eine Grundvoraussetzung für positive Effekte darstellt (Spieß & Tietze 2002, Roßbach 2005, Tietze & Lee 2009, Aktionsrat Bildung 2010, 45ff.). Die Pädagogin-Kind-Interaktion stellt in einem Qualitätskonstrukt, das die Strukturqualität, pädagogische Orientierungen und die Prozessqualität für eine Einschätzung berücksichtigt, einen Baustein pädagogischer Qualität dar. Dass Zusammenhänge zwischen Struktur- und Prozessmerkmalen bestehen, belegen Ergebnisse, die sich unter anderem in effektiver fördernden Interaktionen bei einem höheren Ausbildungsabschluss der pädagogischen Fachkräfte zeigen (vgl. Sylva, Melhuish, Sammons, Siraj-Blatchford & Taggart 2004). Darüber hinaus zeigen diese Befunde, dass die Qualität der Pädagogin-Kind-Interaktionen einen Einfluss auf das Ausmaß kindlicher Entwicklungsfortschritte hat (vgl. Sylva, Melhuish, Sammons, Siraj-Blatchford & Taggart 2010). In exzellenten Einrichtungen, d.h. solchen Einrichtungen, die ihren Kindern über dem Durchschnitt liegende Entwicklungsfortschritte ermöglichten, konnten darüber hinaus häufiger Pädagogin-Kind-Interaktionen nachgewiesen werden, die als *Sustained Shared Thinking* bezeichnet werden. Dabei handelt es sich um Interaktionen, die auf einer gedanklichen Zusammenarbeit basieren und in denen Ideen und Erklärungen von Kind bzw. Kindern und Pädagogin gemeinsam erarbeitet werden (Siraj-Blatchford

---

1   Einen Überblick über entsprechende Befunde liefern Roßbach, Kluczniok & Kuger (2008).

2010). König (2006, 5) betrachtet diese hochwertigen kognitiven Pädagogin-Kind-Interaktionen im Kontext formell gestalteter Bildungsangebote als „Schlüsselvariable". Gleichzeitig findet sich diese Form der kognitiven Interaktion, betrachtet man sie als ideales didaktisches Konstrukt, auch in den Ausführungen verschiedener Autoren zum naturwissenschaftlich-technischen Lernen. Für die Entwicklung von Wissensstrukturen hat Wagenschein (1973) die Bedeutung des Gesprächs hervorgehoben. Er hat das sokratische Gespräch als didaktische Methode entwickelt, um diese unterstützen zu können. Auch in aktuellen Ansätzen wird das Gespräch als Möglichkeit betrachtet, die Kinder beim handlungsorientierten naturwissenschaftlichen Lernen gezielt begleiten zu können (Möller 2007). Möller, Jonen, Hardy und Stern (2002) schlagen eine Kombination instruierender und konstruktiver Methoden vor, um belastbare Vorstellungen naturwissenschaftlicher Inhalte zu unterstützen. Kinder sollen dabei zwar ihre Ideen und Ansichten in praktischen Versuchen selbst ausprobieren können, benötigen aber neben einer vorstrukturierten und sequenzierten Lernumgebung das Gespräch. Über dieses können Kinder bei der Entwicklung von Lösungsvorschlägen unterstützt werden. Nach dem Ausprobieren können im Gespräch die gewonnen Erfahrungen strukturiert werden. Auch wenn der handlungspraktische Kontext anders strukturiert ist, lässt sich dieser didaktische Grundsatz ebenso in frühpädagogischen Settings anwenden.

Grundsätzlich lässt sich festhalten, dass *Sustained Shared Thinking* nicht nur als ein Merkmal effektiver Einrichtungen im Elementarbereich betrachtet werden kann, sondern auch ein immanentes Merkmal frühen naturwissenschaftlich-technischen Lernens darstellt. Theoretisch lässt sich damit konstruieren, dass das frühe naturwissenschaftlich-technische Lernen einen idealen Kontext für die Interaktionsform des *Sustained Shared Thinking* bietet. Das Konzept des *Sustained Shared Thinking* wird in Anlehnung an Siraj-Blatchford (2009) verwendet und expliziert. Vor diesem Hintergrund untersucht die vorliegende Arbeit die Pädagogin-Kind-Interaktionen im Kontext von Lehr-Lern-Einheiten zum frühen naturwissenschaftlich-technischen Lernen in Einrichtungen des Elementarbereichs. Im Fokus stehen dabei solche Interaktionsformen, die in anderen Untersuchungen als besonders entwicklungsförderlich identifiziert wurden.

Im ersten Teil dieser Arbeit werden theoretische Grundlagen und Bedingungen frühkindlicher Bildung aus einer pädagogischen Perspektive diskutiert, d.h. dem Verständnis von Bildung im frühen Kindesalter, darauf aufbauender Vorstellungen, beispielsweise wie Interaktionsprozesse zwischen Pädagogin und Kind zu gestalten sind, und einer Elementardidaktik, die notwendig wird, wenn man sich von der kindlichen Selbstbildungsidee abwendet oder besser, sie nicht als ausschließliche Kategorie frühkindlicher Bildung akzeptiert. Curriculare Überlegungen zu Inhalten einer frühen naturwissenschaftlichen Bildung werden im Kontext eines elementardidaktischen Ansatzes notwendig, der nicht ausschließlich von der Selbstbildung des Kindes ausgeht. Die Entscheidung, naturwissenschaftliche Inhalte im Elementarbereich umzusetzen, ist für sich alleine genommen eine normative. Ihre Angemessenheit muss im Rahmen eines theoretischen und empirischen Gefüges begründet werden. Hierfür werden vor allem entwicklungspsychologische Erkenntnisse herangezogen, die belegen, dass Kinder dieser Altersstufe naturwissenschaftliche Inhalte verstehen können und ihnen mit Interesse begegnen. Ein naturwissenschaftliches Curriculum muss sich an diesen Erkenntnissen orientieren, wenn es frühkindliche Bildungsprozesse unterstützen will. Vor diesem Hintergrund ist es der Anspruch der vorliegenden Arbeit, anhand der quantitativen und qualitativen Analyse von Interaktionsprozessen im frühen naturwissenschaftlich-technischen Lernen diesen Zusammenhang zu verdeutlichen. Die Auswertung der Daten belegt die bedeutsame Rolle von Interaktionsprozessen, die als *Sustained Shared Thinking* bezeichnet werden, im Kontext didaktisch gestalteter Lehr-Lern-Settings im Kindergarten. Daran schließt sich die Frage an, ob und wie diese selbst als didaktische Methode genutzt werden können, um frühkindliche Bildungsprozesse zu unterstützen. Die Ergebnisse der beiden Teilauswertungen zu *Sustained Shared Thinking* stützen darüber hinaus die kritische Perspektive gegenüber einem Bildungsverständnis des Kindes, das die Selbstbildung ebenso wie die reine Ko-Konstruktion in den Mittelpunkt rückt. Grell (2010) arbeitet diese Perspektive theoretisch detailliert auf und stellt damit eine theoretische Rahmung für diese Arbeit zur Verfügung:

> „Es ging – und darum geht es noch und besonders heute – um die Schaffung und bewusste Gestaltung von geordneten Rahmenbedingungen, in denen sich die Selbstbildungspotenziale der Kinder – aller Kinder – im Wechselspiel von individuellen Bedürfnissen, Möglichkeiten und gezielten Anregungen in steter Rücksicht auf das, was sie schon können, aber auch im Hinblick auf das, was sie *lernen* können, sollen und müssen, sinnvoll entfalten können." (Grell 2010, 161, Hervor. i. O.).

Vor dem Hintergrund, dass der Bereich der Erwachsenen-Kind-Interaktion in frühpädagogischen, institutionellen Kontexten empirisch nur rudimentär erschlossen ist, will die Arbeit einen Beitrag leisten, indem sie die Erwachsenen-Kind-Interaktionsprozesse im speziellen Kontext des frühen naturwissenschaftlich-technischen Lernens in Kleingruppen analysiert. Dem von Thole (2010, 218) formulierten Forschungsbedarf, dass „belastbare Erkenntnisse zu den Inszenierungsformen pädagogischer Alltage, zu den Formen und Praktiken der Herstellung von pädagogischen Arbeitsbeziehungen, der Gestaltung und Orchestrierung spezieller Angebote" fehlen, soll ein Stück weit Rechnung getragen werden. Im Mittelpunkt der Analysen steht dabei das Interaktionskonzept des *Sustained Shared Thinking*. Für die empirische Analyse der Videodaten wurden zwei Zugänge gewählt, ein quantifizierend überprüfender und ein rekonstruktiv nachvollziehender. Das Ziel der quantitativen Datenanalyse ist auf die Identifikation von *Sustained Shared Thinking* Prozessen gerichtet. An die erfolgreich beantwortete Frage, ob diese Prozesse in den erfassten Lehr-Lern-Settings zu beobachten sind, schließen sich Fragen danach an, ob *Sustained Shared Thinking* regelmäßig stattfindet und ob sich deren Anzahl gegebenenfalls über die Zeit verändert. Darüber hinaus ist von besonderem Interesse, welche Kinder an *Sustained Shared Thinking* regelmäßig beteiligt sind. Die qualitative Auswertung der Daten, für die das Verfahren der Dokumentarischen Methode herangezogen wird, zielt darauf, die Inszenierung und Performativität sich unterscheidender Erwachsenen-Kind-Interaktionsprozesse im naturwissenschaftlichen Lernen zu rekonstruieren, d.h. Interaktionen, wie sie im Kontext didaktisch arrangierter Lernumwelten stattfinden können.

2. Das Verständnis von Bildung in der frühen Kindheit

Die frühe Kindheit wurde in den letzten Jahren verstärkt in den Blick genommen, wenn das Bildungssystem im Ganzen oder die Anschlussfähigkeit von Bildungsprozessen im Besonderen diskutiert wurden (vgl. Faust, Götz, Hacker & Roßbach 2004; Fried 2008; Roßbach & Blossfeld 2008; Thole, Roßbach, Fölling-Albers & Tippelt 2008; Grell & Roßbach 2010; Expertenrat Herkunft und Bildungserfolg 2011). Den Einrichtungen des Elementarbereichs wurde in der Folge neben dem Betreuungs- und Erziehungsauftrag nun auch explizit ein Bildungsauftrag zugesprochen (vgl. Fthenakis 2003; Bundesministerium für Bildung und Forschung 2007). Grell (2010) geht davon aus, dass die verschiedenen Vorstellungen über frühkindliche Bildung, wie sie in der Diskussion der letzten Jahre vertreten wurden (vgl. Laewen & Andres 2002, Fthenakis 2003, Liegle 2003, Schäfer 2005), durch die Annahme der kindlichen Selbstbildung eine grundlegende Gemeinsamkeit aufweisen. Eine nähere Betrachtung dieser Ansätze unterstützt diese Annahme, verdeutlicht aber auch, dass der Selbstbildungsansatz unterschiedlich differenziert und umgesetzt wird, was sich insbesondere am Beispiel der Pädagogin-Kind-Interaktion zeigen lässt. Ausgehend von der Beschreibung verschiedener Kindbilder und ihrem Einfluss auf die Bedeutung, die der frühen Kindheit zugeschrieben wird, werden verschiedene Vorstellungen frühkindlicher Bildung dargestellt und abschließend in ihrer Bedeutung für die Gestaltung von Pädagogin-Kind-Interaktionen eingeordnet.

2.1 Kindbilder

Wie Erwachsene Kindern gegenübertreten hat viel damit zu tun, welches Bild vom Kind sie besitzen. Scholz (1994, 8) spricht von „Kindheitskonstruktionen" unter denen er „jene Vorstellungen über Kinder [versteht], die man in den Theorien von Erwachsenen finden kann und die Vorbilder und Leitbilder bereitstellen, nach denen Kinder erzogen und belehrt werden.". Kindheitskonstruktionen oder Kindbilder werden im Folgenden in diesem Sinne verstanden. Auch wenn nicht auf die von ihm diskursanalytisch rekonstruierten Kindheitskonstruktionen Bezug genommen wird, wird nachfolgend mit Scholz (1994, 9) davon ausgegangen, dass „Kindheitskonstruktionen […] die Voraussetzungen pädagogischer Theorien [sind] und erfüllen dort häufig die Funktion einer Letztbegründung pädagogischen Handelns.". In diesem Sinne ist es nicht das Ziel der hier skizzierten Darstellung, Kindbilder und Kindheitskonstruktionen vor ihrem geschichtlichen Hintergrund umfassend und vollständig zu reflektieren, sondern sie in einem grundlegenden Zusammenhang mit der pädagogisch-didaktischen und handlungsleitenden Theoriebildung einzuordnen.

Kluge (2006) stellt in seiner Typologie von Kindbildern einen Rahmen durch die Funktion, die Kindern zugeschrieben wird, her. Er unterscheidet dabei zwischen der Betrachtung von Kindern als kleinen Erwachsenen, als Erfüllungsgehilfen, als Objekt erzieherischer Maßnahmen, als Subjekt ihrer Erziehung und als Partner in der pädagogischen Interaktion (Kluge 2006, 22ff.). Die Rolle des Kindes in diesen funktionalistisch verstandenen Kindbildern wird immer durch das Verhältnis beschrieben, in dem es zum Erwachsenen steht. Allerdings wird diese Bestimmung traditionell aus einer erwachsenenzentrierten Sicht vorgenommen. Im Bild des Kindes als kleinem Erwachsenen ist es beispielsweise das durch den Erwachsenen bestimmte Noch-Nicht-Können, dass das Kind ausmacht (Kluge 2006, 23). Und selbst in der Betrachtung des Kindes als Subjekt seiner Erziehung ist es lediglich als „Mitgestalter seines Erziehungsprozesses einzuplanen" (Kluge 2006, 25). Die Setzung erfolgt über den Erwachsenen: Auch wenn dieses Kindbild einen geringeren Umfang an erzieherischen Maßnahmen notwendig zu machen scheint, da dem Kind selbst eine gewisse Entscheidungsbefugnis zugesprochen wird, liegt es beim Erwachsenen, welche Bereiche oder Handlungsfelder er durch das Kind selbst mitgestalten lässt. Selbst zum gleichwertigen Bezugspartner wird das Kind durch den Erwachsenen *gemacht*. Auch wenn dieses Kindbild eine vermeintliche Öffnung weg von der Erwachsenenzentrierung unterstellt, eine Feststellung, die im Hinblick auf ältere, traditionelle Kindbilder gerechtfertigt ist, handelt es sich auch bei diesem Kindbild um eine Definition, die eine eigene Kultur der Kindheit nicht berücksichtigt. Die Gleichwertigkeit stellt hier kein interaktional ausgehandeltes Konstrukt dar, sondern eines, das erst durch die Haltung des Erwachsenen gegenüber dem Kind erzeugt wird. Normativ aufgeladen ist es durch den Anspruch, dass das Kind dem Erwachsenen gleichwertig sein soll. Erst im 20. Jahrhundert kristallisiert sich zunehmend eine weitere Perspektive heraus, in der Kinder als Akteure wahrgenommen und sie in Ihrer Rolle als aktiv Teilhabende betrachtet werden, die ihre eigene Entwicklung und ihren Sozialraum mitgestalten (Honig 2010; einen Überblick geben auch Braches-Chyrek et al. 2011). Kindheit konstituiert sich damit über die Beziehungen zur Familie und anderen gesellschaftlichen Institutionen. Kinder werden demnach als eine Gruppe gesehen, die durch „regional-, schicht- und geschlechtsspezifisch differenzierte Lebensverhältnisse" (Honig 2010, 344) gekennzeichnet ist und damit zwar durch ihre Beziehung zu Erwachsenen mitbestimmt ist, jedoch nicht durch die erwachsenenzentrierte Perspektive, sondern durch ihre institutionalisierte Stellung im generationalen und gesellschaftlichen Gefüge.

Eine weitere, von der oben beschriebenen erwachsenenzentrierten zu unterscheidende, Perspektive stellt nicht die Funktion von Kindern gegenüber dem Erwachsenen oder ihre Rolle im Rahmen des Erziehungsprozesses in den Vordergrund, sondern fokussiert auf die Merkmale, die Kindheit charakterisieren. Auch hier erfolgt die Zuschreibung aus der Sicht des erwachsenen Beobachters[2], der die Planung von Bildungs- und Erziehungsprozessen verfolgt. Betont wird in dieser Sichtweise aber die Aktivität des Kindes. „Das wissbegierige Kind" (Fried 2008), „das Kind als Wissenschaftler" (Sodian, Thoermer & Koerber 2008) oder „das Kind als Naturforscher" (Elschenbroich 2005) stellen die neugierige, entdeckend-forschende Haltung des Kindes in den Vordergrund[3]. Das Kind wird in dieser Perspektive zum Akteur (vgl. Duncker et al. 2010). Das Verständnis von einem Wissenschaftler oder Naturforscher ist das eines sich nicht nur aktiv Wissen aneignenden, sondern auch selbständig Neues

---

2   Honig (2002, 326, Hervorh. i. O.) beschreibt die Sozialgeschichte der Kindheit vor dem Hintergrund des modernen Kindheitsideals und verweist darauf, dass der „Kern dieses Ideals ... die Unterscheidung von Kindern und Erwachsenen, die *pädagogische Differenz*", ist.

3   Es wurden bewusst, mit Hinblick auf den Forschungsgegenstand, Beispiele gewählt, die in Verbindung zum frühen naturwissenschaftlich-technischen Lernen stehen. Weitere Beispiele sind „das kompetente Kind" (Juul & Engeler 2003, Fthenakis 2011) oder „Forscher, Künstler, Konstrukteure" (Laewen & Andres 2005).

entdeckenden und sich mit der Umwelt auseinandersetzenden Geistes, und kann als grundlegendes Kindbild aktueller Bildungskonzeptionen betrachtet werden, wie nachfolgend gezeigt wird.

2.2 Frühkindliche Bildung

Auch die Diskussionen um frühkindliche Bildungsprozesse kreisen um ein Bild des aktiven Kindes (Viernickel 2009, 26). Das klassische Verständnis von Bildung geht davon aus, dass Bildung kein intentional von außen steuerbarer Prozess ist, der mit Lernen gleichgesetzt werden kann. Bildung zielt auf die „im Menschen angelegte Fähigkeit, ein ,Bild' von der Welt aufzubauen (zu ,konstruieren'), sich die physische und geistige Welt anzueignen, den Dingen Sinn und Bedeutung zu verleihen" (Liegle 2008, 95). In diesem Sinn bezeichnet Bildung sowohl den Prozess als auch das Ergebnis der Auseinandersetzung des Individuums mit seiner Umwelt. In einer sozialkonstruktivistischen Perspektive wird neben dem konstruierenden Subjekt und der Sache auch die soziale Eingebundenheit von Bildungsprozessen mitberücksichtigt. Im Kontext der Bildung von Kindern kommt dann dem Erwachsenen eine begleitende und unterstützende Rolle zu (Fthenakis 2011). Sehr grob sind hier bereits die zwei Perspektiven genannt, die den frühpädagogischen Bildungsdiskurs aktuell bestimmen. Das Konzept der kindlichen Selbstbildung[4], das ein „kindorientiertes Verständnis von Bildung als Eigenkonstruktion von Wissen und Wirklichkeit vertritt" (Drieschner 2010, 185) und das Konzept der Ko-Konstruktion[5] von Bildungsprozessen, die „den wesentlichen Faktor für die Konstruktion des Wissens in der sozialen Interaktion" (Fthenakis o.J., 1) sieht. Beide Paradigmen greifen dabei auf die grundlegende Fähigkeit zur Selbstbildung von Kindern zurück. Dies klingt zunächst widersinnig, da in der aktuellen Diskussion die Konzepte der Selbstbildung und der Ko-Konstruktion von Bildung einander gegenübergestellt werden[6]. Der gemeinsame Kern besteht in der Vorstellung der Auseinandersetzung und Aneignung von Welt durch das Kind, die Liegle (2003, 18) auch als „unabsichtliche Selbstbildung" bezeichnet. Erfahrungen und Erlebnisse finden in den eigenaktiv vom Kind vorangetriebenen Beschäftigungen wie dem Spiel einen Raum, in dem sie verarbeitet und eingeordnet werden (Liegle 2003). Diese Vorstellung von kindlicher Selbstbildung stellt keineswegs ein postmodernes Konstrukt dar. Auf die frühe Bildungstätigkeit des Kindes verwies bereits Rousseau. Grell (2010, 154) rekonstruiert darauf aufbauend den

---

4   Vgl. hierzu Laewen 2002, Schäfer 2005, Schäfer 2006, Kunze & Gisberg 2007, Liegle 2008, Schäfer 2008.
5   Vgl. hierzu Fthenakis 2007, Jordan 2009, Fthenakis 2011.
6   Aktuell distanziert auch Schäfer (2011, 23) sich von dieser Gegenüberstellung von Selbstbildung und Ko-Konstruktion. Er geht davon aus, dass es notwendig ist, dass Konstruktionsprozesse die individuelle Entwicklung unterstützen und sich gleichzeitig „die sozialen und kulturellen Interessen einer Gesellschaft darin wiederfinden" müssen. Die theoretische Einbettung seiner Annahme wird dabei nicht deutlich. Der theoretische Zugang entspricht auch nicht exakt dem Verständnis von Ko-Konstruktion wie Fthenakis (o.J., 1) ihn verwendet. Fthenakis (o.j., 1) bezieht sich in der Verwendung des Begriffes Ko-Konstruktion auf die theoretischen Annahmen Vygotskijs, der die *Soziale Interaktion* als Schlüsselkonzept für seine Theorie einführt. In diesem Sinne verwendet Fthenakis die Bezeichnung sozialer Konstruktivismus als Beschreibung der Bezugstheorie Vygotskijs.

Gedanken der kindlichen Selbstbildung als grundlegendes Konzept der „klassischen' Elementarpädagogik". Betrachtet man die kindliche Selbstbildung als gegenständlich, dann ist das eigentliche Kernproblem der Elementarpädagogik die Frage, wie die kindliche Umwelt gestaltet sein soll, um die Bildungstätigkeit des Kindes bestmöglich zu unterstützen. Die Paradigmen des Selbstbildungsansatzes und des ko-konstruktiven Bildungsverständnisses haben hierzu klare Vorgaben formuliert und begründet. Die inhaltliche Auseinandersetzung um eine geeignete Lernumwelt und didaktische Methoden führte bereits Rousseau (2009, 362f.) in seinem Erziehungsroman „Émile":

> „Außerdem geht es nicht darum, daß es [das Kind; M.H.] die Topographie der Gegend genau kennt, sondern die Möglichkeit, daran zu lernen. Ob es Landkarten im Kopf hat, ist höchst unwichtig, wenn es nur richtig begreift, was auf ihnen dargestellt ist, und wenn es nur eine klare Vorstellung von der Kunst hat, die zu ihrer Anfertigung dient […] Vergeßt nie, daß es nicht im Sinn meiner Methode liegt, dem Kind vielerlei beizubringen, sondern daß sein Hirn nur richtige und klare Gedanken fassen soll. Wenn Emile auch gar nichts wüßte – das kümmerte mich wenig, Hauptsache, er irrt sich nicht."

Rousseau konstruiert im „Émile" (Rousseau 2009) ein Setting, „das es dem Kind ermöglicht, in einer stufenförmig aufsteigenden Linie Weltverhältnisse zunehmend differenziert zu erfassen" (Grell 2010, 159). Bildung versteht Rousseau demnach auch als Auseinandersetzung des Individuums mit der Welt. Die Unterstützung der Selbstbildung des Kindes, d.h. von Émile, ist nicht darauf gerichtet Wissen anzuhäufen. Vielmehr formuliert Rousseau in obigem Zitat den Anspruch, die Selbstbildung des Kindes zu stimulieren und auch zu lenken, um ihm später eine „wirkliche Selbstbildung" (Grell 2010, 159) zu ermöglichen.

Auch bei Fröbel findet man diesen wechselseitigen Bezug von Mensch und Welt als konstitutivem Merkmal von Bildung. In der Auseinandersetzung mit seiner Umwelt bildet sich das Kind nach diesem Verständnis selbst, wofür es aber einen pädagogisch gestalteten Kontext benötigt (Heiland 2010, 22). Als besonders bedeutsam hat Fröbel hierbei vor allem das Spiel betrachtet (Blochmann 1965). Im Spiel äußert sich nicht nur der „Beschäftigungstrieb" (Fröbel 1965, 42) der Kinder, sondern das Spiel selbst wird zur Entwicklungsinstanz. Entsprechend der Dialektik von Innen und Außen stellt das Spiel für Kinder nicht die Auseinandersetzung mit der Welt im Sinne der Einverleibung des Äußeren dar, sondern das Innere wird nach außen projiziert, um ihm eine Gestalt zu geben (Hebenstreit 2003, 231f.). Das spielende Kind beschreibt Fröbel (1965, 76) dabei wie folgt:

> „Die Quellen alles Guten ruhen ins [sic!] ihm, gehen von ihm hervor; ein Kind, welches tüchtig, selbsttätig, still, ausdauernd, ausdauernd bis zur körperlichen Ermüdung spielt, wird gewiß auch ein tüchtiger, stiller, ausdauernder, Fremd- und Eigenwohl mit Aufopferung befördernder Mensch. Ist nicht die schönste Erscheinung des Kinderlebens dieser Zeit das spielende Kind? – das in seinem Spiele ganz aufgehende Kind? – das in seinem völligen Aufgegangensein im Spiele eingeschlafene Kind?"

Der mit dem spielenden Kind dargestellte „Beschäftigungstrieb" stellt bei Fröbel (1965) das Zentrum erzieherischen Handelns dar. Das Spiel ist dabei die Methode, die er didaktisch-methodisch einsetzt, um Bildung zu ermöglichen (Heiland 2010). Zur Pädagogik Fröbels gehören neben den Spielgaben auch Bewegungsspiele sowie die Gartenpflege (Frey et al. 2006). Letztere soll u.a. den Erwerb einer elementaren biologischen Grundbildung fördern, während die Kreis- und Bewegungsspiele die Entwicklung und Förderung sozialer Kompetenzen unterstützen können und sollen (Berger 2000, 18f.). Die Spielpädagogik selbst stellt eine Bündelung Fröbels elementarer Bildungsvorstellung dar, die erst in der Rezeption seiner Schriften zusammengefasst wurde. Sie basiert auf dem Grundgedanken der „kategorialen Bildung" (Heiland 2010, 22ff.). Diese zielt auf die Förderung umfassender Verstehensleistungen des Kindes ab: es „werden bestimmte Verstehensperspektiven (Kategorien) als ,elementar' bestimmt" (Heiland 2010, 22). Allen voran kommt der Förderung mathematischer Kompetenzen große Bedeutung in den Spielgaben Fröbels zu. Heiland (2010, 26) argumentiert, dass die bildungsbiographischen Einflüsse des Mathematikers und Naturwissenschaftlers Fröbel sich in den „kristallinen, stereometrischen Formen" der Spielgaben widerspiegeln, die darauf ausgerichtet sind, dem Kind Entdeckung der „Kategorien" der Welt zu ermöglichen. Die von ihm entwickelten Spielgaben sind keine zufällig entwickelten Materialien, sondern bauen systematisch aufeinander auf, dem Grundsatz folgend, dass jede Spielgabe eine neue Entdeckung ermöglichen und auf einem bereits bekannten Phänomen aufbauen muss (Hebenstreit 2003). Die Spielgaben beschreiben eine logische Abfolge von einem ganzen Gegenstand zu zusammengesetzten und entsprechend zerlegbaren Gegenständen, die nacheinander dargeboten werden. Bei der ersten Spielgabe handelt es sich beispielsweise um den Ball:

> „Wir geben Euch hier … was das Kind auf dieser Lebensstufe als Beschäftigungsmittel sucht und bedarf, woran es sich geistig und körperlich entfalten, daran gleichsam emporranken kann, und dies ist der Ball." (Fröbel 1965, 22)

Obwohl die Spielgaben als „autodidaktische Spielmaterialien" (Heiland 2010, 24) gedacht sind, trifft dies nicht auf alle gleichermaßen zu. Während einige Spielgaben und Bewegungsspiele, die Fröbel vorgeschlagen hat, auf der eigenaktiven Auseinandersetzung und Beschäftigung des Kindes oder mehrerer Kinder miteinander basieren, sind andere durch eine hohe instruktive Begleitung gekennzeichnet. Heiland (2010, 34ff.) nennt hierfür das „gelenkte Spiel mit Legestäbchen im Kindergarten", bei welchem die Pädagogin oder die Eltern die Kinder zu bestimmten Aktivitäten mit den Stäbchen detailliert anleiten sollen. In sehr genauen Vorgaben formuliert er dann handlungspraktische Anleitungen für den Umgang mit den Spielgaben. Fröbels Vorstellungen zur methodisch-didaktischen Umsetzung elementarpädagogischer Bildung lassen sich demnach nicht einem radikalen Selbstbildungsansatz zuordnen, der davon ausgeht, dass eine Beeinflussung oder Instruktion von außen nicht möglich ist (vgl. Liegle 2003). Vielmehr bezieht er die Dimensionen „Lenkung" und „freier Entwurf" unsystematisch in die Formulierung seiner bildungstheoretischen Didaktik ein (Heiland 2010, 40f.). Während einige Spielgaben für die freie, nicht gelenkte

Beschäftigung des Kindes gedacht sind, erinnern andere an instruktive Lehreinheiten. Diese didaktische Unentschlossenheit stellt dabei genau die Problematik dar, die Grell (2010, 161) auch in der heutigen Diskussion um die frühkindliche Bildung als ungelöst herausarbeitet: geeignete Rahmenbedingungen und effiziente Förderangebote konzeptuell zu verbinden, die die kindliche Selbstbildung angemessen ermöglichen und unterstützen.

Auch die reformpädagogischen Ideen Maria Montessoris bauen auf einer Vorstellung von kindlicher Selbstbildung auf. Dabei geht sie grundsätzlich davon aus, dass das Kind „…den Schlüssel zu seinem rätselhaften individuellen Dasein von allem Anfang in sich [trägt]." (Montessori 2000, 44) und in seiner Entwicklung einem inneren Bauplan folgt. Die Entwicklung, die dem latenten seelischen Bauplan folgt, findet vorwiegend in „sensiblen Perioden" (Montessori 2000, 47) statt. Das Kind ist während einer solchen Phase außerordentlich empfänglich für die Aneignung spezieller Fähigkeiten. Das Interesse des Kindes ist dabei in besonderer Weise auf die anstehende Entwicklungsaufgabe gerichtet. Anthropologisch setzt Montessori voraus, dass das Kind die Fähigkeit mitbringt, sich das, was es für eine gelingende Entwicklung benötigt, aus der Umgebung anzueignen oder zu „absorbieren" (Becker-Textor 2000, 33). Der „absorbierende Geist" (Montessori 1972, 23) stellt für Montessori den Ausgangspunkt der frühkindlichen Bildung dar. Diese Selbstbildungsfähigkeit des Kindes muss durch pädagogische Angebote gefördert und unterstützt werden, auch wenn das Ergebnis eines solchen initiierten Angebotes nicht durch die Pädagogin beeinflussbar ist. Vor dem Hintergrund dieses Bildungsverständnisses erklärt sich die große Bedeutung der vorbereiteten Umgebung in der Pädagogik Montessoris. Die Selbstbildungsfähigkeit des Kindes wird durch diese angeregt und gelenkt. Die vorbereitete Umgebung umfasst ein materiales Angebot, dass die didaktische Struktur eines Curriculums widerspiegelt. Die den Kindern zur freien Verfügbarkeit bereitgestellten Materialen sind dabei nicht universal zu verwenden, sondern in der für sie vorgesehenen Weise. Hierfür wird das Kind durch die Pädagogin in die Arbeit mit dem Material eingeführt, bevor es selbständig die „große Arbeit" aufnehmen kann (Schmutzler 2007). Dabei kommt dem Konzept der „Polarisation der Aufmerksamkeit" eine große Bedeutung zu, das die konzentrierte und eigenaktive Auseinandersetzung eines Kindes mit einer Sache beschreibt. Ähnlich der Schilderung Fröbels vom spielenden Kind, beschreibt Montessori mit dem Begriff der „Polarisation der Aufmerksamkeit" das völlig in sein Tun versunkene Kind. Was mit dem Kind passiert, wenn es auf eine Sache polarisiert die Eindrücke und Gehalte seiner Umgebung absorbiert, beschreibt Montessori (1972, 23) wie folgt:

> „Das Kind hingegen erfährt eine Veränderung: Die Eindrücke dringen nicht nur in seinen Geist ein, sondern formen ihn. Die Eindrücke inkarnieren sich in ihm. Das Kind schafft gleichsam sein ‚geistiges Fleisch' im Umgang mit den Dingen seiner Umgebung."

Die Gestaltung der Umgebung des Kindes ist vor allem darauf ausgerichtet, Phasen der polarisierten Aufmerksamkeit zu ermöglichen. Lernumgebungen sind immer handlungspraktisch und auf die Selbsttätigkeit des Kindes ausgerichtet (Schäfer 2010b). Die hierzu bereitgestellten Materialien sollen das Interesse der Kinder ansprechen und gleichzeitig die jeweiligen Entwicklungsbedürfnisse der Kinder befriedigen. In diesem Sinne liegt den didaktischen Materialien eine curriculare Intention zugrunde. Die Pädagogin ist in Phasen der Einführung neuer Materialien aktiv. Sie leitet das Kind in der Arbeit mit neuen Materialien an und ist insgesamt für die Gestaltung der Lernumgebung, zu der auch die Räumlichkeiten, Sing- und Bewegungsspiele und andere Aktivitäten gehören, zuständig. Der Schwerpunkt in der Beschäftigung mit den didaktischen Materialien liegt aber zweifellos auf der eigenständigen Auseinandersetzung und Beschäftigung mit dem Material. Gefördert wird diese selbsttätige Auseinandersetzung durch die im Material enthaltene Fehlerkontrolle, die eine Bestätigung durch die Pädagogin unnötig macht (Schäfer 2010b). Anders als in der Auseinandersetzung der pädagogischen Ideen Fröbels, bei dem der Widerspruch zwischen Selbstbildungsgedanken und instruktivem Einwirken sehr deutlich wird, schlägt Montessori eine exakt auf die Selbstbildungsidee abgestimmte didaktisch-methodische pädagogische Umsetzung vor, die über eine vorbereitete Umgebung bzw. strukturiertes, systematisch entwickeltes Material die Selbstbildung der Kinder unterstützen soll. Das Material selbst hat einen instruktiven Charakter und soll das Kind in seiner Beschäftigung anleiten. Die Aufgabe der Pädagogin wird als indirekte Einwirkung verstanden: sie bereitet die Lernumgebung vor und unterstützt das Kind in der Gliederung und Durchführung seiner Tätigkeit, im Sinne der „Hilfe zur Selbsthilfe" (Lorber 2010, 111). Selbst in der vorbereiteten Umgebung birgt die Idee der kindlichen Selbstbildung Risiken. Grell (2010, 160) weist, ebenso wie Montessori selbst, darauf hin, dass der „absorbierende Geist" nicht nur eine Chance frühkindlicher Bildung ist, sondern gleichzeitig auch eine Gefahr darstellt. Ein „absorbierender Geist" ist aktiv nach außen auf die es umgebende Umwelt gerichtet. Damit ist er aber auch abhängig von dem, was diese bietet. Im vorliegenden Konzept von Montessori sind die Grenzen der Selbstbildung auf die Eindrücke beschränkt, die das Material ermöglicht. Ausgehend vom Selbstbildungskonzept verzichtet Montessori gleichwohl nicht auf die Vorgabe curricularer Perspektiven im Sinne des Materials. Der Anteil der Erwachsenen oder Pädagogen an der kindlichen Bildung mag ein indirekter und nicht instruktiver sein. Ohne dieses Einwirken, werden die kindlichen Bildungsprozesse jedoch zufällig. Bei Montessori übernehmen die Materialien die instruktive Aufgabe, die Fröbel bei einigen Spielgaben den Pädagogen vorbehält. Die in Anlehnung an Grell (2010) vorgestellten Konzepte machen deutlich, wie eng das selbsttätige Kind mit der vorbereiteten Lernumgebung traditionell in der Elementarpädagogik gedacht wurde. Vor allem in der Erziehungskonzeption Fröbels wird das Dilemma zwischen Anspruch auf kindliche Selbstbildung und Instruktionspädagogik besonders deutlich. Montessori versucht durch die starke Betonung der Lernumgebung und didaktischer Materialien diesem pädagogischen Grundproblem im Sinne der Kinder gerecht zu werden. Bezogen auf die aktuelle Diskussion[7] um Selbstbildung gegenüber Ko-Konstruktion von Bildung fasst Grell (2010, 161) zusammen, dass im historischen Kontext der Elementarpädagogik der kindlichen Selbsttätigkeit immer ein hoher Stellenwert eingeräumt wurde, nie aber eine ausschließliche Selbstbildung – ohne das Zutun Erwachsener oder ein verschultes Verständnis von Lehren und Lernen – verfolgt wurden. Gleichzeitig zeigen diese klassischen Konzepte der Elementarpädagogik,

---

7 Vgl. zusammenfassend auch Drieschner (2010).

welche Bedeutung das zugrunde liegende Konzept frühkindlicher Bildung für die Rolle der Pädagogin bzw. die ihr angedachten Aufgaben hat. Die Vorstellung darüber, wie frühkindliche Bildung sich vollzieht und unterstützt werden kann, bestimmt auch die Vorstellung darüber, wie die Interaktion zwischen Kind und Pädagogin gestaltet werden soll. Im Folgenden wird zu zeigen sein, dass ein Bildungskonzept, das die kindliche Bildung im Sinne der Selbstbildung versteht, eine andere pädagogisch-didaktische Gestaltung von Interaktionen zwischen Pädagogin und Kindern vorsieht, als ein Verständnis von Bildung, das diese als Ergebnis sozialer Aushandlungsprozesse betrachtet.

2.3   Das Konzept der Selbstbildung

Auch moderne Erziehungskonzeptionen basieren auf der Vorstellung, dass Kinder die grundsätzliche Fähigkeit besitzen sich selbst zu bilden und dies vor allem auch von Beginn an tun (Laewen 2002, Liegle 2003, Schäfer 2005). Liegle (2003) stößt dabei in seiner Argumentation auf die Grundproblematik, die auch in den traditionellen Konzepten herausgearbeitet wurde, dass sich Bildung nicht nur in der Beschäftigung mit der Sache vollzieht, sondern auch in der Auseinandersetzung mit anderen Personen sowie durch Hilfestellungen anderer Menschen. Trotzdem ist für Liegle (2003) die Fähigkeit zur Selbstbildung die notwendige und grundlegende kindliche Eigenschaft, die erst ko-konstruktive Bildungsprozesse sowie Lernen durch Instruktion möglich macht. Vor allem das kleine Kind ist seiner Meinung nach wesentlich stärker in Selbstbildungsprozesse eingebunden, als das ältere Kind, das in seinen Bildungsprozessen mehr an Sozialen Interaktionen orientiert ist (Liegle 2003).

Mit dem Ziel, einen praktikablen Bildungsbegriff für die Arbeit in Kindertageseinrichtungen zu entwickeln, hat Laewen (2002a) sich mit dem klassischen Bildungsbegriff in der Tradition Humboldts auseinandergesetzt. Laewen (2002a, 27) grenzt dabei, ähnlich wie Schäfer (2005), die Konzepte Erziehung und Bildung voneinander ab und betont, dass beide Begriffe nur in Abhängigkeit von einander beschrieben werden können. Sein Ziel ist deshalb, die „Differenz" beider Begriffe bzw. Konzepte herauszuarbeiten und für die Praxis zugänglich darzustellen (Laewen 2002a, 27). Bildung betrachtet er als Prozess, der sich autopoietisch vollzieht, in dem Sinn, dass „sich das Kind durch Selbsttätigkeit die Welt aneignet und sich in diesem Prozess zugleich selbst hervorbringt". Er bezieht sich damit auf die Vorstellung der Autopoiesis, wie sie von Maturana & Varela (1987) als biologisches Konzept eingeführt und von Luhmann auf soziale Systeme übertragen wurde. Kinder können diesem Ansatz zufolge nicht von Erwachsenen gebildet werden, sie können sich nur selbst bilden (Laewen 2002a, 47f.). In der selbsttätigen Auseinandersetzung erschaffen Kinder ihr eigenes Abbild der Welt, in dem sich ihre Erfahrungen, ihr Wissen, ihre Vorstellungen und Bedürfnisse wiederfinden. In dieser Beschreibung kindlicher Bildungstätigkeit sieht Laewen (2002a, 53) die Grundlage für das Bild vom Kind als Forscher. In der Auseinandersetzung mit der sachlichen Umwelt erschöpft sich die kindliche Bildungstätigkeit jedoch nicht, sondern bezieht auch die Interaktion mit anderen Menschen mit ein. Diese grundlegende kindliche Fähigkeit, sich mit „Menschen und Dingen" gleichermaßen auseinanderzusetzen und darüber ein Bild der Welt zu konstruieren, betrachtet Laewen (2002a, 60) als „biologische Grundausstattung". Auf der Selbsttätigkeit des Kindes beruhende Selbstbildung hat dann eine zweifache Bedeutung: „Bildung durch Selbst-Tätigkeit und Bildung des Selbst als dem Kern der Persönlichkeit" (Laewen 2002a, 61). Mit der Metapher der „selbstprogrammierenden Systeme" (Laewen 2002a, 72) wird verdeutlicht, dass die kindliche Bildung nicht direkt beeinflussbar ist. Damit ist wieder das „Problem der kindlichen Selbstbildung" (Grell 2010, 154) angesprochen. Wie kann die Bildung von Kindern beeinflusst werden, wenn Bildung im Sinne der Autopoiesis angenommen wird? Laewen (2002a, 72) setzt hier der kindlichen Selbstbildung den Begriff der Erziehung gegenüber und fragt, wie Erziehung gestaltet sein muss, wenn Bildung so verstanden wird. „Erziehung als konkrete Tätigkeit" Erwachsener kann nach Laewen (2002a, 72f.) in zweifacher Weise die kindliche Selbstbildung unterstützen bzw. neben dieser möglich sein. Zum einen in der „Gestaltung" der materiell-räumlichen Umgebung des Kindes und zum anderen in der „Gestaltung der Interaktionen zwischen Erwachsenen und Kind" (Laewen 2002a, 73). Erziehung im Sinne der „Aufforderung zur Selbsttätigkeit" ist gleichsam notwendig, um zu verhindern, dass die kindliche Bildungstätigkeit einschläft. Trotzdem muss auf die Ausformulierung von Bildungszielen diesem Paradigma zufolge verzichtet werden, da diese nur vom Kind selbst vorgegeben werden könnten, nicht aber von Erwachsenen. Obwohl Laewen (2002a) dem Konzept der Selbstbildung den Erziehungsbegriff zur Seite stellt, um das Handeln und Tätigwerden von Erwachsenen zu legitimieren, wird deutlich, dass die Grundproblematik der Beliebigkeit dessen, was das Kind sich aneignet, bestehen bleibt. Eine gezielte, curriculare Förderung, Unterstützung und Begleitung von Bildungsprozessen ist mit diesem Konzept nicht vereinbar. Deutlich wird das auch im „Werkstattbuch", das die Bildungskonzeption begleitet (vgl. Laewen & Andres 2005). Die Themen gehen von den Kindern aus, während die Aufgabe der Pädagogin darin besteht, durch geübte Beobachtung genau diese kindlichen Bildungsthemen zu erkennen und aufzugreifen (Heck 2005).

Auch Schäfer (2005) vertritt ein Konzept der Selbstbildung, das die Vermittelbarkeit von Bildung, im Sinne von Wissensinhalten, vollkommen ablehnt (Schäfer 2008, Grell 2010, Fthenakis 2011). Wie Laewen (2002a), der sein Konzept kindlicher Selbstbildung an der klassischen Bildungsidee anlehnt und mit den systemtheoretischen Grundideen der Autopoiesis verbindet, baut Schäfer (2006) die kindliche Selbstbildung als grundlegende anthropologisch rekonstruierbare Kategorie auf, die er von Erziehung unterscheidet. Er orientiert sich am Humboldt'schen Bildungsbegriff, wenn er davon ausgeht, dass „Individualität nur durch die Auseinandersetzung mit dieser Welt gewonnen" (Schäfer 2006, 34) wird. Als Voraussetzung für eine gelingende Bildung verweist er auf die Notwendigkeit, die Bildung des Individuums „von seinen Funktionen in der Gesellschaft und seinem Nutzen für die Gesellschaft" (Schäfer 2006, 34) getrennt zu betrachten. Schäfer (2006) arbeitet drei grundlegende Merkmale für einen frühkindlichen Bildungsbegriff heraus, die im Einzelnen die Selbsttätigkeit des Kindes, den umfassenden Anspruch der Bildung selbst und ein subjektives, nicht als statisch zu verstehendes Ergebnis umfassen. In den Gedanken der Selbsttätigkeit schließt er nicht nur das aktive Konstruieren von Vorstellungen und Wissen über die Welt ein, sondern widerspricht auch einer intentionalen Zugänglichkeit von außen. Bildung vollzieht sich im Konstruktionsprozess durch das Kind und kann nach Schäfer (2006) nicht von außen gesteuert werden. Bildung umfasst in diesem Sinn mehr als die Aneignung von Wissen: „Sie integriert Handeln und Denken, Wissenschaft und Kunst oder Können, Wissen und Ästhetik" (Schäfer 2006, 34). Das Konzept der Selbstbildung verfolgt kein statisches Ziel, sondern ist vielmehr ein dynamisch fortschreitender Zustand, in dem Wirklichkeit vor dem Hintergrund der eigenen Erfahrung ständig neu oder umkonstruiert wird. Schäfer (2006, 33) wendet sich gegen eine inflationäre Verwendung des Bildungsbegriffs, der „beliebig für alles herhalten soll, was mit frühkindlichem Lernen zu tun hat" und mit der er vor allem auf ein kompetenzorientiertes Bildungsverständnis anspielt, an dem viele internationale (vgl. Soler & Miller 2003, Broadhead 2006, Siraj-Blatchford 2008) und deutsche Bildungs- und Erziehungspläne der Länder (Bayerisches Staatsministerium für Arbeit und Sozialordnung, Familie und Frauen & Staatsinstitut für Frühpädagogik 2006; Diskowski 2008) orientiert sind. In der Formulierung eines „Bildungsansatzes" (2005, 57) greift er zwei Aspekte auf, die der Unterscheidung von kindlicher Selbstbildung und erwachsenenintendierter Beeinflussung dienen: den Selbstbildungsaspekt und den Verständigungsaspekt. Der Selbstbildungsaspekt stellt die Annahme der Unabhängigkeit und Unbeeinflussbarkeit kindlicher Bildung ins Zentrum der pädagogischen Bemühungen, während der Verständigungsaspekt die pädagogische Begleitung sicherstellen soll. Der interaktive Austausch soll der Pädagogin ermöglichen durch die bewusste Beobachtung des Kindes dessen Interessen und Aktivitäten zu erfassen (Schäfer 2005, 57). In den „Thesen zur frühkindlichen Bildung" (Schäfer 2005, 62f.) formuliert er diesen Anspruch: „Frühkindliche Bildung ist in erster Linie Selbstbildung im sozialen Kontext".

In dem Aufsatz „Über die (Un-)Möglichkeit, Früherziehung durch Selbstbildung zu ersetzen" hat sich Grell (2010) kritisch mit dem Konzept auseinandergesetzt. Den Gedanken der Selbstbildung sieht er als Grundlage in den traditionellen Ansätzen des Kindergartens[8]. Neben den Merkmalen der Selbstbildung, wie Schäfer (2006) sie darlegt, sieht Grell (2010, 154f.) in den Gedanken der „Herrschaftskritik" und der „Lernpartnerschaft" übergreifende Gedanken des Selbstbildungskonzeptes. Sein zentraler Kritikpunkt zielt darauf ab, dass Selbstbildungsansätze keine geeignete Grundlage darstellen, um den evidenten „Herkunftsbedingte[n] Disparitäten im Bildungswesen" (Baumert et al. 2006) entgegenzuwirken, da das individuelle Kind die es umgebende Lebenswelt nicht nur Welt konstruierend nutzt, sondern gleichzeitig der Gefahr ausgesetzt ist, durch diese Lebenswelt eingeschränkt und damit zum „‚Produkt' der Umstände" (Grell 2010, 162) zu werden. Er beschränkt sich jedoch nicht nur auf die Darlegung der Grenzen und Gefahren des Selbstbildungskonzeptes, sondern rekonstruiert historisch auch die Ideengeschichte der frühkindlichen Selbstbildung. Dabei kommt er zu dem Schluss, dass es

> „bei keinem der ‚klassischen', die unvermeidliche Selbstbildungstätigkeit des Kindes aktiv organisierenden und strukturierenden Konzepte … um ‚Wissensvermittlung', ‚Instruktion', ‚Belehrung' und fremd gesteuerte Tagesabläufe oder – am anderen Ende der Skala – um die Bildung von (schein-

---

8 Grell (2010, 154) nennt explizit die Reggio-Pädagogik, den Situationsansatz, die Konzepte des Offenen Kindergartens und des Waldkindergartens.

bar) gleichberechtigten ‚Lernpartnerschaften' und (vermeintlich) herrschafts-
freien, ‚ko-konstruktiven' Diskursen [geht]" (Grell 2010, 161).

Auf die Idee frühkindlicher Bildung im Sinne eines ko-konstruktiven Verständnisses
wird nachfolgend eingegangen.

2.4 Das Konzept der Ko-Konstruktion

Auch das Konzept der Ko-Konstruktion wird von Grell (2010, 155) als Selbstbildungsansatz verstanden, da das Kind als aktiver Gestalter seiner Bildungsprozesse
betrachtet wird. Fthenakis (2011, 200), der ein ko-konstruktives Bildungskonzept vertritt, grenzt dieses jedoch explizit vom Begriff der Selbstbildung ab. Er baut sein
Bildungsverständnis auf einem sozialkonstruktivistischen Theorieverständnis auf, in
dessen Mittelpunkt der soziale Austausch steht (Fthenakis 2003a). Er lehnt sich damit
an das Theoriegerüst Vygotskijs an (Fthenakis o.J.). Das Kind wird von Geburt an als
interaktives Wesen begriffen, das sich über den Austausch mit Bezugspersonen die
Welt aneignet. Anders als im Selbstbildungsansatz oder den klassischen Ansätzen der
Elementarpädagogik wird die Auseinandersetzung mit der Sache nicht als ausreichend
für die kindlichen Bildungsprozesse betrachtet. Es handelt sich in dem Sinn um ein
kontextuelles Bildungsverständnis, das die stattfindenden Ko-Konstruktionsprozesse
immer auch situativ eingebunden sieht und an einem spezifischen Inhalt expliziert (Textor 2007, 84). Für die Aneignung von Wissen ist das Kind diesem Verständnis zufolge immer auf ein Gegenüber angewiesen, mit dem es im interaktiven Austausch gemeinsam Wirklichkeit herstellen kann. Neben Erwachsenen
oder Pädagoginnen werden auch Peers als mögliche Partner für die Gestaltung von
Bildungsprozessen betrachtet. Hier wird die theoretische Differenz zur Konzeption
des Selbstbildungsansatzes bei Schäfer (2005a) oder Laewen (2002a) deutlich. Für
die pädagogische Arbeit, d.h. die methodisch-didaktische Grundhaltung, kommt der
bewussten Gestaltung und Förderung der Erzieherin-Kind-Interaktionen eine große
Bedeutung zu. „Bildung muss somit notwendigerweise entwicklungs- und kompetenz-
fördernde Interaktionen enthalten, die gezielt zu gestalten sind." (Kunze & Gisbert
2007, 34). Fthenakis verknüpft dies mit der folgenden Erwartung:

> „Eine solche Auffassung wirkt sich zugleich aus auf die Qualität der
> Erzieher-Kind-Beziehung, auf den Zusammenhang zwischen formell
> und informell organisierten Lernprozessen und letztendlich auch auf die
> Beziehung zwischen Bildungseinrichtung einerseits und Familie und
> Gemeinde andererseits." (Fthenakis 2011, 200)

Hier wird die enge Verbindung in der Auffassung von Bildung, Wissensaneignung
und Lernen deutlich, die vor allem Schäfer (2006) kritisiert. Vertreter des kindlichen
Selbstbildungsgedankens weisen darauf hin, dass der Bildungsbegriff nicht synonym
mit Wissensaneignung und Lernen verwendet werden kann, da er eine andere Qualität
besitzt, die u.a. die Persönlichkeitsentwicklung stärker in den Blick nimmt als die
kompetenzorientierten Konzepte. In dieser Argumentation wird die spezifisch deutsche
Ideengeschichte des Bildungsbegriffes deutlich. Der ko-konstruktive Bildungsbegriff

geht vor allem auf internationale Diskurse und Entwicklungen um vorschulische Curricula zurück (Anning et al. 2009). Allerdings entwickelt Fthenakis (2003, 21ff.) seinen Bildungsbegriff vor dem Hintergrund des internationalen und europäischen Diskurses um die „Curriculum-Debatte" der Elementarpädagogik, in der Bildung, Lernen und Erziehung nicht wie in der deutscher Tradition unterschieden werden (siehe hierzu der folgende Exkurs). Der entwickelte Bildungsbegriff orientiert sich an postmodernen Curricula (Fthenakis 2003, 27) und nimmt explizit Bezug auf die Lebenskontexte der Kinder. „Kulturelle Unterschiede und soziale Komplexität werden intensiv thematisiert" (Fthenakis 2003, 27). Den Angelpunkt dieser Bildungsansätze sieht Fthenakis jedoch in „interaktionalen und prozessualen Aspekten pädagogischer Qualität: die Interaktion zwischen Erzieherin und Kind, zwischen Fachkräften in der Einrichtung und zwischen Fachkräften und Eltern" (Fthenakis 2003, 27). Für die pädagogische Praxis bietet der ko-konstruktive Bildungsbegriff die Möglichkeit der direkten methodisch-didaktischen Unterstützung von Bildungs- und Lernprozessen, die die zuvor beschriebenen Selbstbildungsansätze ablehnen.

2.5 Exkurs: Frühkindliche Bildung in der internationalen Diskussion

Der internationale Diskurs der Pädagogik der frühen Kindheit kennt die Unterscheidung von Bildung auf der einen Seite sowie Lernen und Erziehung auf der anderen Seite nicht (Wannack 2010, 19; Kunze & Gisbert 2007, 31). Liegle (2008, 85f.) fasst die englischsprachigen Begriffe vereinfacht zusammen als *Education* und *Care*, aus denen er *Teaching* und *Instruction* als Aufgaben der Pädagogen und *Learning* und *Development* auf der anderen Seite als Aufgaben der Kinder ableitet.

Während der Begriff *Education* – exakter *Early Childhood Education* – das Feld der Pädagogik der frühen Kindheit bezeichnet und umfasst, trifft man in der inhaltlichen Diskussion vor allem auf die Differenzierung von *Learning* und *Pedagogy* (vgl. Anning et al. 2009; Department of Education 2009; Sylva et al. 2010). Siraj-Blatchford (2008, 7) definiert *Pedagogy* dabei wie folgt:

> „Pedagogy was therefore defined broadly to refer to the full set of instructional techniques and strategies that enabled learning to take place in early childhood settings, which provided opportunities for the acquisition of knowledge, skills, attitudes and dispositions."

Mit *Pedagogy* wird ein pädagogisches Arrangement beschrieben, das sich zusammensetzt aus einer gestalteten Lernumgebung und der unterstützenden und fördernden Haltung der Pädagogin. Es wird vom *Curriculum* abgegrenzt, das auf der anderen Seite die Inhalte dessen, was gelernt werden soll, beschreibt. Somit fokussiert *Pedagogy* auf die soziale Komponente des Lernens, die die inhaltlich curriculare Perspektive in dem Sinn erweitert, dass sie Lernprozesse und Entwicklung unterstützt, die nicht durch Erwachsene bestimmt und vorgegeben sind. Wood (2009, 27) entwickelt eine „Pedagogy of Play" die darauf ausgerichtet ist, eine professionell arrangierte Umgebung bereitzustellen, die den Kindern eine Umgebung zum Spielen ermöglicht und in der für Lehren und Lernen auf spielerische Ansätze zurückgegriffen wird. Sie wendet sich damit gegen die einseitige Umsetzung von instruktiven Curricula, die zu lernende Inhalte und Kompetenzerwerb in den Vordergrund rücken. Die Begründung einer „Pedagogy of Play" (Wood 2009, 30) macht sie an Befunden fest, dass Kinder durch Spielen ihre kommunikativen Sprachfertigkeiten und sozialen Fähigkeiten verbessern und kreativere Denkoperationen demonstrieren (vgl. hierzu auch Goouch 2008).

In der internationalen Diskussion sind zwei Perspektiven frühkindlicher Bildung zu beobachten. Auf der einen Seite stehen Konzepte, die klassischerweise auf die Förderung schulbezogener Fähigkeiten gerichtet sind, während auf der anderen Seite Bildungskonzeptionen stehen, die „die Entwicklung des Kindes als Person und lernendes Individuum in verschiedenen Domänen" (Oberhuemer 2010, 365) zu fördern beabsichtigen. Auch aus pädagogisch-didaktischer Perspektive lassen sich die vorschulischen Curricula international unterscheiden. Neben instruktiv orientierten Curricula (Karwowska-Struczyk 2010, Bachelet & Mozère 2010), die auf einer Vermittlung von festgelegten Inhalten aufbauen, sind in der internationalen Diskussion vor allem Ko-Konstruktionsansätze zu verzeichnen (Broadhead 2006, Siraj-Blatchford 2008, Anning 2009, Jordan 2009, Wood 2009, Fthenakis & Oberhuemer 2010), die auf der Vorstellung gemeinsam konstruierten Wissens zwischen Kindern und Pädagogin basieren. Betont wird, dass in den letzten Jahren eine Annäherung beider Perspektiven zu beobachten ist. Die Diskussion um ein vorschulisches Curriculum in England zeigt diese Entwicklung. Im Jahr 2000 wurde das „Curriculum guidance for the foundation stage" verabschiedet, das als freiwilliges Rahmenprogramm für vorschulisches Lernen und Lehren methodisch-didaktische sowie curriculare Rahmenvorgaben formuliert und exakte Bildungsziele vorgibt. Bereits 2009 wurde dieses jedoch vom „Learning, Playing and Interaction" (Department of Education 2009) Curriculum abgelöst. Dieses stellt das Produkt der intensiven Auseinandersetzung mit sozialkonstruktivistischen Vorstellungen vorschulischen Lernens dar, was sich in der Betonung des kindlichen Spiels und der sozialen Interaktion zeigt. Die aufgenommenen Vorstellungen und Bildungsanforderungen basieren auf einer empirischen, theoretischen und handlungspraktischen Fundierung des Spiels in der Elementarpädagogik (Wood 2009, Broadhead et al. 2010).

2.6 Die Bedeutung des Bildungsverständnisses für die Pädagogin-Kind-Interaktion

Das von Schäfer (2005, 2006) vertretene Bildungsverständnis folgt der Perspektive der Allgemeinen Pädagogik. Er grenzt den Bildungsbegriff vor diesem Hintergrund sehr scharf gegenüber anderen, auf die Entwicklung von Kindern bezogenen Konzeptualisierungen wie Lernen, Kompetenzerwerb oder sozialen Fähigkeiten, ab. Der von ihm entwickelte „offene Bildungsplan für Kindertageseinrichtungen in Nordrhein-Westfalen" (Schäfer 2005) baut in konsequenter Weise auf dem oben beschriebenen Bildungsbegriff auf. Schäfer (2005) verzichten auf die Beschreibung zu erreichender Kompetenzen. Benannte Inhaltsbereiche wie Bewegung, Sprache oder Natur bleiben in ihren Ausführungen und handlungspraktischen Anleitungen unkonkret. Abgesehen von der Vorbereitung der Lernumgebung, werden die Aufgaben der pädagogischen Fachkraft tendenziell als passive beschrieben. Im Vordergrund steht die Anerkennung des sich selbst bildenden Kindes, die so weit geht, dass die Fachkräfte „ertragen [müssen], dass Kinder eigene Wege gehen, auch wenn diese nicht den Vorstellungen der Erzieherinnen entsprechen" (Schäfer 2005, 187). Erst „wenn Kinder auf diesem Weg stecken bleiben, sollten Erzieherinnen in der Lage sein, Vorschläge für das weitere Vorgehen zu machen" (Schäfer 2005, 187).

In ko-konstruktiver Perspektive ist der Erwachsene dagegen konstitutiver Bestandteil frühkindlicher Bildungsprozesse, dessen Aufgaben nicht nur die Begleitung und Unterstützung des Kindes sind, wenn es alleine nicht weiterkommt. Ein ko-konstruktives Bildungsverständnis in diesem Sinne verlangt geeignete und auffordernde Lernumgebungen, in denen Erwachsene und Kinder sich gemeinsam, interaktiv mit den Inhalten auseinandersetzen können. Im Bayerischen Bildungs- und Erziehungsplan (STMAS Bayern & IFP 2006, 35) heißt es dazu „Erwachsene [nehmen] nicht mehr die alleinige Expertenrolle ein. Kommunikations- und Lernprozesse werden gemeinsam getragen". Als Gestalter der Lernumgebung kommt dem Erwachsenen hier aber auch die Auswahl der Inhalte zu, sozusagen der Sache des Bildungsprozesses. Im Konzept der Selbstbildung wird genau diese Festsetzung von außen abgelehnt, da die Auswahl der Sache nur vom sich selbst bildenden Kind geleistet werden kann. Da sie in der Ko-Konstruktionsperspektive eine Grundlage darstellt, wird deutlich, dass dieses Verständnis von Bildung auf zugrunde liegende Curricula angewiesen ist, die dem Erwachsenen eine Orientierung ermöglichen. Neben der notwendigen Auswahl von Inhalten, wirft dieses Bildungsverständnis die Frage nach dem *Wie* auf. Es werden die Bedeutung anregender Lernumwelten, die arrangiert werden sollen, und der Dialog zwischen Erwachsenem und Kind hervorgehoben und in das Zentrum der kindlichen Bildung gestellt (STMAS Bayern & IPF 2006, Fthenakis 2011). Den Selbstbildungsansätzen wird vorgeworfen, dass sie eine Beliebigkeit in Kauf nehmen, indem sie die Auswahl der Inhalte den Kindern selbst übertragen und durch die Forderung nach einer begleitenden Beobachtung teilweise auf notwendige Förderung verzichten. Auf beide Bereiche soll nachfolgend eingegangen werden. In einem ersten Schritt wird die Erwachsenen-Kind-Interaktion in frühpädagogischen Einrichtungen aus der Perspektive empirischer Forschungsergebnisse beleuchtet und diese für ihre Bedeutung in der Praxis rückgekoppelt. In einem zweiten Schritt wird der exemplarische, themenbezogene Inhaltsbereich des naturwissenschaftlich-technischen Lernens herangezogen, um zu zeigen, welche Bedeutung Inhalt und Lernumgebung für gelingende Interaktionsprozesse besitzen und als Konsequenz für ihre bewusste Gestaltung mitgedacht werden müssen.

3. Die Pädagogin-Kind-Interaktion im frühpädagogischen Raum

Der Bereich der Pädagogik der frühen Kindheit ist im Vergleich zu anderen Wissenschaftsdisziplinen in der deutschen Forschungslandschaft mehr durch Forschungsdesiderate als durch belastbare empirische Befunde gekennzeichnet. Trotzdem oder gerade deswegen werden der Frühpädagogik viele Hoffnungen entgegengebracht. Die Frühpädagogik, so die Erwartung, soll die erkannten Defizite des deutschen Bildungssystems beheben. Grell und Roßbach (2010) zeigen die Diskrepanz auf, die zwischen diesen hoffnungsschwangeren Forderungen und den ihnen gegenüberstehenden empirischen Befunden besteht. Wenig ist zum Beispiel über die (langfristigen) Auswirkungen von frühpädagogischen Förderprogrammen oder der Akademisierung des pädagogischen Personals bekannt (Grell & Roßbach 2010, 151ff.). Auch die professionell pädagogische Erwachsenen-Kind-Interaktion muss zu diesen Bereichen gezählt werden. Ergebnisse verschiedener empirischer Studien belegen zwar einen Zusammenhang zwischen der Qualität der Pädagogin-Kind-Interaktion und den Entwicklungsfortschritten von Kindern (Pianta, Howes, Burchinal et al. 2005, Sylva 2010, vgl. hierzu auch Kuger & Kluczniok 2008), gleichzeitig befassen sich jedoch nur wenige Studien auf der Ebene der Mikroprozesse damit, Pädagogin-Kind-Interaktionen in frühpädagogischen Settings zu analysieren (Frampton, Perlman & Jenkins 2009, Degotardi 2010). Es gibt kaum Studien und Befunde, die sich explizit auf die Untersuchung von Interaktionen zwischen Erwachsenen und Kindern in Einrichtungen des Elementarbereiches in Deutschland konzentrieren (Fliedner 2004, König 2006; Albers 2009), was mit der offenen Forderung nach mehr empirischer Forschung diskutiert wird (vgl. Thole 2010). Gleichzeitig wird der „Dialog" (Fried 2008b, Liegle 2008, Weltzien 2009) oder das „Gespräch" (Wüst & Wüst 2010) zwischen Kindern und Erwachsenen als besonders bedeutsam für die kindliche Entwicklung betrachtet[9]. Unterstützt wird diese Annahme durch empirische Ergebnisse aus dem englischsprachigen Raum, die sich explizit mit der Interaktion zwischen Pädagoginnen und Kinder im elementarpädagogischen Bereich beschäftigten (z.B. Siraj-Blatchford et al. 2002, Siraj-Blatchford & Manni 2008; vgl. hierzu König 2006, Fried 2008b). Dabei hat sich ein Interaktionskonzept als besonders förderlich im Sinne der kindlichen Outcomes herausgestellt, das von Siraj-Blatchford, Sylva, Taggart et al. (2002) als *Sustained Shared Thinking* bezeichnet wird. Ausgehend von der Bedeutung, die der Pädagogin-Kind-Interaktion für die pädagogische Qualität zugesprochen und die durch empirische Befunde unterstützt wird, soll nachfolgend das Konzept des *Sustained Shared Thinking* ausführlich dargestellt werden und durch eine Übersicht theoretischer Zugänge sowie vorliegender Forschungsergebnisse aus Deutschland ergänzt werden.

---

9 Auch in den 16 vorliegenden Bildungs- und Erziehungsplänen der Länder wird die Interaktion im Kontext der Erwachsenen-Kind-Beziehung thematisiert. Eine Übersicht über die jeweiligen Aussagen der einzelnen Pläne liefert Keller (2009).

3.1 Die Bedeutung der Erwachsenen-Kind-Interaktion für die pädagogische Qualität

Mit der 1998 von Tietze et al. (1998) veröffentlichten Studie „Wie gut sind unsere Kindergärten" liegt erstmals eine auf empirischen Befunden und einem ausgewiesenen Qualitätskonstrukt basierende Untersuchung vor, die es erlaubt, Aussagen über die institutionelle Qualität von Kindergärten zu treffen und die es darüber hinaus ermöglicht, diese mit Ergebnissen anderer europäischer Länder zu vergleichen. Das weithin bekannte Resümee der Studie lautet: „Auch nach einem Vierteljahrhundert Kindergartenreform liegt die globale pädagogische Prozeßqualität in deutschen Kindergartengruppen lediglich im Bereich gehobener Mittelmäßigkeit. Zudem zeigen sich beträchtliche Unterschiede in der pädagogischen Struktur- und Prozeßqualität zwischen Kindergartengruppen" (Tietze 1998, Klappentext). Die pädagogische Prozessqualität wird dabei über die Erzieherinnen-Kind-Interaktion realisiert. Wie ist aber eine pädagogische Prozessqualität zu bewerten, die im oberen Mittelfeld anzuordnen ist? Sich an der Spitze von Vergleichsstudien wiederzufinden ist mit Sicherheit prestigeträchtiger, aber was bedeutet das konkret für die Kinder? Liegle (2008, 91) merkt im Vergleich zu den Ergebnissen der ersten PISA-Welle an: „In Sachen Bildungsqualität haben die deutschen Kindergärten im Untersuchungszeitraum um die Jahrhundertwende besser abgeschnitten als die deutschen Sekundarschulen". Die Bedeutung der Qualität wird durch den erstmals[10] nachgewiesenen Einfluss der pädagogischen Qualität in der Betreuungseinrichtung auf die kindliche Entwicklung belegt (Tietze et al. 1998). Für soziale Kompetenzen und die Sprachfähigkeit konnte nachgewiesen werden, dass die pädagogische Qualität einen Entwicklungsunterschied von einem Jahr bei den Kindern bewirken kann (Tietze 1998, 389). In der Diskussion der Ergebnisse zur Prozessqualität werfen diese Befunde die Frage auf, ob die existierenden Möglichkeiten und Mechanismen der Steuerung und Begleitung elementarpädagogischer Einrichtungen ausreichen, um die nur mittelmäßige pädagogische Qualität anzuheben.

Ein Jahr später, 1999, startete die „Nationale Qualitätsinitiative im System der Tageseinrichtungen für Kinder NQI". Deren „Ziel war es, ein umfassendes und konsensfähiges Instrumentarium zur Erfassung, Sicherung und Weiterentwicklung von Qualität in Tageseinrichtungen für Kinder bereit zu stellen" (Tietze & Viernickel 2007, 7). Der „Nationale Qualitätskriterienkatalog" (Tietze & Viernickel 2007, 7) erfüllt diese Zielsetzung. Qualität wird über zwei Hauptdimensionen realisiert und erfasst. In 21 „Qualitätsbereichen" wird die pädagogische Arbeit aufgeschlüsselt. Diese 21 Bereiche sind wiederum stringent nach Leitgesichtspunkten aufgebaut, die „das professionelle Selbstverständnis der Fachkraft und ihre Schlüsselkompetenzen für qualitätsvolle pädagogische Arbeit wider[spiegeln]" (Tietze & Viernickel 2007, 29). Ein Leitgesichtspunkt, der in allen 21 Qualitätsbereichen berücksichtigt wird, ist die „Erzieherin-Kind-Interaktion", die über die drei Bereiche „Beobachtung; Dialog- und Beteiligungsbereitschaft und Impuls" eine professionelle Kommunikationskompetenz der Pädagogin beschreibt (Tietze & Viernickel 2007, 31f.). Für die Realisierung päd-

---

10 Hier muss eingeschränkt werden. Tietze et al. (1998) wiesen dies erstmals für den deutschsprachigen Raum nach.

agogischer Qualität ist es dabei grundlegend, dass die kindliche Eigenaktivität respektiert und ermöglicht wird. Daneben umfasst ein expliziter Qualitätsbereich „Sprache und Interaktion" (Tietze & Viernickel 2007, 101ff.). Sprache wird hier als wesentliches „Werkzeug" betrachtet, das sowohl für die Kommunikation emotionaler Befindlichkeiten als auch für kognitive Entwicklungsprozesse bedeutsam ist und das erst die Auseinandersetzung mit anderen und der Welt ermöglicht. Die Aufgabe der Pädagoginnen ist es, genügend Zeit und Begegnungsmöglichkeiten für Gespräche mit den Kindern und unter den Kindern einzuplanen. Auch organisiert-strukturierte Formen wie Gesprächskreise oder Kinderkonferenzen sollen dabei fester Bestandteil im Alltag sein. Die Erzieherin fördert aber nicht nur Gespräche oder ist selbst aktive Gesprächspartnerin, sie beobachtet auch Sprachverhalten und -gewohnheiten der Kinder, um angemessene pädagogische Angebote zu planen und umzusetzen. In den anderen 20 Qualitätsbereichen stellt die „Dialog und Beteiligungsbereitschaft" der Pädagogin einen Leitgesichtspunkt dar.

In Folge der Kindergartenqualitätsstudie (Tietze 1998) und der NQI (vgl. Tietze & Viernickel 2007) fanden Fragen der institutionellen pädagogischen Qualität deutlich mehr Beachtung in der fachlichen Diskussion (vgl. Spieß & Tietze 2002, Roßbach 2005, Tietze & Lee 2009, Aktionsrat Bildung 2010, 45ff.). In Anlehnung an internationale Entwicklungen hat sich auch national ein Qualitätskonstrukt durchgesetzt, das auf den Ebenen der Strukturqualität, der pädagogischen Orientierung und der Prozessqualität die Einrichtungsqualität zu erfassen versucht (Tietze 1998, 2008, Kuger & Kluczniok 2008). Während sich die Qualitätsdiskussion anfangs auf die Strukturqualität konzentrierte, ist in Deutschland seit der Kindergartenqualitätsstudie die Prozessqualität stärker in den Aufmerksamkeits- und Forschungsfokus gerückt. Large-Scale-Untersuchungen wie die englische EPPE[11]-Studie, die seit 1999 die kognitive und soziale Entwicklung von 3.000 Kindern ab dem dritten bzw. vierten Lebensjahr in einem Längsschnittdesign untersucht (Sylva 2010, 1), zeigen die Bedeutsamkeit von Strukturmerkmalen für die Entwicklungsfortschritte der Kinder, belegen aber auch einen Zusammenhang von Struktur- und Prozessmerkmalen, die sich zum Beispiel in effektiv fördernden Interaktionen verbunden mit einem höheren Ausbildungsabschluss der pädagogischen Fachkräfte zeigen (vgl. Sylva, Melhuish, Sammons, Siraj-Blatchford & Taggart 2004, 37; Sylva 2010, 86).

3.2 Bedingungen, Auswirkungen und Einflüsse der Erzieher-Kind-Interaktion

Während die nationale Forschungslandschaft zu Erwachsenen-Kind-Interaktionen in Kindertageseinrichtungen eher wenig vorzuweisen hat (König 2006, Thole 2010), finden sich im internationalen Kontext Untersuchungsergebnisse mit unterschiedlichen Schwerpunktsetzungen. Allerdings steht auch hier die Erwachsenen-Kind-Interaktion selten im Mittelpunkt des Forschungskontextes, sondern wird im Rahmen von Qualitätseinschätzungen mit erhoben und ausgewertet. Die ausgewählten Studien sind zwar alle auf die Untersuchung von Erwachsenen-Kind-Interaktionen

---

11 Effective Provision of Pre-School Education

fokussiert, jedoch mit unterschiedlichen, teils auch inhaltlichen Schwerpunkten. Die meisten Untersuchungen beschäftigen sich mit verschiedenen Aspekten globaler Interaktionsqualität in frühpädagogischen Gruppen. Nur wenige aktuelle Arbeiten befassen sich mit der detaillierten Analyse von Mikroprozessen der Interaktion zwischen Pädagoginnen und Kindern in frühpädagogischen Settings. Vor diesem Hintergrund sind die ausgewählten Arbeiten zu betrachten. Sie geben einen Eindruck über das Forschungsinteresse an Erwachsenen-Kind-Interaktionen wieder, verdeutlichen aber auch den Bedarf an spezifischen Studien zur pädagogischen Interaktion in unterschiedlichen frühpädagogischen Settings.

Empirische Befunde zur global betrachteten Erzieher-Kind-Interaktion

Pianta et al. (2005, 144) bemängeln für die USA, dass zwar seit Mitte der 1990er Jahre Bundes- und Landesregierungen gezielt Programme gefördert haben, um die Schulfähigkeit von Kindern vor Eintritt in den Kindergarten zu erhöhen, weder aber deren Qualität noch die Beziehung zwischen Programm- und Qualitätsmerkmalen ausreichend untersucht wurden. Unter Rückgriff auf die Daten aus dem Projekt „National Center for Early Development and Learning's Multi-State Pre-Kindergarten Study" untersuchen sie, inwieweit ausgewählte Merkmale von „Pre-Kindergarten Programs" (betrachtet werden Eigenschaften des Programms, der Lehrkräfte und der Gruppe bzw. Klasse) in sechs US-Staaten die beobachtete Qualität in der Gruppe und der Erwachsenen-Kind-Interaktionen vorhersagen kann. Dabei wird explizit nicht berücksichtigt, inwieweit die Eigenschaften des Pre-Kindergarten Programms mit kulturellem oder familiärem Hintergrund interagieren (Pianta et al. 2005, 146). Der eingeschränkte Untersuchungsfokus auf Strukturmerkmale sowie Lehrer- und Gruppeneigenschaften wird damit begründet, dass es insbesondere diese Bereiche sind, die von Interesse für Politik und Lehrerbildung sind. Strukturell werden die beiden folgenden Merkmale in den Vordergrund gestellt: Ganztags- oder Halbtagsprogramm und innerhalb einer Schule angesiedelt oder in anderen Gemeindeeinrichtungen. Auf der Gruppenebene wird der Erzieher-Kind-Schlüssel[12] und Armut erfasst. Als Merkmale der Lehrenden gehen deren Ausbildungshintergrund sowie Psychologische Eigenschaften in die Analyse ein. Die sechs untersuchten Staaten wurden ausgewählt, um eine maximale Diversität verschiedener Programmmerkmale sowie der geografischen Gegebenheiten zu erreichen. Für vier Staaten wurde eine geschichtete Zufallsstichprobe von 40 Einrichtungen aus allen der Forschergruppe zur Verfügung stehenden Einrichtungen ermittelt. Für zwei flächenmäßig große Bundesstaaten wurde eine einfache Zufallsstichprobe aufgrund vordefinierter geografischer Gegebenheiten gezogen. Aus jeder Einrichtung der Stichprobe wurde per Zufall eine Gruppe für die Beobachtung bestimmt. Pianta et al. (2005) geben an, dass in einem Großteil der Gruppen alle Kinder vier Jahre alt waren. Nur in einem geringen Teil der Gruppen wurden neben vierjährigen auch dreijährige Kinder betreut. Der durchschnittliche Erzieher-Kind-Schlüssel wird mit 6,9 Kindern pro Erzieher angegeben. Die untersuchte Altersgruppe entspricht in Deutschland der Betreuungsform des Kindergartens. Viernickel & Schwarz (2009, 20) weisen die rechtlichen Mindestanforderungen zum

---

12 Die im Original verwendete Benennung „Child:Teacher Ratio" wird übersetzt mit Erzieher-Kind-Schlüssel.

Personalschlüssel der deutschen Länder auf, die zwischen 1:8,33 für Bayern und 1:16,25 für Brandenburg für Kindertageseinrichtungen für Kinder ab 3 Jahren gelten. Sie weisen explizit darauf hin, dass die Qualifikation dabei nicht einbezogen wird (Viernickel & Schwarz 2009, 22). Diese formalen Mindestforderungen in Deutschland stehen dem empirisch ermittelten Verhältnis bei Pianta et al. (2005) gegenüber. Für die Erhebung der Prozessqualität wurden die Instrumente ECERS-R, CLASS sowie Snapshot eingesetzt (Pianta et al. 2005, 149). Für die Erfassung psychischer Merkmale der Lehrer wurde darüber hinaus die „Center of Epidemiological Studies Depression Scale" angewandt. Pianta et al. (2005, 153f.) können zeigen, dass Lehrer mit einem vierjährigen „college degree", die zusätzlich einen Abschluss in frühkindlicher Pädagogik besitzen, ein positiveres emotionales Klima bewirken und mehr Aktivitäten anbieten, die mit der ECERS-R erfasst werden, als Lehrer mit einem niedrigeren Ausbildungsabschluss. In der direkten Interaktion zeigen Lehrer mit einer größeren Erfahrung in der Arbeit mit vierjährigen Kindern mehr responsive Verhaltensweisen und aktivieren die Kinder stärker. In der Befragung der Lehrer zeigte sich, dass die Lehrer, die von einer, als eher traditionell bezeichneten, Perspektive erwachsenenzentrierter Interaktion ausgehen, auch in der Einschätzung der Interaktionsbereiche der genannten Verfahren signifikant schlechtere Werte erzielen. Dies gilt in abgeschwächter Form auch für Lehrer, die Merkmale einer Depression aufweisen. Die strukturellen Komponenten, wie die räumliche Integration des Programms innerhalb einer Schule oder in anderen Einrichtungen, das Erzieher-Kind-Verhältniss etc., sind nicht geeignet, um eine Vorhersage für die Prozessqualität zu treffen (Pianta et al. 2005, 157). Ähnlich wie in der EPPE-Studie zeigt sich aber auch hier die Bedeutung des Qualifizierungsniveaus und der praktischen Erfahrung des pädagogischen Personals für die Prozessqualität, besonders im Bereich der direkten Erwachsenen-Kind-Interaktionen.

Burchinal et al. (2010, 175) weisen auf die Bedeutung der Qualität der Erwachsenen-Kind-Interaktion selbst für die kindlichen Outcomes hin „children may not obtain social and academic benefits from pre-kindergarten experiences unless the teacher maintains high-quality teacher-child interactions and at least moderate- to high-quality instructions.". Burchinal et al. (2010, 166) untersuchen ebenfalls drei- bis vierjährige Kinder in Pre-Kindergarten-Programs mit dem Ziel, eine Qualititätsstufe der Erzieher-Kind-Interaktion sowie der direkten Instruktion zu identifizieren, ab der es zu besseren Outcomes bei den Kindern kommt und die in diesem Sinne am effektivsten Schulfähigkeit fördern können. Dabei gehen sie von der empirisch mehrfach bestätigten Annahme aus, dass eine geringe Qualität schlechter als eine hohe Qualität ist, der genaue Punkt im Qualitätslevel aber nicht bekannt ist, an dem sich die Qualität von einer für die Kinder nicht förderlichen in eine förderliche entwickelt (Burchinal et al. 2010, 167). Für die Untersuchung werden nur Kinder aus Familien mit geringem Einkommen herangezogen. Begründet wird dies damit, dass es vor allem diese Kinder sind, auf die sich politische Bemühungen um eine frühe Förderung konzentrieren. Die Stichprobe umfasst etwas mehr als 1100 Kinder, die aus 671 Pre-Kindergarten-Programms in 11 US-amerikanischen Bundesstaaten ausgewählt wurden. Die Daten wurden im Rahmen des oben bereits zitierten Projekts „National Center for Early Development and Learning's Multi-State Pre-Kindergarten Study" (Pianta et al. 2005) erhoben. Die pädagogische Qualität wurde mit dem Instrument CLASS erfasst, das die Erzieher-Kind-Interaktion mit zwei globalen Dimensionen untersucht, nämlich der Instruktionsqualität und der emotionalen Unterstützung (Burchinal et al. 2010, 168). Darüber hinaus wurden die sprachlichen und kognitiven Fähigkeiten der Kinder zu Beginn und am Ende des Pre-Kindergarten Jahres erfasst[13]. Die sozialen Kompetenzen der Kinder wurden ebenfalls zweimal getestet, allerdings zeitversetzt zu den anderen Testungen im Frühjahr und Herbst[14]. Zusammengefasst lässt sich festhalten, dass Burchinal et al. (2010) keine Qualitätsschwelle feststellen konnten, ab deren Erreichen den Kindern gute Entwicklungsfortschritte garantiert würden. Im Gegenteil weisen die Ergebnisse auf die Bedeutung einer Mindestqualität für kindliche Entwicklungsfortschritte hin: „some child outcomes were not improved when quality fell below some lower asymptotic levels" (Burchinal et al. 2010, 174). Eine hohe Qualität der Erzieher-Kind-Interaktion sagt dabei höhere soziale Kompetenzen und geringere Verhaltensprobleme der Kinder vorher und beinhaltet beispielsweise eine emotional positive Zuwendung des Erwachsenen ebenso wie ein verlässliches Verhalten von ihm. Der Erwachsene zeigt sich dabei stets an Interaktionen interessiert und bietet diese auch an. Innerhalb der Interaktion gibt er dem Kind Rückmeldungen, die ihm helfen, sein eigenes Denken sowie sprachliche Ausdrücke und sein Vokabular zu erweitern. Die hohe Bedeutung, die der Erzieher-Kind-Interaktion zukommt, wird in der folgenden Zusammenfassung von Burchinal et al. (2010, 175) deutlich:

> „We believe that, if our findings are causal, the goals of pre-kindergarten programs may only be achieved if programs ensure high-quality teacher-child interactions and at least moderate-quality instructions [...] Second, the results also imply that supports for teachers above the threshold are important so they continue to improve the quality of their interactions".

Degotardi (2010) untersucht die Qualität von Erwachsenen-Kind-Interaktionen während des Spielens und in Routinesituationen. Die Stichprobenkinder sind dabei zwischen einem und drei Jahren alt und befinden sich im Sinne deutscher Betreuungskategorien im Krippenalter. Die Studie wird hier trotzdem aufgenommen, da sie zum einen das Qualifikationsniveau der Pädagogin mit berücksichtigt, zu dem bereits aus der EPPE-Studie Ergebnisse vorliegen, und zum anderen eine neue Perspektive betrachtet, nämlich wie Pädagoginnen beobachtete kindliche Verhaltensweisen interpretieren und für Interaktionen nutzen. Degotardi (2010, 29) geht davon aus, dass die Tiefe und Komplexität der Interpretation für die Qualität der Interaktion die Rolle eines Prädiktors übernehmen kann. Diese sieht sie in folgender Weise auch mit der Qualifikation verbunden: „Qualified practitioners would therefore be expected to show more complex ways of thinking about infants than those with no formal qualifications" (Degotardi 2010, 29). Als dritte Untersuchungsvariable berücksichtigt sie den Kontext der Interaktion. Sie bezieht sich dabei auch auf eigene Forschungsergebnisse, die zeigen, dass Pädagoginnen die Interaktionen mit Kindern während Routinehandlungen in der Regel aus ihrer eigenen Perspektive interpretieren und weniger die Kinder oder deren Perspektive im Blick haben. An der Untersuchung

---

13 Für die Erfassung der sprachlichen Fähigkeiten wurde der PPVT-III sowie OWLS eingesetzt, die kognitiven Fähigkeiten wurden mit Teilen der Third Edition of the Woodcock-Johnson Psycho-Educational Battery, AP und LWID (Burchinal et al. 2010, 168) erhoben.
14 Die sozialen Kompetenzen wurden mit der TCRS erfasst (Burchinal et al. 2010, 167).

haben 24 Pädagoginnen aus Sidney, Australien, teilgenommen, die sich bereiterklärt haben, sich im pädagogischen Alltag filmen zu lassen. Die Pädagoginnen wurden über einen Zeitraum von 90 Minuten durch einen Wissenschaftlichen Mitarbeiter begleitet und mit einer Handkamera gefilmt. Um einen Spielkontext zu initiieren, wurden die Pädagoginnen gebeten, sich mit einem Kind in eine ruhige Ecke zurückzuziehen und gemeinsam mit vorbereiteten Materialien zu spielen, bis das Kind das Interesse verliert. Als Routinesituationen wurden sowohl Szenen des An- und Auskleidens als auch das Wickeln gewählt. Die durchschnittlichen Spielsequenzen dauerten zwölf Minuten, die Passagen zu Routinehandlungen umfassen zwischen zwei und fünf Minuten (Degotardi 2010, 31). Die Videosequenzen werden mit dem „Observational Record of the Caregiving Environment ORCE" eingeschätzt. In der zweiten Auswertungsrunde wurden den Teilnehmerinnen ihre Videosequenzen zweimal vorgespielt. Danach sollten sie beschreiben, was die Kinder in den Sequenzen tun und einschätzen, warum die Kinder spielen bzw. sich verhalten wie sie es tun. Im Anschluss wurden diese Einschätzungen ebenfalls quantitativ kodiert. Bei den Ergebnissen zeigt sich ein Zusammenhang zwischen der Komplexität der Interpretationen kindlichen Verhaltens und kindlicher Äußerungen sowie der Qualität der Interaktionen mit den Kindern. Wird die Qualifikation der Pädagoginnen hier kontrolliert, zeigt sich der Zusammenhang vor allem im Bereich des Einfühlungsvermögens,[15] sowohl in Spiel- als auch Routinesituationen, besonders stark. Ansonsten fällt in den Ergebnissen die Gewichtigkeit des Qualifikationsniveaus besonders auf. Die Qualität der Erwachsenen-Kind-Interaktion steht sowohl im Bereich des Einfühlungsvermögens als auch der Anregungsqualität und der Komplexität der Interpretationen in einem Zusammenhang mit dem Qualifikationsniveau der Pädagogin. Ein hohes Qualifikationsniveau ist in allen Bereichen als Prädiktor für eine gehobene Interaktionsqualität geeignet. Degotardi (2010) zieht für die Erklärung die umfangreichere theoretische und praktische Erfahrung besser ausgebildeter Pädagoginnen heran, verweist aber gleichzeitig noch auf einen verstärkenden Erklärungsansatz, der mit der Qualifikation eng verbunden zu sein scheint:

> „It is feasible that interpretive complexity is associated with higher levels of general intelligence [...] Interaction style may also be related to socio-economic status, of which education level is just one contributing factor." (Degotardi 2010, 37)

Bei aller Bedeutung, die dem Qualifikationsniveau der Pädagoginnen für die Interaktionsqualität zukommt, wird dieser Erklärungsansatz aufgrund der vorliegenden Untersuchung kritisch betrachtet. Die Daten selbst lassen keinen Rückschluss auf die kognitiven Fähigkeiten der Pädagoginnen zu. Abschließend wird festgehalten, dass das Qualifikationsniveau auch in dieser Untersuchung den entscheidenden Unterschied für die realisierte Interaktionsqualität ausmacht.

Frampton et al. (2009) untersuchen die Verwendung metakognitiver Sprache von Pädagoginnen[16]. Sie analysieren, in welchem Umfang die Pädagoginnen metakognitive Sprache in der Interaktion mit den Kindern verwenden. Dabei werden drei

---

15 Im Original: Sensitivity.
16 Im Originaltext: Caregiver.

Bereiche metakognitiver Sprache untersucht (Frampton et al. 2009, 249f.): „mental-state discourse" bezeichnet einen deutlich formulierten Bezug zu gedanklich-geistigen Denkoperationen, die durch Begriffe wie denken, glauben, wissen, annehmen, wünschen oder bevorzugen angezeigt werden. Der „perspective-taking discourse" ist explizit darauf bezogen, sich über die Annahmen und Gedanken anderer Personen auszutauschen und „activitiy-relevant questioning" umfasst die aktive, unterstützend-fragende Haltung des Erwachsenen in der Begleitung des handelnden Kindes. Darüber hinaus will die Forschergruppe prüfen, inwieweit Struktur- und Prozessmerkmale die Verwendung metakognitiver Sprache der Pädagoginnen vorhersagen können. Die Stichprobe umfasst für die inferenzstatistische Auswertung 95 Gruppen und 148 Pädagoginnen aus 62 Child Care Centers. Die Kinder in diesen Gruppen sind zwischen 3 und 5 Jahren alt. Die Kodierung erfolgte als Zeitstichprobe in 20-Sekunden-Intervallen für eine Zeiteinheit von zweieinhalb Stunden für jede Gruppe. Dabei wurden 22 Prozent der Interaktionen als „mental-state", 3 Prozent als „perspective-taking" und 12 Prozent als „activity-relevant" kodiert (Frampton et al. 2009, 254). Frampton et al. (2009, 258) gehen davon aus, dass dem didaktischen Konzept des Scaffoldings eine hohe Bedeutung für die kindliche Entwicklung zukommt, weshalb das ermittelte Ergebnis zu „activity-relevant questioning" als nicht ausreichend eingeschätzt wird. Zum Ergebnis der „perspective-taking discourses", das mit 3 Prozent noch deutlich niedriger ausfällt, halten Frampton et al. (2009, 258) fest „this is not reflected in staff's behaviors in the current sample.". Die Autoren resümieren, dass sich im Alltag mehr Möglichkeiten für die Pädagoginnen bieten, "mind-state discourses" mit den Kindern einzugehen, als für die anderen beiden Kategorien. Allerdings konnten auch deutliche Unterschiede innerhalb der Gruppen selbst ausgemacht werden, die darauf hindeuten, dass einzelne Pädagoginnen unterschiedlich häufig „mental-state" Interaktionen mit den Kindern führen (Frampton et al. 2009, 259). Die Strukturmerkmale Erwachsenen-Kind-Schlüssel, Gruppengröße und Qualifikationsniveau der Pädagoginnen liefern keine Vorhersagequalität für die metakognitiven Erwachsenen-Kind-Interaktionen (Frampton et al. 2009, 259). Auch bei der oben zitierten Untersuchung von Pianta et al. (2005) konnte aus Aspekten der Strukturqualität keine Vorhersage für die Prozessqualität getroffen werden. Frampton et al. (2009, 259) können dagegen für die Engagiertheit in allen drei Formen metakognitiver Interaktionen auf der Grundlage des Prozessmerkmals positiv-emotionaler Interaktionsstil vorhersagen. Da die Modelle nur einen geringen Umfang der Varianz erklären können, zwischen 9 und 14 Prozent innerhalb der Gruppen, weisen die Autoren zu Recht darauf hin, dass es auch noch andere beeinflussende Faktoren für die metakognitiven Interaktionen geben muss, die nicht berücksichtigt wurden. Sie weisen dabei auf Umgebungsfaktoren, Einstellungen der Pädagogen und Verhaltensmerkmale der Kinder hin, die in zukünftigen Untersuchungen berücksichtigt werden sollten (Frampton et al. 2009, 260). Die Arbeit von Degotardi (2010) ist geeignet um zu zeigen, dass die Komplexität der Interpretation kindlicher Äußerungen durch die Pädagogin bereits einen deutlichen Einfluss auf die Interaktionsqualität hat.

Einen bislang unberücksichtigten Aspekt zur Qualität der Erwachsenen-Kind-Interaktion untersuchen Curby et al. (2010). Sie fokussieren auf eine Problematik in der Qualitätsanalyse, die darin besteht, dass vor allem mit erfassten Durchschnittswerten weitergerechnet wird, die Kinder aber in Wirklichkeit über den Tag verteilt unterschiedliche Qualitätsausprägungen erfahren können. Vor diesem Hintergrund fragen Curby et al. (2010) danach, wie stabil die Interaktionsstrukturen innerhalb der Gruppe sind und definieren als Untersuchungszeitraum die ersten beiden Stunden am Morgen. Als Interaktionskategorien werden die Bereiche Instruktion, Organisation und emotionale Unterstützung ausgewiesen (in Anlehnung an die Verwendung der CLASS, Curby et al. 2010, 376f.). Darüber hinaus untersuchen sie, wie die verschiedenen Interaktionskategorien über die Zeit miteinander zusammenhängen. Die Daten für die Untersuchung stammen aus den Studien „National Center for Early Development and Learning's Multi-State Pre-Kindergarten Study MS-Study" und „State Wide Early Education Programs SWEEP-Study". Für 684 Gruppen liegen vier Erhebungszyklen mit der CLASS vor, die für die Untersuchung herangezogen werden. Die Ergebnisse zeigen, dass die Interaktionsqualität während der ersten beiden Betreuungsstunden am Tag konsistent ist (Curby et al. 2010, 380). Wichtig ist hier zu berücksichtigen, dass eine gleichbleibende Interaktionsqualität nicht mit einer hohen gleichzusetzen ist. Das Ergebnis einer konsistenten Interaktionsqualität kann als Legitimation herangezogen werden, für die Qualitätserfassung und weitere Berechnung mit durchschnittlichen Werten zu agieren. Curby et al. (2010) zeigen darüber hinaus, dass die Qualität des Bereiches Instruktionen nicht mit dem der Organisation oder der emotionalen Unterstützung zusammenhängt. Das heißt aber auch, dass „high-quality Emotional Support and Classroom Organization may be good aspects of classrooms, but they will not lead to higher quality Instructional Support within the context of a day" (Curby et al. 2010, 381). Aber „higher quality Classroom Organization was associated with higher quality Emotional Support at the next observation cycle" (Curby et al. 2010, 381). Die Autoren verweisen auf die praktische Bedeutung der Ergebnisse. Während die Bereiche des Classroom Management zur Kategorie der Organisation gezählt werden, sehen Curby et al. (2010) die praktische Relevanz ihrer Ergebnisse darin, dass eine höhere Qualität in der emotionalen Unterstützung auch zu einer qualitativ hochwertigeren Interaktion im Bereich der Organisation führt. Von besonderem Interesse für die vorliegende Arbeit ist das Ergebnis, dass instruktive Interaktionen in insgesamt nur geringer Anzahl entdeckt wurden:

> „Given the low levels of Instructional Support, the results also support the idea that there is a need for more academically challenging interactions." (Curby et al. 2010, 282)

Die Bedeutung der Pädagogin-Kind-Interaktion wird vor allem im Kontext pädagogischer Prozessqualität diskutiert, was in den beschriebenen empirischen Untersuchungen deutlich wurde. Darüber hinaus gibt es wenige Befunde über Zusammenhänge und Strukturen der Pädagogin-Kind-Interaktionen in vorschulischen Settings und keine über die realisierten Mikroprozesse innerhalb dieser Interaktionen. Die vorgestellten Untersuchungen unterstützen diesen Eindruck. Während die empirischen Ergebnisse darauf hinweisen, dass anspruchsvolle, fördernde Interaktionen häufiger nachzuweisen sind, je besser die Pädagoginnen ausgebildet sind und je mehr praktische Erfahrung sie besitzen (vgl. Pianta et al. 2005; Sylva 2010; Siraj-Blatchford 2010), und eine hohe Qualität in den Interaktionen bessere kognitive und soziale Outcomes bewirken (vgl. Siraj-Blatchford et al. 2003), sind andere Fragen der

Pädagogin-Kind-Interaktion lediglich ansatzweise erforscht. Beispielsweise deuten einige Untersuchungen an, dass kognitiv fördernde Interaktionen in der frühpädagogischen Praxis nur in geringem Umfang zu beobachten sind (Siraj-Blatchford et al. 2002, König 2006, Albers 2009, Curby et al. 2010). Wann und in welchen Situationen es zu diesen Interaktionen kommt, welche Sprachmodi Erzieherinnen benutzen, wie sich diese auf die Entwicklung bildungssprachlicher Fähigkeiten in der frühen Kindheit für Erst- und Zweitsprachlerner auswirken und welche Rolle dies wiederum für die kognitive Entwicklung spielt, sind dabei sich anschließende Fragen, zu denen es keine belastbaren Antworten gibt.

3.3 *Sustained Shared Thinking* in der frühpädagogischen Praxis

Die oben bereits vorgestellte „Effective Provision of Preschool Education"-Studie[17] hat die soziale und kognitive Entwicklung von knapp 3.000 Kindern ab ihrem Eintritt in die vorschulische Einrichtung verfolgt. Ein zusätzliches Sample wurde beim Übergang in die Reception Class gebildet aus Kindern, die zu diesem Zeitpunkt noch keine vorschulische Einrichtung besucht hatten, und als „Home group" für weitere Untersuchungen in der Key Stage 1 berücksichtigt (Sammons 2010, 29f.). Die pädagogische Qualität, die die Kinder in den vorschulischen Einrichtungen erfuhren, wurde als „größtenteils adäquat" (Sylva 2010, 85; eigene Übersetzung) eingeschätzt[18]. Die Autoren der Studie fragen danach „whether attending a pre-school centre makes a difference to young children's intellectual and social/behavioural development" (Sammons 2010b, 93) und kommen unter anderem zu den Ergebnissen, dass erstens eine hohe Vorschulqualität zu besseren kognitiven und sozialen Outcomes führt, zweitens ein höheres Qualifikationsniveau der Pädagoginnen mit einer höheren pädagogischen Qualität einhergeht und drittens einige Einrichtungen die Entwicklung der Kinder signifikant effektiver fördern als andere (Sammons 2010b, 94ff.). Im Rahmen einer qualitativen Erweiterungsstudie folgte eine Best-Practice-Analyse (Siraj-Blatchford, Sylva, Taggart, Sammons, Melhuish & Elliot 2003; Siraj-Blatchford, Sammons, Taggart, Sylva & Melhuish 2006). Dabei sollte der pädagogische Alltag jener Einrichtungen genau studiert und analysiert werden, in denen die Kinder besonders effektiv gefördert werden. Mittels Fallstudien[19] in 12 frühpädagogischen Einrichtungen wurden unterschiedliche Handlungsbereiche identifiziert, in denen sich gute von exzellenten Einrichtungen unterscheiden (Siraj-Blatchford, Sylva, Taggart, Sammons, Melhuish & Elliot 2003). Die Exzellenz der Einrichtung wird am „Outcome", d.h. den Entwicklungsfortschritten der Kinder bezüglich ihrer sozialen und/oder kognitiven Fähigkeiten, gemessen. Exzellente Einrichtungen bie-

---

17 Nach einer Verlängerung des Projektes wurden die Kinder über die Grundschulzeit begleitet. Die Bezeichnung steht deshalb seit 2004 für „Effective Pre-School and Primary Education", eine erneute Verlängerung bis 2013 führte zu der neuen Projektbezeichnung EPPSE „Effective Pre-School, Primary and Secondary Education" (vgl. auch http://eppe.ioe.ac.uk/index.htm).

18 Die Qualität wurde mithilfe der ECERS-R, ECERS-E und CIS eingeschätzt (vgl. Sylva 2010, 73f.).

19 Im Rahmen des EPPE-Projektes wurde eine qualitative Studie integriert, in der Fallstudien in 12 Einrichtungen durchgeführt wurden. Das REPEY-Projekt basiert auf diesen Daten, beinhaltet aber eine Erweiterung um zwei Einrichtungen sowie umfassendere Analysen (Siraj-Blatchford et al. 2002; Siraj-Blatchford 2010).

ten ihren Kindern über der Erwartung liegende Entwicklungsfortschritte, gemessen an den Eingangsfähigkeiten, dem häuslichen Kontext und anderen Faktoren. Um die pädagogische Alltagspraxis in den ausgewählten Einrichtungen untersuchen zu können, wurden im Rahmen der angegliederten REPEY[20]-Studie systematische Beobachtungen durchgeführt. Die Projektmitarbeiterinnen der Erhebung kannten die Einrichtungen bereits ein bis drei Jahre und wurden für die Erhebung der ECERS fortgebildet sowie für die Erhebungsform der teilnehmenden Beobachtung, halbstandardisierten Interviews und der Dokumentenanalyse. Für die Erhebung der qualitativen Daten verbrachten die Projektmitarbeiterinnen zwei Wochen in den jeweiligen Einrichtungen. Die umfassende Analyse der qualitativen Erweiterungsstudie basiert auf (Siraj-Blatchford et al. 2003)

- 14 Dokumentenanalysen
- 42 Transkripten von Interviews mit Mitarbeiterinnen bzw. Leiterinnen
- 204 natürlichen Beobachtungen (ca. 400 Stunden) von zwei „Erzieherinnen" für zwei Tage
- 107 Elterninterviews
- 14 Beschreibungen der Lern- und Spielumgebung der Einrichtungen
- 254 systematischen Beobachtungen mit dem Target Child Observation Instrument; für die qualitative Analyse wurden 141 zufällig ausgewählt.

Für die Einschätzung der Pädagoginnen-Kind-Interaktion wurde das Target-Child-Observation-Instrument eingesetzt, das die Beobachtung eines Kindes über einen Zeitraum von 20 Minuten vorsieht. Für jedes 30-Sekundenintervall werden folgende drei Kategorien kodiert: *Curriculum Area*, *Social context* und *Learning activity*. Befindet sich das Zielkind während der Beobachtung in einer Interaktion mit einem Erwachsenen, wird zusätzlich die Kategorie *Adult's Pedagogical Interactions* eingeschätzt (Siraj-Blatchford, Sylva, Taggart, Sammons, Melhuish & Elliot 2003, 165ff.). Die letztgenannte Kategorie unterscheidet dabei zwischen Kognitiven Interaktionen und Sozialen Interaktionen. Im Bereich der Erwachsenen-Kind-Interaktionen konnten in den exzellenten Einrichtungen häufiger Kognitive Interaktionen nachgewiesen werden, die als *Sustained Shared Thinking* bezeichnet werden. Die Autoren der Studie verstehen darunter „an episode in which two or more individuals 'work together' in an intellectual way to solve a problem, clarify a concept, evaluate activities, extend a narrative etc. Both parties must contribute to the thinking and it must develop and extend thinking" (Siraj-Blatchford, Sylva, Taggart, Sammons, Melhuish & Elliot 2003, V). Diese Kognitiven Interaktionen umfassen Scaffoldingprozesse, Erweiterungen der kindlichen Äußerungen, Gedanken und Aktivitäten, Diskussionen, Vormachen unter bestimmten Bedingungen und auch Spielen. Befunde der angegliederten REPEY-Studie belegen, dass *Sustained Shared Thinking* selbst in den effektiven Einrichtungen nur selten zu finden ist (Siraj-Blatchford, Sylva, Muttock, Gilden & Bell 2002, 10). Auch Untersuchungen aus dem deutschsprachigen Raum zeigen, dass *Sustained Shared Thinking* (in der deutschsprachigen Literatur auch übersetzt als „gemeinsam geteilte Denkprozesse") im Kindergartenalltag eine Ausnahme darstellt (König

---

20 Reasearching Effective Pedagogy in the Early Years

2006, vgl. auch Albers 2009)[21]. Weitere Kategorien der Kognitiven Interaktionen des Target-Child-Observation-Instruments sind *Begleitende Beobachtung* und *Direkte Unterweisungen*. Begleitende Beobachtungen werden kodiert, wenn der Erwachsene das Kind bewusst bei einer Tätigkeit beobachtet und somit aktiv als Interaktionspartner für das Kind zur Verfügung steht (Siraj-Blatchford, Sylva, Muttock, Gilden & Bell 2002, 144f.). Die Direkte Unterweisung umfasst Interaktionen, die vor allem durch Fragen, Beschreibung der Aktivität, didaktische Instruktionen, Aufgabenmanagement und dem Organisieren und Bereitstellen von Aufgaben gekennzeichnet ist. Der Direkten Unterweisung kommt eine entscheidende Rolle zu, wenn die Kinder beispielsweise beim Ausprobieren, Formulieren und Überprüfen von Fragestellungen an Grenzen geraten oder ein Phänomen einer ergänzenden Erklärung oder Erläuterung bedarf. Siraj-Blatchford und Siraj-Blatchford (2002) sehen diese Interaktionsform als notwendige und bedeutsame Ergänzung von *Sustained Shared Thinking*. In einer qualitativen Studie mit 54 Kindern wurde deren Konstruktionswissen während des Spielens mit Bauklötzen untersucht (Siraj-Blatchford & Siraj-Blatchford 2002b, 205). Die Autoren kommen dabei zu dem Ergebnis, dass die Kinder zwar viele verschiedene Möglichkeiten ausprobieren, die Bauklötze zusammenzusetzen, „but there are clearly major limitiations to this autonomous discovery." (Siraj-Blatchford & Siraj-Blatchford 2002, 209). Neue Techniken des Stapelns oder Konstruierens werden dann häufiger beobachtet, wenn sie durch Erwachsene oder andere Kinder vorgeschlagen werden. Die Direkte Unterweisung ist für effektive Lehr-Lern-Prozesse in frühpädagogischen Settings notwendig, wenn sie neben anregenden und gemeinsam geteilten Interaktionsformen wie dem *Sustained Shared Thinking* zu finden ist. Mit Sozialen Interaktionen werden im Target-Child-Observation-Instrument solche Interaktionen zwischen Pädagogin und Kind erfasst, die als *Betreuung bzw. Fürsorge, Soziale Konversation* oder *Verhaltensregulation* beschrieben werden. Die Verhaltensregulation beinhaltet dabei direkte Aufforderungen zur Verhaltensmodifikation, die konkret formuliert ein Zielverhalten beinhalten, wie die Anweisung etwas aufzuräumen oder still zu sitzen, umfasst aber auch im weitesten Sinne alle Ermahnungen, die an ein Kind gerichtet sind. Soziale Konversationen beschreiben alle Pädagogin-Kind-Interaktionen, die inhaltlich nicht mit dem Thema der Lehr-Lern-Einheit in Verbindung stehen bzw. mit der aktuell ausgeführten Tätigkeit des Kindes. Betreuung bzw. Fürsorge beschreibt die Interaktionen zwischen Pädagogin und Kind, die im Original als Care bezeichnet werden. Damit sind Interaktionen gemeint, die auf Bedürfnisse konzentriert sind, wie z.B. auf das Bedürfnis nach Nähe oder Beruhigung durch auf den Schoß nehmen oder physische Bedürfnisse, wie einer Unterstützung beim Toilettengang (Siraj-Blatchford, Sylva, Taggart, Sammons, Melhuish & Elliot 2003, 168). Die Beobachtungen mit dem Target-Child-Observation-Instrument ermöglicht eine Einschätzung des kognitiven Anregungsgehaltes der Pädagogin-Kind-Interaktionen. Dieser wird als Merkmal der pädagogischen Prozessqualität betrachtet. Tietze et al. (1998, 269) halten fest, „Pädagogische Prozeßqualität vollzieht sich in der Kindergartengruppe in der Interaktion zwischen Erzieherinnen und Kindern." Roßbach (2005, 69) beschreibt in der Konsequenz den kognitiven Anregungsgehalt von Interaktionen als Bestandteil der pädagogischen Prozessqualität. In der REPEY-Studie werden diese Zusammenhänge

---

21 Diese Untersuchungen werden weiter unten noch einmal ausführlich betrachtet.

bestätigt: „When the initiation of just the high challenge activities is considered, an interesting picture emerges... In excellent settings the importance of staff-members extending child-initiated episodes is very clear" (Siraj-Blatchford, Sylva, Muttock, Gilden & Bell 2002, 54). *Sustained Shared Thinking* wurde nicht nur empirisch häufiger in elementarpädagogischen Einrichtungen nachgewiesen, deren Kinder einen höheren Outcome in kognitiven Leistungen hatten, sondern beinhaltet auch diskursive Strategien der Pädagogin, wie die Verwendung offener Fragestrukturen, das Einfordern von Erklärungen, Ideen und Beschreibungen (Siraj-Blatchford & Manni 2008), die vor allem sprachliche Merkmale einer Academic Language (Cummins 2008, Fried 2010) bzw. Bildungssprache (Gogolin 2009, Ahrenholz 2010) beinhalten. Der Erwerb solcher sprachlichen Strukturen ist für Vorschulkinder von besonderer Bedeutung, da diese Sprachkompetenzen in der Schule von ihnen verlangt werden und für schulischen Bildungserfolg maßgeblich sind (Yifat & Zadunaisky-Ehrlich 2008; Gogolin 2008). Sprachliche und kognitive Anregungen der Pädagogin können somit als Merkmale von *Sustained Shared Thinking* beschrieben werden, das durch ein gemeinsames gedankliches Voranschreiten bezogen auf eine Problemlösesituation gekennzeichnet ist und eine aktive Auseinandersetzung von Kind und Pädagogin voraussetzt. Sie finden hauptsächlich in Eins-zu-eins-Situationen zwischen Kind und Pädagogin statt. Als Beispiel für *Sustained Shared Thinking* wird die folgende Interaktion beschrieben (Siraj-Blatchford, Sylva, Taggart, Sammons, Melhuish & Elliot 2003, 124; auch Siraj-Blatchford & Manni 2008, 6):

BOY who has been watching (various items floating on water), „Look at the fire cone. There's bubbles of air coming out."

NURSERY OFFICER „It's spinning round."

The Nursery Officer here is modeling curiosity and desire to investigate further.

BOY "That's 'cos it got air in it."

NURSERY OFFICER 1 picks up the fire cone and shows the CHILDREN how the scales go round the fir cone in a spiral, turning the fir cone round with a winding action.

NURSERY OFFICER „When the air comes out in bubbles it makes the fir cone spin around."

GIRL uses a plastic tube to blow into the water

GIRL „Look bubbles."

NURSERY OFFICER „What are you putting into the water to make bubbles?... What's coming out of the tube?"

GIRL „Air."

(Document 421 NS)

Abbildung 1:   Transkriptionsbeispiel zu *Sustained Shared Thinking*

Sustained Shared Thinking als pädagogisches Konzept

Die Bezeichnung *Sustained Shared Thinking* geht auf die Autorengruppe der EPPE-Studie zurück. Gewählt wurde der Ausdruck, da die in den Forschungsprozess eingebundenen Beobachter vor allem auf das gemeinsame Denken in den Interaktionen hingewiesen haben, das in einigen Interaktionen als nachhaltig eingeschätzt wurde (Siraj-Blatchford 2009, 77). Die Vorstellung, mit Kindern gemeinsam Probleme zu lösen und sie auf diese Weise auf ihrem Weg des Wissenserwerbs zu unterstützen und in ihrer Entwicklung zu fördern, ist nicht neu. Bereits Humboldt hat das Gespräch als bedeutsam für die Anregung von Denkprozessen beschrieben (Fried 2008b, 143). Die Idee, Wissen und Vorstellungen über die Welt gemeinsam im sozialen Austausch zu konstruieren, wurde in unterschiedlichen Theorien aufgegriffen, die in einer sozial-konstruktivistischen Tradition stehen. Eine theoretische Nähe zwischen *Sustained Shared Thinking* beschreibt Siraj-Blatchford (2009) vor allem zu Vygotskis „Zone der nächsten Entwicklung", dem Konzept des „Scaffoldings" nach Wood et al. (1976) und Mercers Konzept des „Interthinking".

Mit der „Zone der nächsten Entwicklung" hat Vygotski (1978) den Bereich der kognitiven Fähigkeiten beschrieben, die das Kind erreichen kann, wenn es entsprechende Hilfestellungen erhält. Die „Zone der nächsten Entwicklung" wird als eingegrenzter Bereich betrachtet. Auf sich gestellt, kann das Kind bestimmte Aufgaben und Fähigkeiten lösen. Durch die Unterstützung und Hilfestellung eines Erwachsenen kann das Kind seine kognitiven Grenzen überwinden und einen gedanklichen Schritt vorankommen. Dabei sind die Möglichkeiten, das Denken des Kindes zu unterstützen und es ihm zu ermöglichen, seine kognitiven Fähigkeiten auszuweiten, jedoch begrenzt. Der erreichbare Raum wird als „Zone der nächsten Entwicklung" beschrieben. Vygotski hat seinen Ansatz in Abgrenzung zu drei theoretischen Positionen dargestellt, die das Verhältnis von Lernen und Entwicklung zu erklären versuchen (Vygotski 1978). Das erste Paradigma, mit dem er nicht übereinstimmt, geht davon aus, dass die Prozesse kindlicher Entwicklung unabhängig vom Lernen stattfinden. Als Vertreter dieser Theorie nennt Vygotski Piaget. Das zweite Paradigma, vom dem Vygotski seine Vorstellung abgrenzt, setzt Entwicklung und Lernen gleich und betrachtet beides als die Ausdifferenzierung angelegter Strukturen. Ein drittes Paradigma, das er beschreibt, betrachtet Lernen und Entwicklung als unabhängige Prozesse, die sich dennoch gegenseitig beeinflussen (Vygotski 1978, 81). In diesem Sinne bedingt eine fortschreitende Entwicklung Lernprozesse, die sich wiederum förderlich auf die weitere Entwicklung auswirken. So verstanden kommt dem Lernen erstmals eine gewichtige Bedeutung für die Entwicklung zu, die in den anderen Paradigmen bis dato entweder erst in der Folge möglich oder eben gleichgesetzt waren. Dabei wird davon ausgegangen, dass die kindliche Entwicklung stagniert, wenn sie nicht auch durch Lernprozesse vorangetrieben wird. Doch auch von dieser Sichtweise wendet Vygotski (1978, 84) sich explizit ab, da sie ihm noch nicht ausreichend passgenau erscheint. In seiner eigenen theoretischen Positionierung geht er davon aus, dass sich die Lerninhalte immer am Entwicklungsstand des Kindes orientieren müssen. Hierfür ist es notwendig zwei Entwicklungsstufen zu definieren: die erreichte Entwicklungsstufe, in der sich das Kind aktuell befindet, und die „Zone der nächsten Entwicklung" (Vygotski 1978, 85ff.). Die aktuelle Entwicklungsstufe wird durch die mentalen Funktionen repräsentiert, zu denen das Kind in der

Lage ist. Es stellt den Bereich dar, in welchem das Kind in der Lage ist, selbständig und ohne Hilfestellungen Probleme zu lösen und Aufgaben zu bewältigen. Der entscheidende Aspekt für die Entwicklung seines Ansatzes sieht Vygotski in der Unzulänglichkeit der Beschreibung dieses Entwicklungszustandes, da er diesen als retrospektive Charakterisierung der Entwicklung bezeichnet (Vygotski 1978, 86). Für die Beschreibung der kognitiven Fähigkeiten und die Entwicklung eines Kindes schätzt er die „Zone der nächsten Entwicklung" als wesentlich bedeutsamer ein. Ausgehend vom aktuellen Entwicklungsstand beschreibt diese den Bereich eines Entwicklungsstandes, den das Kind durch Hilfestellung und Anleitung zu erreichen imstande ist. Vygotski (1978) erläutert dies am Beispiel zweier Kinder, deren aktueller Entwicklungsstand gleich ist, die aber mit Hilfestellung unterschiedlich fortgeschrittene Ergebnisse erreichen, sich in ihrer „Zone der nächsten Entwicklung" somit voneinander unterscheiden. Die Unterstützung kann dabei durch die Anleitung eines Erwachsenen oder in der Zusammenarbeit mit Gleichaltrigen geleistet werden (Vygotski 1978, 86). Aus dieser Perspektive wird die Beschreibung beider Entwicklungsstufen notwendig, der aktuellen und der „Zone der nächsten Entwicklung", um ein vollständiges Bild über den Entwicklungsstand eines Kindes und seine Möglichkeiten zu erhalten. Durch die Beschreibung einer „Zone der nächsten Entwicklung" wird auch eine Kategorie des „good learning" (Vygotski 1978, 89) möglich, die dann gegeben ist, wenn der Lerngegenstand inhaltlich über den aktuellen Entwicklungsstand hinausgeht, aber innerhalb der „Zone der nächsten Entwicklung" bleibt. Vygotski (1978, 90) beschreibt das Verhältnis von Lernen und Entwicklung als zwei sich unterscheidende Kategorien. Durch strukturierte Lernprozesse werden Entwicklungsprozesse angestoßen, die wiederum nur durch die Soziale Interaktion belebt werden und von daher auf diese angewiesen sind.

Das Konzept des „Scaffoldings" (Wood et al. 1976) beschreibt eine ähnliche pädagogische Praxis, wie sie der Umgang mit der „Zone der nächsten Entwicklung" vorschlägt. Wood et al. (1976) beziehen sich ursprünglich nicht auf Vygotskis Theorie. Die enge Verbindung des Scaffolding zur Theorie Vygotskis wird erst später herausgearbeitet (vgl. Mercer 2000, Mercer & Littleton 2007). Ähnlich wie ein Gerüst dazu dient, etwas noch nicht Gefestigtes zu stützen, wird das Kind durch den Prozess des Scaffolding unterstützt, eine Aufgabe zu lösen, die es alleine nicht lösen könnte. In Anlehung an Wood et al. (1976, 90) wird Scaffolding verstanden als

> „process that enables a child or novice to solve a problem, carry out a task or achieve a goal which would be beyond his unassisted efforts. This scaffolding consists essentially of the adult ‚controlling' those elements of the task that are initially beyond the learner's capacity, thus permitting him to concentrate upon and complete only those elements that are within his range of competence."

Scaffolding beschreibt damit einen Prozess, der mittels Lenkung und Hilfestellung den Lernenden in die Lage versetzt, selbständig zur Lösung einer Aufgabe zu kommen, die über seinen entwicklungsbedingten Fähigkeiten liegt. Der Wissensvorsprung des Erwachsenen wird hier als notwendige Grundlage in den Prozess einbezogen. Der Erwachsene muss das Ziel, d.h. die gelöste Aufgabe dabei vor Augen haben, um das Kind sinnvoll dorthin lenken zu können. Scaffolding ist somit durch eine klare

Strukturierung des Vorgehens gekennzeichnet, die der didaktischen Aufbereitung des Inhalts entspricht. Wood et al. (1976, 98) definieren sechs aufeinander aufbauende Schritte, die den Scaffolding-Prozess ausmachen. Kurz gefasst muss der Tutor[22] zu Beginn das Interesse des Kindes wecken, die Aufgabe vereinfachen, Motivation und Richtung der Konzentration des Kindes aufrechterhalten, kritische Bezugspunkte der Aufgabe deutlich machen, die Frustration des Kindes beachten und gegebenenfalls kontrollieren sowie eine Lösung demonstrieren. Das Scaffolding-Modell wurde vor allem wegen dieser prozesshaften Abfolge als zu mechanisch und funktionalistisch kritisiert (vgl. Jordan 2009). Eine spontan im Alltag auftauchende Problemlösesituation muss jedoch nicht alle sechs von Wood et al. (1976) definierten Prozessschritte beinhalten, um dem Prinzip gerecht zu werden. Ebenso wie das Konzept der „Zone der nächsten Entwicklung" baut Scaffolding auf der Sozialen Interaktion auf. In diesem Sinne wird die Zieldimension immer durch den Erwachsenen definiert. Da das Kind als „Novize" auf das Wissen des Erwachsenen angewiesen ist, besitzt dieser eine inhaltliche Definitionsmacht in der Situation.

Mercer (2000, 141) versteht den Lehr-Lern-Prozess als „Interthinking" oder „Intermental". Er entwickelt sein Konzept auf den Grundgedanken Vygotskis zur „Zone der nächsten Entwicklung" und des Scaffolding. Anders als Vygotski ist Mercer weniger an den Mechanismen der individuellen Entwicklung interessiert, sondern eher an gelingenden Bedingungen des Lehr-Lern-Prozesses. In einem Raum geteilter Kommunikation müssen der Lehrende und der Lerner durch die gemeinsame gedankliche Aktivität im Gespräch eine „Intermental Development Zone (IDZ)" hervorbringen (Mercer 2000, 141). Der intramentale Prozess bezieht die gemeinsame kognitive Auseinandersetzung als Grundlage mit ein und begreift die intellektuelle Entwicklung damit explizit als sozialen Prozess, der die intramentale, individuelle geistige Aktivität erweitert und beschleunigen kann. Die „Intermental Development Zone" wird durch den Dialog hergestellt und aufrechterhalten. Wenn im Dialog keine gemeinsame Ebene des Denkens erreicht wird, dann scheitert demzufolge auch der Prozess des Scaffolding. Der Prozess des Scaffolding, der die Unterstützung und Begleitung des Kindes als strukturierten didaktischen Prozess beschreibt, kann nach Mercer (2000) nur gelingen, wenn Kind und Erwachsener sich gedanklich auf einer Ebene treffen, bevor die Entwicklung des Kindes Fortschritte machen kann. Vereinfacht ausgedrückt müssen beide erst einmal über dasselbe sprechen, bevor sie es weiterentwickeln können. In der Theorie Vygotskis steht die, der „Zone der nächsten Entwicklung" angemessene und passende Anleitung als Prämisse für die Entwicklungsfortschritte des Kindes im Vordergrund. Mercer (2000) versucht einzubeziehen, dass es nicht nur die angemessene Hilfestellung ist, die die Entwicklung des Kindes begünstigt. Vielmehr ist der dialogische Prozess zwischen Kind und Erwachsenem ebenso entscheidend für die erfolgreichen Fortschritte des Kindes, weshalb der Dialog als geteilter Prozess zu verstehen ist, der zwischen Kind und Erwachsenem in diesem Sinne immer wieder neu ausgehandelt werden muss. Ein Beispiel aus den eigenen, dieser Arbeit zugrunde liegenden Daten ist geeignet, um die Idee Mercers zu veranschaulichen (siehe Anhang SST 7). In einem Gespräch zwischen einem Mädchen und der Pädagogin geht es darum, eine Idee zu entwickeln, wie man Papierfische mit einer Angel, die aus einem

---

22 Wood et al. (1976) sprechen vom Tutor als der lehrenden Person.

Holzstab mit angebundener Schnur besteht, angeln könnte. Das Mädchen hat die Idee, den Papierfisch einfach an die Angel zu binden. Eine pragmatische Lösung, mit der das Mädchen offensichtlich zufrieden zu sein scheint. Die Pädagogin macht deutlich, dass sie den Vorschlag nicht geeignet findet, da es keinen Spaß machen würde, weil es ja nicht Angeln wäre. Das Beispiel macht deutlich, dass beide zum einen eine unterschiedliche Vorstellung von Angeln besitzen, für das Mädchen stellt bereits den Fisch an die Angel zu binden ein aktives Angeln dar, und zum anderen eine unterschiedliche Zielvorstellung verfolgen, da dem Mädchen offensichtlich nicht klar ist, dass der Magnet in den Prozess eingebunden werden soll. Die Bemühungen der Pädagogin im Sinne des „Scaffolding", die Ideen des Mädchens in eine ganze bestimmte Richtung zu erweitern, sind erst erfolgreich, als über die gemeinsame Erfahrung der letzten Stunde mit den Magneten ein gemeinsamer Rahmen hergestellt wird, auf dem der Dialog sich weiterentwickeln kann, beide also über dasselbe sprechen. Wie selbstverständlich bringt das Mädchen dann den Magneten in das Gespräch ein. Um eine „Intermental Development Zone" dialogisch zu entwickeln, sind Frage-Antwort-Sequenzen zwischen Kind und Erwachsenen[23] wichtig, die zwar Wissen abfragen, aber nicht um dieses zu bewerten, sondern um eine gemeinsame gedankliche Ebene zu finden, von der aus Verstehensprozesse begleitet und weiterentwickelt werden können (Mercer 2000, 160). In dem Ansatz „Thinking Together" haben Mercer & Littleton (2007) die auf den Dialog gerichteten entwicklungsfördernden Ideen für ein Kommunikationstraining weiterentwickelt und zusammengefasst.

Gemeinsam ist den vorgestellten Ansätzen, dass sie eine pädagogische Praxis beschreiben, in der die Soziale Interaktion den Kern für die Förderung kindlichen Lernens und kindlicher Entwicklung darstellt. Auch das Konzept des *Sustained Shared Thinking* ist als sprachliche und kognitive Anregung der Pädagogin zu verstehen, die im gemeinsamen gedanklichen Voranschreiten, bezogen auf eine Problemlösesituation, stattfindet. Es stellt sich die Frage, inwieweit das Konzept eine Neuerung oder Erweiterung zu den vorliegenden Ansätzen darstellt. Siraj-Blatchford (2009, 77) hebt hervor, dass es „its evidential basis in group settings, and as a useful concept for pedagogy" ist, welche *Sustained Shared Thinking* im Vergleich zu anderen Ansätzen charakterisiert und hervorhebt.

Das Besondere des Konzepts *Sustained Shared Thinking* wird aber nicht nur darin gesehen, dass es sich um empirisch erfasste pädagogische Praxis handelt oder als handlungsanleitendes Konzept geeignet ist, qualitativ hochwertige Erwachsenen-Kind-Interaktionen zu beschreiben. Es ermöglicht nicht nur entweder Scaffolding oder ko-konstruktive Prozesse zu betrachten oder auf die Bedeutung der dialogischen Entwicklung zu fokussieren, sondern die Interaktion als Ganzes einzubeziehen, in der immer die dialogische Entwicklung von Bedeutung ist und die sowohl als Scaffolding charakterisiert werden, aber auch eine rein ko-konstruktive Praxis darstellen kann. Während Scaffolding impliziert, dass die Pädagogin eine fachliche Zieldimension bereits während der Interaktion fokussiert, ist die ko-konstruktive Zusammenarbeit gerade durch die Offenheit gekennzeichnet, gemeinsam neues Wissen zu konstruie-

---

23 Mercer (2000, 142) weist darauf hin, dass dies nicht nur zwischen Kindern und Erwachsenen, Schülern und Lehrern von Bedeutung ist, sondern in allen sozialen Kontexten, in denen Gedanken und Ideen gemeinsam weiterentwickelnt werden, wie zum Beispiel wenn Kinder miteinander spielen.

ren. Dies ermöglicht die Analyse der dialogischen Struktur, ohne die Kategorien der Konstruktion unberücksichtigt zu lassen. Gleichzeitig erlaubt es die Erfassung von sich entwickelnden Prozessen. Erwachsenen-Kind-Interaktionen, die mit einem Ziel des Erwachsenen beginnen, ein konkretes Ziel zu erreichen und das Kind dorthin zu geleiten, können sich zu einem ko-konstruktiven Prozess entwickeln, wenn das Kind selbst aktiv die Richtung des Gesprächs mitgestaltet und eigene Ideen und Vorstellungen einbringt. Dies setzt natürlich gleichzeitig die Offenheit des Erwachsenen voraus und der gesamte Dialog baut darauf auf, dass er in der, wie Mercer es formuliert, „Intermental Development Zone" stattfindet. Die in ihren Grundaussagen aufeinander aufbauenden Ansätze lassen sich in der Vorstellung des *Sustained Shared Thinking* zusammenfassen und sind auf diese Weise für die frühpädagogische Praxis ebenso nutzbar wie für die Forschung.

Sustained Shared Thinking umfasst sowohl die Ko-Konstruktion von Verstehen als auch Scaffolding. Beide Ansätze wurden zuvor dargestellt und sollen hier abschließend noch einmal kurz miteinander verglichen werden, um die Unterschiede deutlich zu machen. Scaffolding basiert auf der Überlegenheit eines Interaktionspartners. Der Experte, der Erwachsene oder erfahrene Peer, unterstützt und leitet das Kind in strukturierter Weise dazu an, eine Aufgabe oder Situation selbständig zu bewältigen, die es aus eigener Kraft nicht hätte schaffen können. In der Regel verfolgt der Experte in diesem Setting ein bestimmtes Ziel (Jordan 2009). Der Prozess des Scaffolding läuft somit in der Regel nicht auf ein zufälliges Ergebnis zu, sondern beinhaltet etwas, das vom Erwachsenen als bedeutsam für die kindliche Entwicklung betrachtet wird und es deshalb wert ist, vom Kind erfahren zu werden. Die Situation enthält somit nicht nur eine als pädagogisch zu beschreibende Interaktion, sondern auch eine curriculare, inhaltliche Perspektive, die durch den Erwachsenen definiert wird (Broadhead 2006, Siraj-Blatchford 2009). Scaffolding kann somit auch durch eine lehrer- oder erwachsenenzentrierte Perspektive charakterisiert werden, die sich, soll sie gelingen, in der „Zone der nächsten Entwicklung" abspielt. Die Ko-Konstruktion von Verständnis in der Erwachsenen-Kind-Interaktion basiert auf der Vorstellung des kompetenten Kindes, das seine Vorerfahrungen und sein Wissen in die Interaktion mit einbringt und auf dieser Grundlage, gemeinsam mit dem Erwachsenen neues Wissen, Verständnis und Bedeutung konstruiert. Dies setzt auf der Seite des Erwachsenen weniger Expertenwissen voraus, als dies beim Scaffolding notwendig ist, verlangt aber vom Erwachsenen viel stärker, sich auf das Vorwissen und die Denkweise des Kindes einzulassen. Jordan (2009) geht sogar davon aus, dass die Ko-Konstruktion von Bedeutung oder Verstehen zwischen Erwachsenem und Kind vor allem dann besonders fruchtbar ist, wenn der Erwachsene wenig über den ausgetauschten Inhalt weiß, selbst also alles andere als ein Experte ist. In dieser Situation, so Jordan (2009 43) wird das eingebrachte Wissen des Kindes als gleichwertig betrachtet. Neben der Wertschätzung und Offenheit, die der Erwachsene hier den Ideen und Interessen des Kindes entgegenbringt, bieten sich dem Kind hier Möglichkeiten, diskursive Strategien auszuprobieren und zu trainieren. Seinen eigenen Standpunkt deutlich zu machen, Ideen zu formulieren und zu verteidigen, diese gemeinsam weiterzuentwickeln oder auszuprobieren und durch Rückfragen zum Nachdenken angeregt zu werden, können in der Pädagogin-Kind-Interaktion geübt werden (vgl. Weltzien 2009). *Sustained Shared Thinking* stellt als Konstrukt eine Möglichkeit dar, die beschriebenen Formen der Erwachsenen-Kind-Interaktion zu erfassen, bei denen der soziale Austausch als Grundlage für den Aufbau von Wissensstrukturen betrachtet wird, die im Dialog erzeugt werden.

3.4 *Sustained Shared Thinking*: Ergebnisse aus deutschen Kindergärten

Auch im deutschsprachigen Raum hat das Konzept des *Sustained Shared Thinking* Beachtung gefunden (Sylva et al. 2004, König 2006, Fried 2008b, Albers 2009). Zwei Forschungsarbeiten konnten recherchiert werden, die *Sustained Shared Thinking* berücksichtigen.

In der 2009 veröffentlichten Arbeit „Sprache und Interaktion im Kindergarten" untersucht Albers, inwieweit sich die sprachlichen Fähigkeiten drei- bis sechsjähriger Kinder auf ihre „kommunikativen Strategien" in der Interaktion mit Gleichaltrigen und Erzieherinnen auswirken. Dabei wird auch die Art und Weise des sprachlichen Handelns der Erzieherinnen als mögliche, beeinflussende Größe im Sinne einer Ressource für die kindliche Sprachentwicklung untersucht (Albers 2009, 12). Vor allem die „sprachlichen Modellierungstechniken und sprachspezifischen Kommunikationstechniken" stellt Albers (2009, 13) hervor, unter denen er auch *Sustained Shared Thinking* Prozesse fasst. In einem äußerst komplexen Untersuchungsdesign wendet er triangulativ quantitative und qualitative Auswertungsverfahren an. Die zugrundeliegenden Daten basieren auf den Sprachstandsergebnissen der Kinder, für die Bestandteile verschiedener Testverfahren zusammengeführt wurden (Albers 2009, 13ff.) und den mittels teilnehmender Beobachtung erstellten Feldnotizen und Tonbandaufzeichnungen von natürlichen Gesprächen in „sprachlich relevanten Situationen". Das theoretische Konstrukt der Arbeit umfasst die Aufarbeitung der Spracherwerbstheorie zum Erst- und Zweitspracherwerb. Eine Erläuterung oder Einführung in die Idee des *Sustained Shared Thinking*, das Albers (2009, 92) als „langandauerndes gemeinsames Denken" übersetzt, findet sich nicht. Die Einschätzung der Interaktionen als *Sustained Shared Thinking* im Rahmen der qualitativen Auswertung erfolgt diesen Angaben zufolge als spontane Einschätzung der Gesprächssituationen durch den Autor. Das originäre Interesse seiner Arbeit wird vor diesem Hintergrund eher in den sprachförderrelevanten Strukturen und Bedingungen in alltäglichen Interaktionen in Vorschuleinrichtungen gesehen. Vor diesem Hintergrund sind die Ergebnisse zu bewerten, die keine direkte Einschätzung der Häufigkeit auftretender Prozesse von *Sustained Shared Thinking* zulassen. Da Albers (2009) aber explizit auf das Konzept verweist, wird die Studie an dieser Stelle erwähnt. Er kann in fast allen untersuchten Settings Sequenzen „langandauernden gemeinsamen Denkens" nachweisen, die Ausnahme stelle eine Einrichtung dar, in der eine besonders hohe sprachliche Heterogenität unter den Kindern vorgefunden wurde und in der kein einziger Prozess „langandauernden gemeinsamen Denkens" identifiziert werden konnte. Albers (2009, 260) kommt zu dem Ergebnis, dass eine sprachliche Strategie von Kindern mit höheren Kompetenzen im Deutschen ist, sich an die Erzieherinnen zu wenden „um komplexe Äußerungen aus dem sprachlichen Input übernehmen und Situationen des ‚langandauernden gemeinsamen Denkens' mit den pädagogischen Fachkräften initiieren zu können". Darüber hinaus konnte der Autor der Studie in einer Einrichtung beobachten, dass Interaktionen im Sinne des „langandauernden gemeinsamen Denkens" in stärkerem Maße dazu geeignet sind „positive Auswirkungen auf das Sprachverhalten der Kinder" zu bewirken, als ein dort umgesetztes, spezifisches Vorschultraining (Albers 2009, 262f.). Die Untersuchung kommt zu dem Fazit, dass die Möglichkeiten, im pädagogischen Alltag hochwertige Erzieherin-Kind-Interaktionen im Sinne des *Sustained Shared Thinking* zu initiieren, in den untersuchten Einrichtungen nicht ausgeschöpft wurden (Albers 2009, 267f.).

Bereits zuvor hat König (2006) die Ergebnisse der EPPE- und REPEY-Studien aufgegriffen und in einer Videostudie zum Kindergartenalltag die Erzieherin-Kind-Interaktionen erfasst und differenziert beobachtet. Sie hat dabei als erste im deutschsprachigen Raum in einer empirischen Forschungsarbeit das Konzept des *Sustained Shared Thinking* theoretisch berücksichtigt. In Anlehnung an dieses Konstrukt hat sie in dem ihrer Studie zugrundeliegenden Beobachtungsraster die Kategorie „Dialogischentwickelnde Interaktionsprozesse" aufgenommen, die eine Erwachsenen-Kind-Interaktion beschreibt, die von beiden Teilnehmern strukturiert wird und die auf die gemeinsame Problemlösung gerichtet ist (König 2006, 191). Die Forschungsarbeit ist in zwei Teilen aufgebaut, wobei der erste Teil eine umfassende Aufarbeitung der theoretischen Bezüge zur Erwachsenen-Kind-Interaktion darstellt, in dem König (2006), von der Bildungsdiskussion im Elementarbereich seit den 1970er Jahren und der Qualitätsdebatte seit Mitte der 1990er Jahre ausgehend, Interaktionstheorien und -forschungsergebnisse sowie die konstruktivistischen Lehr-Lern-Theorien grundlegend aufarbeitet. Der zweite Teil der Arbeit umfasst eine empirische Studie, in der König (2006) grundlegenden Fragen der Erzieherin-Kind-Interaktion nachgeht. Vor dem Hintergrund mangelnder Forschungsergebnisse kann die Studie als explorativ verstanden werden, deren zentrale Fragestellung von König (2006, 166) wie folgt formuliert wird: „Lässt sich die Interaktion zwischen ErzieherIn und Kind im Kindergarten als Teil einer interaktionistisch-konstruktivistischen Lernumwelt verstehen?" Die Untersuchung wurde als ethnografische Videostudie umgesetzt, an der 61 pädagogische Mitarbeiterinnen aus 17 Kindertageseinrichtungen teilnahmen (König 2006, 205). Für die Analyse standen 58 Videoaufnahmen zur Verfügung, die formulierten Kriterien einer höchstmöglichen Standardisierung entsprechen, z.B. einer Höchstaufnahmedauer von 60 Minuten (König 2006, 222). Der Kamerafokus ist in den Aufzeichnungen auf die Erzieherin konzentriert, um alle Erwachsenen-Kind-Interaktionen des Untersuchungszeitraums erfassen zu können. In vier analytischen Schritten hat König (2006) die Daten analysiert. Neben der Caregiver Interaction Scale CIS wurde ein selbstkonstruiertes Beobachtungsinstrument auf zuvor extrahierte „langandauernde Interaktionen" (König 2006, 225) angewandt. Dabei wurde festgesetzt, dass Interaktionen als langandauernd kodiert werden, wenn sie mindestens drei Minuten lang sind. Eine theoretische Begründung für diese Zeitkategorie unterbleibt. Ziel dieses Analyseschrittes war die „Erfassung der konkreten Interaktionen zwischen ErzieherIn und Kind". Insgesamt konnte König (2006) 170 Interaktionen einschätzen, die zuvor als „langandauernd" kodiert wurden. Sie kommt zu dem Ergebnis, dass die Erzieherin-Kind-Interaktionen kaum an Bildungsinhalten orientiert sind, sondern vielmehr durch „das Alltägliche bestimmt" werden (König 2006, 269). Förderliche Formen des Austausches, wie König (2006) sie in der Kategorie der „dialogisch entwickelnden Interaktionsprozesse" fasst, wurden in einem einzigen Fall gefunden. Vor diesem Hintergrund wird die Problematik direkter Instruktionen im Zusammenhang mit den Grundgedanken einer „interaktionistisch-konstruktivistischen" Lernumgebung diskutiert, die sich vermeintlich gegenseitig ausschließen. König (2006, 271) plädiert auch im Rahmen der „Theorie der direkten Instruktion" für eine Orientierung am „Primat der aktiv Lernenden". Die direkte Instruktion muss sich dabei an den Orientierungen und dem Vorwissen der Kinder ausrichten, was der Perspektive des Scaffolding nach Wood et al. (1976) entspricht und von Siraj-Blatchford & Siraj-Blachtford (2002) empirisch untersucht wurde. Durch die Ergebnisse entsteht der Eindruck, dass es vor allem die Erzieherin ist, die die Möglichkeiten pädagogischer Situationen ungenutzt verstreichen lässt – sei es aufgrund mangelnder Kenntnisse über lern- und entwicklungstheoretisch angemessene Fördermöglichkeiten der Kinder oder behindernde programmatische Vorstellungen über pädagogische Ansätze. König (2006) kann durch ihre Studie darüber hinaus belegen, dass die Erzieherinnen sich im Kindergartenalltag in einer interaktionistischen Extremsituation befinden, die es ihnen erschwert, einzelnen Kindern gerecht zu werden und diese in individuell fördernde, dialogisch aufbauende Interaktionen zu verwickeln. Alleine der Wechsel an Interaktionspartnern von bis zu 32 Übergängen innerhalb der sechzigminütigen Sequenz verdeutlichen die Anforderungen, die an die Erzieherin gestellt werden (König 2006, 271). Die sich angliedernde Frage ist, ob der Kindergartenalltag vielleicht tatsächlich keine Räume für langandauernde und fördernde Interaktionen zwischen Erzieherin und Kind bieten. Nach der Analyse der Videosequenzen resümiert König (2006, 280), dass durchaus Situationen vorhanden waren, die geeignet erschienen eine förderliche Interaktion zu entwickeln, diese jedoch nicht „bewusst" ergriffen werden. Die Konsequenz, die daraus abgeleitet wird, ist die Notwendigkeit einer Sensibilisierung der Erzieherinnen für die Bedeutung dieser Interaktionsprozesse samt dazugehöriger theoretischer Lern- und Entwicklungsbezüge.

Die Studie von König (2006) ist sowohl in ihren Ergebnissen als auch in der methodischen Annäherung an das Material wichtig für die vorliegende Untersuchung. Die methodischen Bezüge werden an späterer Stelle ausführlich erörtert. Die Ergebnisse sind durch die Nähe zum Konzept des *Sustained Shared Thinking* von Bedeutung. Allerdings muss einschränkend bemerkt werden, dass König (2006) sich nicht direkt an diesem Konstrukt orientiert und auch für die Identifikation der „dialogisch entwickelnden Interaktionsprozesse" ein anderes Beobachtungsinstrument anwendet, als es in der REPEY-Studie eingesetzt wurde (Siraj-Blatchford et al. 2002). König (2006, 191) kodierte langandauernde Interaktionen in einem zweiten Schritt mit einem selbstentwickelten Beobachtungsinstrument, das 33 Kategorien umfasst, die neun Oberkategorien untergeordnet sind. „Dialogisch-entwickelnde Interaktionsprozesse" sind dabei als Ober- und Unterkategorie zusammengefasst und werden nicht weiter differenziert. Es wird vermutet, dass dies auch dem Material geschuldet ist, da König (2006) den zyklischen Entwicklungsprozess des Beobachtungsrasters am Material beschreibt, im Material aber nur eine einzige Interaktion identifiziert werden konnte, die dieser Kategorie entspricht und eine weitere Ausdifferenzierung unnötig macht. Im Rahmen des REPEY-Projektes (Siraj-Blatchford et al. 2002) werden *Sustained Shared Thinking* Prozesse, wie oben bereits ausführlich dargestellt, mit dem Beobachtungsinstrument „Target Child Observation Scale" identifiziert, das eine

Ausdifferenzierung der Kategorie *Sustained Shared Thinking* beinhaltet und auf der Basis einer globalen Einschätzung der Interaktion als sozialer oder kognitiver Prozess geratet wird. Es bleibt also festzuhalten, dass das Konzept *Sustained Shared Thinking* sowohl theoretisch als auch methodisch anders konstruiert wurde als die Kategorie der „dialogisch-entwickelnden Interaktionsprozesse". In fast 60 Stunden videographiertem Kindergartenalltag konnte nur eine solche Sequenz identifiziert werden. Auch wenn König (2006) darauf hinweist, dass viele Möglichkeiten nicht genutzt wurden, um diese hochwertigen Interaktionsprozesse zu initiieren, lässt sich die Frage ableiten, ob geänderte Kontextbedingungen, die vom Kindergartenalltag abweichen, mehr Interaktionsgelegenheiten bieten, die für *Sustained Shared Thinking* genutzt werden?

4. Naturwissenschaftlich-technisches Lernen im Elementarbereich

Die frühe naturwissenschaftlich-technische Bildung befindet sich in einer Phase der Hochkonjunktur. Zu kaum einem elementarpädagogischen Bildungsbereich lassen sich so viele wissenschaftliche Projekte (z.B. Lück 2000, Möller et al. 2002, Lück 2003 und 2009, Möller et al. 2006, Kleickmann & Möller 2007, Fried 2008, Fischer et al. 2010, Lauterbach et al. 2009), Forschungen und Angebote zur Aus- und Fortbildung für das pädagogische Personal (z.B. Risch 2008, Bolte et al. 2009, Gottwald 2009, Marquard-Mau & Rohen-Bullerdiek 2009), Ratgeber und Praxismaterialien (z.B. Fried et al. 2008, Fthenakis et al. 2009a, Fthenakis et al. 2009b) finden, wie für das naturwissenschaftliche und technische Lernen. Daneben wird der Bereich sowohl in den Bildungs- und Erziehungsplänen der Länder als auch in Grundlagenwerken zur Frühpädagogik (z.B. Fried & Roux 2006, Daiber & Weiland 2008, Duncker et al. 2010, Neuß 2010, Leuchter 2010, Schäfer et al. 2010) berücksichtigt. In der Literatur finden sich verschiedene Auslöser für diesen Trend, von mangelhaften Ergebnissen deutscher Schülerinnen und Schüler in internationalen Vergleichsstudien bis zum Fachkräftemangel im MINT[24]-Bereich. Es finden sich ausreichend Gründe, warum naturwissenschaftliche und technische Lerninhalte bereits früh angeboten werden sollten. Aus kognitionspsychologischer Sicht wird diese Forderung damit begründet, dass bereits die Entwicklung naiver Theorien gezielt unterstützt werden kann, um später ein anschlussfähiges Lernen zu unterstützen (Duit et al. 2008, Möller & Steffensky 2010). Während die entwicklungs- und kognitionspsychologischen Zugänge zum frühen naturwissenschaftlich-technischen Lernen in Kapitel 5 besprochen werden, wird nachfolgend die Entwicklung des naturwissenschaftlich-technischen Lernens im Elementarbereich nachgezeichnet, wobei die Entwicklung des Sachunterrichts der Primarstufe berücksichtigt und die Umsetzung in den aktuellen Bildungs- und Erziehungsplänen der Länder exemplarisch diskutiert wird. Vor diesem Hintergrund werden ausgewählte Ansätze und Konzeptionen zum frühen naturwissenschaftlichen Lernen dargestellt und im Hinblick auf ihre Vorstellungen zur Pädagogin-Kind-Interaktion beleuchtet.

4.1 Entwicklungslinien des naturwissenschaftlich-technischen Lernens im Elementarbereich

Die Forderung nach einem frühen Einstieg in das naturwissenschaftliche und technische Lernen ist in der Geschichte der Elementar- und Primarpädagogik nicht neu (Möller 2001b, Möller 2009). Giest (2009, 11) spricht in diesem Zusammenhang sogar von einer „Renaissance der Elementarbildung". Diese Entwicklung vollzog sich hauptsächlich in der Entstehung des Sachunterrichts der Grundschule, in welcher das naturwissenschaftsbezogene Lernen eine besondere Rolle einnahm. Es gehörte in den 1970er Jahren zu den wesentlichen Feldern der Bildungsreform, die in Folge des soge-

---

24 Die Abkürzung MINT steht für die Themenfelder Mathematik, Informatik, Naturwissenschaften und Technik.

nannten Sputnik-Schocks in Gang kam, der den westlichen Nationen Schwachstellen ihrer Bildungssysteme in den Bereichen der naturwissenschaftlichen Bildung aufzeigte. Auf der Grundlage von empirischen Ergebnissen der Begabungs- und Lernforschung wurden Curricula für den Primarbereich entwickelt, die wissenschaftlich orientiert waren. Beck & Rauterberg (2005, 56) weisen jedoch darauf hin, „dass sich dieser Diskussionsprozess [um wissenschaftsorientierte Curricula] weitgehend abseits der Unterrichtspraxis vollzog". Diese Wissenschaftsorientierung wurde der im Sachkundeunterricht[25] vorherrschenden anthropomorphisierten Inhaltsdarstellung entgegengesetzt und zog sehr schnell eine kritische Auseinandersetzung um die Kindgemäßheit dieser neuen wissenschaftlichen Orientierung des Sachunterrichtes nach sich, da kindliche Denkweisen und Interessen in den damals umgesetzten wissenschaftsorientierten Curricula zu wenig berücksichtigt wurden (Lück 2000, Möller 2001b). Für das damalige Scheitern wird nicht nur eine zu schnelle und zu funktionalistische Umsetzung verantwortlich gemacht, die darauf zurückzuführen ist, dass man sich an US-amerikanischen Curricula orientierte, die auf anderen strukturellen und pädagogischen Orientierungen aufbauten: Darüber hinaus wurden Entwicklungsstand und Vorwissen der Kinder unzureichend in der Umsetzung berücksichtigt. Auch die Interessen der Kinder, ihre Art sich Problemen zu nähern und Fragen zu stellen, wurden nicht ausreichend aufgenommen. Dies gilt in ähnlichem Maße für alle Konzeptionen, die als wissenschaftsorientierte Curricula verstanden werden. Im Einzelnen lassen diese sich unterteilen in einzelfachdidaktische Konzeptionen auf der einen Seite und fachübergreifende Ansätze auf der anderen Seite (Kaiser 2010). Den einzelfachdidaktischen Ansätzen ist gemeinsam, dass die Inhalte aus Sicht abgegrenzter, akademischer Perspektiven heraus bearbeitet werden. Die fächerübergreifenden Ansätze versuchten dem Argument gerecht zu werden, dass eine fachbezogene Betrachtung von Inhaltsbereichen nicht den lebensweltlichen Erfahrungen der Kinder und auch nicht den naturwissenschaftlichen Phänomenen selbst entsprechen, weshalb die Inhalte in diesen Konzeptionen über die fachlichen Grenzen hinweg bearbeitet werden sollten. Dies gelang jedoch nur eingeschränkt, wie Kaiser (2010) festhält. Durch die detaillierten Unterrichtspläne und Lehrervorschriften werden die „komplexen Wirklichkeitserfahrungen abgeschnitten und auf eine erfahrungsleere abstrakte Sprache geführt" (Kaiser 2010, 76). Verfahrensorientierte Konzeptionen folgen dagegen einer übergeordneten Perspektive, indem sie weniger auf bestimmte Inhalte beschränkt sind, sondern die Grundfertigkeiten wissenschaftlicher Erkenntnisgewinnung in das Zentrum der kindlichen Lernprozesse rücken. Doch auch dieser Ansatz wurde in der praktischen Umsetzung als zu rigide und zu wenig an den kindlichen Interessen und Fragestellungen orientiert umgesetzt (Beck & Rauterberg 2005). Neben diesen wissenschaftsorientierten Sachunterrichtskonzeptionen wurden, in Anlehnung an innovative englische Entwicklungen, auch in Deutschland zunehmend offene Curricula übernommen und angepasst. Anders als die durchstrukturierten, auf Kompetenzerwerb ausgerichteten Curricula, stellen offene Curricula individuelle, an kindlichen Interessen orientierte Inhalte in das Zentrum der schulischen Arbeit

---

25 Kaiser (2010, 27) beschreibt die Diskussion um wissenschaftsorientierte Curricula als „auslösendes Moment" für die Ablösung des Heimat-/ bzw. Sachkundeunterrichts durch den Sachunterricht. Das Verhältnis von Heimatkunde und Sachunterricht beschreiben ausführlich Beck & Rauterberg (2005).

(Beck & Rauterberg 2005, Kaiser 2010). Das methodische Vorgehen wendete sich von einseitig lehrerzentrierten Unterrichtsmodellen zugunsten von Gruppenarbeitsformen ab. Zentrale Unterrichtsform ist das entdeckende Lernen (Kaiser 2010, 90). Themen werden aufgegriffen, indem Fragestellungen bearbeitet werden, die die Lebenswelt der Kinder berühren. Naturwissenschaft wird dabei verstanden als „Erforschung der Umwelt" und „Untersuchung der Umgebung der Kinder" (Schwedes 1976, 17). Somit werden die fachlich-disziplinären Strukturen in der Bearbeitung der Inhalte tatsächlich überwunden. Als Ziel wird im offenen Curriculum die Unterstützung des Lehrers verstanden, „Kindern dabei helfen zu können, etwas aus dem Bereich der Naturwissenschaften zu lernen" (Schwedes 1976, 16). Anders als das Verständnis harten Faktenlernens in den oben dargestellten Ansätzen, soll es Kindern im Rahmen des offenen Curriculums ermöglicht werden, ihren eigenen Erfahrungsraum zu erweitern (Schwedes 1976, 24). Kaiser (2010, 92) resümiert, dass der Sachunterricht der Grundschule auch heute noch „weitgehend lehrerzentriert" abläuft, dass die Ansätze des offenen Curriculums von daher noch immer aktuell und weiterhin für die Entwicklung des Sachunterrichts relevant sind. Für die Entwicklung des Sachunterrichts gab es nach Beck & Rauterberg (2005, 101) kaum eigenständige curriculare Entwicklungen, die sich speziell auf das naturwissenschaftliche und technische Lernen bezogen. Vielmehr bestimmten vor allem US-amerikanische und etwas später englische Curricula den Sachunterrichtsdiskurs.[26] Inhaltlich findet die Entwicklung der offenen Curricula in seinem Situations- und Problembezug eine Entsprechung im Curriculum Soziales Lernen, wie es für die Einrichtungen des Elementarbereiches formuliert wurde (Colberg-Schrader & Krug 1980).

Festzuhalten bleibt, dass die Grundgedanken und Ziele der mittlerweile über 40 Jahre zurückliegenden Bildungsreform zum naturwissenschaftlichen Lernen teilweise sogar noch heute als aktuell einzuschätzen sind[27]. Möller (2001b) zeigt auf, dass die Grundideen der in Verruf geratenen Wissenschaftscurricula der 1970er Jahre zwar gescheitert sind, einige Aspekte aber auch heute noch in fast identischer Weise gefordert werden. Dazu zählt, dass Lernprozesse nicht in den Primar- (oder auch Elementar-) Bereich vorverlegt werden sollen. Vielmehr geht es darum, naturwissenschaftlich-technisches Lernen vorzubereiten, indem den Kindern Erfahrungen ermöglicht werden, auf denen naturwissenschaftliches Lernen später aufbauen kann[28]. Heute wird genau dies unter dem Begriff der Anschlussfähigkeit frühkindlicher Bildung diskutiert und mit der Frage verknüpft, wie eine konstante Lernbiographie entwickelt werden kann (vgl. Faust et al. 2004, Spreckelsen 2007, Giest & Pech 2010). Die damalige Forderung nach einer wissenschaftlichen Orientierung von Lernprozessen wird auch heute noch angestrebt, vor allem von Vertretern der Conceptual-Change-Forschung, allerdings im Hinblick auf die Veränderung von Alltagsvorstellungen hin zu adäquateren, d.h. wissenschaftlich belastbaren, Vorstellungen (Möller 2007a).

---

26 Die von Schwedes (z.B. 1976) herausgegebene Reihe „Naturwissenschaftlicher Unterricht Primarstufe" stellt zum Beispiel die Adaption des englischen Curriculums „Science 5/13" dar.
27 Die Ziele des Strukturplanes für den Sachunterricht haben Beck & Rauterberg (2005, 58ff.) ausführlich aufgearbeitet.
28 Möller (2009) unterscheidet semantisch zwischen einem „frühen naturwissenschaftsbezogenen Lernen" und naturwissenschaftlichem Lernen, um die Vorläuferfunktion des frühen Lernens hervorzuheben und auch um einem „pädagogischen Optimismus" entgegenzuwirken, den auch Giest (2009) befürchtet.

Wissenschaftsorientierte Curricula werden auch im Hinblick auf die Entwicklung eines grundsätzlichen Wissenschaftsverständnisses aktuell untersucht (Sodian et al. 2008). Diese Ansätze implizieren die notwendige Berücksichtigung des Vorwissens der Kinder (Möller 2000, Steffensky 2008) und damit auch eine Individualisierung der Lernprozesse, wie sie bereits 1972 vom Deutschen Bildungsrat (Bildungsrat/ Bildungskommission 1972, 47; 111f.) gefordert wurde. Die genannten Vorstellungen zum frühen naturwissenschaftlich-technischen Lernen fordern auch über instruktive Unterrichtsformen hinausgehende Lehr- und Lernformen. Vor allem Ansätze, die auf moderat-konstruktivistischen Vorstellungen basieren, favorisieren prozessorientierte Arbeitsformen, die entdeckendes und problemlösendes Lernen beinhalten und auf einer selbständigen und kooperativen Auseinandersetzung mit dem Lerngegenstand aufbauen (Möller 2001b). Die genannten Kritikpunkte haben zu einer Abkehr der wissenschaftsorientierten Curricula zugunsten lebensweltlich relevanterer Inhalte geführt (Lück 2000). Lück (2000) konnte anhand einer Analyse der Sachunterrichtslehrpläne der Bundesländer sowohl theoretisch als auch im Rahmen einer Untersuchung von Schülerunterrichtsmappen belegen, dass der Sachunterricht zum Untersuchungszeitpunkt nur in geringem Umfang naturwissenschaftliche Themen beinhaltet. Vor allem Inhaltsbereiche der unbelebten Natur konnten dabei kaum nachgewiesen werden, während „Geschichte, Erdkunde und Biologie als Hauptthemenfelder" des Sachunterrichts ausgemacht wurden (Lück 2000, 25).

Die infolge des Sputnik-Schocks angestoßene Bildungsreform hatte auch Auswirkungen auf den Elementarbereich. Eine wissenschaftsorientierte Naturwissenschaftsvermittlung wie im Primarbereich fand hier jedoch nicht statt. Vielmehr geriet, nachdem Picht 1964 die „Bildungskatastrophe" ausgerufen hatte, auch der frühpädagogische Bereich ins Visier der Kritik, die sehr umfassend ausfiel. Kindergärten wurden als Bewahranstalten vorgeführt, die ein pädagogisches Konzept gänzlich vermissen ließen und keinen Bildungs- oder Förderanspruch verfolgten (vgl. Colberg-Schrader & Krug 1980, Zimmer 2007). In den 1970er Jahren kam es zur ersten Reform des Elementarbereiches, die sowohl eine strukturelle Expansion beinhaltete als auch zu inhaltlichen Neuentwicklungen führte. Funktionalistische Trainings zum frühen Lesenlernen, Rechentrainings und intelligenzdiagnostische Verfahren waren dabei vereinzelt Bestandteil der Arbeit in Vorklassen. Parallel entwickelte sich die Kinderladenbewegung, die in konsequenter Weise eine antiautoritäre Erziehung um- und durchzusetzen versuchte. In ihr manifestierte sich der Protest gegen eine Pädagogik, die an Erziehungsvorstellungen und -praktiken anknüpfte, wie sie vor dem zweiten Weltkrieg umgesetzt wurden und in dessen Vorstellung „liebe und unkomplizierte Kinder zum Bild des guten Kindergartens gehörten" (Colberg-Schrader & Krug 1980, 31). Zwischen diesen beiden Extremen und neben einer starken Wissenschaftsorientierung, wie sie in der Grundschule zeitweise vertreten wurde, ist in den 1970er Jahren der „Situationsansatz" auf der Grundlage des Curriculum *Soziales Lernen* entwickelt worden (Colberg-Schrader & Krug 1980). Der „Situationsansatz" überzeugte dabei durch „revolutionäre" (Fthenakis 2000, 115) Vorstellungen, indem Elemente der Kinderladenbewegung, Befunde der Begabungs- und Intelligenzforschung und klassische Ideen des Kindergartens miteinander verbunden wurden (Colberg-Schrader & Krug 1980). Die Kindheit wird in diesem Ansatz als eigenständige Lebensphase begriffen, die als Entwicklungs- und

Lernort einen Eigenwert besitzt. Das Kind wird als „kompetenter" Akteur in seinen Lebenssituationen wahrgenommen (Fthenakis 2000, 115), die wiederum als Lernsituationen verstanden werden (Colberg-Schrader & Krug 1980). Entsprechend werden die Lebenssituationen im Curriculum *Soziales Lernen* als Ausgangspunkt für Lern- und Entwicklungsprozesse betrachtet, die von den Beteiligten, d.h. Kindern, Eltern und Erzieherinnen gemeinsam, explizit gemacht und bewusst begleitet und unterstützt werden. In diesem Sinne verstandenes lebensnahes Lernen ist nicht auf Experten angewiesen, die Inhalte vorgeben und Wissen aufbereiten, sondern geht davon aus, dass „die Betroffenen selbst zu ihnen angemessenen Lerninhalten finden" (Colberg-Schrader & Krug 1980, 36). Ausgehend von der Idee des lebensnahen Lernens beschreiben die zehn Teile des Curriculum *Soziales Lernen* didaktische Einheiten, in denen sich die Lebenswelt der Kinder widerspiegelt[29]. Diese sind inhaltlich vor allem auf Soziales bezogen und fokussieren bewusst konfliktträchtige Bereiche, die zu einer gemeinsamen Auseinandersetzung genutzt werden sollen und anhand derer unterschiedliche Perspektiven, Meinungen und Einstellungen, Traditionen und Bräuche verdeutlicht werden können, die soziales Leben ausmachen. Die Entstehung des Curriculums *Soziales Lernen* ist als Abgrenzung zum verschulten, fachlichen Lernen entstanden und versteht sich prinzipiell als situationsbezogen. Es wird aber bereits in den Anfängen des Ansatzes explizit darauf hingewiesen, dass „Erzieher und andere Gruppen inzwischen eine Reihe von Ergänzungen und inhaltliche Entwicklungen vorangetrieben [haben], die nicht mehr allein die sozialen Dimensionen von Lebenssituationen berücksichtigen" (Colberg-Schrader & Krug 1980, 80). Bezüge zu naturwissenschaftlichen Themen finden sich in der Ausgestaltung des Curriculums oder des „Situationsansatzes" keine. In neueren Veröffentlichungen zum „Situationsansatz" finden sich vereinzelt Hinweise auf naturwissenschaftlich-technische oder mathematische Inhaltsbereiche (vgl. Zimmer 2007[30], 41 auch 60). Hier werden zwar sowohl biologische als auch technische Themen angesprochen, diese werden jedoch nicht systematisch in das pädagogische Konzept integriert. Die situationsgebundene Umsetzung, wie sie im Werftbeispiel (Zimmer 2007, 60) empfohlen wird, basiert somit auf einer mehr oder weniger zufälligen Bearbeitung von Inhaltsbereichen. In diesem Beispiel wird ein Vater, der in einer Werftanlage arbeitet, gebeten, der Kindergartengruppe die Aufgaben und Abläufe einer Werft zu zeigen. Durch die Anbindung an vorhandene Gegebenheiten entsteht der Eindruck einer beliebigen inhaltlichen Ausrichtung. In der frühpädagogischen Praxis führte dies dazu, dass fast ausschließlich Themen aus der Biologie praktisch bearbeitet wurden, wie Lück (2003, 15) festhält, da diese Themen den Erzieherinnen noch am nächsten sind, nachdem alle naturwissenschaftliche Inhalte aus den Curricula der Erzieherinnenausbildung genommen wurden (Lück 2000, 178ff; Lück 2009, 11).

---

29 Ganz konkret umfassen die zehn Teile die Bereiche „Kindergarten – Schule – die Arbeitsplätze der Eltern", „Verlaufen in der Stadt und Wohnen", „Kochen, Ausflug, Kinderfeste – Wochenende – Aufräumen, Essen, Einschlafen", „Große und kleine Kinder – Geburt und Zärtlichkeit – Junge und Mädchen", „Neue Kinder in der Gruppe – Ausländische Kinder", „Kinder allein zu Hause – Kinder im Krankenhaus – Tod", „Werbung und Fernsehen – Wir haben Ferien", „Was Kinder gerne haben wollen – Spielsituationen – Müll", „Märchen – Kinder und alte Leute – Behinderte Kinder" und „Meine Familie und ich – Ablehnung" (zit. nach Colberg-Schrader & Krug 1980, 52ff.).

30 Zimmer 2007: Seite 41 zur Zusammensetzung des Blutes, Seite 60 zur Wartung von Schiffen in Werften.

Biologie ist natürlich auch eine Naturwissenschaft, aber mit Lück (2009, 18) wird festgehalten: „Problematisch wird es allerdings, wenn die Naturerfahrung ausschließlich auf Phänomene der belebten Natur begrenzt bleibt und Phänomene der unbelebten Natur zu kurz kommen". Um zu vermeiden, dass kleine Kinder bereits einen einseitigen Zugang zu Naturphänomenen kennenlernen, plädiert sie dafür, dass auch die unbelebte Natur und Phänomene der so genannten harten Naturwissenschaften Chemie und Physik verstärkt in Kindergärten bearbeitet werden sollten (Lück 2000, auch 2009). Unterstützt wird diese Forderung durch die Ergebnisse von Blaseio (2009, 89ff.), die in einer Inhaltsanalyse der Bildungspläne nachweist, dass in einzelnen Bereichen wie „Natur erleben" Inhalte der unbelebten Natur dominieren.

In Abgrenzung zum Curriculum *Soziales Lernen* bzw. der Umsetzung des Situationsansatzes, der die frühpädagogische Praxis lange Zeit angeleitet hat, ist heute eine Entwicklung zu verzeichnen, die Fried (2008a, 7) als Abkehr bzw. Erweiterung der „Vorstellung vom ‚sozial kompetenten' Kind" hin zur Vorstellung eines „wissbegierigen und wissenden" Kindes beschreibt. Nicht der Sputnik-Schock, sondern der PISA-Schock (Giest 2009) hat in den 2000er Jahren ein verstärktes Interesse am Elementarbereich im Allgemeinen ausgelöst und erneut ein Augenmerk auf das naturwissenschaftlich-technische Lernen gelenkt (vgl. Thole et al. 2008). Asmussen & Wagner (2010) konstatieren, dass zwar die Idee einer frühen naturwissenschaftlichen Bildung Konjunktur hat, für die Umsetzung aber keine allgemeinen Konzepte oder Grundideen bestehen. Sowohl im vorschulischen als auch im schulischen Bereich gibt es keine einheitlichen Vorstellungen darüber, wie naturwissenschaftliches Lernen umgesetzt werden soll oder muss, um kindliche Bildungsprozesse effektiv unterstützen zu können. Auch die länderspezifischen Bildungspläne für den (zumeist ausschließlich) Elementarbereich unterstützen diese Aussage und sind in ihren Vorstellungen und Vorschlägen zum naturwissenschaftlichen und technischen Lernen eher heterogen (vgl. Blaseio 2009). Im Folgenden werden die Bildungspläne der Länder exemplarisch mit Blick auf das naturwissenschaftlich-technische Lernen betrachtet[31].

4.2 Naturwissenschaftliches und technisches Lernen in den Bildungs- und Erziehungsplänen

Die Bildungs- und Erziehungspläne der Länder machen deutlich, dass das „wissbegierige und wissende" Kind (Fried 2008a, 7) bildungspolitisch angekommen ist. Im Jahr 2004 haben Jugendministerkonferenz und Kultusministerkonferenz den „Gemeinsamen Rahmen der Länder für die frühe Bildung in Kindertageseinrichtungen" verabschiedet. Dieser „Gemeinsame Rahmen" diente den Ländern als Orientierung für die Entwicklung eigener Bildungskonzeptionen. In ihm werden sechs umfassende Bildungsbereiche ausgewiesen, wobei zwei explizit auf naturwissenschaftliche Inhalte ausgerichtet sind: „Mathematik, Naturwissenschaften und (Informations-)Technik" und „Natur und kulturelle Umwelten" (JMK/KMK 2004, 4f.). Die Bildungsbereiche sind dabei nicht als optional zu verstehen, sondern als verpflichtende Vorgaben für die

---

31 Eine Analyse der Konzeptionen aller 16 Bundesländer zur Umsetzung des Bildungsbereichs Natur liefert Blaseio (2009). Auch Fried et al. (2008) präsentieren eine Zusammenfassung zu den Grundaussagen der Bildungspläne zum naturwissenschaftlichen Lernen aller Länder.

einzelnen Kindertageseinrichtungen, die Kinder mindestens in den vorgeschlagenen Bereichen gezielt zu fördern. Im Bildungsbereich „Mathematik, Naturwissenschaften und (Informations-)Technik" wird von einem natürlichen Interesse der Kinder ausgegangen, das aufgegriffen und für einen ersten Zugang zur belebten und unbelebten Natur, der Zahlenwelt und der technisierten Umwelt genutzt werden soll. „Experimentieren und Beobachten" (JMK/KMK 2004, 4) werden dabei als kindgemäße und effektive Arbeitsweisen betrachtet, um anschlussfähige Bildungsprozesse zu initiieren. Der Bereich „Natur und kulturelle Umwelt" geht darüber hinaus und zielt auf die Entwicklung eines Umweltbewusstseins ab, indem ökologische, ökonomische und soziale Aspekte berücksichtigt und bearbeitet werden (JMK/KMK 2004, 5). Spätestens seit 2007 haben alle Bundesländer eigene Bildungspläne vorgelegt, auch wenn die Benennungen sich unterscheiden[32]. In allen 16 Bildungsplänen wird der Bereich Natur berücksichtigt (Lück 2009, 2010). Die Unterscheidung der Bildungsbereiche nach Natur und Naturwissenschaften, wie es im „Gemeinsamen Rahmen" umgesetzt ist, findet sich in den Bildungsplänen so nicht wieder (Blaseio 2009). Einzelne Bildungspläne widmen den jeweiligen Bereichen aber sehr wohl eine getrennte Aufmerksamkeit. Der Bayerische Bildungs- und Erziehungsplan (STMAS/IFP 2006) definiert als „themenbezogene Bildungs- und Erziehungsbereiche" Mathematik, Naturwissenschaften und Technik sowie Umwelt als jeweils eigene Bereiche, für die jeweils eigene und sich unterscheidende pädagogische Leitlinien formuliert sind (STMAS/IFP 2006, 256ff.). So werden für den Bereich Mathematik eine spielerische und sinnlich erfahrbare Herangehensweise an das Thema vorgeschlagen, während für das naturwissenschaftlich-technische Lernen die Neugier und Fragehaltung der Kinder direkt genutzt und gefördert werden sollen. Im Bereich Umwelt wird dagegen die Entwicklungsangemessenheit für die pädagogische Praxis in den Vordergrund gestellt, die sich zwischen der „Naturbegegnung" und dem „Praktischen Umweltschutz und Umweltbewusstsein" (STMAS/IFP 2006, 293) bewegt. Im offenen Bildungsplan für Nordrhein-Westfalen (Schäfer 2005) wird unter der Überschrift „Aufgaben frühkindlicher Bildung" zwischen den Bereichen Natur und Mathematik unterschieden. Als „Aufgabe" wird unter Natur die Begegnung mit und Beobachtung der Natur verstanden, die dann als Grundlage für eine erste Annäherung an naturwissenschaftliche Fragestellungen funktioniert (Schäfer 2005, 144ff.). Im „Entwurf einer Bildungsvereinbarung" (van der Beek et al. 2005) für Nordrhein-Westfalen taucht dann jedoch nur der zusammengefasste Bereich „Natur und kulturelle Umwelt(en)" (van der Beek et al. 2005, 257ff.) auf, in dem der Bereich „kulturelle Umwelt" alles durch den Menschen Erschaffene und der Bereich „Natur" sowohl die belebte Natur im Sinne der Biologie als auch die unbelebte Natur, namentlich die vier Elemente, einbezieht. Mathematische Inhaltsbereiche oder ein Bezug zur Entwicklung eines Umweltbewusstseins werden jedoch nicht erwähnt. Der 2006 in der ersten Auflage erschienene „Orientierungsplan für die Bildung und Erziehung für die baden-württembergischen Kindergärten" benennt als einziger keine Bildungsbereiche (Blaseio 2009) sondern „Bildungs- und Entwicklungsfelder" (Ministerium für Kultus, Jugend und Sport BW 2007), in denen Hinweise auf Natur oder naturwissenschaft-

---

[32] Im Folgenden wird der Einfachheit und Lesbarkeit halber der Begriff „Bildungsplan" für alle Bildung- und Erziehungspläne, Bildungsvereinbarungen und -empfehlungen, Rahmen- und Orientierungspläne verwendet.

lich-technische Inhalte spärlich enthalten sind. Zum „Bildungs- und Entwicklungsfeld: Denken" heißt es zum Beispiel:

> „Der Prozess des Denkens muss unterstützt werden, um beispielsweise Naturphänomenen auf die Spur zu kommen. Kinder treten in Beziehung zur Natur, indem sie wahrnehmen, beobachten und forschen. Dabei entwickeln sie eigene Erklärungsmodelle." (Ministerium für Kultus, Jugend und Sport BW 2007, 100)

Eine inhaltliche Einordnung, wie dies in sehr knapper Form im offenen Bildungsplan für Nordrhein-Westfalen dargestellt wird (Schäfer 2005, 257f.) oder äußerst umfassend, wie beispielsweise im Bayerischen Bildungs- und Erziehungsplan (STMAS/ IFP 2006, 277ff.), findet sich im Orientierungsplan für baden-württembergische Kindergärten nicht. Es bleibt dennoch festzuhalten, dass, zumindest in minimaler Form, in allen Bildungsplänen das frühe naturwissenschaftliche Lernen benannt wird. Unterschiedlich sind auch die Aufgaben, die den Pädagoginnen zum naturwissenschaftlichen Lernen zugesprochen werden. Eine Analyse von Fried et al. (2008, 177f.) dokumentiert die häufigsten Aussagen der Bildungspläne über das Aufgabenfeld der Pädagoginnen beim naturwissenschaftlichen Lernen. Im Kontext dieser Arbeit interessiert hierbei besonders, ob die Autoren auf Beschreibungen zur Gestaltung der Interaktionssituation gestoßen sind. In dreizehn Bildungsplänen wird die „Unterstützung des Forscher- und Entdeckungsdrangs" genannt; eine „anregende Lernumgebung schaffen" sowie „Raum und Zeit für Forschen lassen" wird in jeweils zehn Bildungsplänen erwähnt und immerhin neun Bildungspläne nennen „Fragen der Kinder sachgerecht und entwicklungsgemäß beantworten" (Fried et al. 2008, 178). Die letztgenannte Kategorie ist dabei die einzige, auch auf die verbleibenden, nicht zitierten fünf Kategorien bezogen[33], die im weitesten Sinne die Interaktion zwischen der Pädagogin und den Kindern beim naturwissenschaftlichen Lernen überhaupt thematisiert.

Es kann somit davon ausgegangen werden, dass naturwissenschaftliches und technisches Lernen heute als fester Bestandteil frühpädagogischer Bildungsarbeit betrachtet wird. Weiter oben (vgl. Kapitel 2) wurde bereits aufgezeigt, dass sich in den Bildungsplänen sehr unterschiedliche Vorstellungen eines frühkindlichen Bildungsbegriffes widerspiegeln. Entsprechend sind auch die konzeptuellen Einbettungen naturwissenschaftlichen und technischen Lernens je nach Bildungsplan sehr unterschiedlich (Michalik 2010). Die praktische Umsetzung des Bildungsbereiches in den Kindertageseinrichtungen wird von verschiedenen Autoren als schwierig eingeschätzt (Fried et al. 2008, Lück 2009, Blaseio 2009). Als Gründe dafür werden angeführt, dass es zum einen für die Umsetzung der Bildungspläne an Handreichungen mangelt und die Vorgaben abstrakt formuliert sind (Fried et al. 2008). Gleichzeitig werden von den Pädagoginnen Kompetenzen verlangt, die durch die Ausbildung derzeit nicht abgedeckt werden, hierunter fallen zum Beispiel das naturwissenschaftliche,

---

33 Fried et al. (2008, 178) nennen darüber hinaus folgende Kategorien, die in jeweils vier bis sieben Bildungsplänen repräsentiert sind: "sich selbst bildend; selbst neugierig; Fachwissen", „Beobachtung und Dokumentation von Forschungsprozessen", „gezielte Bildungsimpulse geben, kompetente Lernhelferin", „Themen und Interessen der Kinder aufgreifen", „Herausforderung der Kinder".

technische und didaktische Fachwissen, das für die Umsetzung erforderlich ist (Fried et al. 2008, Blaseio 2009, Bolte et al. 2009, Gottwald 2009).

4.3 Erwachsenen-Kind-Interaktionen in naturwissenschaftlich-technischen Lehr-Lern-Kontexten

Das Konzept des *Sustained Shared Thinking*, das weiter oben ausführlich beschrieben wurde, hebt die Bedeutung des Dialogs für die kindliche Entwicklung hervor. Dabei ist das Konzept nicht inhaltsbezogen, sondern beschreibt ein „didaktisches Prinzip" (König 2010) bzw. eine pädagogische Grundhaltung, die geeignet ist, Praxis anzuleiten. Die Form der Interaktion wie sie im *Sustained Shared Thinking* beschrieben wird, findet sich bereits in den Ausführungen verschiedener Autoren zum naturwissenschaftlich-technischen Lernen als ideales didaktisches Konstrukt. Wagenschein (1973) geht beispielsweise davon aus, dass sich die geistige Entwicklung am ehesten im Gespräch vollzieht und plädiert deshalb für eine sokratische Gesprächsführung im Unterricht. Diese unterstützende, aber nicht dozierende Rolle des Pädagogen wird in sozial-konstruktivistischen Ansätzen unter dem Aspekt verstärkt diskutiert, die Kinder als aktiv Lernende in das frühe naturwissenschaftliche Lernen einzubeziehen (Möller 2007). Möller, Jonen, Hardy und Stern (2002) gehen davon aus, dass Kinder ihre Vorstellungen nicht nur in Experimenten überprüfen müssen, sondern dass sie vielmehr bereits im Vorfeld das Gespräch benötigen, um ihre Vorstellungen von Sachverhalten zu entwickeln. Im Anschluss an das Überprüfen gibt ihnen das strukturierende Gespräch die Möglichkeit, das Beobachtete zu reflektieren und eigene Erklärungen daraus zu generieren. Auch wenn der handlungspraktische Kontext anders strukturiert ist, lässt sich dieser didaktische Grundsatz ebenso in frühpädagogischen Settings anwenden.

Für frühe naturwissenschaftlich-technische Lernarrangements, die dem Ansatz eines Conceptual-Change-orientierten Unterrichts (Möller 2007) folgen, können *Sustained Shared Thinking* Prozesse als gelungenes Interaktionskonzept beschrieben werden. Sie umfassen Handlungen der Pädagogin, die die Kinder unterstützen und herausfordern in einen gemeinsamen Denkprozess einzutreten. Von daher sind sie durch das Interesse der Pädagogin an den Ideen und Vorschlägen der Kinder und ihrerseits offenen Fragen gekennzeichnet (Siraj-Blatchford & Manni 2008, 15). Das frühe naturwissenschaftlich-technische Lernen bietet theoretisch einen idealen Kontext, um die Erwachsenen-Kind-Interaktionen im Hinblick auf ihr Anregungspotential zu untersuchen, dabei wird in der eigenen Untersuchung, die im zweiten Teil der hier vorliegenden Arbeit vorgestellt wird, der Fokus auf die Identifikation von *Sustained Shared Thinking* gerichtet. Mit anderen Schwerpunkten wurde die Erzieher-Kind-Interaktion auch in anderen Studien im Kontext des frühen naturwissenschaftlichen Lernens untersucht, die nachfolgend exemplarisch dargestellt werden.

Während die weiter oben zitierten Studien eine globale Perspektive der Bedingungen, Einflüsse und Auswirkungen der Pädagogin-Kind-Interaktion präsentieren, sind die nachfolgend dargestellten Arbeiten auf die Mikroprozesse der Interaktion in inhaltsbezogenen Lehr-Lern-Kontexten fokussiert. Im Vordergrund stehen in den folgenden Studien die Fragen danach, wie Interaktionen zwischen Pädagogin und

Kind bzw. Kindern gestaltet sein können und sollen, die Lernen und Entwicklung der Kinder unterstützen. Die globale Perspektive, die in den oben dargestellten Studien verfolgt wurde, umfasste die Erfassung und Darstellung von Qualitätskriterien, die sich in ihrem Zusammenspiel nachgewiesenermaßen auch lern- und entwicklungsförderlich auswirken, wenn sie in mindestens ausreichendem Maß erfüllt werden. Die Ergebnisse stellen hochwertige Grundlagen für bildungspolitische Empfehlungen dar. Gleichzeitig sind sie nur sehr eingeschränkt geeignet, handlungspraktische Empfehlungen auszusprechen, die es den in der Praxis Tätigen ermöglichen, die Prozessqualität gezielt zu steigern. Untersuchungen auf Mikroprozessebene der Interaktionen geben sowohl einen Eindruck darüber wieder, wie Best-Practice im Sinne gelingender Erwachsenen-Kind-Interaktionen aussieht, als auch über deren Rahmenbedingungen. So reflektieren sie nicht nur die Bedingungen und Auswirkungen qualitativ hochwertiger Interaktionen, sondern auch die curriculare Einbettung, die wiederum geeignet ist, Handlungspraxis anzuleiten.

Peterson & French (2008) untersuchen, inwieweit Pädagoginnen im Rahmen eines forschenden Lernansatzes die Kinder darin unterstützen, sprachliche Erklärungen zu verwenden. Darüber hinaus analysieren sie, ob die Fähigkeiten der Kinder sich über die Zeit verbessern, Erklärungen in ihren Sprachhandlungen zu verwenden. Erklärungen werden dabei als Ko-Konstrukte mehrerer Gesprächspartner betrachtet (Peterson & French 2008, 397). Die Studie wurde im Kontext einer Modelleinrichtung des „ScienceStart! Curriculum" im Nordosten der USA durchgeführt. Das Grundverständnis von Wissenschaft dieses Curriculums wird wie folgt beschrieben: „Science is defined as a systematic process of co-constructing knowledge about the everyday world" (Peterson & French 2008, 397). Das Curriculum besteht aus mehreren Modulen[34], die jeweils einen Zeitumfang von zehn Wochen umfassen. In einem täglichen „science cycle" (Peterson & French 2008, 397), der aus vier Schritten besteht, sollen wissenschaftlichen Fähigkeiten der Kinder, wie Beobachten oder Klassifizieren, gefördert werden. Für die Studie wurden drei Gruppen ausgewählt, so dass insgesamt 47 Kinder, im Alter von dreieinhalb bis fünf Jahren, und sechs Pädagoginnen als Stichprobe in die Studie eingehen. Die Kinder kommen größtenteils aus geringverdienenden Familien, zehn Kinder sprechen Englisch als Zweitsprache. Für die Studie wurde ein fünf Wochen umfassendes Lehr-Lern-Angebot zum Mischen von Farben zugrunde gelegt. Die Pädagoginnen wurden nicht gesondert instruiert, sondern lediglich gebeten, die Gruppe wie gewöhnlich zu leiten. Für die Videoaufnahmen wurden zwei Gruppen ausgewählt. Hier wurden für jede Gruppe zehn Aktivitäten, die zwischen 15 und 40 Minuten umfassen, für die Auswertung herangezogen. Mit den Kindern aller drei Gruppen wurde vor Beginn und nach Abschluss der Einheit ein fünfminütiges Interview geführt, um die Ausdrucksfähigkeiten der Kinder, Erklärungen zu formulieren, zu erfassen (Peterson & French 2008, 398). Die Auswertung der Interviews erfolgte quantitativ, die Videos wurden qualitativ auf der Grundlage der Grounded Theory (Peterson & French 2008, 398) ausgewertet. Die Autoren halten fest, „teachers provided important sources of support for children's development of explanatory discourse" (Peterson & French 2008, 400), wobei sie drei

---

34 Die Autoren nennen die folgenden Module „Measurement and Mapping, Color and Light, Properties of Matter, Neighborhood Habitats, Movements and Machines" (Peterson & French 2008, 397).

Hauptdimensionen an Unterstützung identifizieren konnten. „Modeling and eliciting appropriate language forms" (Peterson & French 2008, 400) umfasst die Einführung von Fachbegriffen zur Beschreibung der Materialien wie auch der Aktivitäten sowie von kausalen Satzstrukturen der Beschreibung und Erklärung, wie ‚wenn-dann' oder ‚weil'.[35] „Encouraging explanations through observation and prediction" (Peterson & French 2008, 401) bezeichnet die sich häufig wiederholenden Aufforderungen der Pädagoginnen an die Kinder, zu formulieren, was passieren wird bzw. was sie vermuten, was passieren wird. Die dritte Kategorie „engaging children in collaborative discussion" beinhaltet die gemeinsame Diskussion und Erörterung von Ideen. Die Pädagogin ermöglicht allen Kindern die Teilnahme am gemeinsamen Gespräch. In den durchgeführten Vorher-Nachher-Interviews der Kinder konnte eine signifikante Steigerung in der Verwendung erklärender Sprachvariablen zum Thema Farbmischung festgestellt werden (Peterson & French 2008, 403f.). Obgleich diese Ergebnisse recht deutliche Einblicke in die Praxis ermöglichen und auch ein konkretes Bild über die sprachlich-kognitiven Fortschritte der Kinder zeichnen, schränken die Autoren die Reichweite der Befunde ein. Zum einen weisen sie darauf hin, dass die Pädagoginnen im Projekt deutlich mehr Erfahrung mit dem Ansatz des forschenden Lernens besitzen, als üblich, da sie die Einrichtung das „ScienceStart! Curriuclum" bereits in der Entwicklungsphase umgesetzt und mit weiterentwickelt haben. Zum anderen ist es durchaus möglich, dass der signifikante Anstieg erklärender Sprachvariablen bei den Kindern darauf zurückzuführen ist, dass die Kinder während des Moduls ein größeres Fachwissen über Farbmischung erlangt haben und deshalb auch häufiger erklärende Sprachvariablen im Interview anwenden konnten und nicht die fördernden Interaktionen selbst für diesen Anstieg verantwortlich sind (Peterson & French 2008, 404). Trotz der selbstkritischen Einschätzung der Autoren auch gegenüber anderen Bedingungen ihres Forschungsdesigns, zeigen die Ergebnisse einen inhaltlichen und sprachlichen Wissenszuwachs bei den Kindern. Der forschende Zugang zur Aneignung von Wissen, der im Rahmen des Curriculums forciert wird, steht in der Tradition eines ko-konstruktivistischen Bildungsverständnisses, das neben dem Inhalt auch soziale Prozesse des Lernens in den Mittelpunkt rückt. Die Autoren fassen zusammen:

> „The result is that children do not just learn decontextualized skills; they become different kinds of learners. In the classrooms described in this study, children became scientists, taking an active and systematic approach to learning about the world around them." (Peterson & French 2008, 406)

Die Pädagogin-Kind-Interaktion kann diesem Ansatz zufolge nicht ohne Berücksichtigung des Bildungsverständnisses betrachtet werden und findet sich entsprechend in der curricularen Darstellung wieder.

Thulin & Pramling (2009) untersuchen ebenfalls die Pädagogin-Kind-Interaktion im Kontext des frühen naturwissenschaftlichen Lernens. Ihnen geht es dabei vorrangig um die Frage, wie an die Erfahrungen der Kinder angeknüpft werden kann und gleichzeitig ihr Verständnis erweitert wird, wenn den Kindern die hierzu notwendigen fachlichen Begriffe und Konzepte noch nicht zur Verfügung stehen. Die Autoren gehen davon aus, dass eine figurative und bildliche Sprache häufig genutzt wird, um dieser

---

35 Vgl. hierzu auch die Hypothesen der Ausgangsstudie von Röhner et al. (2009).

Schwierigkeit zu begegnen. Eine besondere Form stellen dabei Anthropomorphismen dar: „one particular instance of this general principle in learning and instruction is conceiving or speaking of phenomena (things, animals, machines, etc.) as if they were human" (Thulin & Pramling 2009, 137). Anthropomorphismen oder kurz Animismen wird vorgeworfen, als verniedlichende, unwissenschaftliche Sprache dem naturwissenschaftlichen Lernen entgegenzustehen, wobei die Argumentation kaum auf stichhaltige Argumente zurückzuführen ist (vgl. Lück 2003). Vor allem in den 1970er Jahren, als eine klare Sachvermittlung der Naturwissenschaften befürwortet wurde, standen Animismen im Verdacht, den Aufbau eines objektiven Wissenschaftsbildes zu verhindern. Wagenschein bekannte sich, trotz vehementer Kritik, zur aktiven Verwendung von Animismen und begründete dies damit, „daß das animistische (oder auch anthropomorphistische) Reden den Zugang zur Physik erleichtert" (Wagenschein 1986, 60f.). Trotzdem verschwanden die Animismen aus dem Unterricht und sogar dem Kindergarten. Lück (2009, 103) dokumentiert, dass sich aber seit den 1990er Jahren eine stete Rückkehr der Animismen beobachten lässt, ohne dass eine empirische Auseinandersetzung stattgefunden hätte. Thulin & Pramling (2009) untersuchten, ob sich systematische Muster in der Verwendung von Anthropomorphismen zeigen, wie diese in die Interaktion eingeführt werden bzw. der Gesprächspartner darauf reagiert und für die Beschreibung welcher Zusammenhänge sie genau genutzt werden. Sie verbinden damit zwei Domänen miteinander, die der Erwachsenen-Kind-Interaktion und der Sprachverwendung in der frühen Naturwissenschaftsvermittlung, die für die vorliegende Arbeit von Interesse sind. Die Studie basiert auf Videodaten aus einem schwedischen Kindergarten. Die Stichprobe umfasst drei Pädagoginnen und 21 Kinder, von denen sechs Schwedisch als Zweitsprache sprechen. Das Material umfasst sechs Beobachtungen von jeweils 30 bis 60 Minuten Umfang. Die Pädagoginnen wurden nicht über die Untersuchung von Anthropomorphismen in Kenntnis gesetzt, sondern lediglich aufgefordert, ihre alltägliche Arbeit zu zeigen (Thulin & Pramling 2009, 141). In den beobachteten Einheiten beschäftigte sich die Gruppe mit einem biologischen Thema, dem Leben in einem Baumstumpf. Für die Untersuchung der Frage, wann Anthropomorphismen eingesetzt werden, haben die Autoren die Interaktionen nach Hauptthemen geordnet und kommen zu drei inhaltlichen Oberkategorien, die die Interaktionen vorrangig bestimmten, der Baumstumpf, Blätter und Tiere. Thulin & Pramling (2009, 142) konnten 128 Äußerungen identifizieren, die sie als Anthropomorphismen eingeschätzt haben, davon entfallen 24 auf Kinder und 104 auf die Pädagoginnen. Der Großteil der Anthropomorphismen wurde angewandt, wenn es in der Interaktion um die untersuchten Tiere ging. Darüber hinaus konnten die Autoren zwei Hauptkategorien ausmachen, wann die Pädagoginnen Anthropomorphismen anwenden, zum einen um die Aufmerksamkeit der Kinder auf bestimmte Ereignisse oder Phänomene zu richten und zum anderen, um das Verhalten der Kinder zu regulieren. Die Autoren führen ein Beispiel an, in dem die Pädagogin ein Kind auffordert, eine Assel nicht anzufassen, da diese sonst Angst bekommt. Statt das Tier anzufassen (und dieses womöglich zu verletzten) solle das Kind lieber mit der Assel sprechen (Thulin & Pramling 2009, 143). Auch für die Kinder konnten die Autoren zwei Kategorien herausarbeiten, wann Anthropomorphismen eingesetzt werden. Die Kinder setzen hauptsächlich dann Anthropomorphismen ein, wenn sie auf eine Frage der Pädagoginnen antworten, in der diese bereits eine anthropomorphe

Vorgabe einbringen. Die zweite, allerdings selten zu beobachtende Kategorie bei den Kindern ist die folgende:

> „Children also sometimes speak spontaneously in this way when faced with the difficulty of describing or narrating something. At times, children also use anthropomorphic speech when speaking about something that they do not have other words for." (Thulin & Pramling 2009, 145)

In der vorliegenden Studie werden Anthropomorphismen in den biologisch ausgerichteten Einheiten eingesetzt, um Lebensbedingungen, Erscheinungsformen und das Verhalten der Tiere zu besprechen (Thulin & Pramling 2009). In der Diskussion gehen die Autoren ausführlich darauf ein, dass vor allem die Pädagoginnen die Anthropomorphismen einbringen, die Kinder selbst dies dagegen kaum tun. Darüber hinaus konnten die Autoren beobachten, dass die Kinder anthropomorph ausgerichtete Fragen durchaus realistisch einschätzen können (die Autoren führen hier eine Gesprächssequenz an, in der die Pädagogin fragt, ob auch die Asseln in den Kindergarten müssten, was die Kinder verneinen; Thulin & Pramling 2009). Vor diesem Hintergrund argumentieren die Autoren: „the claim that children mistakenly think anthropomorphically does not appear to be confirmed in the light of the present findings" (Thulin & Pramling 2009, 147). Im Vordergrund steht dabei der Versuch der Pädagoginnen, einen Punkt gemeinsamer Erfahrung zu finden, an dem sie die Kinder abholen können und ihnen helfen, ihr Wissen und ihre Erfahrungen zu erweitern. Dieses Verständnis von Thulin & Pramling (2009) stellt eine weitere Sichtweise auf ko-konstruktive Interaktionsprozesse zwischen Erwachsenen und Kindern im spezifischen Kontext des naturwissenschaftlichen Lernens dar. Anhand dieser Untersuchung wird deutlich, dass die Erwachsenen-Kind-Interaktion nicht nur vor dem Hintergrund eines bestimmten Bildungsverständnisses stattfindet und in einen curricularen Kontext eingebunden ist, sondern dass darüber hinaus auch entwicklungspsychologische Aspekte und didaktisch-methodische Umsetzungen für deren Gelingen von Bedeutung sind, die nachfolgend vorgestellt werden.

4.4 Die Tradition Martin Wagenscheins: Genetische Didaktik und Sokratisches Gespräch

Mit dem 2001 erschienen Band „Die Aktualität der Pädagogik Martin Wagenscheins für den Sachunterricht"[36] wird der Bedeutung Ausdruck verliehen, die ein pädagogischer Ansatz, der vor über 50 Jahren entwickelt wurde, noch heute für die Didaktik der Naturwissenschaften besitzt. Dabei ist es verkürzt, nur von seiner Genetischen Didaktik und dem Sokratischen Gespräch zu sprechen, denn Wagenschein (1991) selbst hat „Verstehen lehren" in dem Dreischritt „Genetisch – Sokratisch – Exemplarisch" formuliert. Von diesen drei wiegt das genetische Prinzip für seine Pädagogik am meisten (Wagenschein 1991, 75). Das Sokratische betrachtet Wagen-

---

36 Der Band ist Walter Köhnlein gewidmet, der als Schüler Wagenscheins für die Verbreitung und Weiterentwicklung der Pädagogik Wagenscheins für den Sachunterricht maßgeblich war (Engelhardt & Schreier 2001, 7).

schein dabei als Notwendiges, da sich die Denkstrukturen des Kindes in der dialogischen Auseinandersetzung am effektivsten fördern lassen. Das Exemplarische verkörpert die erforderliche Ein- oder Beschränkung auf ausgewählte Fragestellungen, um dem umfassenden Prinzip des Genetischen gerecht zu werden. Das exemplarische Lernen ist nicht als „Mut zur Lücke" in dem Sinn zu verstehen, dass das Einzelne oder das Detail übergangen werden soll oder nicht notwendig sei, wie es Wagenschein von Kritikern seines Ansatzes gerne vorgeworfen wurde (vgl. von Hentig 1991, 21). Ihm geht es vielmehr um einen anderen Zugang zur Sache, der wiederum das Exemplarische voraussetzt. Mit Bezug auf die Chronologie oder den Aufbau von Lerngegenständen widerspricht Wagenschein (1991, 28) dem Prinzip vom Einfachen zum Komplizierten zwar nicht, schränkt seinen Bedeutungsgehalt aber ein. Er betrachtet die Begründungen dafür, dass der fachliche Inhalt stufenweise aufgebaut wird, zwar als nachvollziehbar und in diesem Sinne „logisch", spricht diesem Vorgehen aber das Pädagogische ab. Den Vorschlag „Mut zur Lücke" versteht er selbst als „den Mut zur Gründlichkeit und bei begrenzten Ausschnitten intensiv zu verweilen" (Wagenschein 1991, 30). Das Prinzip des exemplarischen Lernens ist somit vielmehr als ein induktives Vorgehen zu verstehen. Anhand des Einzelfalls wird auf das Ganze geschlossen. In diesem Sinn wird Verstehen nicht als kleinschrittiger Prozess der Annäherung an ein Phänomen verstanden, sondern als die Annäherung an das Phänomen durch das Verstehen des Einzelfalls. Wagenschein stellt sich dieses Vorgehen so vor, dass eine Fragestellung den Ausschlag für die Beschäftigung mit einer Sache gibt und ausgehend von dieser Frage wiederum alles Grundlegende erarbeitet wird, was notwendig ist, um die Frage umfassend zu beantworten. Wagenschein (1991, 34f.) bringt zur Erläuterung das Beispiel der Optik ein. In einem stufendidaktischen Aufbau nennt er den Ablauf von selbstleuchtenden und beleuchtenden Körpern über die geradlinige Ausbreitung des Lichtes etc. (Wagenschein 1991, 34). Diesem Vorgehen setzt er ein exemplarisches entgegen, das bei einer Frage anknüpft, z.B. der Kepler'schen „woher die ‚Sonnentaler' kommen" (Wagenschein 1991, 34). Ausgehend von dieser Frage, die den „Einstieg" markiert, soll all das theoretisch erarbeitet werden, was zur Beantwortung der Frage notwendig ist. Die Vorteile dieses Vorgehens sieht er darin, dass die „Spontaneität" des Kindes berücksichtigt und gleichzeitig die Sache, also die inhaltlichen Aspekte, nicht übergangen wird. Die „Spontaneität" zielt darauf, das Interesse des Kindes zu wecken und zu einer echten „Begegnung" zwischen ihm und der Sache zu führen. Dieses Vorgehen entspricht Wagenscheins Verständnis, „Bildung ist kein addierender Prozess" (Wagenschein 1991, 29) und beschreibt die Unsinnigkeit, Wissensbestände aufzubauen um ihres Bestandes willen und nicht, um sie anwenden zu können. Soll das exemplarische Lernen nun aber nicht in der negativen Auslegung des Satzes „Mut zur Lücke" enden, liegt die Verantwortung des Lehrenden darin, eine Problemstellung auszuwählen, deren Lösung es sowohl notwendig macht als auch geeignet ist, „zum Elementaren hinab[zu]steigen und es frei[zu]legen" (Wagenschein 1991, 40). Dieses Prinzip des exemplarischen Lernens ist der Vollständigkeit halber aufgeführt, weil Wagenschein (1991, 75) es untrennbar von den anderen beiden Prinzipien in seiner Pädagogik verankert sah. Im genetischen Prinzip vereint er die Vorstellungen, indem er dieses mit dem exemplarischen Lernen und dem Sokratischen Gespräch verbindet. Das genetische Prinzip erklärt Wagenschein (1991, 76) vor allem in der Abgrenzung zu einer „darlegenden"

Methode. Im „darlegenden" Unterricht werden Inhalte, Strukturen und Wissen präsentiert. Diese müssen theoretisch nur vom Lernenden aufgegriffen, angenommen oder einverleibt werden. Weiter oben wurde bereits das Verständnis Wagenscheins von Bildung dargelegt, die er nicht als Akkumulation von Wissensbeständen betrachtet. Ihm geht es vielmehr um die eigenständige Auseinandersetzung mit einer Frage, der selbständigen Suche nach der Lösung eines Problems, für die er eine Hingabe oder ein Interesse an der Sache grundlegend voraussetzt. Auf diese Weise entstehen nach seiner Vorstellung keine leeren Wissenshüllen, die Auswendiggelerntes wiederzugeben ermöglichen, sondern ein tiefes Verständnis dessen, was man beobachtet oder was man im Idealfall selbst gelöst und entdeckt hat. Das genetische Prinzip bezeichnet genau das „nicht ‚bringen', sondern – entdecken lassen" (Wagenschein 1991, 80). Von Hentig (1991, 20) beschreibt das Prinzip des Genetischen so: „das heißt einfach: ein Verfahren, das dem Kind erlaubt, die Wissenschaft und ihre Wirkungsweise aus seinen eigenen Wahrnehmungen, neu zu entdecken." Dabei stehen die Fragen des Kindes an die Sache im Vordergrund und nicht das, was über die Naturwissenschaft an sich bekannt ist. Die Fragen des Kindes werden als Einstieg in die selbsttätige Auseinandersetzung verstanden und nur diese kann wiederum zu einem wirklichen Verstehen der Sache werden (Möller 2001a). Die Neugier der Kinder wird als Motivation für das Lernen betrachtet. Das spontane Verhalten von Kindern wenn sie auf naturwissenschaftliche Phänomene treffen, nämlich zu staunen, zu fragen und zu suchen, interpretiert Wagenschein (2003, 10) als „erste Regungen physikalischen Natur-Verstehens". Dort müssten die Kinder lediglich abgeholt werden, da sie sich sowieso bereits „auf dem Wege zur Physik" befänden (Wagenschein 2003). Auf diesem Weg hilft das Sokratische Gespräch, die Kinder zu begleiten. Die Ausführungen zum exemplarischen Lernen geben darüber hinaus didaktisch-methodische Anregungen der Umsetzung. Wagenschein betont abschließend, wie wichtig es ist, dass eben kein Ziel am Ende der Lehr-Lern-Einheit zu stehen hat, sondern dass dieses sich von selbst im Lauf der Arbeit entwickelt. Bedeutsam ist einzig und allein „die gelingende ‚Exposition'" (Wagenschein 1991, 117). Die „Exposition" bezeichnet das Einbringen des Themas, ohne dass es vorgegeben oder diktiert wird. Dabei sollen Phänomene präsentiert werden, die Fragen aufwerfen. Als wichtig wird dabei erachtet, nichts zu überstürzen, sondern den Kindern Zeit zu geben. Wagenschein (1991, 81) formuliert dies in seiner metaphorischen Sprache als Warten darauf, dass es „zündet". Erst wenn die Kinder die Frage als die ihre angenommen haben, funktioniert das Prinzip des Genetischen und ist der erste Schritt eines sokratischen Verfahrens eingelöst. Sokratisch heißt in diesem Sinne auch nicht instruktiv und nie dozierend (Wagenschein 1991, 97). Der Pädagoge ist aber nicht passiv, er greift lediglich nicht belehrend und lenkend ein. Im Vordergrund steht, dass die Kinder untereinander ins Gespräch kommen, sich austauschen, Ideen mitteilen und diskutieren ohne „auf den Lehrer [zu] schielen" (Wagenschein 1991, 118). Der Dialog basiert auf dem Interesse an der Sache und ist nicht inszeniert, um auf richtige Antworten zu kommen. Wagenschein (1991, 115ff.) problematisiert die anfänglichen Schwierigkeiten der Umsetzung und bezieht ein, dass es sich um einen Prozess handelt, bis die Kinder sich dem Vorgehen öffnen und die Art und Weise des Arbeitens annehmen, dann aber, so schließt er, „erwärmen [sie] sich für das Miteinander-Denken". Dieses gemeinsame Denken, das sozusagen das Ziel des sokratischen Dialogs ist, in dem „alle Beteiligten gemeinsam um Klärung der Sache und um ein Vorantreiben des Verstehensprozesses" (Möller 2001a, 21) bemüht sind, gibt die Vorstellung von *Sustained Shared Thinking* wieder. Die Ähnlichkeit des Ansatzes zum *Sustained Shared Thinking* zeigt sich in der Definition „an episode in which two or more individuals 'work together' in an intellectual way to solve a problem, clarify a concept, evaluate activities, extend a narrative etc. Both parties must contribute to the thinking and it must develop and extend thinking" (Siraj-Blatchford, Sylva, Taggart, Sammons, Melhuish & Elliot 2003, V). Das Prinzip des Genetisch-Exemplarisch-Sokratischen wurde von Wagenschein vor allem für das naturwissenschaftliche Lernen aufbereitet. Sein Ansatz unterstützt die Vermutung, dass *Sustained Shared Thinking* gerade im frühen naturwissenschaftlichen Lernen stattfindet.

Die Vorstellungen Martin Wagenscheins fanden viele Kritiker. Von Hentig (1991) beschreibt die akribische Weise, in der Wagenschein sich mit den Vorwürfen auseinandergesetzt und diese versucht hat, aufzuarbeiten. Aus der Perspektive eines Primates empirischer Bildungsforschung bleibt vor allem der Vorwurf bestehen, dass die curricularen Vorstellungen Wagenscheins nie empirisch evaluiert wurden (von Hentig 1991, 17). Trotzdem wird vor allem das Prinzip des genetischen Lehrens und Lernens nach wie vor als aktuell eingeschätzt (Möller 2001a). Möller (2001a, 20) weist die Nähe von Wagenscheins pädagogischem Ansatz zur entwicklungspsychologischen Theorie Piagets und den kognitionspsychologischen Vorstellungen Bruners nach, die die aktive Auseinandersetzung des Kindes mit dem Lerngegenstand betont. Wagenscheins Ansatz ist trotzdem kein konstruktivistischer. Konstruktivistische Vorstellungen gehen davon aus, dass das Kind alleine in der Auseinandersetzung mit der Welt Wissen konstruiert und sich Welt auf diese Weise aneignet, während Wagenschein über das Sokratische Gespräch eine Begleitung des Kindes anstrebt (Möller 2001a). Möller (2001a, 21) verortet den Ansatz im Spektrum des sozialen Konstruktivismus, „der auf die Bedeutung des sozialen Kontextes bei der Wissenskonstruktion verweist".

4.5 Moderat-konstruktivistische Ansätze frühen naturwissenschaftlich-technischen Lernens

In der aktuellen Diskussion um das frühe naturwissenschaftlich-technische Lernen ist ein moderat-konstruktivistisches Verständnis des Lehrens und Lernens vorherrschend, das eng mit den Konzeptwechsel-Forschungen verbunden ist (vgl. Möller 1997, Möller 1999, Möller et al. 2002, Möller et al. 2006, Sodian et al. 2006, Giest 2010). Die Vielzahl empirisch belastbarer Befunde, aber auch die hohe praktische Anwendungsorientiertheit dieser Theorie, zum Beispiel für die Entwicklung von Unterrichtskonzepten (Jonen & Möller 2005, Möller et al. 2007c), die Lehreraus- und -fortbildung (Möller et al. 2006, Kleickmann & Möller 2007), aber auch für die Weiterentwicklung des Verständnisses von entwicklungs- und kognitionspsychologischen Grundlagen des kindlichen Fassungsvermögens naturwissenschaftlicher Inhalte (Sodian et al. 2002, Sodian & Koerber 2011, Koerber 2011), erklären den Erfolg moderat-konstruktivistischer Orientierungen.

Rein oder präziser radikal konstruktivistische Ansätze basieren auf dem Verständnis, dass Weltverstehen und Lernen nur stattfinden können, wenn das Kind selbst geistig aktiv ist und sich mit der es umgebenden Umwelt auseinandersetzt. Der Instruktion wird in diesem Paradigma strikt abgesprochen, für Verstehen und Lernen einen Einfluss zu besitzen (Möller 1999). Moderat-konstruktivistische Positionen weichen von dieser Sichtweise ab, allerdings nicht mit der gleichen Begründung, wie dies im radikalen Konstruktivismus geschieht, sondern mit dem Hinweis darauf, dass durch Instruktion lediglich „träges Wissen" aufgebaut wird, das „in anderen Situationen kaum nutzbar ist" (Leuchter et al. 2010, 99). Sie gehen zwar ebenfalls davon aus, dass Lernen und Verstehen selbstgesteuerte Prozesse sind, die das Kind aktiv evoziert, betrachten aber eine Unterstützung von außen als prinzipiell möglich, vor allem durch arrangierte und strukturierte Lernumgebungen (Möller 1999, 130f.). Lehren steht im moderat-konstruktivistischen Paradigma nicht für Instruieren. Zum einen wird die Aufgabe der lehrenden Person darin gesehen, selbstgesteuertes, situiertes und aktives Lernen zu ermöglichen, zu begleiten und zu unterstützen (Möller 1999, 132ff.). Das heißt indem Lernen nicht als steuer- und festlegbarer Prozess begriffen wird, der durch ein vorgefertigtes Wissen stattfindet, das einfach nur präsentiert zu werden braucht, sondern als höchst individueller, im Kind stattfindender und aktiv von ihm vorangetriebener Prozess, kann dieses nur bestmöglich angeregt werden. Als notwendig wird es hierzu betrachtet, dass nicht abstrakte und wirklichkeitsferne Inhalte und Gegenstände ausgewählt werden, sondern Probleme und Fragen aufgeworfen werden, die für die Lernenden sowohl authentisch als auch interessant sind (Leuchter et al. 2010, 99), eine Vorstellung, die auch bei Wagenschein (1991) verfolgt wurde. Um ein wirklich selbstgesteuertes Lernen zu ermöglichen ist es wichtig, dass die zu lösenden Aufgaben verschiedene Lösungswege zulassen. Erst dann können selbständig unterschiedliche Strategien und Ideen auf dem Weg zu einer Lösung ausprobiert werden. An den individuellen Voraussetzungen und dem Vorwissen des Kindes sowie dem Anspruch und Abstraktionsgrad der zu lösenden Aufgabe sind die Lernumgebung sowie die Hilfestellungen zu orientieren, die der Pädagoge anbieten muss. In diesem Sinn geht es in einem moderat-konstruktivistischen Verständnis nicht nur darum, Freiraum für das Kind und seine individuellen Lernprozesse zu schaffen, sondern vielmehr sein Verstehen und Lernen zu unterstützen, indem ihm anregende, durchdachte und strukturierte Angebote präsentiert werden, die das „Verstehen von Tiefenstrukturen erleichtern" (Einsiedler 2009, 12). Die zweite Prämisse dieses Paradigmas für die lehrende Person beinhaltet die Vorstellung, dass Lernen ein Prozess ist, der in eine soziale Situation eingebettet ist und auch von dieser beeinflusst wird (Möller 2000, 315). Kognitionstheoretisch orientiert sich die moderat-kognitivistische Position an den Konzeptwechseltheorien, auf die weiter unten explizit eingegangen wird. Es sei aber vorweggenommen, dass für die Vorstellung von Lernen, im Sinne einer Veränderung, Weiterentwicklung oder Ablösung von konzeptuellen Vorstellungen, der kommunikative Austausch sowohl mit Peers als auch mit Erwachsenen als besonders wichtig eingeschätzt wird (Möller 2007a). In der Auseinandersetzung mit einer Fragestellung wird im Dialog die Möglichkeit gesehen, erste Lösungsideen hervorzubringen und gemeinsam weiterzuentwickeln. Erst das Aussprechen eines Vorschlages ermöglicht das gemeinsame Weiterentwickeln, indem es dem Gegenüber die Chance des Aufgreifens, Nachfragens, Infragestellens oder Erweiterns gibt. Nach dem Ausprobieren, das immer auch die Möglichkeit des Scheiterns birgt, hilft das Gespräch die Ergebnisse einzuordnen und Erklärungen zu generieren oder auch eine neue Sichtweise oder Perspektive einzunehmen und neue Lösungsvorschläge zu entwickeln. Möller et al. (2002, 189) betonen die Wichtigkeit der „eigensprachlichen Formulierungen" des Vor- und Grundschulkindes, da es bei dieser Altersgruppe um die Förderung von Denkstrukturen und nicht die Vorwegnahme naturwissenschaftlicher Fachbegriffe und Fakten geht (Möller 1999). Auch Giest (2010, 19f.) stellt die entwicklungsbezogene Förderung in den Vordergrund und warnt vor einer zu frühen Fixierung auf das fachliche Lernen. Über diese Beschreibungen hinaus finden sich keine genaueren Befunde, die die Bedeutung der Interaktion belegen oder Prämissen für erfolgreiche Interaktionen im frühen naturwissenschaftlich-technischen Lernen im Verständnis des moderat-konstruktivistischen Paradigmas definieren würden.

4.6 Projekte und Ansätze des frühen naturwissenschaftlich-technischen Lernen

Obwohl bereits deutlich wurde, dass die Vorstellungen darüber, wie frühes naturwissenschaftliches und technisches Lernen aussehen kann, in den Bildungsplänen unterschiedlich dargestellt werden, d.h. zu welchem Zweck und mit welchen Gegenständen sie umgesetzt werden sollen, zeigt Michalik (2010), dass das Experiment eine vereinende Größe darstellt, die in den meisten Bildungsplänen, aber auch Praxiskonzeptionen, aufgeführt wird. Experimente werden als Möglichkeit betrachtet, Naturvorgänge oder Alltagsphänomene ganz gezielt beobachten zu können (STMAS/IFP 2006, Lück 2009). Die experimentelle Gestaltung ermöglicht dabei, den Blick auf Details zu konzentrieren oder durch Hilfsmaterialien sichtbar zu machen (dies kann bereits durch ein Glasgefäß anstelle eines undurchsichtigen Materials passieren; vgl. Melle & Scheuer 2008). Was im Einzelnen unter Experimenten verstanden wird, lässt sich auf das dahinterstehende Bildungsverständnis zurückführen. Michalik (2010, 95ff.) teilt didaktische Konzepte zum frühen naturwissenschaftlichen und technischen Lernen vor diesem Hintergrund in „instruktive" und am Konzept der „Selbstbildung" orientierte auf.[37] Als instruktiv orientierte Ansätze fasst sie dabei solche zusammen, die auf einem ko-konstruktivistischen Bildungsverständnis im Sinne des Sozialkonstruktivismus basieren und das naturwissenschaftliche Lernen in einer vorstrukturierten und angeleiteten Lernumgebung vorschlagen. An Selbstbildung orientierte Ansätze gehen zwar auch von der Bereitstellung einer geeigneten Lernumgebung aus, die aber aus sich selbst heraus den Kindern die Begegnung und das Kennenlernen der Natur ermöglicht und durch vorhandene Materialien zum Ausprobieren und Erkunden einlädt, also die Selbstbildung der Kinder unterstützt. Diese Kategorisierung wird zwar als plausibel eingeschätzt, weist aber trotzdem Mängel auf. Bei näherer Durchsicht einzelner Konzepte zeigt sich, dass ein divergierendes Bildungsverständnis in der konzeptionellen Gestaltung ähnliche Umsetzungsvorschläge beinhaltet, auch wenn Ausgang oder Planung sich im Detail unterscheiden. Im Bayerischen Bildungs- und Erziehungsplan wird explizit auf ein ko-konstruktivistisches Bildungsverständnis

---

37 Als Vertreter der „instruktiven Ansätze" nennt Michalik (2010, 95ff.) Gisela Lück und Wassilios Fthenakis, zu den Vertretern von „Selbstbildungsansätzen" zählt sie Gerd Schäfer und Hilde Köster.

Bezug genommen (STMAS/IFP 2006, 32). Für die Umsetzung naturwissenschaftlichen und technischen Lernens werden hauptsächlich vorbereitete und angeleitete Experimente und Projekte vorgeschlagen und in erwachsenenzentrierter Perspektive ins Zentrum gestellt[38], aber auch die Bedeutung der selbsttätigen Beschäftigung wird erwähnt. Eine geeignete, im Alltag vorhandene und frei zugängliche Lernumgebung wird als notwendig erachtet, da „die Kinder im Freispiel und im Rahmen gezielter Angebote" (STMAS/IFP 2006, 279) zum Ausprobieren etc. eingeladen werden. Der offene Bildungsplan Nordrhein-Westfalen (Schäfer 2005) geht von der kindlichen Selbstbildung aus. Dies wird in konsequenter Weise auch im Bereich der naturwissenschaftlichen Bildung vertreten, in der das Kind mit seinen Fragen und Interessen an der Natur im Vordergrund steht. Dabei werden ebenfalls sowohl Projekte als auch Experimente für die pädagogische Praxis vorgeschlagen, auch wenn diese nicht den Schwerpunkt des Bildungsbereiches ausmachen, wie im Bayerischen Bildungs- und Erziehungsplan (Schäfer 2005, 153). Beide Bildungspläne gehen sehr unterschiedlich an die Bearbeitung heran, im Bayerischen Bildungs- und Erziehungsplan wird beispielsweise vorgeschlagen, dass sich im Team der Erzieherinnen auf ein Projektthema geeinigt wird, das mit den Kindern durchgeführt wird (STMAS/IFP 2006, 284), während der offene Bildungsplan Nordrhein-Westfalen vorschlägt, dass die von den Kindern gestellten Fragen in Projekten bearbeitet werden sollen (Schäfer 2005, 153). Die Instruktion an sich wird nicht als ausschlaggebendes Unterscheidungsmerkmal in den beispielhaft aufgezeigten Konzepten betrachtet, weshalb der Kategorisierung von Michalik (2010) nicht gefolgt wird. Dies zeigt sich auch im Ansatz von Gisela Lück (2009), den Michalik (2010, 95) als instruktiv einordnet. Der Projektansatz enthält ohne Zweifel einen hohen Anteil instruktiver Elemente, die vom Benennenlassen der Experimentiermaterialien bis zu vorbereiteten Versuchsanordnungen, die nachgemacht werden sollen, reichen (Lück 2009, 144ff.). Trotzdem geht Lück selbst von einem erweiterten Konzept der kindlichen Selbstbildung aus:

> „Betrachtet man Bildung nicht im Sinne von Bildungsziel, sondern als Aktivität, die vom Kind ausgeht, so kann man diese auch als ‚Aneignung von Welt' im Sinne von Selbstbildung verstehen, wobei dem Elementarbereich die Aufgabe zukommt, bei diesem Prozess helfend die Hand auszustrecken." (Lück 2009, 23)

Für einen Ansatz oder ein praktisch ausgerichtetes Konzept frühen naturwissenschaftlichen Lernens ist es wichtig, das zugrunde liegende Bildungs- (sowie Entwicklungs- und Lern-)Verständnis offenzulegen. Das wurde bereits einleitend in dieser Arbeit dargestellt. Die dichotome Darstellung zweier „Bildungslager" wird für die frühpädagogische Praxis aber als nicht zielführend eingeschätzt, da in allen dargestellten Konzepten instruktive wie selbstbildende Elemente enthalten sind. Dieses pädagogische Grundproblem wurde einleitend bereits aufgegriffen. Da die vorliegende Arbeit sich vor allem für die Erwachsenen-Kind-Interaktion in institutionellen, frühpädagogischen Kontexten interessiert, werden nachfolgend ausgewählte Projekte und Ansätze zum frühen naturwissenschaftlichen und technischen Lernen vorgestellt und auf Hinweise für die Gestaltung der Interaktionen untersucht.

---

38 Vgl. hierzu z.B. STMAS/IFP 2006, 279f. Abschnitt „Atmosphäre".

Der bereits angesprochene Ansatz von Gisela Lück (2003, 2009) ist als Ergebnis eines empirischen Projektes entstanden, in welchem Lück (2000) sich erstmals damit auseinandergesetzt hat, inwieweit bereits im Vorschulalter naturwissenschaftliches Lernen – bezogen auf die unbelebte Natur – möglich ist. Ausgehend vom Befund, dass naturwissenschaftliche Inhalte in Kindertageseinrichtungen selten behandelt werden und wenn, dann solche der belebten Natur (Lück 2000, 115), also biologische Themen, hat sie ein praktisches Projekt entwickelt und umgesetzt, das in dreizehn Einheiten die Themen Luft und Gase, Schwimmen und Sinken sowie Dichte behandelt. Die Themenbereiche hat Lück (2000, 121ff.) auf der Grundlage empirischer Befunde zum intuitiven Wissen von Kindern entwickelt, um eine Passung an die kognitiven Fähigkeiten und das vorhandene Wissen der Kinder zu erreichen. Ziel ihres Projektes war es, die Annahme zu überprüfen, ob Kinder tatsächlich von sich aus ein Interesse an Inhalten und Experimenten zu Themen der unbelebten Natur haben und ob handlungsorientierte Lehr-Lern-Einheiten zu einem „Eindruck" (Lück 2000, 137) führen, den Kinder auch nach einem längeren Zeitraum noch erinnern können. Lück (2000) verwendet den Begriff des „Eindrucks" bzw. „tieferen Eindrucks", um die Begriffe Lernen und Wissenserwerb zu umgehen, da im Vordergrund des Projektes die naturwissenschaftliche Erfahrung und Annäherung an eine solche Arbeitsweise stehen. Das Interesse der Kinder wurde über ihre freiwillige Teilnahme an den naturwissenschaftlichen Angeboten eingeschätzt; für die Erfassung des „Eindrucks", den die Einheiten bei den Kindern hinterließen, wurden in einem mehrmonatigen Abstand teilstrukturierte Interviews durchgeführt (Lück 2000, 175). Die Ergebnisse zum Interesse der Kinder deutet Lück (2000, 176) als positiv, da die ermittelte Teilnahme an den jeweiligen Versuchseinheiten zwischen mindestens 62,5 Prozent und 83 Prozent lag. Für die Erinnerungsfähigkeit der Kinder kann Lück (2000, 176) nachweisen, dass die Kinder im Durchschnitt mit Hilfestellung 40 Prozent der Versuchsaufbauten und Deutungen von Phänomenen nach zwei bis drei Monaten erinnern können, was sie als „nachhaltigen Eindruck", der bei den Kindern entstanden ist, wertet. Nicht eindeutig nachweisen konnte Lück (2000, 177), ob aufeinander aufbauende Experimentierreihen zu tieferen Eindrücken führen als einzelne, isoliert durchgeführte Einheiten. Auf den Ergebnissen dieser Untersuchung aufbauend hat Gisela Lück nachfolgend ein Konzept für die Umsetzung naturwissenschaftlichen Lernens in Kindertageseinrichtungen entwickelt (Lück 2003, 2009). Im Folgenden wird ausschließlich auf die überarbeitete und erweiterte Neuauflage, die 2009 erschien, eingegangen. Es wurde bereits weiter oben erwähnt, dass Lück (2009, 23) in der Auseinandersetzung mit den Bildungsplänen der Länder vor allem auf das Konzept der Selbstbildung Bezug nimmt. Den Schwerpunkt der theoretischen Rechtfertigung frühen naturwissenschaftlichen Lernens sieht sie jedoch in der Klärung der Frage, ob „Vorschulkinder denn überhaupt naturwissenschaftliche Experimente nachvollziehen und die Deutungen verstehen und behalten [können]" (Lück 2009, 29). Hierzu setzt sie sich kritisch mit der Stadientheorie Piagets auseinander und verweist darauf, dass nach der Entwicklungspsychologischen Theorie Eriksons das naturwissenschaftliche Lernen im Elementar- und Primarbereich besonders effektiv ist (Lück 2009, 31ff.). Auch neurophysiologische Befunde werden hierfür diskutiert, die in ihrer Ergiebigkeit für die Rechtfertigung eines frühen naturwissenschaftlichen Lernens in Frage gestellt werden, da deren Übertragbarkeit auf pädagogische Prozesse nicht gesichert ist (Lück 2009, 53ff.). In der Auseinandersetzung mit Ansätzen zum bereichsspezifischen Wissen wird abschließend auf neuere Forschungsbefunde hingewiesen, die davon ausgehen, dass sich die kognitive Entwicklung von Kindern nicht global vollzieht, sondern in einzelnen Bereichen weiter vorangeschritten sein kann als in anderen. Diese Theorien knüpfen an der Vorstellung eines intuitiven Wissens an, in der davon ausgegangen wird, dass Säuglinge bereits mit einem impliziten Verständnis über grundlegende psychologische und physikalische Eigenschaften auf die Welt kommen. Auf dieser theoretischen Grundlage aufbauend wird ein praktisches Konzept zum „Experimentieren mit Kindern" vorgeschlagen, das als Projekt wöchentlich umgesetzt werden soll und sich vor allem an Kinder im Vorschulalter, d.h. von fünf bis sechs Jahren, richtet (Lück 2009, 144f.). Vorgestellt werden fünfzehn Experimentiereinheiten, die vom Schwierigkeitsgrad und dem Inhalt aufeinander aufbauen. Diese folgen den von Lück (2009, 148; auch 2010, 333) aufgestellten Kriterien, die für Experimente mit kleinen Kindern gelten: Ungefährlichkeit, Gelingensgarantie, mit Alltagsmaterialien umzusetzen, von den Kindern eigenständig durchführbar und eine Zeitspanne von maximal zwanzig Minuten nicht überschreitend. Die Experimentiereinheiten folgen einer klaren Struktur, die sich in jeder Sitzung wiederholt. Die Lernumgebung wird von der Pädagogin vorbereitet. Die Einheiten beginnen damit, dass die Materialien gemeinsam erarbeitet, d.h. benannt und in ihrer Funktion beschrieben, werden. Lück (2010, 124) verweist auf die Bedeutung einer ganzheitlichen Sprachförderung, für die sich der Rahmen der Experimentiereinheiten besonders anbietet. Das Benennen der Materialien dient als natürlicher Sprechanlass, der auch der Wortschatzerweiterung dient. Anschließend wird eine Fragestellung aufgeworfen, die mit einem Experiment geklärt werden soll. Auch hier werden Sprachförderbeziehungen hergestellt, wenn die Kinder aufgefordert werden sollen, ihre Vermutungen zu äußern oder von eigenen Vorerfahrungen zu berichten. Die Einschätzung der Erwachsenen-Kind-Interaktion als bedeutsam im Prozess des Erarbeitens wird hervorgehoben, allerdings in einem recht mechanischen Verständnis: „Die Sprechförderung kann mit der Aufforderung beginnen, dass jedes an der Experimentiereinheit teilnehmende Kind einen der bereitliegenden Gegenstände benennen soll" (Lück 2009, 126). Ein darüber hinausgehender Ansatz, den Lück (2008) integriert, ist das Storytelling. Beim Storytelling werden Sprache, Naturwissenschaft, kognitive Förderung und Altersangemessenheit miteinander verbunden und für die Kinder ansprechend umgesetzt. Sehr bewusst werden dabei auch animistische Elemente aufgegriffen und eingesetzt. Wie bereits dargestellt, wurden Animismen für das naturwissenschaftliche Lernen lange Zeit kritisch betrachtet, wofür vor allem die Entwicklungen verantwortlich gemacht werden können, die dem Sputnik-Schock der 1970er Jahren folgten. Die Ergebnisse einzelner Wirksamkeitsuntersuchungen von Unterrichtskonzepten zum naturwissenschaftlichen Lernen deuteten an, dass Animismen vor allem bei jüngeren oder kognitiv weniger leistungsfähigen Kindern Erklärungsansätze unterstützen würden und somit der intellektuellen Weiterentwicklung nicht dienlich sein könnten. In der Naturwissenschaftsdidaktik wurden in der Folge neue Ansätze entwickelt, die einer strikten Wissenschaftsorientierung folgten. Heute ist man der Verwendung von anthropomorphen Erklärungen gegenüber wieder aufgeschlossener. Vor allem für jüngere Kinder können Anthropomorphismen eine Hilfestellung darstellen (Lück 2009, 105; Thulin & Pramling 2009). Beim Storytelling wird auf die Einbeziehung einer Identifikationsfigur gesetzt. Die Herausforderung liegt darin, eine spannende Geschichte zu entwickeln, in der der Protagonist vor einem (naturwissenschaftlichen) Problem steht, für das die Kinder selbst durch Ausprobieren eine Lösung finden können. Die aktive Beteiligung bzw. das Engagiert-sein soll die Verbindung affektiver und kognitiver Prozesse unterstützen, die geeignet sind Lernen zu erleichtern und zu verstärken. Vorgeschlagen wird hierfür die Methode des Storytelling, die auch sprachförderliche Elemente enthält. Narrative Elemente können selbständig ausprobiert und integriert werden, wenn, nachdem eine Lösung gefunden wurde, die Geschichte gemeinsam zu Ende erzählt wird. Die Durchführung des Experiments erfolgt dann angeleitet, auch wenn eingeräumt wird, dass die Kinder eigene Ideen zuvor ausprobieren sollen. Im Anschluss werden die Beobachtungen diskutiert und schließlich eine Deutung des Phänomens erarbeitet (Lück 2009, 153ff.). In der Kategorisierung Michaliks (2010) gehört dieses Vorgehen zu den instruktiven, da Rahmen, Fragestellung und Vorgehen zur Lösungsfindung vorgegeben werden. Durch den eng gesteckten Rahmen an Versuchen und Inhalten sowie einer passenden Aufbereitung der naturwissenschaftlichen Inhalte soll es Erzieherinnen erleichtert werden, ein entsprechendes Angebot in der Kindertageseinrichtung umzusetzen und als kompetenter Lernpartner für die Kinder zur Verfügung zu stehen (Lück 2009, 243).

Asmussen & Wagner (2010, 31ff.) stellen einen Ansatz zum frühen naturwissenschaftlichen Lernen vor, in welchem sie das Konzept des forschenden Experimentierens mit der Idee einer narrativen Didaktik verknüpfen. Da dieser Ansatz nicht als klassische Konzeption für Unterricht verstanden wird, scheint er auch für die Umsetzung im Elementarbereich geeignet. Im Vordergrund steht nicht die Orchestrierung von Bildungsinhalten in aneinandergereihten Experimenten und Versuchen, wie dies im Projektansatz von Lück (2009) vorgeschlagen wird, sondern die prinzipielle Freiheit der Kinder, sich für Themen und handlungspraktische Versuche zu entscheiden. Lernarrangements werden den Kindern gezielt in Freispielzeiten angeboten, so dass die Kinder sich tatsächlich frei für die Angebote entscheiden können (Asmussen & Wagner 2010, 34). Die Rolle der Pädagogin wird in einem ko-konstruktivistischen Verständnis darin gesehen, anspruchsvolle und die Interessen der Kinder berührende Lernumgebungen vorzubereiten, sowie die Lernprozesse der Kinder zu begleiten und gezielt den Aufbau kongruenter Vorstellungen zu fördern. Forschendes Experimentieren wird von den Autoren verstanden als „phänomenorientierter, selbstorganisierter Lernprozess" (Asmussen & Wagner 2010, 32), in dem vor allem auf instruktive Elemente verzichtet werden soll. Den Kindern soll dabei ausreichend Raum und Zeit eingeräumt werden, um ihren eigenen Interessen und Fragestellungen nachgehen zu können. Hierfür schlagen die Autoren zwei Versuchsprinzipien vor, die von den Kindern eigenständig genutzt werden können: „Freihandexperimente" und „Versuchsstationen" (Asmussen & Wagner 2010, 33). Entsprechend des ko-konstruktiven Grundverständnisses der Autoren wird dem Austausch von Ideen und Lösungsvorstellungen eine große Rolle im Rahmen des Ansatzes eingeräumt. Das forschende Experimentieren wird mit dem Konzept der narrativen Didaktik gekoppelt, die hier nicht als „Erzählen von Geschichten" verstanden wird, sondern, im Sinne einer naturwissenschaftlichen Erweiterung, Diskurshandlungen wie Erklärungen und Funktionsbeschreibungen der Kinder einbezieht (Asmussen & Wagner 2010, 32). Der Dialog wird aus einer kindzentrierten Perspektive in den Mittelpunkt des Ansatzes gerückt, der sowohl den Einstieg in ein Thema oder eine inhaltliche

Auseinandersetzung markieren kann, als auch den Lernprozess vorantreibt, indem im dialogischen Austausch Lösungsmöglichkeiten erarbeitet, Ideen ausgetauscht und Vorstellungen entwickelt werden. Aus der literaturwissenschaftlich-linguistischen Forschungen übernehmen die Autoren die Vorstellung des „Planbruchs", mit der ein Ereignis bezeichnet wird, das einen eigentlich vorhersehbaren Handlungsablauf durchkreuzt und zum Scheitern oder einem völlig unerwarteten Ergebnis führen kann. Diese Vorstellung wird auf naturwissenschaftliche Experimente und Versuche übertragen, die gerade dann Anlass zu Gesprächen bieten, wenn die Ergebnisse nicht den Erwartungen oder Vorstellungen der Kinder entsprechen. Diese an „Planbrucherlebnissen orientierte narrative Didaktik" ist vor allem darauf gerichtet, die Alltagsvorstellungen der Kinder aufzugreifen und weiterzuentwickeln. Mit der Fokussierung auf das dialogische Element des Forschens zeigt der Ansatz Parallelen zum Konzept des *Sustained Shared Thinking*, das ebenfalls die Auseinandersetzung und Weiterentwicklung mit der Sache im Rahmen der Interaktion hervorhebt. Der vorgestellte Ansatz von Asmussen & Wagner (2010, 39) fasst allerdings lediglich „explorative Überlegungen" der Autoren zusammen, die sich erst in ihrer Alltagstauglichkeit empirisch beweisen müssen. Theoretisch überzeugt das Konzept durch die konsequente Umsetzung ko-konstruktiver Bildungsideen im Kontext einer narrativen Didaktik, die die Bedeutung der Interaktion für die Erweiterung von Vorstellungen und die Entwicklung von Erklärungen besitzt. Lerntheoretisch integriert die Arbeit implizit Ideen der Konzeptwechseltheorien, die auf den Aufbau angemessener Vorstellungen gerichtet ist. Die Möglichkeiten und Elemente einer narrativen Didaktik im naturwissenschaftsbezogenen Lernen klingen vielversprechend, bleiben aber in der Darstellung der Autoren sehr abstrakt.

Im Rahmen des umfassenden Projektes „Natur-Wissen schaffen"[39] wurden Handreichungen zu verschiedenen Bildungsbereichen entwickelt, die auf einem ko-konstruktivistischen Bildungsverständnis basieren. Die Handreichungen zielen explizit darauf ab, die „Lücke zwischen den häufig allgemein gehaltenen Anforderungen der Bildungspläne und konkreten Handlungskonzepten der Fachkräfte zu schließen" (Fthenakis et al. 2009a, 6). Im Rahmen des Projektes wurden Konzepte zum frühen mathematischen, naturwissenschaftlichen und technischen Lernen sowie zur frühen Medienbildung vorgelegt. Wissen wird in allen Handreichungen als etwas betrachtet, das nicht vermittelt, sondern nur, im Sinne von Bildung durch sozialen Austausch, gemeinsam entwickelt werden kann. Deshalb wird der Dialog als entscheidendes Medium für das naturwissenschaftliche und technische Lernen betrachtet (Fthenakis et al. 2009a, 20; 2009b, 27). Der den Handreichungen zugrunde gelegte theoretische Rahmen orientiert sich dabei vor allem an den Arbeiten Vygotskis, in welchen die Soziale Interaktion als beeinflussende Größe für die kindliche Entwicklung betrachtet wird. Praktisch erfolgt die Umsetzung im Sinne der Projektmethode (Fthenakis et al. 2009a, 152ff.; 2009b, 120ff.). Dabei beziehen die Autoren sich auf den Projekt-Ansatz von Katz & Chard (2000, 209), die sich nach eigenen Angaben auf die „Projektmethode" von Dewey und Kilpatrick beziehen. Das Vorgehen entsprechend des Projekt-Ansatzes basiert vorrangig auf der Vorstellung, dass kindliche Lernprozesse besonders gut gelingen, wenn die Kinder die Möglichkeit erhal-

---

39 Das Projekt „Natur-Wissen schaffen" wurde von der Telekom Stiftung finanziert und unter der Leitung von Prof. Dr. Dr. Dr. Fthenakis durchgeführt (vgl. Fthenakis et al. 2009a, 2009b).

ten, sich vollständig auf ein Thema einlassen zu können. Experimentieren wird auch hier als Möglichkeit betrachtet, einen Ausschnitt der Natur gezielt und konzentriert zu beobachten, um Vermutungen zu überprüfen und Fragen zu beantworten. Hierfür werden jedoch weitere Kompetenzen benötigt, wie das Beobachten, Beschreiben oder Kommunizieren über Beobachtungen und Vermutungen (Fthenakis 2009a, 76ff.). Naturwissenschaftliches Lernen im Elementarbereich kann den Erwerb dieser Kompetenzen im Zusammenhang mit unterschiedlichen Inhaltsbereichen der unbelebten und belebten Natur ermöglichen[40]. Grundsätzlich sollen die Kinder sich längerfristig mit einem Inhalt auseinandersetzen. Die Wahl des Themas wird von den Kindern und Pädagoginnen gemeinsam getroffen. In der Projektmethode gehört bereits die Auswahl des Themas zur Methode. Verschiedene Kriterien sollen die Pädagoginnen darin unterstützen, geeignete Themen zu definieren und mit den Kindern gemeinsam auszuwählen (Fthenakis et al. 2009a, 156f.). Planung und Vorbereitung des Projektes obliegen hauptsächlich der Pädagogin, die „Inhalt, Struktur des Inhalts und Lernprozess" (Fthenakis et al. 2009a, 158) vorab organisiert und diese erst während der Projektdurchführung flexibel mit den Kindern diskutiert und umstrukturiert. Im Vergleich zum Ansatz von Lück (2009), die neben dem Erwerb naturwissenschaftlichen Grundwissens auch Sprachförderaspekte einbezieht, zielt „Natur-Wissen schaffen" auf eine sehr umfassende Förderung kognitiver, sprachlicher, motorischer sowie sozial-emotionaler Kompetenzen (Fthenakis et al. 2009a, 160) ab. Darüber hinaus sieht die Planungsphase die Klärung grundlegender Fragen des Projektablaufs und der Projektorganisation vor, die bereits auf den Umgang eines solchen Vorhabens hinweisen. Für die Durchführung des Projektes selbst werden Einstieg, Hauptphase, Reflexionsphase und Abschluss definiert. Zu allen Phasen werden grundlegende Handlungsempfehlungen gegeben. Die Phase des Einstiegs dient beispielsweise vor allem der Pädagogin dafür, sich über das Vorwissen der Kinder ein umfassendes Bild zu verschaffen und Vorerfahrungen der Kinder zum Thema zu aktivieren (Fthenakis 2009a, 160). In der Hautphase werden dann neue Informationen erarbeitet und zusammengetragen, wobei verschiedene methodisch-didaktische Vorschläge der Pädagogin helfen, abwechslungsreiche und an den Inhalt angepasste Vorgehensweisen einzubringen. Die Reflexionsphase beinhaltet bereits eine begleitende Dokumentation von Zwischenergebnissen, die einen ständigen Austausch über das Projektthema anregen sollen und es auch anderen Gruppen ermöglichen, sich über den aktuellen Projektstand zu informieren. Für den Abschluss der Projektphase wird ein flexibles Vorgehen empfohlen, das sich nach den Bedürfnissen der Kinder richtet (Fthenakis 2009a, 164). Entsprechend des Grundverständnisses von Bildung sollen auch die Projektergebnisse nicht durch ein stilles Ende geprägt sein, sondern kommuniziert, d.h. nach außen präsentiert, werden. Vorgeschlagen werden hierfür verschiedene Vorgehensweisen, die es den Kindern ermöglichen, als Experten aufzutreten und ihr neu erworbenes Wissen weiterzugeben. Genannt werden „eine ‚Ausstellung' von Werken oder Fundstücken, eine Aktivität, die die Gruppe anderen auf dem Jahresfest der Einrichtung anbietet, eine Diashow oder ein Videofilm über das Projekt, ein Theaterstück, das die Kinder zum Thema verfasst haben oder eine Wandpräsentation der Projektergebnisse"

---

40 Eine Übersicht über Themenbereiche wird zum naturwissenschaftlichen Lernen in Fthenakis et al. (2009a, 82f.) gegeben. Für das technische Lernen gibt es keine entsprechende Übersicht, die Themenbereiche finden sich in Fthenakis et al. (2009b, 78ff.).

(Fthenakis et al. 2009a, 164). Die Beschreibung des Projektverlaufes macht bereits deutlich, dass der Interaktion in dieser Arbeitsform eine hohe Bedeutung zugesprochen wird. Für die Pädagogin heißt dies ganz konkret, dass sie die „Ideen und Interessen der Kinder ernst nehmen" (Fthenakis et al. 2009a, 22) und die „Kinder über ihr eigenes Denken und Lernen nachdenken" (Fthenakis et al. 2009a, 159) lassen soll. Dabei wird immer wieder der Dialog als bedeutsames Instrument herausgestellt. Auch der Austausch zwischen den Kindern, der zur Ko-Konstruktion von Wissen dienen kann, soll in allen Projektphasen genug Raum erhalten. In diesem Sinn wird das Konzept des *Sustained Shared Thinking* angesprochen und in seiner Bedeutung für die Anregung von Bildungsprozessen aufgegriffen (Fthenakis et al. 2009a, 21). Insgesamt werden die Handreichungen des Projekts „Natur-Wissen schaffen" als theoretisch überaus fundiert eingeschätzt, die auch für die Umsetzung in der Praxis geeignet erscheinen. Da es kaum konkrete Umsetzungshilfen oder Arbeitsmaterialien gibt, bedeutet die Arbeit mit der Projektmethode einen sehr großen zeitlichen Aufwand für die Pädagoginnen vor Ort. Darüber hinaus baut die Methode darauf auf, dass die pädagogischen Mitarbeiterinnen didaktisches Methodenwissen bereits in ausreichendem Maße einbringen können, da diese in der Handreichung nur beispielhaft vorgestellt werden. Eine Evaluation der Handreichungen liegt aktuell nicht vor. Ergänzt werden die jeweiligen Bände lediglich durch „Beispiele aus der Praxis" (vgl. z.B. Fthenakis et al. 2009a, 167ff.).

Das Projekt „Natur als Werkstatt" ist in Mühlheim an der Ruhr in einer Naturwerkstatt angesiedelt, die Kindergartengruppen mit ihren pädagogischen Begleiterinnen für eine Projektwoche besuchen können. Die praktische Umsetzung basiert konsequent auf der Vorstellung der kindlichen Selbstbildung, was sich im Programmaufbau deutlich zeigt. In diesem Sinne unterscheidet sich die Naturwerkstatt von allen anderen präsentierten Praxisprojekten. Die Naturwerkstatt befindet sich in einem gläsernen Gebäude in natürlicher Umgebung, die bewusst im Projekt genutzt wird, um die Begegnung mit der Natur zu initiieren. Dieser grundlegende Impuls dient dazu, das Interesse der Kinder zu wecken und nicht nur eine kognitive Auseinandersetzung anzuregen, sondern eine handlungspraktische Annäherung an die Natur zu ermöglichen (Schäfer 2009b). Die Naturwerkstatt soll hierfür den Raum bieten. Erwachsenen, d.h. den Mitarbeiterinnen der Naturwerkstatt, kommt dabei die Aufgabe zu, die Selbstbildungsprozesse der Kinder aktiv zu unterstützen, d.h. praktisch „ihre Neugierde teilen und ihnen Werkzeuge und Materialien für ihre eigenen ‚Untersuchungen' zur Verfügung stellen" (Schäfer 2009b, 8), aber auch als Interaktionspartner für den Austausch und die Weiterentwicklung von Ideen zur Verfügung zu stehen. Im Gebäude der Naturwerkstatt stehen nicht nur Werkzeuge und Bau- und Bastelmaterialien für die Nachbereitung der Naturerfahrung bereit, sondern auch Bücher, Malsachen und ein Schreibbüro (Eden 2009). Entsprechend der zugrunde liegenden Bildungskonzeption können diese Bereiche von Kindern uneingeschränkt genutzt werden. Angeleitete Angebote gibt es nicht. Die Vormittage werden im Wald verbracht, wobei die Kinder aufgefordert sind, sich eigenaktiv zu beschäftigen. Kinder, die diese freie Zeit- und Arbeitsgestaltung nicht kennen und Schwierigkeiten haben, sich zurechtzufinden, werden, besonders durch die Mitarbeiterinnen aber auch die begleitenden Pädagoginnen, unterstützt (Eden 2009, 53). Der Nachmittag wird im Gebäude der Naturwerkstatt verbracht und dient dem „Reflektieren und Nach-

Sinnen" (Eden 2009, 54) des Erlebten. Vor dem Hintergrund dieser Beschreibung wirken die Erfahrungen, die Kinder in der Naturwerkstatt machen können, eher willkürlich. Im Vergleich bieten die strukturierten Angebote anderer Projekte ein mehr oder weniger abgegrenztes Lerngebiet an, in welchem die Kinder Erfahrungen sammeln können. In der Naturwerkstatt-Arbeit versucht man dagegen ganz bewusst an den Vorerfahrungen der Kinder anzuknüpfen (Rosenfelder 2009). Haben die Kinder zum Beispiel bislang kaum Gelegenheiten bekommen, Naturerfahrungen zu machen, sich in der Natur aufzuhalten und diese zu erkunden, dann wird das Ziel der Projektwoche ganz klar darauf abzielen, basale Erfahrungen zu sammeln und über diese zu reflektieren. Unabhängig davon jedoch, wie umfassend die Vorerfahrungen der Kinder sind, sehen die Autoren der Naturwerkstatt in den Naturbegegnungen der Kinder auch die Begegnung mit der elementaren Chemie, Physik und Biologie (Rosenfelder 2009, 64ff.). In den didaktischen Grundzügen für die Naturwerkstatt fasst Schäfer (2009c, 21f.) die Naturwerkstatt-Arbeit zusammen. Neben der vorbereiteten Umgebung, unter der eine Umwelt verstanden wird, die die Neugier der Kinder anspricht und ihnen die eigenaktive Auseinandersetzung ermöglicht, wird unter anderem ein Schwerpunkt auf die „Re-flexive Didaktik" gelegt, die das „Nach-arbeiten", „Nach-sinnen" und „Nach-denken" umfasst. In beiden Punkten wird die Bedeutung des Erwachsenen als Gesprächspartner für die Auseinandersetzung mit den gemachten Erfahrungen betont (Schäfer 2009c). Vor allem für das „In Verbindung bringen" wird der Erwachsene als unterstützender Moderator verstanden, der durch seinen Wissensvorsprung strukturierend eingreifen soll. Für die Umsetzung der Projektidee in Kitas werden darüber hinaus explizit Anregungen für die räumliche Gestaltung der Außenflächen gegeben. Eine Evaluierung des Projekts liegt nicht vor.

Ein weiterer, elaborierter Ansatz zum frühen naturwissenschaftlichen und technischen Lernen stellen die „Klasse(n)kisten für den Sachunterricht" dar. Dabei handelt es sich um ein Kompendium an Unterrichtsmaterialien für die Grundschule, die für die Gestaltung einer moderat-konstruktivistischen Lernumgebung geeignet sind, die sich am Conceptual-Change-Ansatz orientiert (z.B. Jonen & Möller 2005, Möller et al. 2007c). Auch wenn es bislang keine entsprechenden Materialien für den vorschulischen Bereich gibt, wird dieser Ansatz aufgegriffen, da er theoretisch gut eingebettet und hervorragend für die Praxis aufbereitet wurde. Möller & Steffensky (2010, 168) erläutern darüber hinaus, dass der Ansatz auch für die Arbeit im Elementarbereich geeignet ist, wenn „die Denkvoraussetzungen in der jeweiligen Bildungsstufe berücksichtigt" werden. Sie fordern damit eine explizite Berücksichtigung der „Stufengemäßheit" (Möller & Steffensky 2010, 168), deren Mangel in der Praxis an anderer Stelle von Möller (2009) deutlich herausgearbeitet wurde. Die „Klasse(n)kisten" sind auf der Grundlage von aktuellen lern- und kognitionspsychologischen sowie naturwissenschaftsdidaktischen Forschungsergebnissen der Arbeitsgruppe um Kornelia Möller entwickelt worden (vgl. auch Möller 1997, Möller 1999, Möller 2000, Möller 2001b, Möller 2007a, Möller 2007b, Möller et al. 2002, Möller et al. 2006). Ziel der „Klasse(n)kisten" ist es, naturwissenschaftliche Inhalte im Sachunterricht der Primarstufe zu erhöhen, indem der Aufwand für die Vorbereitung durch das Kompendium verringert wird. Die „Klasse(n)kisten" bestehen aus einer Handreichung und dazugehörigen Materialboxen. Die Handreichungen umfassen eine Einführung in zugrunde liegende Erkenntnisse der Lehr-Lern-Forschung, fachliche Hintergrundinformationen zu den naturwissenschaftlichen Themen, Vorschläge und Ausarbeitungen für mögliche Unterrichtsgestaltungen samt der dazugehörigen Unterrichtsmaterialien sowie Ideen und Vorschläge für die Erfassung des Vorwissens der Kinder (Möller et al. 2007c, 5). Das Konzept basiert auf einer moderat-konstruktivistischen Lernauffassung. Lernen wird als individueller Prozess der Auseinandersetzung mit dem Lerngegenstand verstanden. In diesem Sinne wird nicht eine Anhäufung von naturwissenschaftlichem Wissen im Rahmen des Konzeptes angestrebt, sondern ein tiefgreifendes Verständnis über die beobachteten Phänomene und eine Anwendungsorientierung, die es den Kindern ermöglicht, ihre Erfahrungen auf andere Bereiche zu übertragen (Möller et al. 2007c, 7). In der Praxis des naturwissenschaftlichen Lernens wird deshalb der Schwerpunkt auf die Aktivierung und enaktives Handeln der Kinder gelegt. Das heißt jedoch nicht, dass der Unterricht lediglich handlungsorientiert aufgebaut werden soll. Die Aktivierung der Kinder bezieht sich vor allem auf die kognitive Auseinandersetzung mit den Inhalten, d.h. die Kinder sollen dazu angeregt werden, über die beobachteten Phänomene nachzudenken, Ideen und Vorstellungen äußern, diskutieren und versuchen, gemeinsam Erklärungen und Lösungen zu finden. Die Rolle der Pädagogin ist dabei ebenfalls sehr aktiv. Ihr kommt die Aufgabe zu, die geeignete Lernumgebung zu schaffen (die im Rahmen der „Klasse(n)kisten" bereits beschrieben und vorbereitet vorliegt) und somit den Kindern den Raum zu bieten, sich selbständig mit Fragen und Problem auseinanderzusetzen. Die geeignete Lernumgebung wird durch die Strukturierung beschrieben, für die drei Formen beschrieben werden können, die empirisch evaluiert wurden (Möller et al. 2002): die Sequenzierung, der Einsatz externer Repräsentationen und die Verbindung instruktiver und konstruktiver didaktischer Methoden. Aufgabe der Pädagogin ist es, den Inhalt so vorzubereiten und zu präsentieren, dass einzelne Teilfragen aufeinander aufbauend von den Kindern bearbeitet werden können. Die Autoren werden damit Ergebnissen einer quasiexperimentellen Studie gerecht, in der zum Themenbereich „Schwimmen und Sinken" nachgewiesen werden konnte, dass Kinder in einer strukturierten Lernumgebung mehr Fachwissen erwerben und häufiger belastbare Konzepte aufbauen, als ohne Strukturierung (Möller et al. 2002, 182f.). Ohne Strukturierung meint dabei, dass den Kindern eine Lernumgebung samt Materialien zur Verfügung gestellt wurde, in der die Pädagogin Hilfestellung nur prozessbezogen gab, während in der strukturierten Lernumgebung eine Sequenzierung im Sinne von aufeinander aufbauenden Einheiten umgesetzt wurde (Möller et al. 2002, 180f.). In den „Klasse(n)kisten" ist diese Strukturierung bereits berücksichtigt und vorbereitet. Auch externe Repräsentationen in Form schematischer Abbildungen können den Aufbau von belastbaren Vorstellungen nachweislich unterstützen (Möller et al. 2002). Besonders betont wird, dass die Pädagogin es vermeiden soll, die Kinder mit Erklärungen zu konfrontieren. Als didaktischer Grundsatz gilt: „Eine Vermittlung ‚fertiger' Erklärungen führt aus konstruktivistischer Sicht zu ‚trägem', nicht verstandenem und nicht anwendungsfähigem Wissen" (Möller et al. 2007c, 7). Instruktive Elemente werden im Kontext des Aufbaus von Versuchsordnungen bzw. deren Variation beschrieben. Neben der lerntheoretischen Perspektive wird der kognitionspsychologische Ansatz des Conceptual Change vertreten, der grob zusammengefasst davon ausgeht, dass das Vorwissen des Lernenden sich in unterschiedlicher Weise auf den Erwerb neuer Verstehens- und Wissensstrukturen auswirkt. Besteht bereits belastbares Vorwissen zu einem Phänomen fällt es einfach, zusätzliches, z.B. empirisches, Wissen in das bestehende Konzept zu integrieren. Hat ein Kind bereits die Erfahrung gemacht, dass man miteinander sprechen kann, obwohl man sich an weit entfernten Orten befindet, z.B. über ein Festnetztelefon mit Schnur, dann kann die zusätzliche Erfahrung, dass es auch Telefone ohne Schnur gibt, dieses Konzept relativ einfach verändern, bzw. erweitern. Schwieriger wird es, wenn ein Kind bisher nur die Erfahrung gemacht hat, dass man sich in einem Raum oder miteinander verbundenen Zimmern befinden muss, um miteinander zu sprechen. Miteinander zu telefonieren stellt nun in mehr als einer Perspektive eine Erschütterung dieser Vorstellung dar, wobei die Erkenntnis, dass man sich nicht in unmittelbarer Nähe zueinander befinden muss, am gravierendsten sein dürfte. In jedem Fall muss das bestehende Konzept grundlegend verändert werden. Dies gibt sehr vereinfacht die Grundidee des Conceptual-Change-Ansatzes wieder. Allerdings wird betont, dass für das Individuum zufriedenstellende Erklärungen, ob sie nun richtig, d.h. tatsächlich belastbar, sind oder nicht, nicht einfach aufgegeben und durch andere ersetzt werden. Wird eine richtige Erklärung einfach durch die Pädagogin geliefert, wird dies kaum eine Veränderung der Vorstellung bewirken. Möller et al. (2007c, 7) weisen sogar darauf hin, dass selbst „das Vorwissen so hartnäckig sein [kann], dass Lernende z.B. bei Experimenten sehen, was sie sehen ‚wollen‘". Eine weitere Aufgabe der Pädagogin ist es von daher, das Vorwissen der Kinder zu erfahren und zu erfassen. Hier kommt dem Gespräch eine bedeutende Rolle zu, da es den Kindern hier möglich ist, ihre Vorerfahrungen bewusst zu reflektieren und mitzuteilen. Der Unterricht selbst wird als Unterstützung im Aufbau angemessener Konzepte verstanden. Die so verstandene Praxis folgt den nachfolgenden Grundgedanken (Möller et al. 2007c, 8f.): Die Kinder erarbeiten Lösungsansätze und Erklärungen zu beobachteten Phänomenen selbst und haben anschließend die Möglichkeit, diese praktisch ausprobierend zu überprüfen. Durch die Partnerarbeit oder Arbeit in Kleingruppen wird der ständige Austausch von Ideen und Vorstellungen angeregt. Die Kinder werden dabei von der Pädagogin unterstützt, sich in dieser Arbeitsatmosphäre zurechtzufinden. Wichtig ist die Haltung gegenüber Fehlern, die für das Conceptual-Change Verständnis besonders wichtig sind. Erst Fehler zeigen, dass ein Lösungsansatz, d.h. eine Vorstellung, nicht für die Erklärung geeignet ist und eine alternative Lösung gesucht werden muss. Dadurch wird die Veränderung eines Konzeptes aktiv unterstützt. Die Voraussetzung dafür ist jedoch, dass die ausgewählten Fragestellungen und Materialien geeignet sind, dass die Kinder selbständig mit ihnen arbeiten und Fehler entdecken können (vgl. Möller et al. 2007c, 8). Die Pädagogin unterstützt vor allem die Reflexionsprozesse der Kinder. Das Gespräch wird hier als Methode abermals hervorgehoben: „Im Gespräch kann auch überlegt werden, wie man zu der neuen Erklärung gekommen ist." (Möller et al. 2007c, 8). Neben der Erwachsenen-Kind-Interaktion soll für Gespräche der Kinder untereinander genügend Raum eingeräumt werden. Für die Arbeit mit Vorschulkindern formulieren Möller & Steffensky (2010, 171): „wichtige Denk- und Arbeitsweisen, die Kinder in diese[n] Lernsituation[en] üben, sind das Beobachten und Versprachlichen von Beobachtungen sowie das Fragenstellen und Erkunden". Die „Klasse(n)kisten" stellen das einzige Konzept zum frühen naturwissenschaftlich-technischen Lernen dar, das auf der Grundlage empirisch evaluierter Befunde beruht. Auch über die hier präsentierten Projekte und Ansätze hinaus sind keine Evaluationsstudien für den elementarpädagogischen Bereich bekannt.

4.7 Kritische Entwicklungen in der frühen naturwissenschaftlich-technischen Bildung

Es herrscht Einigkeit darüber, dass es wichtig ist, bereits im Elementarbereich eine naturwissenschaftliche und technische Grundbildung anzubahnen. Ein Blick in die Bildungspläne der Länder zeigt, dass es unterschiedliche Auffassungen zur Umsetzung naturwissenschaftlicher Inhalte gibt. Dort, wo Handlungsempfehlungen für die Praxis vorliegen, zeigt sich, wie unterschiedlich auch diese verstanden wird. Problematisch wird es für Praktiker dort, wo lediglich abstrakte Zielvorstellungen naturwissenschaftlicher und technischer Inhalte vorgestellt werden, eine Fort- oder Weiterbildung der Pädagoginnen für die praktische Umsetzung aber ausbleibt. Wenn eine fachwissenschaftliche oder fachdidaktische Ausbildung der Pädagoginnen fehlt, besteht die Gefahr, dass Praxismaterialien unreflektiert übernommen und in den Kindergartenalltag integriert werden. Möller (2009, 171) hebt hervor, dass dann vor allem „ein recht sorgloser Umgang mit Erklärungen und Begriffen" beobachtet werden kann. Anhand der Analyse einer 25 Minuten dauernden Einheit zum Schwimmen und Sinken demonstriert sie einen typischen Ablauf, der den Kindern die Möglichkeit gibt, ein Phänomen zu entdecken, indem sie selbst etwas praktisch ausprobieren. Unter Umständen erhalten die Kinder anschließend die Möglichkeit, ihre Vorstellungen und Ideen davon, warum Gegenstände schwimmen oder sinken, zu formulieren, um in jedem Fall abschließend eine Erklärung darüber dargeboten zu bekommen, warum es tatsächlich so ist. Das Problem dieses Vorgehens liegt darin, so Möller (2009, 168), dass den Kindern „eine Reihe wichtiger Denkoperationen abgenommen werden". Sie bekommen die Lösung präsentiert, die vermutlich weit von ihren eigenen ersten Ideen entfernt sind. Die tatsächlichen Erklärungen zu den Materialien, über Dichte und Auftrieb sind auf diese Weise nicht erfassbar und schon gar nicht verstehbar (Möller 2000, Möller et al. 2006, Möller 2009, Möller & Steffensky 2010; vgl. auch Scholz 2010). Die Entwicklung eines belastbaren Konzeptes der Kinder wird nicht unterstützt. Eine weitere Schwierigkeit sieht Möller (2009) darin, dass häufig die gleichen Lehr-Lern-Einheiten in Kindergärten und Grundschulen umgesetzt werden, ohne an die kindlichen Voraussetzungen angepasst zu sein. In ihrem Beispiel demonstriert sie, dass durch eine „kindgemäße" Verpackung des Themas Schwimmen und Sinken im Sinne des Storytellings, von den Kindergartenkindern sogar ein wesentlich höherer Grad an Abstraktionsverständnis eingefordert wird (Möller 2009, 171). Alters- und entwicklungsstandangepasste Angebote sowie die Berücksichtigung der Befunde der Lehr-Lern-Forschung müssen das naturwissenschaftlich-technische Lernen in der Praxis anleiten (Möller & Steffensky 2010). Hierzu gibt es bislang jedoch wenige belastbare Forschungsergebnisse. Für den Elementarbereich fehlen handhabbare, praxisanleitende didaktische Modelle, die auf Evaluationsstudien aufbauen. Auch wenn diese mit einer hohen Anforderung an die Erzieherinnen verbunden sind, darf es kein Argument sein, das gegen hochwertige Programme angeführt wird. Vielmehr wird die Wissenschaft herausgefordert, ihre eigenen Ergebnisse und Befunde für die Praxis umsetzbar aufzubereiten (vgl. Jonen & Möller 2005, Möller et al. 2007c, Fthenakis et al. 2009a, Fthenakis et al. 2009b). Die Bildungspolitik hat die Voraussetzung dafür zu schaffen, dass es in der Praxis Tätigen mindestens möglich sein muss, sich dieses didaktische und fachliche Wissen in Aus- und Fortbildungen in einem ausreichenden Maß anzueignen.

Eine andere Fehlentwicklung in Bezug auf das naturwissenschaftliche und technische Lernen im Elementarbereich besteht in der Vernachlässigung phänomenologischer Zugänge zur Natur. Scholz (2010) weist darauf hin, dass im Bereich des Sachlernens ein Primat des Naturwissenschaftlichen vorherrscht, der andere Zugangsweisen zu Naturphänomenen und ihren Erklärungen nicht zulässt und dass verschiedene Autoren von Bildungsplänen selbst „dem häufig beobachtbaren Missverständnis zwischen Gegenstand und Methode [unterliegen]" und definiert „Gegenstand ist die Natur. Naturwissenschaft ist eine Methode, sie zu erforschen" (Scholz 2010, 37). Er kritisiert damit nicht die grundlegende Beschäftigung mit und Beobachtung von Naturphänomenen, sondern stellt in Frage, ob eine naturwissenschaftliche Annäherung an diese durch eine ausschließlich wissenschaftsorientierte Zugangsweise eingelöst werden kann. Scholz (2010, 41) sieht den „Orientierungspunkt" des kindlichen Denkens über Natur aus ihrem Wissen über soziale Beziehungen und lehnt sich damit an die Piaget'sche Theorietradition an. Neben der didaktischen Herangehensweise sieht er die entscheidende Fehlentwicklung im Streben nach anschlussfähigen Bildungsprozessen darin, dass sich im Zuge der Reform des Elementarbereichs dieser zu stark am Bildungskonzept der Grundschule orientiert, während die Grundschule wiederum zu wenig auf die Voraussetzungen und Bedingungen der Frühpädagogik eingeht (Scholz 2010, 33ff.).

Der Primat des naturwissenschaftlichen und technischen Lernens wird noch einmal deutlich, wenn man vergleichend auf die Bildungspläne der Länder zurückkommt. Während die Bildungsbereiche Natur und Naturwissenschaft in allen Bildungsplänen Erwähnung finden (Fried et al. 2008, Lück 2009, Blaseio 2009), teilweise sogar in sehr detaillierter Ausformulierung, finden sich in nur sechs Bildungsplänen Hinweise zum „Philosophieren" mit Kindern (Nießeler & Seichter 2010, 74). Die Vergleichsperspektive wurde inhaltlich bewusst gewählt und dargestellt, da die beiden Bereiche inhaltlich auf ähnlichen Kompetenzen der Kinder aufbauen und diese zu fördern versuchen. Philosophieren mit Kindern zielt unter anderem darauf ab, die Kinder aufzufordern und anzuleiten, über grundlegende und alltägliche Fragen des Lebens nachzudenken (Ebers & Melchers 2006). Nießeler & Seichter (2010, 70) zeigen beispielhaft an einer Unterhaltung darüber, was für die Kinder Freundschaft bedeutet, wie dies praktisch aussehen kann. Dabei wird deutlich, dass es nicht nur um das Versprachlichen eigener Vorstellungen geht, sondern auch darum, über eigene Ideen vor dem Hintergrund der Vorschläge anderer zu reflektieren, die eigene Meinung zu revidieren, aber auch kritisch mit den Äußerungen anderer Kinder und Erwachsener umzugehen. Dinge, seien es Erzählungen oder Phänomene der Natur, in Frage zu stellen und auf ihre Richtigkeit zu überprüfen sind grundlegende Fähigkeiten, die auch die Annäherung an naturwissenschaftliche Inhalte voraussetzen. Möller (2009, 166) formuliert als „Prozessbezogene Kompetenzen" naturwissenschaftlicher Bildung „Beobachten, Fragen stellen, Vermutungen überprüfen, Argumentieren" und stellt diese gleichbedeutend neben die „inhaltsbezogenen". Allgemeiner weist Michalik (2010, 93) darauf hin, dass nur in wenigen Bildungsplänen auch „soziale und persönlichkeitsbezogene Bildungsziele" formuliert werden. Vor dem Hintergrund, dass es nicht nur um die Förderung einzelner Bildungsbereiche, aber auch nicht isolierter Kompetenzen gehen kann, formuliert Schäfer (2010, 28) die Forderung nach einer „Kultur des Lernens", die unter anderem „den Kindern die Ausbildung all ihrer Kräfte – des konkreten, aisthetischen, narrativen und theoretischen Denkens – ermöglicht". Überspitzt formuliert ist auch dies eine Gefahr der frühen naturwissenschaftlichen Bildung, die droht als Primat der Berücksichtigung und Förderung allgemeiner Wissens-, Kompetenz- oder Bildungsbereiche entgegenzustehen.

5. Entwicklungs- und Kognitionspsychologie: Theorietraditionen und aktuelle Befunde zum frühen naturwissenschaftlichen Lernen

Das frühe naturwissenschaftliche und technische Lernen ist selbstverständlicher Bestandteil im Elementarbereich geworden (vgl. Fried & Roux 2006, Daiber & Weiland 2008, Fried 2008, Lück 2009, Blaseio 2009, Leuchter 2010). Diese Entwicklung ist auch auf empirische Ergebnisse in der entwicklungs- und kognitionspsychologischen Forschung sowie auf eine veränderte Vorstellung vom kindlichen Lernen zurückzuführen. Entwicklungstheoretische Annahmen, die es Kindern im Vor- und Grundschulalter absprachen, kognitiv in der Lage zu sein naturwissenschaftliche Inhalte verstehen und wissenschaftliche Denk- und Arbeitsweisen nachvollziehen zu können, unterstützten, dass dieser Bereich lange Zeit keinen Platz in Kindergärten und Grundschulen zugesprochen wurde. Vor allem eine strikte Auffassung der Entwicklungstheorie Piagets förderte diese Sichtweise (Bliss 1996, Einsiedler 2009, Sodian et al. 2008, Saalbach et al. 2010). Neue Ergebnisse zur kognitiven Entwicklung und dem Wissenserwerb von Kindern belegen, dass Kinder nicht nur in der Lage sind, grundlegende naturwissenschaftliche Phänomene nachzuvollziehen (Lück 2000, Fischer 2009, Windt et al. 2009, Möller & Steffensky 2010, Glauert 2010), sondern bereits selbst naturwissenschaftliche Denk- und Arbeitsweisen umsetzen können (Sodian et al. 2008, Tröbst et al. 2011, Koerber 2011). Im Folgenden wird ausgehend von der Entwicklungstheorie Piagets ein Überblick über die aktuellen Befunde und Ergebnisse der kognitions- und lernpsychologischen Forschung zum frühen naturwissenschaftlichen und technischen Lernen dargestellt.

5.1 Die Stadientheorie Jean Piagets

Um die Entwicklungstheorie Jean Piagets vorzustellen, bedarf es keiner weitgreifenden Einleitung und auch keiner weiteren Begründung. Ein Blick auf die einleitenden Gedanken von bekannten Autoren soll dies verdeutlichen:

> „Jean Piaget – best known as a developmental psychologist but also philosopher, logician, and educator – is one of the most remarkable figures in contemporary behavioral science." (Flavell 1963, 1)

> „Piagets Theorie ist die bekannteste Theorie der kognitiven Entwicklung. Sein Einfluß hat nicht nur sämtliche Disziplinen der Psychologie durchdrungen, sondern er reicht auch bis in Gebiete wie die Pädagogik und Philosophie hinein." (Miller 1993, 46)

> „Piaget ist in der kognitiven Entwicklungspsychologie eine monumentale Gestalt." (Montada 1998, 518)

Heute kann empirisch abgesichert behauptet werden, dass einige der Annahmen Piagets nicht zutreffen (vgl. Sodian 1998, Lück 2000, Einsiedler 2009). Die Theorie Piagets wird hier jedoch nicht ausschließlich deshalb aufgegriffen, da sie ideengeschichtlich einflussreiche Erklärungen für die geistige Entwicklung liefert, sondern weil sie für das Verständnis des frühen naturwissenschaftlichen Lernens nach wie vor hilfreiche Impulse liefern kann (Bliss 1996, Lück 2000, Fried 2008a, Lück 2009). Obwohl seine Annahmen eine Ablehnung des frühen naturwissenschaftlichen Lernens unterstützt haben, waren sie lange Zeit maßgeblich für Entwicklungen in der Naturwissenschaftsdidaktik vor allem der 1960er Jahre (Bliss 1996, 6).

Piaget ging davon aus, dass sich die geistige Entwicklung von Kindern in Stadien vollzieht, d.h. zeitlich begrenzten, voneinander abgrenzbaren Phasen, in denen ganz bestimmte Denkmuster auftreten, die in unterschiedlichen Situationen zu beobachten sind (Miller 1993). Die Stadien hat Piaget mehr durch das gekennzeichnet, was Kinder noch nicht können, als mit ihren Fähigkeiten (Piaget 1992, 136). Diese Perspektive auf Entwicklung folgt aus seiner Feststellung, dass sich die kindlichen Denkstrukturen vor allem durch die Fehler charakterisieren lassen, die im Denken von Kinder auftreten (Montada 1998). In der Stadientheorie lässt sich Piagets strukturalistische Denktradition nachweisen, in welcher das Ganze dadurch beschrieben wird, wie seine Teile zueinander stehen, sich zueinander verhalten. Übertragen auf die geistige Entwicklung beschreibt Piaget, wie das Denken durch die Entwicklung, Veränderung und Weiterentwicklung von Denkoperationen bestimmt wird (Miller 1993). Zur Beschreibung dieser Entwicklung hat Piaget (1992, 139f.) ursprünglich fünf Stufen beschrieben. Die erste Stufe bezeichnet er als sensomotorische Stufe oder sensomotorisches Anpassungsverhalten (Piaget 1969, 31). Diese erste Stufe dauert nach Piaget bis zum Beginn der Sprachproduktion im Alter von ca. 1;6 bis 2;0 Jahren (Piaget 1992, 140). Sie ist vor allem durch eine „nur gelebte und nicht bewusste Intelligenz" charakterisiert (Piaget 1992, 137). Die sensomotorische Stufe unterscheidet sich von allen nachfolgenden Stufen dadurch, dass in ihr begriffliches Denken noch nicht möglich ist. Das Denken des Kindes ist in dieser Phase nur auf die konkrete Wirklichkeit bezogen. Handlungen sind auf die Ausführung von Bewegungen beschränkt und beziehen sich ausschließlich auf vorhandene Objekte. Piaget (1969, 35ff.) beschreibt für die erste Stufe sechs Stadien, beginnend mit der Betätigung und Übung von Reflexen, d.h. Reflexe werden ursprünglich rein reflektorisch ausgeübt, später aber auch angepasst. Das zweite Stadium umfasst primäre Zirkulärreaktionen, die erste vorbewusste Handlungsweisen beschreiben, die auf lustvolle Handlungen ausgerichtet sind (Piaget 1959, 57ff.). Die Bezeichnung primär weist darauf hin, dass die Handlungen vorerst auf den Einbezug des eigenen Körpers beschränkt sind. Das dritte Stadium der sekundären Zirkulärreaktionen umfasst dann auch körperfremde Gegenstände. Während der Saugreflex bei der primären Zirkulärreaktion auf die eigenen Finger beschränkt ist, ist die sekundäre Zirkulärreaktion auch auf externe Gegenstände gerichtet (Miller 1993, 58). Mit diesem Stadium beginnt der Säugling die ihm greifbare Umgebung zu erkunden. Piaget (1969, 159) beschreibt die Verhaltensweisen dieses Stadiums auch als „Verfahrensweisen, die dazu dienen, interessante Erscheinungen andauern zu lassen". Obwohl der Großteil der Handlungen durch repetitive Bewegungen zustande kommt, sind bereits erste abgestimmte Verhaltensweisen zu erkennen, die Piaget (1969, 161) aber noch bewusst von Mittel-Zweck-Handlungen unterscheidet, die sich erst im vierten Stadium zu entwickeln beginnen. Erste Verhaltensschemata werden eingeübt und langsam auf unbekannte Situationen angewendet (Piaget 1969, 231). Das fünfte Stadium umfasst tertiäre Zirkulärreaktionen, in welchem das Kind beginnt willentlich neue Verhaltensweisen auszuprobieren (Piaget 1969, 267ff.). Anders als bei der sekundären Zirkulärreaktion wiederholt es nicht eine Handlung immer wieder, die ein spannendes Ergebnis erzielt hat, sondern probiert verschiedene Dinge mit z.B. einem Gegenstand aus. Das Kind im Stadium der tertiären Zirkulärreaktion ist 1;0 bis 1;6 Jahre alt. Piaget (1969, 270) vergleicht das Verhalten des Kindes erstmals mit dem wissenschaftlichen Vorgehen, auf das für die Beschreibung von kleinen Kindern heute häufig hingewiesen wird:

> „So entdeckt das Kind die Vorgehensweise, die man in der alltäglichen Praxis der Wissenschaft das ‚Experiment, um zu sehen' genannt hat."

Das sechste und letzte Stadium der sensomotorischen Stufe stellt gleichzeitig die Phase des Übergangs in die nächste Stufe dar. Das sechste Stadium umfasst die Erfindung neuer Mittel durch geistige Kombination (Piaget 1969, 333ff.). Während die tertiären Zirkulärreaktionen noch mehr oder weniger zufällig ausprobierte Handlungsweisen darstellen, lassen sich jetzt erstmals Ansätze bewusst überlegter Handlungen beobachten (Piaget 1992). Ausschlaggebend dafür sind mentale Repräsentationen, die dem Kind eine gedankliche Auseinandersetzung mit einem Problem ermöglichen. Es wird damit unabhängig vom Ausprobieren der Handlung, um eine Lösung zu entdecken (Miller 1993). Zur Verdeutlichung wird Piagets mittlerweile klassisches Beispiel zitiert, in dem Lucienne (1;6) einen Puppenwagen schiebt:

> „Sie rollt ihn über einen Teppich, indem sie daran stößt. An der Wand angelangt, zieht sie den Wagen, indem sie rückwärts geht. Da ihr aber diese Stellung unbequem ist, unterbricht sie ihre Tätigkeit und wechselt ohne Zögern die Seite. Nun kann sie den Wagen von der anderen Seite stoßen. Sie hat also das richtige Vorgehen durch einen Einsichtsakt entdeckt." (Piaget 1969, 340)

An diese erste Stufe, die Piaget (1992, 139f.) als sensomotorische Stufe bezeichnet hat, schließt sich im Alter von 1;6 bis 2;0 Jahren eine Stufe an, in der das „symbolische und vorbegriffliche Denken" entwickelt wird. An dieses anschließend und inhaltlich eng daran anknüpfend, bildet sich zwischen dem vierten und siebten Lebensjahr das repräsentative Denken. Dieses wiederum stellt die entscheidende Voraussetzung für das operative Denken dar, dass sich ungefähr ab dem siebten Lebensjahr für konkrete Denkoperationen und ab dem elften Lebensjahr für formale Denkoperationen aufbaut (Piaget 1992, 140). Die beiden Phasen, die zwischen der sensomotorischen Stufe und den operativen Stadien liegen, werden als präoperative Stufe zusammengefasst (Flavell 1963, Miller 1993, Montada 1998). Diese Stufe beschreibt die Denkentwicklung von Kindern, die sich im Kindergartenalter befinden und ist von daher für diese Arbeit von besonderem Interesse. Piaget hat der präoperativen Stufe besondere Bedeutung beigemessen, da sich in ihr der „Übergang von der Aktion zur Handlung" (Piaget & Inhelder 1977, 71) vollzieht, der bis zu sieben Jahre dauern kann. Bevor auf die einzelnen Aspekte der Denkentwicklung in der präoperativen Phase eingegangen wird, werden die grundlegenden Prinzipien beschrieben, die Piaget zufolge die geistige Entwicklung in allen Stadien und Stufen vorantreiben: die funktionellen Invarianzen. Er beschreibt aus einer biologischen Perspektive hierfür zwei grundlegende funktionelle Invarianzen: die Organisation und die Adaption (Piaget 1969, 14ff.). Die Organisation bezieht sich auf die Tendenz aller lebenden Systeme, strukturierte Einheiten auszubilden. Auch das „Denksystem" bildet Strukturen aus, die nicht wirr nebeneinander existieren, sondern organisiert miteinander verbunden sind (Flavell 1963). Die intellektuelle Entwicklung stellt in Piagets Worten den Versuch dar, „das Universum zu strukturieren" (Piaget 1969, 14). Als kognitive Organisation wird in diesem Sinne der Versuch verstanden, Umwelteindrücke und Erfahrung zu strukturieren und durch einen organisierten Verbund ein Zurechtfinden in der Welt zu ermöglichen. Entwicklung bedeutet nun aber nicht einfach eine zunehmende Strukturierung der Umwelt. Piaget betont vielmehr, dass die kognitive Organisation aus „veränderlichen wie unveränderlichen Elementen" (Piaget 1969, 15) besteht. Grundlegende Denkfunktionen bleiben über die kognitive Entwicklung hinweg gleich. Die kognitiven Strukturen aber sind veränderbar und werden in jeder einzelnen Stufe neu organisiert. Neben der kognitiven Organisation wird die Adaption als zweite funktionelle Invarianz beschrieben. Den Zusammenhang zwischen Adaption und Organisation beschreibt Flavell (1963, 47) so, dass die kognitive Organisation durch Adaptionen erzeugt wird. Die Adaption bezeichnet dabei die direkte Auseinandersetzung mit der Umwelt, die entweder als Assimilation oder als Akkommodation beschrieben werden kann. Im Prozess der Assimilation wird die Umwelt in die eigenen kognitiven Strukturen eingefügt. Bei der Akkommodation funktioniert dieses Vorgehen nicht. Der Prozess muss sozusagen umgekehrt werden und die kognitiven Strukturen werden an die Umwelt angepasst (Miller 1993). Montada (1998, 548) verdeutlicht das Prinzip der Akkommodation am Beispiel des Greifens. Hat ein Kind dieses Schema erworben und erfahren, dass es verschiedene Gegenstände, wie den Schnuller, Spielzeug, Papier etc. greifen kann, wird es auch versuchen, Flüssigkeiten zu greifen. Eine Assimilation wird jedoch nicht gelingen. Das Wasser kann nicht durch Greifen festgehalten werden und stellt damit ein neues Phänomen dar. Notwendig ist also eine Akkommodation der Denkstrukturen, die am Ende ein verändertes Greifverhalten im Sinne des Schöpfens nach sich zieht (Montada 1998, 548). Die beiden Prozesse der Assimilation und der Akkommodation sind nicht nur für die Entwicklung der Denkstrukturen verantwortlich, sondern begleiten das menschliche Denken im Sinne einer grundlegenden Funktion das gesamte Leben über. Neben den beiden grundlegenden funktionellen Invarianzen beschreibt Piaget eine dritte, die Äquilibration. Assimilation und Akkommodation sind notwendige Bedingungen aller biologischen Prozesse, indem sie die Auseinandersetzung zwischen System und Umwelt verkörpern. Das System ist dabei immer bestrebt, ein Gleichgewicht zwischen beiden Prozessen herzustellen. Akkommodation und Assimilation sollen in ein Gleichgewicht gebracht werden, einen Zustand, den Piaget (1998, 343) als „Harmonie zwischen der inneren Organisation und der äußeren Erfahrung" beschreibt. Die Äquilibration bezeichnet das Prinzip des Strebens nach Gleichgewicht. Dieses Gleichgewicht darf nicht als statischer Zustand begriffen werden. Zu Beginn der einzelnen Entwicklungsstufen befindet sich die kognitive Organisation in einem Zustand des Ungleichgewichts, was sich in einem unausgewogenen Verhältnis von Akkommodation und Assimilation zeigt, und führt zur Äquilibration, bis am Ende der Entwicklungsstufe wieder ein Zustand des Gleichgewichts erreicht ist, der dann zu einem erneuten Ungleichgewicht führt und erneut eine Äquilibration in Gang setzt (Miller 1993). Dieser Prozess vollzieht sich nicht nur auf der Ebene der Stufen, sondern auch in kleinen Veränderungen. So stellt der Prozess jeder Assimilation oder Akkommodation ebenfalls eine Äquilibration dar (Montada, 1998). Dieses Bestreben nach Gleichgewicht treibt die kindliche Entwicklung voran. Besonders dieses Prinzip betrachtet Lück (2009, 34) als ideale Voraussetzung für eine frühe Auseinandersetzung mit naturwissenschaftlichen Inhalten, indem durch ein unbeantwortetes naturwissenschaftliches Phänomen ein kognitiver Zustand des Ungleichgewichts ausgelöst wird.

Die entscheidende Entwicklungsstufe für Kinder im Kindergartenalter, d.h. zwischen ungefähr zwei und sieben Jahren (Piaget 1992), ist das präoperative Stadium. Das Kind, das in das präoperative Stadium eintritt, hat bereits erfahren, dass Gegenstände „permanent" (Piaget & Inhelder 1977, 18) sind. Das heißt Dinge verschwinden nicht, wenn sie aus dem Blickfeld geraten, sondern bleiben bestehen. Diese Erfahrung ist nur dadurch möglich, dass das Kind in der Lage ist, mentale Repräsentationen der Gegenstände zu bilden. Dies wird als semiotische Funktion bezeichnet (Piaget & Inhelder 1977, 45ff.). Das Verständnis für die Objektpermanenz ist dabei auch verbunden mit der Entwicklung eines Verständnisses über das „räumliche Feld" sowie der Existenz einer Zeitdimension (Piaget 1998, 100ff.). Piaget (1998, 307) zeigt darüber hinaus, dass in der sensomotorischen Entwicklungsstufe „kausale Handlungen" beim Kind zu beobachten sind, d.h. er geht davon aus, dass die Wiederholung bestimmter Tätigkeiten, die ein Ereignis auslösen, nicht nur repetitiv sind, sondern willentlich. Damit wird ein kausaler Zusammenhang zwischen Handlung und Ereignis vorausgesetzt (Piaget 1998, 299). Mit diesem Vorwissen tritt das Kind nun in das präoperative Entwicklungsstadium ein. Miller (1993, 64) vergleicht den Übergang in das nächste Stadium damit, „daß man einen Berg besteigt und auf seinem Gipfel feststellt, daß er nur ein Vorberg des Mount Everest ist". Trotz der vielen Errungenschaften der ersten beiden Lebensjahre, liegt nach wie vor eine gewaltige Entwicklungsarbeit vor dem Kind. Das präoperative Stadium wird als Übergangsstadium von der „Aktion zur Operation" (Piaget & Inhelder 1977) betrachtet. Das präoperative Denken wird aus der Perspektive von Denkoperationen heraus beschrieben und umfasst vor allem die Bereiche, in denen das Denken noch eingeschränkt ist, bzw. Denkfehler beobachtet werden können. Miller (1963, 66ff.) beschreibt als Hauptmerkmale des präoperativen Denkens Egozentrismus, Rigidität des Denkens, Prä-logisches Schlussfolgern und eine begrenzte soziale Kognition. Mit Egozentrismus wird die Selbstbezogenheit des Kindes beschrieben, die nicht eine Selbstsucht meint, sondern die Perspektive beschreibt, aus der heraus das Kind die Welt begreift und beschreibt. Darüber hinaus besitzt es noch kein Verständnis dafür, dass andere Menschen nicht die gleiche Perspektive oder Erfahrung haben wie es selbst. Die Fähigkeit der Perspektiven- und Rollenübernahme ist noch nicht erworben (Montada 1998, 524). Für die Veranschaulichung des Egozentrismus wird vor allem der „Drei-Berge-Versuch" (nach Montada 1998, 524f.) zitiert, bei welchem dem Kind ein Modell mit drei Bergen präsentiert wird. Es soll dann aus Bildern oder Fotografien seine eigene Perspektive, so wie es selbst das Modell sieht, heraussuchen. In der Regel gelingt das, allerdings ist es offenbar noch nicht möglich, sich durch reine Vorstellung die Perspektive einer anderen Sitzposition, zum Beispiel gegenüber, zu vergegenwärtigen und das entsprechende Bild auszuwählen. Kinder neigen in diesem Fall dazu, überwiegend das Bild mit der eigenen Perspektive auszuwählen (vgl.

Montada 1998, 254). Für die direkte Kommunikation bedeutet der Egozentrismus zum Beispiel, dass das Kind sich in einer Erzählung nicht antizipieren kann, welche Informationen der Gegenüber benötigt. Es erzählt der Erzieherin im Kindergarten dann vielleicht, dass das kleine Elefantenbaby und das große Elefantenbaby gespielt haben und das große Elefantenbaby das kleine geschubst hat. Das Kind unterschlägt wichtige Informationen über den Kontext, die es der Erzieherin erst ermöglichen nachzuvollziehen, was das Kind erlebt hat. Ohne diese Information könnte sie davon ausgehen, dass das Kind eine Fernsehsendung über Tiere gesehen oder ein Bilderbuch betrachtet hat. Erst die Information, dass es am Nachmittag mit der Mutter im Zoo war, erlaubt es der Erzieherin, der Erzählung zu folgen. Für das Kind steht aber alleine das Ereignis im Vordergrund und dieses möchte es mitteilen. An diesem Beispiel lässt sich auch ein weiteres Merkmal des präoperativen Denkens veranschaulichen, nämlich die Konzentration auf Zustände, während Vorgänge oder „Transformationen" (Montada 1998) unterschlagen werden. Nach Miller (1993) gehört das zur Rigidität des Denkens. Sie beschreibt das kindliche Denken dieser Phase als starr und unbeweglich, was sich zum Beispiel in der Zentrierung zeigt, d.h. der Konzentration auf ein herausragendes oder bedeutsames Merkmal, die sich besonders gut in den sogenannten Umschüttversuchen zeigt (Piaget 1992, 148; Montada 1998, 526). Vor dem Kind werden drei Glasgefäße aufgebaut, wobei Gefäß eins und zwei identisch sind (niedrig und breit), das dritte Gefäß unterscheidet sich (hoch und schmal). In die beiden niedrigen Gefäße wird die gleiche Menge Wasser gegossen, so dass der Wasserspiegel exakt gleich hoch ist. Dann wird der Inhalt eines Glases in das hohe, schmale Gefäß gegossen. Nach dem Gesetz der Mengeninvarianz muss die Menge des Wassers in beiden Gefäßen die gleiche sein, der Wasserspiegel ist nun aber aufgrund der unterschiedlichen Gefäßformen nicht mehr gleich. Nach Montada (1998, 523) werden die meisten Kinder behaupten, in dem höheren Gefäß sei mehr Flüssigkeit. Sie konzentrieren sich in ihrer Argumentation ausschließlich auf den Wasserspiegel (=Zentrierung). Gleichzeitig ignorieren sie sozusagen den Vorgang des Umschüttens, den sie beobachten konnten und betrachten nur das Ergebnis (=Konzentration auf Zustände). Ein weiteres Merkmal des präoperativen Denkens, das hier beobachtet werden kann, ist die Irreversibilität des Denkens (Piaget 1992, 151; Miller 1993, 67). Die Kinder sind anscheinend noch nicht in der Lage den beobachteten Vorgang gedanklich zu wiederholen oder rückgängig zu machen, was ihnen das Verständnis erleichtern würde, dass die Flüssigkeitsmenge gleichgeblieben ist. Als prä-logisches Schlussfolgern wird die Tendenz des präoperativen Denkens bezeichnet, nicht klar zwischen Ursache und Wirkung zu unterscheiden, sondern in einer Weise zu verknüpfen, die in einer nicht logischen sondern einer psychologisch egozentrischen Weise einen Sinn ergibt (Piaget 1972, 29; Miller 1993, 68). Die folgenden Beispiele verdeutlichen die Verknüpfung prä-logischer Schlussfolgerungen und der gedanklichen Zentrierung (alle zitiert nach Piaget 1972, 34):

„Nein, das ist ein Schiff, weil es keine Räder hat." (Dan, 3 Jahre)

„Sie ist schlecht gemacht (eine Treppe). – Warum? – Weil man sie nicht so macht sondern so." (Dan, 3 Jahre)

„Wie sieht man, daß sie zur Schule gehen? – Daß sie hingehen? Weil sie den Ranzen hinten haben." (Pie, 6 Jahre)

Die dargestellten Defizite in der Perspektivübernahme oder auch des logischen Schlussfolgerns führen nach Piaget (1992, 181) zu einer begrenzten sozialen Kognition, die oben bereits beispielhaft im Kontext einer Kommunikationssituation dargestellt wurde. Gleichzeitig ist es der soziale Austausch, den Piaget (1992, 185) als Grundvoraussetzung dafür betrachtet, diese Denkspirale zu überwinden:

„In Wirklichkeit ist es gerader der ständige Gedankenaustausch mit den andern Menschen, der uns diese Dezentrierung erlaubt und uns die Möglichkeit gibt, die den verschiedenen Gesichtspunkten entsprechenden Beziehungen innerlich zu koordinieren."

Vor allem die dargestellten Hauptmerkmale präoperativen Denkens nach Piaget wurden als Beleg herangezogen, um naturwissenschaftliches Lernen in die späte Kindheit zu verschieben, wenn zumindest konkrete, idealerweise aber formale Denkoperationen vom Kind vollzogen werden könnten (vgl. Lück 2009). Lück (2000, 98) zeigt aber, dass eine frühe Naturwissenschaftsvermittlung selbst dann gerechtfertigt werden kann, wenn „man von einer uneingeschränkten Gültigkeit der Piagetschen Aussagen aus[geht]". Sie weist darauf hin, dass Piaget davon ausgeht, Kinder in der zweiten Hälfte des präoperativen Stadiums hätten zum Teil bereits ein Verständnis für die Mengeninvarianz entwickelt und damit auch den Egozentrismus überwunden. In diesem Bereich sieht sie damit eine Voraussetzung für die Durchführung logischer Operationen. Darüber hinaus führt sie das Prinzip der Akkommodation an. Erst durch die „Konfrontation mit Wahrnehmungsinhalten" (Lück 2000, 98) kann sich das Kind mit der Welt auseinandersetzen. Die Organisation kognitiver Strukturen ist damit auch auf die Präsentation von Inhalten angewiesen, die sich nicht in die existierenden Strukturen einfügen lassen, sondern eine Anpassung der Strukturen an herausfordernde Inhalte bewirken. In der Zusammenfassung mit dem ersten Argument führt sie an, dass ein Alter von ca. fünf Jahren als empfehlenswert für die Auseinandersetzung mit naturwissenschaftlichen Inhalten betrachtet werden kann (Lück 2000, 98).

In der kritischen Aufarbeitung der Stadientheorie Piagets mussten viele Aussagen verworfen werden, nachdem sich in experimentellen Studien zeigte, dass geringe Veränderungen der ursprünglichen Versuchsanordnungen dazu beitragen können, dass die „Zentrierung" auf ein Merkmal überwunden werden kann. Aebli (1968, 46ff.) wies in „Über die geistige Entwicklung des Kindes" bereits darauf hin, dass beispielsweise Komplexität, Anschaulichkeit und die Anzahl der zu berücksichtigenden Teile eine Rolle in der Experimentalanordnung spielen. Eine Zusammenfassung der Kritik an Piagets theoretischen Annahmen und eine Auswahl der experimentellen Studien präsentiert Einsiedler (2009). Zusammengefasst stellen die Ergebnisse dieser Studien vor allem die stadienspezifische kognitive Entwicklung infrage und schlagen für die Wissensentwicklung eine bereichsspezifische Betrachtung vor (vgl. Carey 1987, Sodian 1998).

5.2 Bereichsspezifische Wissensentwicklung

Piaget hat kindliche Denkfehler als Beleg dafür betrachtet, dass Kindern noch nicht die kognitiven Fähigkeiten zur Verfügung stehen, kausale Ursache-Wirkungszusammenhänge zu verstehen. Die Verwendung animistischer Erklärungen für naturwissenschaftliche Phänomene verwendete er hierfür als Beleg (Sodian 1998). Erst Mitte der 1980er Jahre wurde dieser Annahme eine Alternative gegenübergestellt. Carey (1985) stellte der klassischen Betrachtungsweise von Piaget die Annahme entgegen, dass nicht die eingeschränkten Fähigkeiten zu Denkoperationen für diese Denkfehler ausschlaggebend sind, sondern das fehlende fachspezifische Wissen der Kinder. Im Vergleich eines vier- und eines zehnjährigen Kindes macht sie deutlich, dass Vierjährige in allen Bereichen weniger wissen (Carey 1987, 144f.). Wenn ein vierjähriges Kind andere Erklärungsansätze für eine biologische Frage liefert, kann dies damit zusammenhängen, dass es sich bislang einfach weniger Wissen im Bereich der Biologie aneignen konnte und für eine Erklärung auf vorhandenes Wissen zurückgreift. Ein von Carey (1987) angeführtes Beispiel verdeutlicht diesen Zusammenhang:

> „Asked why people eat, 4-year-olds answer ‚because they are hungry', or ‚because its dinner-time.' They might also say, ‚to grow', or ‚to be strong', but the ultimate explanation is still in terms of wants and beliefs – growing and being strong are desirable. The child knows no bodily mechanism whereby eating affects growth or strength." (Carey 1987, 146)

Kinder erklären Phänomene diesem Ansatz zufolge mit ihnen bekannten Theorien. Für das obige Beispiel führt Carey (1987) an, dass das Kind auf ganz grundlegende psychologische und soziale Strukturen für seine Erklärungen zurückgreift, die es bereits selbst erfahren hat, die „individuelle Motivation", nämlich Hunger, und die „soziale Konvention" (Carey 1987, 146).

In der kognitiven Entwicklungspsychologie zählt der von Carey (1985, 1987) vorgestellte Conceptual-Change-Ansatz zu den Theorien einer bereichsspezifischen Wissenentwicklung. Während ältere Ansätze, wie die Theorie Piagets, davon ausgehen, dass die kognitive Entwicklung bereichsübergreifend stattfindet, und damit die Aneignung von Wissen in Abhängigkeit der Entwicklung globaler Fähigkeiten wie bestimmen Denkoperationen und der Moralentwicklung betrachten, gehen bereichsspezifische Ansätze der Wissensaneignung davon aus, dass die Entwicklung kognitiver Strukturen „inhaltsgebunden" stattfindet (Sodian 1998, 623). Die Vorstellung einer stufen- oder stadienförmigen Entwicklung wird aus dieser Perspektive abgelehnt (Sodian 1998). Carey (1987, 145) formuliert vor diesem Hintergrund die Frage, ob die kognitive Entwicklungspsychologie jegliche Ordnung und Struktur aufgeben muss, mit der die kindliche Entwicklung bislang beschrieben wurde, da eine bereichsspezifische Entwicklung sich ja auf nahezu unendlich viele Inhaltsbereiche beziehen kann. Die Struktur, die die Stadien für die kognitive Entwicklung postulieren, ist ja gerade für das Verständnis einzelner Entwicklungsprozesse von so unermesslichem Wert gewesen, da man die vielen kleinen Entwicklungsschritte in der frühen Kindheit auf die Entwicklung globaler Fähigkeiten zurückführen konnte (Bliss 1996, Sodian 1998). Carey (1987, 145) geht wie Piaget davon aus, dass die Entwicklung von Wissen mit der Neu- und Umorganisation kognitiver Strukturen verbunden ist. Während Piaget aber voraussetzte, dass sich erst die kognitive Struktur organisieren muss, um für bestimmte Wissensbestände aufnahmefähig zu sein, ist Carey (1987) der Auffassung, dass sich diese Neu- und Umorganisation inhaltsspezifisch vollzieht. Ihre Vorstellung konkretisiert sie wie folgt:

> „They can best be thought of as theory changes or, more precisely, as the emergence of new theories out of earlier ones." (Carey 1987, 145)

Die Annahmen einer solchen bereichsspezifischen Theorie der Wissensentwicklung basieren auf empirischen Forschungsergebnissen, die belegen, dass Kinder durchaus in der Lage sind qualitativ, d.h. in der Komplexität der Denkoperationen, und quantitativ, d.h. in der Menge der zu verarbeitenden Daten, vergleichbare oder bessere Denkleistungen zu präsentieren als Erwachsene. Sodian (1998, 631) verweist auf die Forschungsarbeiten von Chi über Kinder, die als Schachexperten gelten. Wie lassen sich vor diesem Hintergrund typische kindliche Denkfehler einordnen? Würde es für das obige Beispiel von Carey (1987) genügen, dem Vierjährigen die Bedeutung von Nahrung für die menschliche Physiologie zu erklären, damit er ein belastbares, biologisches Konzept der Nahrungsaufnahme entwickeln kann (vgl. Sodian 1998)? Dass ein solches Vorgehen in der Regel nicht zum gewünschten Effekt führt, können viele Praktiker aus Erfahrung bestätigen. Die Conceptual-Change-Forschung setzt sich damit auseinander, herauszufinden, warum dies so ist und was dem Lerner angeboten werden muss, um ein belastbares Konzept zu entwickeln. Nach Carey (1987, 161) kann der Grundsatz „theories resist change" sozusagen als oberstes Gebot für die Conceptual-Change-Ansätze Geltung beanspruchen. Eine „richtige" Erklärung müsste damit zumindest auf fruchtbaren Boden fallen und eine Erweiterung oder Ratifizierung des bestehenden Konzeptes bewirken. Sodian (1998, 632) verdeutlicht, dass diese Schlussfolgerung nicht unbedingt stimmt. Sie weist für einen ähnlichen Fall darauf hin, dass es nicht nur darum geht, ein Konzept sozusagen von einer Alltagsvorstellung zu einer wissenschaftlichen Vorstellung umzuändern. Vielmehr handelt es sich um zwei völlig unterschiedliche Konzepte. Während der Vierjährige auf der Grundlage seiner Erfahrung eine Erklärung konstruiert, d.h. sich auf ein psychologisches Konzept bezieht, ist die „richtige" Erklärung eine biologische und damit auf ein völlig anderes Konzept bezogen. Der Vierjährige müsste somit nicht nur seine Vorstellung verändern, sondern diese komplett aufgeben und durch eine neue ersetzen. Somit handelt es sich bei kindlichen Denkfehlern nicht einfach um falsch verstandene Tatsachen, sondern um „alternative Denkweisen" (Sodian 1998, 633). Diese „alternativen Denkweisen" oder „misconceptions" (Carey 1987, 161) stellen den Ausgangspunkt der Conceptual-Change-Ansätze dar, gehen aber gleichzeitig davon aus, dass das Kind auf einen bestimmten Wissensbestand zurückgreifen kann, mit dem es sich die Welt erklärt, d.h. aber auch, dass bestimmte Konzepte notwendig sind, um sich überhaupt in der Welt zurechtfinden zu können. Diese angeborenen Konzepte werden als intuitive Theorien bezeichnet. Carey geht davon aus, dass Menschen mit einem intuitiven physikalischen und psychologischen Verständnis auf die Welt kommen. Ein umfassender Überblick über entsprechende Forschungsergebnisse findet sich bei Sodian (1998). In den bereichsspezifischen Ansätzen der Wissensentwicklung haben sich zwei Positionen herausgebildet. Conceptual-Change-Ansätze gehen davon aus, dass die kognitive Entwicklung durch den Konzeptwechsel vorangetrieben wird, während so genannte intuitive Theorien davon ausgehen, dass bereits alles Wissen konzeptuell angelegt und im Laufe der Entwicklung bereichsspezifisch ausdifferenziert wird (vgl. Sodian 1998, 634). Vor allem „hartnäckige Fehlvorstellungen" in der Vermittlung naturwissenschaftlicher Inhalte werden als Gegenargument für die Ausdifferenzierungsthese angeführt (vgl. Sodian & Koerber 2007). Demnach wird in der Naturwissenschaftsdidaktik häufiger die These vertreten, dass die Vorstellungen von Lernenden auf intuitiven Theorien basieren, die nicht mit den wissenschaftlichen Erklärungsmodellen übereinstimmen (Carey 2000, Möller 2007a, Brown & Hammer 2008, Vosniadou 2008b). Da Conceptual-Change-Theorien vor allem für das naturwissenschaftliche Lernen und seine Didaktik eine besondere Rolle spielen (vgl. Vosniadou 2008a), wird dieser Ansatz im Folgenden ausführlicher dargestellt.

5.3 Conceptual Change und frühes naturwissenschaftliches Lernen

Nachdem die Conceptual-Change-Idee in der kognitiven Entwicklungspsychologie aufgegriffen wurde, entdeckte vor allem die Naturwissenschaftsdidaktik sehr schnell das Potential dieses Ansatzes. Seit den 1970er Jahren hatte man sich hier bereits intensiv mit der Erforschung von Schülervorstellungen beschäftigt und konnte nachweisen, dass diese den Wissenserwerb behindern konnten (Bliss 1996, Carey 2000, Möller 2007a). Der Conceptual-Change-Ansatz selbst wird auf die Arbeiten von Thomas Kuhn zur Philosophie und Wissenschaftgeschichte zurückgeführt (Vosniadou 2008b). Im Laufe der Geschichte wurden Entdeckungen gemacht oder Erkenntnisse gewonnen, die in das bis dahin bestehende Wissenschaft- oder Weltbild nicht integriert werden konnten. Wenn sich solche Entdeckungen häufen oder so gravierend sind, dass sie nicht ignoriert oder in das bestehende System eingepasst werden können, bewirken sie einen Paradigmenwechsel, eine völlig neue wissenschaftliche Betrachtungsweise des Gegenstands (Vosniadou 2008b, xiii). Die Betrachtung durch die Brille des Conceptual-Change-Ansatzes widerspricht somit dem Verständnis, dass Wissen sich über die Zeit hinweg „kumulativ, linear fortschreitend" (Vosniadou 2008b, xiii; Übers. dr. Verfasserin) entwickelt. Vielmehr werden die bestehenden Konzepte durch ein geändertes Paradigma aus einer völlig neuen Perspektive betrachtet, eine Idee, die heute in der wissenschaftlichen Diskussion selbstverständlich angenommen wird. Der Ansatz Kuhns wurde von Naturwissenschaftsdidaktikern aufgegriffen. Susan Carey hat die Conceptual-Change-Theorie für die entwicklungspsychologische Forschung aufbereitet (Vosniadou 2008b). Während oben bereits kurz die Bedeutung des Conceptual-Change-Ansatzes für die kognitive Entwicklungspsychologie aufgezeigt wurde, wird nachfolgend auf die Grundgedanken im Kontext der Naturwissenschaftsvermittlung eingegangen.

Der „klassische Ansatz" (Vosniadou 2008b, xiv) des Conceptual Change besteht in der Verbindung der theoretischen Ideen Piagets mit den Grundgedanken Kuhns. Vier Prämissen wurden in der Folge abgeleitet, die für das Lernen im Bereich der Naturwissenschaften für einen Konzeptwechsel notwendig sind (Duit et al. 2008, 631). Die erste Voraussetzung ist dabei, dass der Lerner mit dem bestehenden Konzept unzufrieden ist bzw. erfährt, dass dieses Konzept für die Erklärung des Phänomens nicht ausreicht. Ein neues und logisches Konzept muss überhaupt zur Verfügung stehen und es sollte drittens für den Lerner plausibel sein. Zuletzt sollte das neue Konzept eine Erklärung ermöglichen, die den Lerner zufriedenstellt und darüber hinaus „fruchtbar" (Vosniadou 2008b, xiv) ist. Der „klassische" Ansatz geht von einem vollständigen Konzeptwechsel aus, d.h. eine naive Theorie wird zugunsten einer wissenschaftlich belastbaren vollständig aufgegeben. In diesem Fall wird von einem „‚echten' Konzeptwechsel" (Möller 1999, 141) gesprochen. Der Konzeptwechsel, der fast funktionalistisch zustande kommt, wird hier als logische Konsequenz beschrieben, wenn die gegebenen Rahmenbedingungen erfüllt sind. Die soziale und emotionale Eingebundenheit der Lernprozesse spielt in dieser Theorie keine Rolle, weshalb hier auch von einer „kalten" Konzeptwechseltheorie gesprochen wird (Möller 1997, 250). Dieser Ansatz galt viele Jahre lang als „leading paradigm" (Vosniadou 2008a, xiv) in der Naturwissenschaftsdidaktik. Der klassische Ansatz wurde überarbeitet. Vor allem für den Primarbereich wurde kritisiert, dass ein theoretischer Ansatz nicht ohne Berücksichtigung situierten Lernens auskommen kann (Möller 1997). Ein weiterer Kritikpunkt orientierte sich an Befunden aus empirischen Studien, die zeigen können, dass die naiven Schülervorstellungen nie vollständig durch wissenschaftliche Vorstellungen ausgetauscht wurden (Duit et al. 2008, 630). Möller (1997, 251) argumentiert vor diesem Hintergrund, dass es im Primarbereich noch nicht um den Aufbau belastbarer Vorstellungen geht, sondern dass eine „Annäherung an wissenschaftliche Denkweisen" angestrebt wird. In diesem Sinne wird eine „weiche" Umstrukturierung gefördert, d.h. es werden Erweiterungen und geringfügige Änderungen des bestehenden Konzeptes unterstützt (Möller 1997, 251). Harte oder „radikale" Umstrukturierungen beinhalten dagegen den vollständigen Austausch der Konzepte (Möller 1999, 141). Möller (1997, 1999) lehnt sich hier an den Conceptual-Change-Ansatz von Carey an, der für die Anwendung im Primar- und Elementarbereich als geeigneter eingeschätzt wird als der klassische.

> „Konzeptuelle Entwicklung verstehen wir demnach heute als einen längeren Prozess, in dem fragmentarische oder auch falsche Vorstellungen über Zwischenvorstellungen mit noch eingeschränkter Erklärungsmächtigkeit allmählich hin zu wissenschaftlichen Vorstellungen entwickelt werden."
> (Möller & Steffensky 2010, 165)

Koerber et al. (2011, 21) konnten diesen Dreischritt im Erwerb wissenschaftlichen Denkens in einer Studie mit Zweit- und Viertklässlern nachweisen, in der sich „systematische Veränderungen verschiedener Komponenten des wissenschaftlichen Denkens" zeigten. Die Annahme einer prozesshaften Entwicklung verdeutlicht, wo die Aufgaben des Elementar- oder auch Primarbereiches für das naturwissenschaftliche Lernen anzusiedeln sind. Es geht also um eine Annäherung an wissenschaftliche Phänomene und Themen und um die kontinuierliche Auseinandersetzung mit den eigenen Vorstellungen und den tatsächlichen Erklärungen. Zwei weitere wissenschaftliche Befunde sind für eine erfolgreiche Umsetzung relevant. Möller & Steffensky (2010, 165) weisen darauf hin, dass es nur dann zu einer Veränderung von Konzepten kommt, wenn der Lerner sich selbst aktiv mit dem Lerngegenstand auseinandersetzt. Auch Vosniadou et al. (2001) gehen in der Erforschung von Lernumgebungen, die die Konzeptveränderung von Kindern fördern, davon aus, dass die Lerner als Aktive einbezogen werden müssen. Sie schließen damit an Ergebnisse an, dass Konzepte gegen eine rein instruktive Intervention resistent sind (Duit et al. 2008). Zum anderen verweisen Möller & Steffensky (2010) darauf, dass verschiedene Konzepte durchaus nebeneinander bestehen (bleiben) können. Das heißt obwohl ein Kind erste Vorstellungen einer wissenschaftlichen Theorie integriert hat, behält es die naiven Vorstellungen bei. Diese „alte" und wissenschaftlich unpassende Vorstellung wird nicht einfach vergessen, sondern bleibt als Alternativrahmen weiter bestehen. Wenn aber beide Konzepte nebeneinander bestehen bleiben, so Limón (2001, 368), ist es für den Lerner besonders wichtig, zwischen den Konzepten zu unterscheiden und diese an die Situation angepasst anwenden zu können. Das Vorwissen hat eine große Bedeutung für den Lerner und somit im Prozess des Conceptual Change. Chi (2008, 61) weist darauf hin, dass es drei unterscheidbare Arten an Vorwissen gibt, mit denen Schüler sich naturwissenschaftlichen Lerninhalten nähern: erstens, sie besitzen gar kein Vorwissen und haben demnach auch kein konzeptuelles Vorverständnis, an das das wissenschaftliche Konzept andocken könnte; zweitens, sie haben bereits ein teilweises Vorwissen, dass korrekt ist und an welches das wissenschaftliche Konzept andocken kann; drittens, das vorhandene Vorwissen ist nicht richtig und nicht kompatibel mit dem wissenschaftlichen Konzept, zu dem es in einer konflikthaften Beziehung steht. Setzt man diese Möglichkeiten voraus und nimmt an, dass es naive Theorien gibt, die aufgrund ihrer Erklärungsstruktur den Aufbau belastbarer wissenschaftlicher Konzepte nicht nur erschweren, sondern diesen aktiv entgegenstehen (Vosniadou et al. 2008), und geht man mit Chi (2008) davon aus, dass es drei Arten von Vorwissen gibt, mit denen sich Lerner den naturwissenschaftlichen Konzepten und Theorien nähern, und legt weiterhin die Annahme von Möller & Steffensky (2010) zugrunde, dass die Konzeptentwicklung ein Prozess ist, der sich über Zwischenschritte vollzieht, dann ist es die Aufgabe des Elementarbereiches, den Aufbau und die Umstrukturierung naiver Theorien und Alltagsvorstellungen der Kinder so zu fördern, dass diese als Präkonzepte hinterher den Aufbau belastbarer Konzepte unterstützen und nicht zu einem kognitiven Konflikt zwischen Präkonzept und wissenschaftlichem Konzept führen (Chi 2008, Duit et al. 2008, Vosniadou et al. 2008).

Belastbare Ergebnisse aus der kognitionspsychologischen Forschung sowie der Naturwissenschaftsdidaktik liefern Hinweise darauf, wie Lehr-Lernprozesse im Vorschulalter gestaltet sein können, um ein nachhaltiges und anschlussfähiges Lernen der Kinder zu gewährleisten. Die Verbindung empirischer Ergebnisse der Conceptual-Change-Forschung mit einer moderat-konstruktivistischen Lehr-Lern-Umgebung hat für den Primarbereich in Deutschland vor allem die Arbeitsgruppe um Kornelia Möller geleistet (vgl. Möller 1997, 1999, 2000, 2001a, 2001b, 2001c, 2007a, Möller et al. 2002, Möller et al. 2006, Möller et al. 2007, Jonen & Möller 2005, Kleickmann & Möller 2007, Tröbst et al. 2011; ein Ausblick auf die Anwendbarkeit für den

Elementarbereich findet sich in Möller 2009, Möller & Steffensky 2010). Eine entsprechende praxisanleitende Umsetzung für den elementarpädagogischen Bereich gibt es im deutschsprachigen Raum derzeit noch nicht.

6. *Sustained Shared Thinking* im frühen naturwissenschaftlichen Lernen

Kinder sind bereits sehr früh in der Lage, naturwissenschaftlich-technische Inhalte zu verstehen, Phänomene zu erkunden und Fragen an ihre sachliche Umwelt zu stellen. Vor allem entwicklungspsychologische Erkenntnisse, die von einem intuitiven Wissen von Kindern ausgehen und entsprechend eine bereichsspezifische Entwicklung des begrifflichen Wissens unterstellen, haben ältere Ansätze abgelöst (Sodian 2008). Insbesondere die stadienspezifische Theorie Piagets wurde gerne als Begründung dafür herangezogen, warum eine frühe Auseinandersetzung mit naturwissenschaftlich-technischen Inhalten entwicklungsbedingt nicht sinnvoll ist (vgl. Einsiedler 2009). Lück (2000, 2003, 2009) macht deutlich, dass auch mit der Theorie Piagets frühes naturwissenschaftliches Lernen legitimiert werden kann. In der Didaktik der Naturwissenschaften hat sich jedoch vor allem die Theorie des Conceptual Change durchgesetzt, um frühes naturwissenschaftliches Lernen zu begründen (vgl. Bliss 1996, Möller 1997, Möller & Steffensky 2010). Conceptual-Change-Ansätze basieren auf der Vorstellung, dass Kinder ein intuitives psychologisches oder physikalisches Verständnis besitzen, um sich die Umwelt zu erklären. Der Erwerb von Wissen stellt vor diesem Hintergrund die Veränderung oder Ablösung dieser intuitiven Konzepte durch wissenschaftlich belastbare Theorien dar. Die Veränderung oder der Wechsel dieser Theorien unterliegt verschiedenen Voraussetzungen und Bedingungen, wobei festgehalten werden muss, dass intuitive Vorstellungen eher persistent gegen Veränderungen sind (Vosniadou 2008b). Möller (1997) greift diesen Ansatz auf und verbindet ihn mit einer moderat-konstruktivistischen Perspektive des Lernens. Die Veränderung von Konzepten wird dann verstanden als Wissenserwerb, der durch die eigenständige Auseinandersetzung des Kindes mit der Sache erwächst. Dieser Erwerb von Wissen ist durchaus von außen beeinflussbar. Allerdings führen rein instruktive Lehr-Lern-Methoden diesem Ansatz zufolge zu trägem Wissen, d.h. einem Wissen, das nicht auf andere Kontexte übertragen werden kann und somit nicht flexibel nutzbar ist (Möller et al. 2007c). Abgeleitet aus empirischen Forschungsergebnissen gilt es diesem Ansatz zufolge als belegt, dass Kinder in der Veränderung von Präkonzepten unterstützt werden können (Möller et al. 2002). Im Vordergrund stehen hierbei die Strukturierung der Lernumgebung und das den Lernprozess begleitende Gespräch. Das Verständnis des Kindes als aktiver Lerner erfordert nicht nur, dass es seine Vorstellungen und Ideen praktisch ausprobierend überprüfen muss und somit eigenständig aktiv wird. Vielmehr geht es auch darum, bereits im Vorfeld des enaktiven Arbeitens Ideen, Vorstellungen, Annahmen und Absichten im Gespräch mit der Pädagogin zu entwickeln. Auch im Anschluss an das praktische Ausprobieren oder Experimentieren unterstützt das Gespräch die Reflexion des Kindes über das Erfahrene und hilft eigene, sinnvolle Erklärungen aus dem Experiment oder der Tätigkeit zu generieren (Möller et al. 2002). Gegebenenfalls ist die Aufgabe der Pädagogin, auf prälogische Erklärungsansätze hinzuweisen. In diesem Sinne setzt sich der hier beschriebene moderat-konstruktivistische Lehr-Lern-Ansatz mit dem von Grell (2010) formulierten pädagogischen Grundproblem auseinander. Zwar wird von der kindlichen Selbstbildung ausgegangen, im Sinne eines moderat-konstruktivistischen

Verständnisses wird diese jedoch als durchaus beeinflussbar betrachtet. Anders als im Selbstbildungsansatz von Schäfer (2006), der auch eine vorbereitete Lernumgebung vorschlägt, gehen Möller et al. (2002) weiter und fordern die inhaltlich strukturierte und aufeinander aufbauende Präsentation von eigenaktiven Lernarrangements, die an das Konzept des Scaffoldings von Wood et al. (1976) erinnern. In Sinne eines ko-konstruktivistischen Bildungsverständnisses ist die begleitende Pädagogin durch die Interaktion in die Bildungsarbeit des Kindes eingebunden, allerdings nur insofern, dass sie unterstützende Hilfestellung anbieten kann, die geeignet ist, Konzeptveränderungen anzuregen bzw. Erfahrungen zu ermöglichen, die später dem Aufbau geeigneter Konzepte nicht im Wege stehen. Der Dialog wird hier zur Grundlage einer Lernumgebung, die als höchst effektiv beschrieben wird und als operationalisiertes Konstrukt als *Sustained Shared Thinking* beobachtbar ist (Siraj-Blatchford et al. 2002; Siraj-Blatchford et al. 2003). Das Interaktionsformat (König 2010a, 389) *Sustained Shared Thinking* gilt als Qualitätsmerkmal frühpädagogischer Praxis (Sylva 2010). Als pädagogisches Konzept verstanden ist es in der Lage, hochwertige Pädagogin-Kind-Interaktionen zu beschreiben und empirisch erfassbar zu machen. Dabei wird die Interaktion als Ganzes in die Betrachtung einbezogen, wodurch die Beurteilung der dialogischen Entwicklung möglich wird. *Sustained Shared Thinking* stellt die gemeinsame gedankliche Aktivität von Kind und Pädagogin in den Vordergrund, ohne dabei die Ko-Konstruktion auf der einen Seite oder die Instruktion auf der anderen Seite zu favorisieren bzw. zu vernachlässigen. Die Pädagogin-Kind-Interaktion kann vor diesem Hintergrund als dynamischer Prozess betrachtet und analysiert werden, der sowohl Phasen der Ko-Konstruktion als auch instruktive Elemente enthält. Die sprachliche und kognitive Anregung durch die Pädagogin, die vor allem durch offene Fragestrukturen realisiert wird, werden als Merkmale von *Sustained Shared Thinking* beschrieben (Siraj-Blatchford & Manni 2008).

In der vorliegenden Arbeit soll untersucht werden, inwieweit in frühen naturwis-senschaftlich-technischen Lehr-Lern-Einheiten *Sustained Shared Thinking* stattfindet. Vor dem Hintergrund, dass dieses Konzept im Kindergartenalltag nur selten zu fin-den ist (König 2006, Albers 2009) stellt sich die Frage, ob eine moderat-konstruk-tivistische Lehr-Lern-Umgebung, die methodisch-didaktisch die Interaktion grundle-gend einbezieht, in stärkerem Maße kognitiv fördernde Pädagogin-Kind-Interaktionen ermöglicht.

Teil 2: Systematische Videoanalyse

7. Fragestellungen und Hypothesen der Untersuchung

Der Pädagogin-Kind-Interaktion wird in der frühpädagogischen Praxis eine hohe Bedeutung zugesprochen (vgl. Thole 2010). Sie stellt ein entscheidendes Kriterium für die realisierte pädagogische Prozessqualität dar (Tietze 1998; Tietze & Viernickel 2007; Neuß 2010), die sich wiederum auf unterschiedliche Bereiche der kindlichen Entwicklung auswirkt, wie die sprachlichen oder kognitiven Fähigkeiten (vgl. Tietze 1998, Sylva et al. 2004). Im Rahmen der bereits zitierten REPEY-Studie wurde in diesem Sinne effektive frühpädagogische Praxis mit dem Ziel untersucht, pädagogische Handlungsweisen und Praktiken zu identifizieren, die eben diese Effektivität ausmacht und exzellente von guter pädagogischer Qualität unterscheidet (Siraj-Blatchford et al. 2002). Bezogen auf die kindlichen Outcomes wurden in exzellenten Einrichtungen fördernde Interaktionen beobachtet, die als *Sustained Shared Thinking* bezeichnet werden (Siraj-Blatchford et al. 2002, Sylva et al. 2004). Diese als höchst effektiv eingeschätzten Pädagogin-Kind-Interaktionen beschreiben einen Prozess, der bezogen auf eine Problemlösesituation die gedankliche Aktivität aller Gesprächspartner voraussetzt und auf die gemeinsame Weiterentwicklung von Ideen und Vorstellungen gerichtet ist (Siraj-Blatchford et al. 2003).

Für den deutschsprachigen Raum muss konstatiert werden, dass Untersuchungen von Mikroprozessen der Pädagogin-Kind-Interaktionen in der frühpädagogischen Praxis einen empirisch kaum erfassten Bereich darstellen (vgl. Thole 2010). Eine erste Annäherung an dieses Feld stellt die explorative Untersuchung von König (2006) dar. Bezogen auf das Interaktionskonzept *Sustained Shared Thinking* sind ihre Befunde ernüchternd. In der alltäglichen Kindergartenpraxis konnte sie lediglich einmal eine Pädagogin-Kind-Interaktion kodieren, die diesem Konzept zuzuordnen ist (König 2006). Ansonsten sind die von ihr nachgewiesenen Interaktionen hauptsächlich kurze Interaktionen, die durch häufig wechselnde Gesprächspartner seitens der Pädagogin gekennzeichnet sind. Auch Albers (2009) kommt zu einer ähnlichen Befundlage bezüglich des Interaktionskonzeptes *Sustained Shared Thinking*. Für die frühpädagogische Praxis stellt sich vor diesem Hintergrund die Frage, ob und in welchen pädagogischen Kontexten *Sustained Shared Thinking* überhaupt stattfindet und nachgewiesen werden kann. Theoretisch konnte bereits hergeleitet werden, dass sich das frühe naturwissenschaftlich-technische Lernen anbietet, um kognitiv hochwertige und damit effektiv fördernde Pädagogin-Kind-Interaktionen zu evozieren. Betrachtet man *Sustained Shared Thinking* als ideales didaktisches Konstrukt, dann sind vor allem moderat konstruktivistische Lernumgebungen ein geeignetes Setting für eine praktische Einbettung. Für das naturwissenschaftlich-technische Lernen beschreiben Möller et al. (2002) die Bedeutung des Gesprächs, durch das das Kind dabei unterstützt wird, Vorstellungen und Ideen über naturwissenschaftliche Phänomene und Fragestellungen zu entwickeln. Daran schließt sich eine Phase des eigenaktiven Ausprobierens an, das durch ein strukturiertes Gespräch komplettiert wird. Dieses gemeinsame sprachliche Reflektieren unterstützt das Kind in der Entwicklung eigener Erklärungsansätze.

Grundsätzlich lässt sich festhalten, dass *Sustained Shared Thinking* nicht nur ein Merkmal der Pädagogin-Kind-Interaktion effektiver Einrichtungen im Elementarbereich ist, sondern auch Bestandteil eines frühen naturwissenschaftlich-technischen Lernens darstellt, das sich am Ansatz eines an Conceptual Change ausgerichteten Unterrichts (Möller 2007) orientiert. In diesem Sinne stellen *Sustained Shared Thinking* Prozesse gelungene Pädagogin-Kind-Interaktionen dar, die Handlungen der Pädagogin umfassen, die darauf gerichtet sind, die Kinder darin zu unterstützen, selbständig Problemlösungen zu entwickeln und Vorstellungen weiterzuentwickeln. Die Pädagogin tritt im Gespräch unterstützend, aber nicht dozierend auf und macht vor allem durch offene Fragestellungen ihr Interesse am Thema deutlich. In der vorliegenden Arbeit wird das Interaktionskonzept des *Sustained Shared Thinking* auf die Praxis des frühen naturwissenschaftlich-technischen Lernens übertragen und am empirischen Material überprüft, ob diese Interaktionsprozesse dort stattfinden. In pädagogischen Alltagssituationen konnte sowohl in England als auch in Deutschland nur eine geringe Anzahl dieser Interaktionen ausgemacht werden. Deshalb soll die Untersuchung im Rahmen eines speziellen Lernsettings zeigen, ob hier gegebenenfalls eine höhere Anzahl an *Sustained Shared Thinking* nachgewiesen werden kann.

Nachfolgend werden in diesem Kapitel zuerst die untersuchungsleitenden Fragestellungen und Hypothesen formuliert. Im Anschluss werden in Kapitel 8 das methodische Vorgehen dargestellt und die zugrundeliegenden Daten erläutert, bevor in Kapitel 9 die Ergebnisse dieses Untersuchungsteils vorgestellt werden.

7.1 Deskription der Ausgangssituation

In einem ersten Schritt sollen zunächst deskriptiv die Eingangsbedingungen der Kinder, bezogen auf ihre zweitsprachlichen Fähigkeiten im Deutschen sowie ihre kognitiven Fähigkeiten, untersucht werden, um einen Eindruck der Erhebungssituation zu vermitteln und zum anderen sicherzustellen, dass sich die den natürlichen Gruppensituationen geschuldeten Zusammensetzungen der Untersuchungsgruppen, bezogen auf die sprachlichen und kognitiven Fähigkeiten der Kinder, nicht überzufällig voneinander unterscheiden. Betrachtet werden die folgenden Zusammenhänge:

- Unterscheiden sich die untersuchten Gruppen überzufällig in Bezug auf die Sprachfähigkeit der Kinder im Deutschen voneinander?
- Unterscheiden sich die untersuchten Gruppen überzufällig in Bezug auf die kognitiven Fähigkeiten der Kinder?
- Unterscheiden sich die untersuchten Gruppen überzufällig in Bezug auf das Eingangsalter der Kinder?

7.2 Fragestellungen: Identifikation von *Sustained Shared Thinking*

Das zentrale Interesse der Untersuchung ist auf die Erfassung und Analyse von *Sustained Shared Thinking* Prozessen gerichtet. Um diese identifizieren und darüber hinaus quantitativ einschätzen zu können, werden in einem ersten Schritt die interaktiven Oberflächenstrukturen in den Lehr-Lern-Einheiten erfasst. Ziel ist die Beantwortung der folgenden Fragestellungen:

Wie sehen die interaktiven Oberflächenstrukturen der Einheiten zum frühen naturwissenschaftlich-technischen Lernen aus? Wie sieht die Sprecherverteilung aus? Welchen Anteil haben Kognitive Interaktionen an den Interaktionen in den untersuchten Lehr-Lern-Einheiten?

Kann *Sustained Shared Thinking* in den Lehr-Lern-Einheiten identifiziert werden? Wie häufig sind *Sustained Shared Thinking* Prozesse identifizierbar?

7.3   Untersuchungsleitende Hypothesen

Ausgehend von den in Abschnitt 7.2 formulierten Fragen, sind die folgenden Hypothesen untersuchungsleitend.

Veränderungen der Interaktionsstrukturen über den Untersuchungszeitraum

Verändert sich die Häufigkeit von *Sustained Shared Thinking* über die Zeit? Es wird erwartet, dass es über die Messzeitpunkte hinweg zu einem Anstieg an *Sustained Shared Thinking* kommt. Die Erwartung wird damit begründet, dass die Kinder zunehmend mit den Anforderungen der Lehr-Lern-Einheiten und den diskursiven Erwartungen der Pädagogin vertraut wurden, die eine aktiv-sprachliche Auseinandersetzung mit den naturwissenschaftlichen Phänomenen beinhaltete, und die Kinder damit den sprachlich-diskursiven Raum im Laufe der Zeit intensiver nutzten, der ihnen für die Entwicklung von Ideen, Erklärungsansätzen und Deutungen zur Verfügung gestellt wurde.

Hypothese 1: Je später im Untersuchungszeitraum ein Messzeitpunkt liegt, desto häufiger sind *Sustained Shared Thinking* Prozesse zu beobachten.

Unterschiede in der Sprecherverteilung bei unterschiedlichen Interaktionskategorien

Unterscheiden sich die Zeitanteile der einzelnen Sprechergruppen innerhalb unterschiedlicher kognitiver Interaktionsprozesse? Es wird erwartet, dass bei *Sustained Shared Thinking* Prozessen die Sprecherverteilung von Pädagogin und Kind ausgeglichen ist, d.h. beide Sprechergruppen zu vergleichbaren Anteilen sprachlich involviert sind. Diese Annahme basiert auf der Definition von Siraj-Blatchford et al. (2002), die davon ausgehen, dass beide bzw. alle Gesprächspartner gleichermaßen an der gedanklichen Voranbringung beteiligt sein müssen. Im Gegensatz dazu wird angenommen, dass bei Interaktionen der Direkten Unterweisung der Sprechanteil der Pädagogin größer ist als der der Kinder, da diese Form der Interaktion als eine von der Pädagogin gelenkte Gesprächsform verstanden wird.

Hypothese 2: Die Anteile der Sprecher sind bei *Sustained Shared Thinking* Prozessen ausgeglichen verteilt, während bei der Direkten Unterweisung die Pädagogin einen höheren Sprechanteil gegenüber den Kindern aufweist.

Unterschiede in der individuellen Beteiligung an Sustained Shared Thinking

Unterscheiden sich die Kinder in der Beteiligung an *Sustained Shared Thinking*? Haben die kognitiven und/oder sprachlichen Fähigkeiten der Kinder einen Einfluss auf ihre Teilhabe an *Sustained Shared Thinking*? Es wird angenommen, dass Kinder die einen höheren Sprachstand im Deutschen besitzen, auch häufiger an den diskursiv anspruchsvollen Interaktionsprozessen *Sustained Shared Thinking* beteiligt sind, da ihre sprachlichen Fähigkeiten die Teilnahme an anspruchsvollen und schnellen Interaktionen erleichtern könnten. Höhere kognitive Fähigkeiten der Kinder lassen auf eine schnellere Erfassung inhaltlicher Zusammenhänge schließen, die sich unterstützend auf eine Teilnahme an *Sustained Shared Thinking* auswirken könnte.

Hypothese 3: Je höher der Sprachstand eines Kindes ist, umso häufiger beteiligt es sich an *Sustained Shared Thinking*.

Hypothese 4: Je höher die nonverbale Intelligenz eines Kindes ist, umso häufiger beteiligt es sich an *Sustained Shared Thinking*.

8.   Datengrundlage und methodisches Vorgehen

Die vorliegende Studie beruht auf Daten, die im Rahmen des Projektes „Sprachförderung von Kindern mit Migrationshintergrund im Kontext des frühen naturwissenschaftlich-technischen Lernens" (Röhner et al. 2009) generiert wurden. Das Projekt wurde von der Cornelsen Stiftung für Lehren & Lernen im Stifterverband für die Deutsche Wissenschaft gefördert[41]. Dieses Projekt wurde in Kindertageseinrichtungen und Grundschulen umgesetzt. Für die hier vorgestellte Studie werden ausschließlich die Daten aus den Kindertageseinrichtungen berücksichtigt[42].

8.1   Das Projekt „Sprachförderung von Kindern mit Migrationshintergrund im Kontext des frühen naturwissenschaftlich-technischen Lernens"

Das Projekt „Sprachförderung von Kindern mit Migrationshintergrund im Kontext des frühen naturwissenschaftlich-technischen Lernens" (Röhner et al. 2009) geht von empirischen Ergebnissen aus, die eine abnehmende Sprachaktivität bei Kindern mit Migrationshintergrund im Übergang vom Kindergarten in die Grundschule belegen (Röhner & Oliva Hausmann 2008). Die formalsprachlich ausgerichtete Unterrichtspraxis der Grundschule stellt eine besondere Herausforderung für Zweitsprachlerner dar. Bildungssprachliche Register (Gogolin 2009, Ahrenholz 2010) oder sprachliche Merkmale einer Academic Language (Cummins 2008) lernen die Kinder häufig nur rezeptiv kennen, während systematische Gelegenheiten fehlen, diese sprachlichen Register auch aktiv in der eigenen Sprachpraxis zu erschließen. Der Erwerb solcher sprachlicher Strukturen ist deshalb für Vorschulkinder von besonderer Bedeutung, da diese Sprachkompetenzen in der Schule von ihnen verlangt werden und für schulischen Bildungserfolg maßgeblich sind (Yifat & Zadunaisky-Ehrlich 2008; Gogolin 2008). Vor diesem Hintergrund zielt das Projekt auf die Beantwortung der Frage, wie fachliche Lernumgebungen (auch schon im vorschulischen Bereich) strukturiert sein müssen, um eine Sprachpraxis zu ermöglichen, die nicht nur die rezeptive Konfrontation mit formaler Sprache, sondern auch die produktive Erschließung damit verbundener Sprachfertigkeiten ermöglicht (Röhner et al. 2009)[43]. Mit der Verknüpfung der beiden bildungsrelevanten Domänen Sprachförderung und frühes naturwissenschaftliches Lernen im Übergang vom Elementar- zum Primarbereich entspricht der Untersuchungsgegenstand auch der aktuellen Diskussion um die Anschlussfähigkeit von Bildungsprozessen (vgl. Faust, Götz, Hacker & Roßbach 2004, Giest & Pech 2010).

---

41 Cornelsen Stiftung für Lehren und Lernen im Stifterverband für die Deutsche Wissenschaft, Fördernummer T066158942006kg.

42 Für Ergebnisse der Daten aus dem Grundschulbereich wird z.B. auf Röhner et al. (2010) oder den Abschlussbericht des Projektes (Röhner et al. 2009) verwiesen.

43 Neben der für diesen Artikel relevanten Analyse der Interaktionsstruktur zwischen der Pädagogin und den Kindern konzentriert sich eine weitere Forschergruppe im Projekt auf die Auswertung linguistischer Fragestellungen, zum Beispiel nach der syntaktischen Qualität der Äußerungen der Kinder in Abhängigkeit der Fragestruktur der Pädagogin (vgl. Röhner, Li & Hövelbrinks 2010).

Die Anlage der Studie basiert auf einem Angebot, das Kindern im letzten Kindergartenjahr und Grundschulkindern im ersten Schuljahr, die alle Deutsch als Zweitsprache erwerben, über einen Zeitraum von sechs Monaten einmal wöchentlich in zehn festen Gruppen unterbreitet wurde. Das didaktische Konzept dieser Einheiten beinhaltet neben der inhaltlichen Aufbereitung der naturwissenschaftlichen Themen eine sprachförderliche Ausrichtung und basiert in Anlehnung an Möller (2000, 2001, Möller et al. 2002) auf einem moderat-konstruktivistischen Verständnis. Die folgende Abbildung gibt einen Überblick über den Ablauf der Untersuchung.

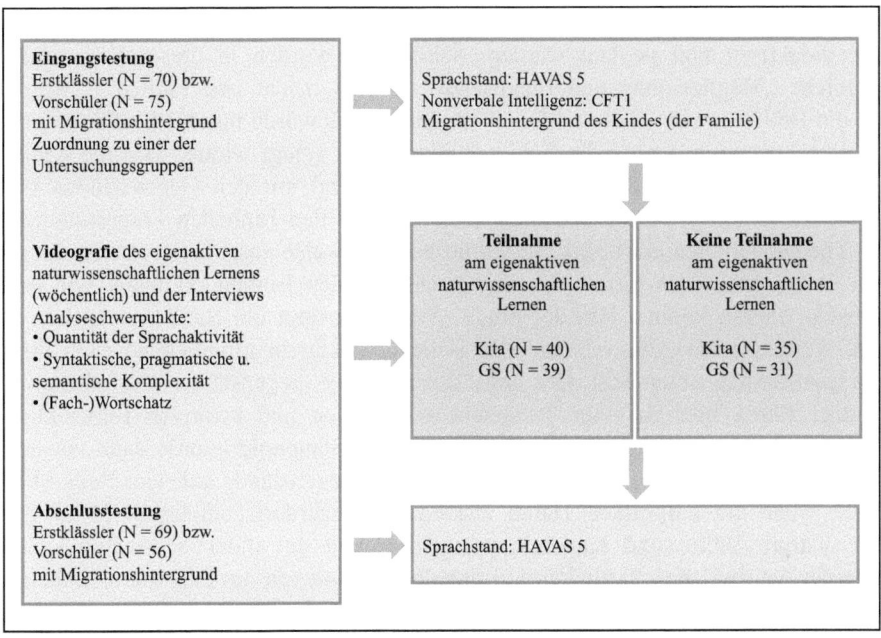

Abbildung 2:   Ablauf der Untersuchung des Projektes „Sprachförderung von Kindern im Kontext des frühen naturwissenschaftlich-technischen Lernens"

8.2   Didaktische Anlage und Umsetzung der Lehr-Lern-Einheiten

Die naturwissenschaftlich-technischen Lehr-Lern-Einheiten wurden über einen Zeitraum von sechs Monaten in wöchentlichen Einheiten angeboten, die in den Grundschulen zwischen 40 und 45 Minuten und in den Kindertageseinrichtungen zwischen 30 und 45 Minuten umfassen. Thematisch wurden vier Themenblöcke behandelt, die jeweils in aufeinander aufbauenden Sequenzen geplant und umgesetzt wurden. Die Anzahl der Einheiten zu einem Thema war nicht festgelegt, sondern orientierte sich sowohl an den thematischen Notwendigkeiten als auch den Vorerfahrungen und dem Interesse der Kinder. Die naturwissenschaftlich-technischen Lehr-Lern-Einheiten wurden in einem Vorläuferprojekt erarbeitet (vgl. Blümer 2004). Durch die Fokussierung im Rahmen des Projektes ausschließlich auf Kinder mit Migrationshintergrund, die Deutsch als Zweitsprache erwerben, musste die didaktische Planung im Projekt jedoch überarbeitet werden. In der praktischen Umsetzung zeigte sich vor allem, dass die für die Einheiten mitgebrachten Materialien gemeinsam erarbeitet werden mussten, was sich in der Regel sowohl auf die Funktion als auch die Bezeichnungen bezog. Diese Notwendigkeit zeigte sich nicht nur bei nicht alltäglichen Gegenständen und Begriffen wie Werkzeugen, Brennmaterialien oder Fachbegriffen, sondern zum Teil auch bei Alltagsgegenständen. Büroklammern konnten auf diese Weise nicht einfach für die Anfertigung eines Magnet-Angelspiels bereitgestellt werden, sondern ihre Funktion musste zuvor gemeinsam erarbeitet werden. Da die Dauer der einzelnen Einheiten, aufgrund der Konzentrationsfähigkeit der Kinder einerseits, aber auch aus organisatorischen Rahmenbedingungen, nicht ausgedehnt werden konnte, mussten einzelne thematische Einheiten während der Durchführungsphase überarbeitet und didaktisch neu geplant werden. Schließlich wurden in dieser Reihenfolge die Bereiche „Magnetismus und Elektrizität", „Optik, Licht und Farben", „Warum springt ein Ball?" sowie „Luft und Gase" umgesetzt. Es wurde mit der Einführung der Materialien begonnen, wobei der Schwerpunkt darauf gelegt wurde, dass die Kinder Materialeigenschaften erkunden und sich ausprobierend mit den Gegenständen vertraut machen konnten. Daran anschließend wurden in den Einheiten Fragestellungen zu den Themengebieten erarbeitet. So wurde beispielsweise ausgehend von der Frage, was an einem Magneten haftet, in einer nachfolgenden Einheit erkundet, wie man Papierfische angeln könnte. Um der Frage „Warum springt ein Ball?" nachgehen zu können, wurden zu Beginn verschiedene Bälle und Kugeln grundlegend nach ihren Springeigenschaften untersucht. Der enge Bezug dieser Gegenstände zur Lebenswelt der Kinder führte hier zu einer besonders ausgiebigen und kreativen Entwicklung von Ideen und einem engagierten Ausprobieren. Mit Blaupapier wurde dann versucht sichtbar zu machen, welche Abdrücke verschiedene Gegenstände auf dem Boden hinterlassen, wenn sie aufprallen. Daran anschließend wurden gemeinsam Ideen entwickelt, warum Bälle (und Kugeln) springen. Neben der didaktisch-methodischen Planung der naturwissenschaftlichen Lerninhalte beinhalteten die Lehr-Lern-Einheiten eine sprachförderliche Ausrichtung. Alle am Projekt teilnehmenden Kinder besitzen einen Migrationshintergrund und lernen Deutsch als Zweitsprache. Um eine kontinuierliche Sprachförderung im Rahmen des fachlichen Lernens zu gewährleisten, wurde eine Handreichung zur Sprachförderung im Rahmen des Projektes entwickelt, mit dem Ziel, die Quantität der Sprachaktivität zu erhöhen, die syntaktische Komplexität zu erweitern, den (Fach-)Wortschatz auszubauen und den Sprachgebrauch in unterschiedlichen Sprechhandlungssituationen zu fördern. Die in der Handreichung[44] formulierten Orientierungspunkte für die Sprachförderung wurden in der didaktischen Planung der Einheiten explizit berücksichtigt. Hierzu zählen beispielsweise so grundlegende Förderaspekte, wie die Formulierung offener Fragen durch die Pädagogin oder die Kinder dazu aufzufordern, Materialien zu benennen und zu beschreiben, aber auch die aktive Einführung von Vergleichen oder die Aufforderungen, Handlungen möglichst zeitnah zu versprachlichen. Die einzelnen Einheiten wiederum wurden von einem sich wiederholenden Rhythmus getragen, um den Kindern nach einer Phase des Kennenlernens einen raschen Einstieg in das Setting zu ermöglichen. Prinzipiell folgten die Einheiten dem Schema, dass zu Beginn die Inhalte der letzten Sitzung noch einmal besprochen wurden. Hierfür wurde die Methode des Kinderreporters einge-

---

44 Die Handreichung findet sich in der Anlage.

führt. Ein Kind wurde zu Beginn der Sitzung als Kinderreporter bestimmt. Dieses offizielle Amt wurde damit verknüpft, dass das Kind sozusagen zu den Inhalten der letzten Sitzung interviewt wurde. Ihm stand es frei, Fragen selbst zu beantworten oder das Mikrofon an andere Kinder weiterzugeben. Diese Form der inhaltlichen Wiederholung bewährte sich als institutionalisierter Rahmen, um auch Kinder, die spontan nur in geringem Umfang sprachlich aktiv wurden, zu umfassenderen Sprechhandlungen anzuregen. Nach der Wiederholung der vorherigen Sitzung wurden neue Materialien, Aufgaben oder neue Inhalte durch die Pädagogin eingeführt und gemeinsam mit der Gruppe erarbeitet. Daran schloss sich in der Regel eine enaktive Arbeitsphase an, in der die Kinder die Möglichkeit des selbständigen Ausprobierens hatten. Danach wurde in der Gruppe zusammengetragen, was die Kinder herausgefunden, entdeckt oder ausprobiert hatten bzw. Fragen aufgeworfen und mögliche Antworten entwickelt. Je nach bearbeitetem Inhalt wurde nach dieser Phase eine zweite Arbeitsphase angeboten, um das zuvor gemeinsam Erarbeitete nun nochmals eigenständig auszuprobieren. Den Ausklang der Einheiten bildete eine erneute Runde, die mit der Kinderreporter-Methode organisiert wurde und in der die Kinder das für sie Bedeutsame, Interessante, Neue oder Erwähnenswerte der Sitzung abschließend ausformulieren konnten.

8.3 Ablauf der Untersuchung und Datenerhebung

Die vorliegende Untersuchung basiert auf den Daten aus dem oben vorgestellten Projekt „Sprachförderung im Kontext des frühen naturwissenschaftlich-technischen Lernens" (vgl. Fußnote 33). Das Projekt wurde über einen Zeitraum von sechs Monaten in Grundschulen und Kindertageseinrichtungen in Form von wöchentlichen Lehr-Lern-Einheiten umgesetzt. Die Untersuchung wurde durch eine Eingangs- und Ausgangstestung der Kinder komplettiert, die weiter unten ausführlich beschrieben wird. Die hier vorliegende Untersuchung konzentriert sich ausschließlich auf die Analyse der Lehr-Lern-Einheiten aus Kindertageseinrichtungen. Da im Fokus der Auswertung keine linguistischen Fragestellungen stehen, wird die Vergleichsgruppe, in der kein naturwissenschaftlich-technisches Angebot stattfand, nicht einbezogen. Das angepasste Ablaufschema der Datenerhebungen, die für diese Untersuchung von Relevanz sind, findet sich in der nachfolgenden Abbildung. Der Ablauf wird anschließend dargestellt. Eine ausführliche Beschreibung der ausgewählten Erhebungsinstrumente und das Vorgehen der Videographie werden in den nachfolgenden Abschnitten gesondert dargestellt.

Die Lehr-Lern-Einheiten zum frühen naturwissenschaftlich-technischen Lernen wurden in zwei städtischen Tageseinrichtungen für Kinder einer nordrhein-westfälischen Großstadt durchgeführt. Das Angebot wurde von zwei wissenschaftlichen Projektmitarbeiterinnen in allen Gruppen umgesetzt, um ein konstantes pädagogisches Angebot gewährleisten zu können. Das Einzugsgebiet beider Einrichtungen ist vergleichbar durch einen hohen Anteil an Bewohnern mit Migrationshintergrund und eher niedrigem sozioökonomischen Hintergrund geprägt. Bei beiden Einrichtungen handelt es sich um Kindertageseinrichtungen, die in mindestens vier Gruppen ein Betreuungsangebot von bis zu 45 Stunden pro Woche für Kinder ab dem dritten

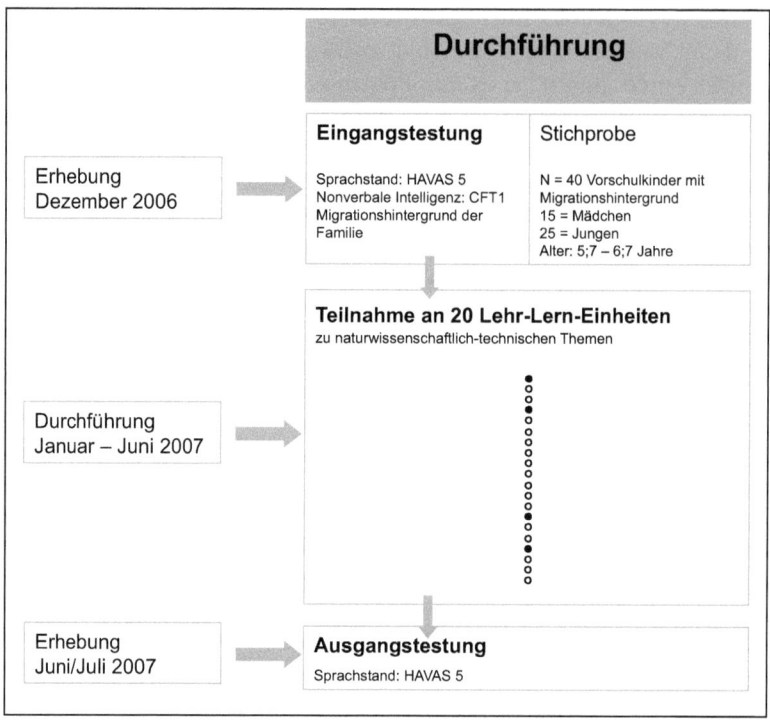

Abbildung 3: Ablauf der Datenerhebung der vorliegenden Untersuchung

Lebensjahr vorhalten. Beide Einrichtungen arbeiteten während der Erhebungsphase mit geschlossenen Gruppen. Die Gruppen für das Angebot der naturwissenschaftlich-technischen Lehr-Lern-Einheiten wurden entsprechend der natürlichen Gruppensituationen von den jeweiligen Einrichtungsleitungen zusammengestellt. Die natürliche Gruppensituation musste vor allem aus organisatorischen Gründen beibehalten werden und wurde unabhängig von beiden Einrichtungen erbeten. Da das Gelingen der Studie in erheblichem Maße von der Kooperation der pädagogischen Mitarbeiterinnen in den Einrichtungen abhängt, wenn das Erhebungsteam über ein halbes Jahr hinweg wöchentlich in die Einrichtungen arbeitet, wurde dieser Vorschlag angenommen. Insgesamt ist die Zusammenarbeit mit den pädagogischen Mitarbeiterinnen der Einrichtungen als überaus kooperativ zu bewerten. Die Teilnahmebereitschaft der Einrichtungen war außerordentlich hoch ebenso wie die Bereitschaft zur Unterstützung. Vor allem bei der Einwilligung der Eltern zur Teilnahme der Kinder an einer Videostudie ist die Unterstützung und das Vertrauen durch die pädagogischen Mitarbeiterinnen sehr wichtig. Durch das Engagement der Einrichtungen konnte für alle Kinder die entsprechende Unterschrift durch die Erziehungsberechtigten eingeworben werden. Die Bereitstellung von Räumlichkeiten sowie die Freistellung der Kinder über den kompletten Durchführungszeitraum verlief vollkommen problemlos. Die Lehr-Lern-Einheiten wurden zu einem festgelegten Wochentag mit jeder Gruppe zu einer festen Uhrzeit umgesetzt[45]. Die beiden Einrichtungen wurden an

---

45 Gruppe 1 startete um neun Uhr, Gruppe 2 um zehn Uhr und die letzte Gruppe 3 um elf Uhr.

aufeinanderfolgenden Tagen besucht. In jeder Einrichtung wurden drei Gruppen mit jeweils sechs bzw. sieben Kindern gebildet. Die Lehr-Lern-Einheiten dauerten zwischen 30 und 45 Minuten und wurden vollständig videographiert. Das Vorgehen der Videoaufzeichnungen wird weiter unten gesondert dargestellt.

Bevor die Durchführung der Lehr-Lern-Einheiten im Januar begann, stellten die Projektmitarbeiterinnen sich und das Projekt den Kindern im Dezember 2006 vor. An zwei zusätzlichen Terminen, ebenfalls noch im Dezember vor den Weihnachtsferien, fanden die Eingangserhebungen statt. Hierfür wurden ein nonverbaler Intelligenztest und ein Instrument zur Einschätzung des Sprachstandes der Kinder im Deutschen eingesetzt, die weiter unten ausführlich beschrieben werden. Nachdem der sechsmonatige Untersuchungszeitraum zu Ende war, wurde an einem weiteren Termin nochmals das Sprachstandserhebungsverfahren durchgeführt. Um eine möglichst große Anzahl an Kindern zu erreichen, mussten die Einrichtungen hier häufiger aufgesucht werden. Dies lag vor allem daran, dass die Vorschulkinder zu dieser Zeit einige von der Kindertageseinrichtung organisierte Unternehmungen wahrnahmen. Es konnten nicht mehr alle Kinder für die Nacherhebung erreicht werden, da einige Familien bereits in den Urlaub gefahren waren.

8.4 Die Erhebungsinstrumente der Eingangs- und Ausgangstestung

Bevor mit der Durchführung der naturwissenschaftlich-technischen Lehr-Lern-Einheiten begonnen wurde, ist der Sprachstand der Kinder im Deutschen mit dem bildbasierten, profilanalytischen Sprachstandserfassungsverfahren HAVAS 5 (Reich & Roth 2004) erhoben worden. Die kognitiven Fähigkeiten wurden mit dem nonverbalen, kultursensiblen Intelligenztest CFT1 (Catell, Weiß & Osterland 1997) ebenfalls vor der Durchführung erfasst.

Die Sprachstandserfassung mit HAVAS 5

HAVAS 5 steht für „Hamburger Verfahren zur Analyse des Sprachstandes bei 5-Jährigen" (Reich & Roth 2004). Es handelt sich um ein Verfahren zur Erhebung des Sprachstandes von Kindern in den Erstsprachen Türkisch, Russisch, Polnisch, Italienisch, Spanisch und Portugiesisch sowie der Zweitsprache Deutsch[46]. Bei HAVAS 5 handelt es sich um ein Profilanalyseverfahren (Reich 2010). Diese sind gekennzeichnet durch die Erhebung und Analyse umfassender Sprachproben der Probanden. Entsprechend ist das Verfahren aufwändiger als Testbatterien oder Schätzverfahren, dafür jedoch geeignet, um „differenzierte Aussagen [zu treffen] und bei Bedarf individuelle Vertiefungen" (Reich 2010, 423) durchzuführen. Es handelt sich um ein Spontansprachverfahren, dass mittels Bildreizen die sprachliche Aktivität der Kinder stimuliert. Als Kennzeichen des Verfahrens können beschrieben werden, dass es eine differenzierte Analyse der mündlichen Sprache der Kinder ermöglicht, explizit auf Mehrsprachigkeit zugeschnitten ist und geeignet ist, um direkt in den Kontext der Sprachförderung eingebunden zu werden. Linguistisch basiert das Verfahren auf einer

---

46 Im Rahmen der Untersuchung wurde nur der Sprachstand im Deutschen erfasst.

kommunikations- und handlungsorientierten Sprachauffassung, weshalb insbesondere auf Kunstwörter und -sätze oder funktionalistische Sprechübungen vollständig verzichtet wird. Gemessen wird die Fähigkeit der Kinder, die Situation angemessen zu erfassen und in dieser sprachlich zu interagieren. Syntax und Wortschatz werden hierbei als Mittel zum Zweck betrachtet und in Abhängigkeit der Aufgabenbewältigung und der Bewältigung der Gesprächssituation betrachtet (Reich & Roth 2004). Das Erhebungsvorgehen des Verfahrens basiert auf der Präsentation einer Bildergeschichte, die die Kinder versprachlichen sollen. Den Kindern wird eine Bildergeschichte mit sechs Szenen dargeboten, sie werden aufgefordert, diese Geschichte zu versprachlichen. Die Durchführung der HAVAS 5 Testung dauert durchschnittlich zwischen sieben und zwölf Minuten. Die Auswertung dauert für jede Testung ungefähr 30 Minuten. Hierzu wird die Aufnahme zuerst vollständig angehört und transkribiert. Die Auswertungsschritte beziehen sich auf die fünf Bereiche Aufgabenbewältigung, Bewältigung der Gesprächssituation, Verbaler Wortschatz, Formen und Stellung des Verbs sowie Verbindung von Sätzen und wird mithilfe eines Auswertungsbogen durchgeführt (Reich & Roth 2004). Es wird die Qualität der inhaltlichen Darstellung bewertet. Bei der Erfassung des Wortschatzes wird als Grundlage der Bewertung der Umfang des verbalen Wortschatzes einbezogen. Als aussagekräftiger Teil des Wortschatzes wird die Verbverwendung herangezogen. Für diesen Auswertungsabschnitt gibt es eine Bezugsnorm, die mit einer Verwendung von 11,5 Verben als Durchschnittswert für die Erprobungsgruppe genannt wird (Reich & Roth 2004, 13). Darüber hinaus gibt es für das „Hamburger Verfahren zur Analyse des Sprachstandes bei 5-Jährigen" (Reich & Roth 2004) bislang keine Bewertungsnormen. Das Verfahren ist somit vor allem geeignet, um individuelle Sprachförderbereiche offenzulegen und dient damit in erster Linie der pädagogischen Umsetzung einer gezielten Sprachförderung.

Erfassung der kognitiven Fähigkeiten mit dem CFT1

Zur Erfassung der kognitiven Fähigkeiten wurde ein Diagnoseinstrument ausgewählt, dass nicht auf der Sprachfähigkeit der Kinder aufbaut, da die untersuchten Kinder alle Deutsch als Zweitsprache sprechen. CFT steht für „Culture Fair Tests" (Catell, Weiß & Osterland 1997) und liegt in drei Versionen für verschiedene Altersgruppen vor (Holling, Preckel & Vock 2004). Beim CFT1 handelt sich um einen nonverbalen Test zur Erfassung der Grundintelligenz und der Wahrnehmungsgeschwindigkeit für Kinder von fünf bis neun Jahren (Holling et al. 2004, 88f.), der darüber hinaus als kultursensibel beschrieben wird: „Der Test gibt darüber Aufschluß, bis zu welchem Komplexitätsgrad das Kind bereits in der Lage ist, insbesondere nonverbale Problemstellungen zu erfassen und zu lösen." (Catell et al. 1997, 4). Der CFT1 basiert auf der Theorie Catells zur fluiden und kristallinen Intelligenz. Während die fluide Intelligenz den Bereich kognitiver Fähigkeiten darstellt, die nicht auf gelerntem Wissen oder angeeigneten Fähigkeiten basieren, ist die kristalline Intelligenz der Fähigkeitsbereich, der durch die Lernerfahrungen des Kindes entwickelt wird (vgl. Holling et al. 2004). Die von Catell entwickelten Intelligenztests der CFT-Reihe dienen der Erfassung der Grundintelligenz, d.h. der fluiden Intelligenz. Ein sprachfreier Test sollte dabei garantieren, dass nicht die Lernerfahrungen oder kulturellen Einflüsse ausschlaggebend für das Testergebnis sind. Holling et al. (2004,

22) weisen darauf hin, dass eine völlig kulturfreie Erfassung kognitiver Fähigkeiten nicht möglich ist, da „sprachliche Prozesse beim Lösen auch sprachfreier, figuraler Aufgaben eine Rolle" spielen. Vor allem die drei Subskalen „Klassifikationen", „Ähnlichkeiten" und „Matrizen" werden in geringerem Maß durch kulturelle Einflüsse beeinflusst, da Schreibgeschwindigkeit und zeitliche Vorgaben hier eine untergeordnete Rolle spielen (Catell et al. 1997, 18). Die Auswertung dieser drei Subtests wird vor allem empfohlen, wenn der Ausprägungsgrad der „grundlegenden intellektuellen Leistungsfähigkeit" (Catell et al. 1997, 18) berücksichtigt werden soll. Die ersten beiden Subtests „Substitutionen" und „Labyrinthe" sind dagegen Tests die auf die Wahrnehmungsgeschwindigkeit, den Wahrnehmungsumfang, die visuelle Aufmerksamkeit sowie die visomotorische Entwicklung gerichtet sind (Holling et al. 2004, 90). Durch die Kombination verschiedener Subtests lassen sich verschiedene Normwerte berechnen. Der CFT1 kann in der Gruppe durchgeführt werden. Für die vorliegende Untersuchung wurde der CFT1 in den Konstellationen durchgeführt, in denen die Kinder später auch für die Lehr-Lern-Einheiten zusammen waren. Die Gruppengrößen der Durchführung betrugen somit sechs bis sieben Kinder, was im Rahmen der Empfehlungen von maximal acht Kindern bei einem Testleiter liegt (Catell et al. 1997). Die Durchführungszeit beträgt ungefähr 40 Minuten. Die standardisierte Auswertung dauert mittels Schablonen nur etwa zehn Minuten pro Test. Das Manual des CFT1 sieht für die Umsetzung eine Übung zu jeder Matrize vor, mit der sicher gestellt wird, dass die Kinder die Handlungsanweisung verstanden haben. Für die angewandte, revidierte Fassung des CFT1 wird die Zuverlässigkeit der Messungen für die drei Subskalen drei bis fünf mit r_{tt}=.88 angegeben (Catell et al. 1997, 39). Die Retest-Reliabilität wird für alle fünf Subtests mit r_{tt}=.84 angegeben (Catell et al. 1997, 41). Diese Ergebnisse sind zufriedenstellend und erlauben die Einschätzung eines objektiven Verfahrens (Holling et al. 2004, 90).

Für die Untersuchung von Kindern mit Migrationshintergrund wurde der CFT1 bereits in anderen Untersuchungen eingesetzt. Holling et al. (2004, 91) weisen darauf hin, dass „ein weiteres Indiz für den sprachfreien Charakter des CFT 1 [die Tatsache] ist, dass Legastheniker sowie Kinder mit anderer Muttersprache nicht unterdurchschnittlich abschneiden". Im Projekt FörMig wurde er für mehrsprachige Kinder eingesetzt (vgl. Schründer-Lenzen & Mücke 2008). Auch Zöller, Ross & Schöller (2006, 51) haben den CFT1 für mehrsprachig aufwachsende Kinder im Rahmen einer Studie eingesetzt. Diese Auswahl begründen sie wie folgt: „Der kulturfaire Test wurde gewählt, um eine Konfundierung mit der kulturellen Herkunft bzw. der Ein- und Mehrsprachigkeit eines Kindes zu vermeiden."

8.5 Videoaufzeichnung und Datenaufbereitung

Die naturwissenschaftlich-technischen Lehr-Lern-Einheiten wurden aufgezeichnet und stellen die Datengrundlage der Videoanalyse dar. Aus organisatorisch-zeitlichen Gründen wurde für die Aufzeichnung der Einheiten eine Handkamera eingesetzt. Zur Verbesserung der Tonqualität wurde ein Tischmikrofon angeschlossen. Neben der wissenschaftlichen Projektmitarbeiterin, die die naturwissenschaftlich-technischen Lehr-Lern-Einheiten umgesetzt hat, war eine zweite Projektmitarbeiterin anwesend, die für die Installation und Betreuung der Videotechnik zuständig war. Das Lehr-Lern-Setting wurde weitgehend konstant über die Einheiten und Einrichtungen hinweg gehalten. Die Lerngruppe saß dabei immer um zusammengestellte (Gruppen-) Tische, so dass alle Beteiligten einander direkt ansehen konnten. Eine Stirnseite wurde dabei nicht besetzt, um einen „Einfallwinkel" für die Videokamera freizuhalten. Die Kameraposition in den Lehr-Lern-Einheiten entspricht der Darstellung in der folgenden Abbildung.

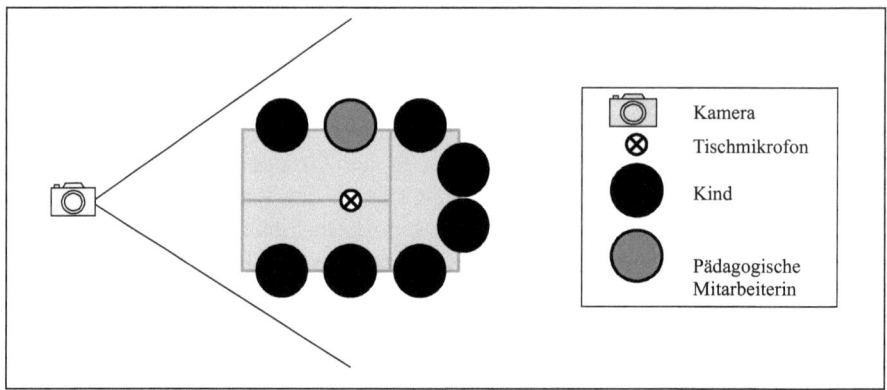

Abbildung 4:   Position der Videokamera (normale Anordnung)

Insgesamt wurden die Lehr-Lern-Einheiten von Januar bis Juni 2006 in den Kindertageseinrichtungen angeboten. Mit Ausnahme der Oster- und Pfingstferien konnten somit 20 Lehr-Lern-Einheiten in sechs Gruppen angeboten werden. Pro Woche liegen somit ungefähr vier Stunden Videoaufnahmen der Lehr-Lern-Einheiten aus Kindertageseinrichtungen vor. Die Qualität des Datenmaterials hängt neben der Aufzeichnungsqualität, d.h. der Tonqualität und der Kamerafokussierung während der Aufnahmen, auch noch von einem zweiten Bereich ab: der Aufbereitung der Videodaten. Diese stellt die Basis der weiteren Auswertungen und Analysen dar. Die Phase der Datenaufbereitung unterscheidet Videostudien am stärksten von anderen Erhebungsverfahren durch ihre zeitliche Intensität (vgl. Seidel, Kobarg & Rimmele 2003). Für die Transkription und die Videoanalyse musste, aufgrund des Umfangs an Material und der intensiven Bearbeitungsdauer, eine Auswahl getroffen werden. Aus den 20 Lehr-Lern-Einheiten wurden vier für die weitere Bearbeitung und Analyse ausgewählt. Diese Einheiten liegen vollständig transkribiert vor, so dass sich die Auswertung auf insgesamt vier mal sechs Einheiten (N=24 Lehr-Lern-Einheiten) bezieht. Die Auswahl der vier Zeitpunkte wurde unter Berücksichtigung der Kriterien einer hohen Anwesenheit der Kinder und der Verteilung über die Interventionszeit getroffen, es wurden somit solche Einheiten bevorzugt, bei denen möglichst viele Kinder anwesend waren.[47] Die letzten Einheiten wurden aufgrund der hohen Fehlzeiten nicht mit in die Analyse aufgenommen. Wie bereits beschrieben sind einige Kinder bereits vorzeitig in die Ferien gefahren, so dass die Fehlquote gegen Ende deutlich höher ausfiel. Die folgende Abbildung veranschaulicht die Erhebungszeitpunkte.

---

47 Ausgewählt wurden die erste, vierte, vierzehnte und siebzehnte Lehr-Lern-Einheit.

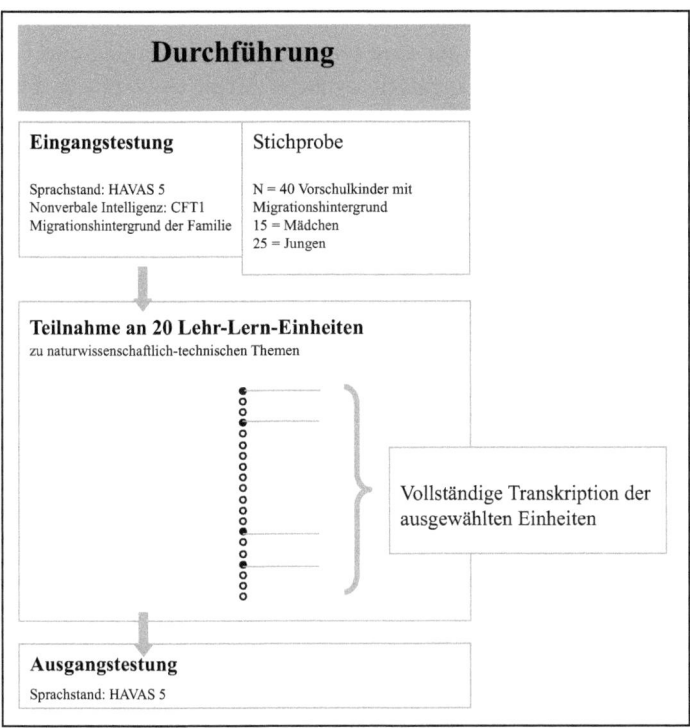

Abbildung 5:   Für die Transkription und Analyse ausgewählte Lehr-Lern-Einheiten

In Anlehnung an das Vorgehen in der Videostudie „Lehr-Lern-Prozesse im Physikunterricht" erfolgt die grundständige Aufbereitung der Videodaten in zwei Phasen
(Seidel 2003; Seidel, Kobarg & Rimmele 2003). Für die sich angliedernden Fragestellungen erfolgen zusätzliche Auswertungsschritte, die im nächsten Punkt ausführlich dargestellt werden.

1. Schritt:

Die mithilfe einer digitalen Handvideokamera auf Mini-DVs aufgezeichneten Lehr-
Lern-Einheiten wurden in komprimierte Datenformate übertragen. Parallel wurden die
Kontextinformationen der umgesetzten Lehr-Lern-Einheiten systematisiert (umgesetzte
Lernangebote, Anwesenheitslisten) und für die Videoanalysen zugänglich gemacht.

2. Schritt:

Nachdem die Videoaufzeichnungen in einem Arbeitsformat vorhanden waren, konnte
mit der Transkription der Daten begonnen werden. Die Transkription erfolgte mithilfe des Videoanalyseprogramms Videograph®. In der vorliegenden Videostudie
wurde ein Transkriptionssystem vereinfacht angewendet, das in Kooperation mehrerer deutschsprachiger Linguisten als „Vorschlag für ein einheitliches gesprächsanalytisches Transkriptionssystem erarbeitet [wurde], das keine stark theoriegebundenen
Vorannahmen macht und daher von Linguistinnen und Linguisten unterschiedlicher
theoretischer Zugehörigkeit verwendet werden kann" (Selting et al. 1998, S. 92).
Ausgewählt wurde dieses Transkriptionssystem, weil ein linguistisch akzeptiertes

System eingesetzt werden sollte, das sich für den Einsatz in einem erziehungswissenschaftlichen Kontext ebenso eignet wie für eine linguistische Auswertung und lesbare Transkripte produziert, die auch eine inhaltsanalytische Arbeit unterstützen. Eine einfache Handhabbarkeit und zeitliche Ökonomie stellten bei der Auswahl ebenfalls ein bedeutendes Kriterium dar. Das Gesprächsanalytische Transkriptionssystem (GAT) nach Selting et al. (1998) erfüllt alle genannten Kriterien und ist mit dem Videoanalyseprogramm Videograph® umsetzbar.

8.6 Basiskodierung/Interaktionskodierung

Nach der Datenauswahl und Transkription erfolgte die Kodierung des Materials. Dieser Arbeitsschritt gehörte ebenfalls zur Aufbereitung der Daten, um diese anschließend einer quantitativen Analyse zugänglich machen zu können. In Anlehnung an Seidel (2003), Seidel, Kobarg & Rimmele (2003), Hugener et al. (2006) sowie Helmke et al. (2008) wurde hierfür ein mehrstufiges Vorgehen gewählt, das mit der sogenannten Basiskodierung beginnt. Die Basiskodierung des Materials ermöglicht die Darstellung der so genannten Oberflächenstruktur der Lehr-Lern-Einheiten. Als erster Kodierungsschritt erfolgte die Erfassung der Äußerungen der Sprecher nach einem Ereignisstichprobenplan. Auf diese Weise wurden alle Äußerungen in Turns erfasst, die die kleinsten Kodierungseinheiten des Kategoriensystems darstellen. Der Begriff *Turn* wurde aus der Linguistik übernommen. Turns sind Gesprächsabschnitte unterschiedlicher Länge, die in der Regel durch einen Sprecherwechsel, das sogenannte Turn-Taking, begrenzt sind (vgl. Brinker & Sager 2006). Ein Turn ist somit eine sprachliche Äußerung einer Person nachdem und/oder bevor eine andere Person etwas äußert. Neben verbalen können auch nicht-sprachliche Kommunikationsmittel Inhalt eines Turns sein. Turns können eine unterschiedliche Länge haben, d.h. zwischen einem Wort oder weniger (im Falle eines Gesprächsabbruchs) bis zu mehreren Sätzen. Der Turn ist die kleinste kodierte Einheit im vorliegenden Videomaterial. Zwei aufeinanderfolgende Äußerungen unterschiedlicher Personen stellen zwei Turns dar (und einen Sprecherwechsel, die jedoch nicht explizit kodiert werden). Bei der Basiskodierung handelt es sich ausschließlich um niedriginferente Kodierungen, wie dem Sprecher oder der Dauer der Interaktion. Für die Kodierung des Sprechers wurde, entsprechend der Kategorien Kind, Pädagogin oder verschiedene Sprechergruppen, gleichzeitig die sprechaktive Person kodiert. Das Programm Videograph® ermöglicht hier eine sekundengenaue Kodierung. Die Dauer der Interaktion bezieht sich auf die Bezogenheit von Turns aufeinander. Für die weitere Kodierung der Erwachsenen-Kind-Interaktion wurde festgelegt, dass mindestens sechs aufeinander bezogene Turns als langandauernde Interaktion und weniger als sechs aufeinander bezogene Turns als kurze Interaktion kodiert werden. Diese Kategorie wurde eingeführt, um die Kodierung mit dem Beobachtungsinstrument Target Child Observation zu erleichtern. Dieses Instrument ist ursprünglich als Time-Sampling-Verfahren für die teilnehmende Beobachtung konzipiert. Um Sinneinheiten für die weitere Kodierung zu erhalten, wurden Interaktionen, die aus maximal zwei Turns pro Interaktionspartner bestehen, für die Kodierung mit dem Target Child Observation Instrument ausgeschlossen. Als weitere Kriterien für langandauernde Interaktionen wurde festgesetzt, dass die aufeinander bezogenen Interaktionen einen gemeinsamen thematischen Bezug oder Diskurs aufweisen müssen. Auch Versuche der Pädagogin, die Interaktion aufrechtzuerhalten, wie beispielsweise „Was denkst du denn dazu?" werden mit einbezogen. Anfang und Ende der Interaktion werden damit definiert, dass eine vorherige Interaktion beendet ist bzw. wird und bzw. oder ein neues Thema angesprochen wird. Dabei kann eine langandauernde Interaktion mit einer Signaläußerung eines Kindes oder der Pädagogin beginnen. Signaläußerungen sind Äußerungen der Pädagogin, die die Aufmerksamkeit eines oder mehrerer Kinder bündeln, die die Präsentation visueller Reize begleiten, verbale Anreize aufgreifen oder eine gezielte Frage der Pädagogin. Signaläußerungen der Kinder sind ebenfalls die Formulierung von Fragen, die sprachliche Begleitung der visuellen Präsentation von Gegenständen oder Materialien sowie praktischer Arbeitsschritte, die demonstriert werden und auch Äußerungen, die die Aufmerksamkeit der Pädagogin bündeln, wie beispielsweise „Guck mal hier!". Interaktionen enden dann, wenn eine neue Interaktion beginnt, eine Interaktion bewusst abgeschlossen wird (z.B. durch signalhafte Formulierungen wie „So", „Schluss jetzt" oder „Dankeschön"), Äußerungen der Pädagogin oder eines Kindes ignoriert oder durch andere Personen oder Ereignisse unterbrochen werden. Die Erfassung dieser niedriginferenten Kategorien dient der Beschreibung der interaktiven Oberflächenstruktur der Lehr-Lern-Einheiten. Gleichzeitig bereitet sie den nächsten Kodierungsschritt vor.

8.7 Target Child Observation (TCO) Instrument

Ziel der Analyse ist die Erfassung der Pädagogin-Kind-Interaktionen. In einem ersten Schritt wurden die Videos der Lehr-Lern-Einheiten einem Ereignisstichprobenplan folgend danach kodiert, wer aktiv spricht und welche Turns zu einer Interaktion gehören. Um die Interaktionsstrukturen zwischen Pädagogin und Kind erfassen zu können, wurde das Material in einem zweiten Schritt um mittelinferente Kodierungen erweitert. In Anlehnung an Gais & Möller (2006, 218) wird die Bezeichnung mittelinferente Kodierung verwendet, da die Kodierung nicht auf ein konkret beobachtbares Ereignis abzielt und somit auf die Interpretation des Kodierers angewiesen ist, gleichzeitig aber keine Einschätzung im Sinne eines hochinferenten Ratings darstellt. Für die Erfassung der Pädagogin-Kind-Interaktion wurde die *Adult's Pedagogial Interactions* der Target Child Observation (TCO) Skala (Siraj-Blatchford et al. 2003) übersetzt und auf das Material angewendet (vgl. Abbildung 6). Die TCO wurde im Rahmen des REPEY-Projektes entwickelt und 2002 über einen Zeitraum von zwei Monaten pilotiert (Siraj-Blatchford et al. 2002, 24). Die Interrater-Reliabilität der TCO wurde mit Kappa berechnet und erreicht Werte zwischen 0.572 und 0.841, die als hinreichend betrachtet werden (Siraj-Blatchford et al. 2002, 24). Da die TCO als Instrument zur systematischen Beobachtung im Feld konstruiert ist, wurde folgende Anpassungen vorgenommen: die TCO sieht die Beobachtung eines Zielkindes für einen Zeitraum von 20 Minuten vor. Für jedes 30 Sekunden Intervall werden die Kategorien *Curriculum Area, Social context* und *Learning activity* kodiert sowie der Bereich *Adult's Pedagogical Interaction*, wenn sich das Kind während des Beobachtungszeitraumes in der Interaktion mit einer pädagogischen Fachkraft befindet. Die Kodierung der vorliegenden Videoeinheiten machen aufgrund der verfolgten Fragestellung eine Einschränkung notwendig, die sich lediglich auf den Bereich der *Adult's Pedagogical Interaction* bezieht. Die drei anderen Skalen sind aufgrund des Erhebungsdesigns nicht relevant, da das Setting festgeschrieben ist. Die zweite Anpassung bezieht sich auf die Erfassungszeit. Zum einen wird auf eine Zielkindbeobachtung verzichtet, da die vorliegenden Videodaten die gezielte Beobachtung aller Kinder ermöglichen. Zum anderen wird auf die Zeitstichprobenerfassung zugunsten einer Ereignisstichprobenerfassung verzichtet. Aufgrund der hohen Interaktionsdichte in den Lehr-Lern-Einheiten wird die unveränderte *Adult's Pedagogical Interaction* Skala nach einem Ereignisstichprobenplan für alle Beteiligten kodiert, um den tatsächlichen Interaktionsverlauf rekonstruieren zu können. Beobachtet und kodiert wurden somit alle Äußerungen aller Kinder sowie der Pädagogin.

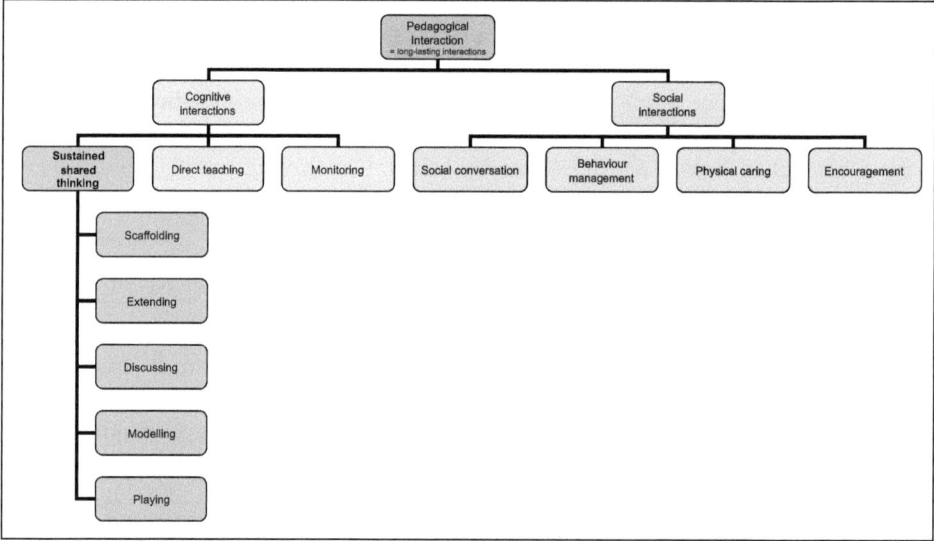

Abbildung 6:   Adult's Pedagogical Interaction nach der TCO (eigene Darstellung)

Auf der Grundlage der Beobachtungskategorien der *Adult's Pedagogical Interaction* wird die Identifikation von *Sustained Shared Thinking* vorgenommen. Hierfür wurden alle erfassten Turns, die zuvor als langandauernd kodiert wurden, eingeschätzt. Dabei erfolgt eine Beurteilung der Kognitiven Interaktionen gemäß der Kategorien *Begleitende Beobachtung*, *Direkte Unterweisung* oder *Sustained Shared Thinking* bzw. der Sozialen Interaktionen gemäß der Kategorien *Betreuung/Fürsorge*, *soziale Konversation* oder *Verhaltensregulation*. In Abschnitt 3.3 (Seite 39) findet sich die ausführliche inhaltliche Beschreibung. Das folgende Transkriptbeispiel (vgl. Abbildung 7) stellt einen Ausschnitt aus einer als *Sustained Shared Thinking* kodierten Interaktion dar. Diese stammt aus einer Lehr-Lern-Einheit, die den Abschluss einer Reihe zum Thema Magnetismus bildete und in der die Kinder ein Magnet-Angelspiel gebastelt haben. Die nachfolgende Szene findet statt, nachdem das Mädchen Jolie Fische aus Papier ausgeschnitten hat.

Die Kinder schneiden Fische aus Papier aus, um ein Magnet-Angelspiel zu basteln.

Pädagogin:	... aber du kannst schon mal überlegen. Was könnten wir denn mit den Fischen machen?
Jolie:	Da da dran tun.
Pädagogin:	Mh=mh. (.) aber halten die denn einfach an der Schnur?
Ludwig:	Ja.
Jolie:	Nee. Mit zu. Da muss man ein Loch machen und zubinden.
Pädagogin:	Aber macht denn angeln Spaß, wenn wir den Fisch schon hin gebunden haben? Wir wollen den doch angeln. (3) Mmh. Was könnten wir denn- wie ham wir denn letzte Woche geangelt? Weißte des noch?
Jolie:	Ja (.) diesen Magnet haben wir so geangelt mit den runden Büroklammern.
Pädagogin:	Genau. Vielleicht könnten wir ja den Magneten einfach an die Angel machen (.) und (.) vielleicht (.) [[probiert es aus]] aber dann können wir immer noch nicht die Fische angeln.
Jolie:	(warte mal)
Ludwig:	Nein. Geht nicht.
[Pädagogin:	Warum geht das nicht, Ludwig?
Ludwig:	Ich weiß wie. Mit ein Büroklammer.
Pädagogin:	Ah-h. Wie meinst du denn? Zeig mal.
Ludwig:	Auf den (xxx) w- wenn man immer (.) s- s hier so...

Abbildung 7: Transkriptionsbeispiel zu *Sustained Shared Thinking*

8.8   Beobachterübereinstimmungen

Bei der vorliegenden Ereignisstichprobenkodierung variieren sowohl die Anzahl als auch die Dauer der kodierten Intervalle zwischen zwei Beobachtern. Die Bestimmung der Interrater-Reliabilität erfolgt aufgrund dieser Problematik anhand des Systems nach Koparg und Seidel (2003), welches in einer Studie zu Lehr-Lern-Prozessen im Physikunterricht angewendet wurde.

Die niedriginferenten Beobachtungskategorien (z.B. Sprecher, Dauer der Interaktion) wurden jeweils durch eine Person kodiert. In einem zweiten Durchgang wurden die gesetzten Kodierungen durch eine zweite Person überprüft und gegebenenfalls korrigiert. Die ebenfalls niedriginferente Kodierung der Sprecheridentifikation, bei der mit der Kodierung nicht nur zwischen Pädagogin und Kind unterschieden wird, sondern die 39 teilnehmenden Kinder namentlich als Sprecher kodiert werden, wurde ebenfalls entsprechend dieses Vorgehens umgesetzt, jedoch ausschließlich von der Autorin durchgeführt.

Der zweite Kodierungsdurchgang, der die Einschätzung der mittelinferenten Kategorien der Pädagogischen Interaktion, Sozialen Interaktion und Kognitiven Interaktion umfasste, wurde mit sechs Kodierern und Kodiererinnen sowie zusätzlich der Autorin als Masterkodiererin durchgeführt. Hierzu wurde eine ausgewählte Lehr-Lern-Einheit für das Training ausgewählt (Bortz & Döring 2006). Dabei wurde der Umgang mit dem Programm geübt und die Kodierungsrichtlinien ausprobiert. Das Training wurde beendet, als die Übereinstimmung als ausreichend eingeschätzt wurde. Im Anschluss an diese Phase haben die Kodierer und Kodiererinnen eine Lehr-Lern-Einheit vollständig kodiert. Hierfür wurden die Einheiten der KW5 ausgewählt. Für die Berechnung der Beobachterübereinstimmung wurde die Kategorie der Pädagogischen Interaktion als Ereignisstichprobe kodiert. In Anlehnung an Kobarg & Seidel (2003, 11) wird dann von einer übereinstimmenden Kodierung ausgegangen, wenn die kodierten In- und Outpoints des Ereignisses jeweils in einem zehn Sekunden Intervall liegen und die gewählte Kategorie übereinstimmt. Die ermittelte Übereinstimmung liegt bei 77,1 Prozent. In einem zweiten Schritt wurden die Pädagogischen Interaktionen gemäß der Kategorien der Sozialen Interaktion und der Kognitiven Interaktion von sechs Beobachtern eingeschätzt. Es wurde jeweils die Übereinstimmung zwischen den Beobachtungen eines Kodierers und der Autorin mittels Cohens Kappa berechnet (vgl. Wirtz & Caspar 2002, Toutenburg & Heumann 2006). Die Ergebnisse der Beobachterübereinstimmung liegen für die Kategorien der Sozialen Interaktionen bei einem Kappa zwischen .72 und 1.0, allerdings bei einer sehr geringen Anzahl an Beobachtungsintervallen. Für die Kategorie der Kognitiven Interaktionen liegen die Kappa-Werte zwischen .69 und .96. Die Beobachtungsmaße beider Kategorien werden als zufriedenstellend eingeschätzt.[48]

---

48 Bortz & Döring (2006, 277) gehen von einer guten Übereinstimmung aus, wenn die Kappa-Werte mindestens .60 bis .75 erreichen. Auch Wirtz & Caspar (2002, 59) berufen sich auf diese Werte, die von Fleiss & Cohen im Original 1973 vorgeschlagen wurden. Kobarg & Seidel (2003, 12) gehen von einem Kriteriumswert von 0.7 aus.

9. Ergebnisse der systematischen Videoanalyse

Ziel der vorliegenden Arbeit ist es, frühpädagogische Lehr-Lern-Settings mit einer spezifisch naturwissenschaftlich-technischen Ausrichtung im Hinblick auf die realisierten Pädagogin-Kind-Interaktionen zu untersuchen. Die spezifischen Fragestellungen wurden in Kapitel 7 ausführlich dargestellt. Das Interesse der Studie liegt auf der Erfassung der interaktiven Oberflächenstrukturen sowie vorrangig kognitiver Interaktionen zwischen Pädagogin und Kind, mit dem Ziel der Identifikation von *Sustained Shared Thinking* in den Lehr-Lern-Einheiten und der Beantwortung der Frage, wie häufig diese kognitiven Interaktionsprozesse in den Lehr-Lern-Einheiten nachgewiesen werden können.

Die Arbeit folgt hierbei der Annahme, dass sich *Sustained Shared Thinking* als Interaktionsprinzip besonders förderlich auf die Entwicklung sozialer und kognitiver Fähigkeiten von Kindern auswirkt (vgl. Siraj-Blatchford et al. 2003, Sylva et al. 2004). *Sustained Shared Thinking* beschreibt dabei ein gemeinsames, gedankliches Voranschreiten von Pädagogin und (mindestens einem) Kind, das auf eine Problemlösesituation bezogen ist und durch ein aktives Interesse beider Gesprächspartner und die Formulierung offener Fragen seitens der Pädagogin gekennzeichnet ist (vgl. Siraj-Blatchford et al. 2003; Siraj-Blatchford & Manni 2008).

Die Darstellung der Ergebnisse folgt der Stichprobenbeschreibung. Nach der Präsentation der deskriptiven Ergebnisse der Eingangs- und Ausgangstestung erfolgt die Bearbeitung der Hypothesen.

9.1 Die Beschreibung der Stichprobe

Die Lehr-Lern-Einheiten zum frühen naturwissenschaftlich-technischen Lernen wurden wie oben dargestellt in zwei Tageseinrichtungen für Kinder durchgeführt (vgl. Kapitel 8.1). Die Einrichtungen haben ein vergleichbares Einzugsgebiet und liegen in Stadtteilen, die durch einen hohen Migrantenanteil in der Bevölkerung gekennzeichnet sind. Beide Häuser bieten in mindestens vier Gruppen ein Betreuungsangebot von bis zu 45 Stunden in der Woche für Kinder ab dem 3. Lebensjahr an. Alle Kinder der Stichprobe haben einen Migrationshintergrund und erlernen Deutsch als Zweitsprache.

Die Vorgabe für die Auswahl der teilnehmenden Kinder war somit, dass sie Deutsch als Zweitsprache erwerben und sich in ihrem formal letzten Kindergartenjahr vor Eintritt in die Grundschule befanden. Das Alter der Kinder variiert zwischen 5 Jahren und 7 Monaten (5;7) und 6 Jahren und 7 Monaten (6;7). Die Abbildung verdeutlicht die Verteilung der Altersstruktur:

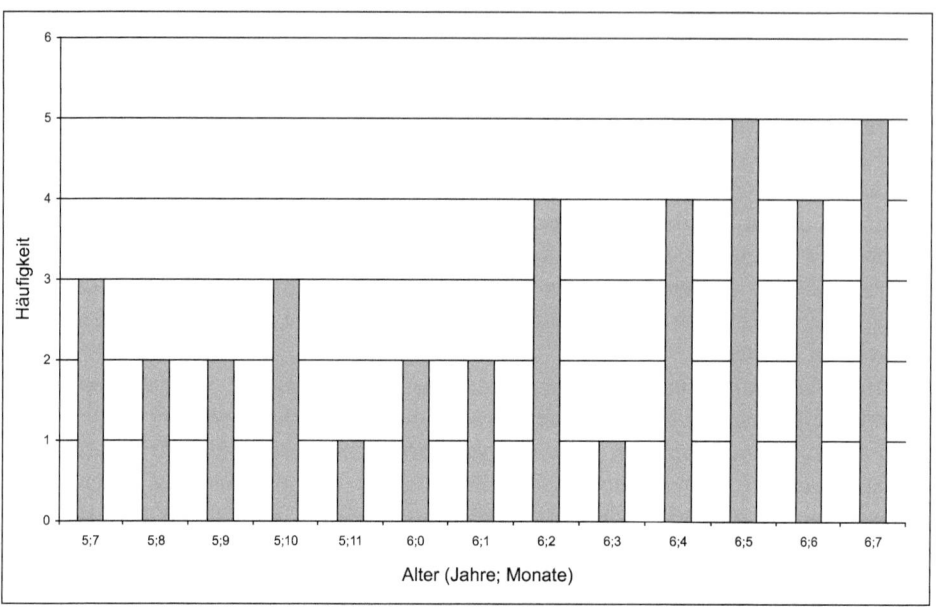

Abbildung 8: Altersstruktur der teilnehmenden Kinder in Jahren;Monaten zu Beginn der Studie; n=38

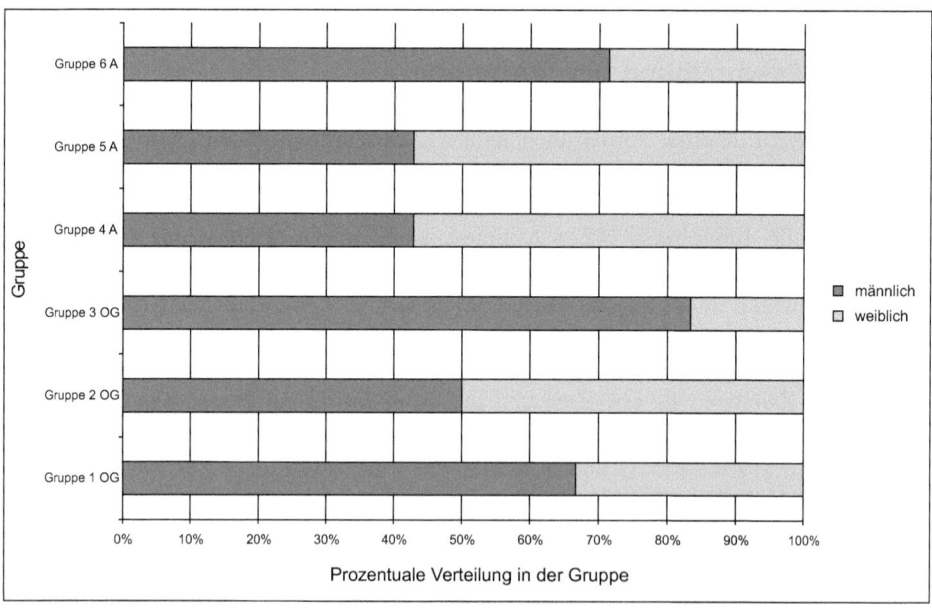

Abbildung 9: Geschlechterverteilung in den sechs Untersuchungsgruppen

Insgesamt haben 40 Kinder an der Untersuchung teilgenommen, für die Videoanalyse konnten jedoch nur 39 Kinder berücksichtigt werden, da ein Kind aufgrund zu hoher Fehlzeiten aus der Analyse ausgeschlossen werden musste. Für die Durchführung wurden in beiden Einrichtungen jeweils drei Gruppen gebildet, die jeweils sechs bzw. sieben Kinder umfassten. Die Kinder wurden entsprechend der Gruppen, denen sie in der Kindertageseinrichtung angehören, in Kleingruppen eingeteilt.

Die Gruppe der untersuchten Kinder setzt sich aus 23 Jungen (59 Prozent) und 16 Mädchen (41 Prozent) zusammen. Abgesehen von einer Gruppe stellt sich das Geschlechterverhältnis in den Gruppen ausgeglichen dar, wie die folgende Abbildung veranschaulicht. Bei 39 teilnehmenden Kindern konnten 16 verschiedene Hintergründe ausgemacht werden, wobei Kinder mit einem türkischen oder kurdischen Migrationshintergrund zahlenmäßig überwiegen.

Für die Analyse bedeutet diese Stichprobenzusammensetzung, dass der Migrationshintergrund nicht als Einflussfaktor für statistische Auswertungen berücksichtigt werden kann. Aufgrund der großen Anzahl an Migrationshintergründen werden die einzelnen Sprechergruppen zu klein, um für eine statistische Berechnung verwendbar zu sein. In der folgenden Tabelle werden die Migrationshintergründe der Kinder vorgestellt:

Migrationshintergrund

	Häufigkeit	Prozent	Kumulierte Prozente
Türkisch	10	25,6	25,6
Russisch	2	5,1	30,8
Kroatisch	1	2,6	33,3
Bosnisch	1	2,6	35,9
Armenisch	1	2,6	38,5
Polnisch	3	7,7	46,2
Spanisch	1	2,6	48,7
Afrikanisch	1	2,6	51,3
Arabisch	5	12,8	64,1
Kurdisch	6	15,4	79,5
Italienisch	3	7,7	87,2
Vietnamesisch	1	2,6	89,7
Roma	1	2,6	92,3
Tamilisch	1	2,6	94,9
Hindi	1	2,6	97,4
Irakisch	1	2,6	100,0
Gesamt	39	100,0	

Tabelle 1: Migrationshintergründe der teilnehmenden Kinder

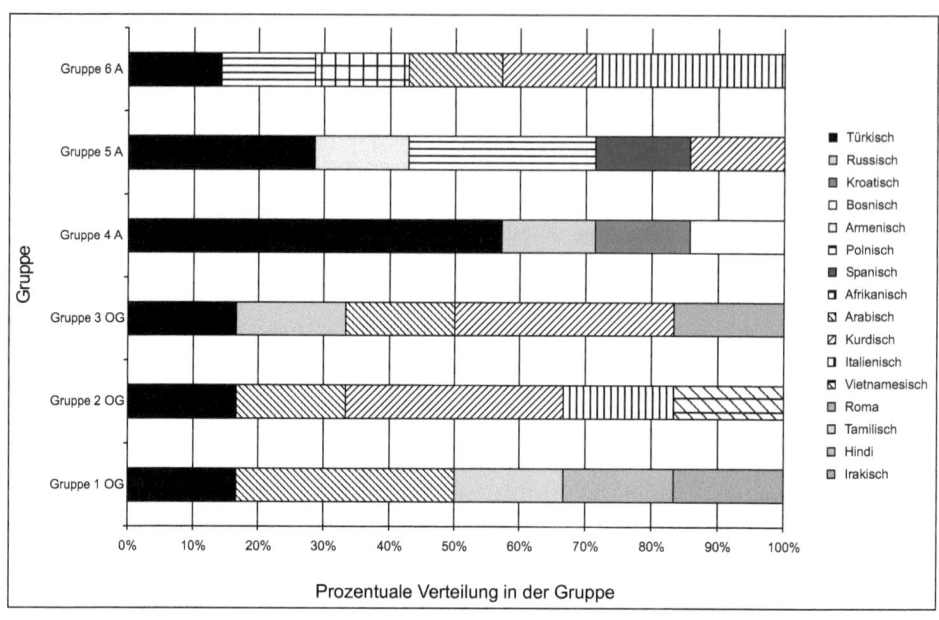

Abbildung 10: Verteilung der Migrationshintergründe in den sechs Untersuchungsgruppen

Lediglich in einer Gruppe (vgl. Abbildung 10) besitzen mehr als die Hälfte der Kinder einen türkischen Migrationshintergrund. Ansonsten sind die Gruppen nicht durch eine besondere Häufung einzelner Migrationshintergründe charakterisiert. Vielmehr zeigt sich eine zufällige Verteilung über die sechs Gruppen hinweg. Ob die migrationsspezifische Zusammensetzung von Kleingruppen einen Einfluss auf die Sprachverwendung der Kinder hat, kann in diesem Kontext weder vermutet noch überprüft werden.

Gegen Ende des Untersuchungszeitraumes musste vermehrt mit der Problematik umgegangen werden, dass Kinder die Tageseinrichtung unregelmäßig besuchten. Während die Fehlzeiten von Januar bis Ende des Frühjahrs konstant niedrig waren, fielen bei einigen Kindern kurz vor den (schulischen) Sommerferien drastische Fehlzeiten an bzw. sogar ein vorzeitiges Beenden der Kindergartenbesuchszeit. Viele Familien nutzten eigenen Angaben zufolge die letztmalige Möglichkeit verlängerter und frühzeitiger Ferien vor dem Eintritt der Kinder in die Grundschule. Für die Analyse wurden deshalb speziell Einheiten ausgewählt, in denen wenige Kinder nicht anwesend waren. Wichtig ist dabei, dass einzelne Kinder nicht in mehreren Einheiten fehlen, da bei einer Analyse von vier Einheiten ein Fehlen zu drei Zeitpunkten bereits einer 75 prozentigen Fehlquote entspricht. Die in die Analyse eingehenden Kinder weisen Fehlzeiten von 0 bis 50 Prozent in den analysierten Einheiten auf. Ein Kind wird aufgrund von drei Fehlzeitpunkten aus der Analyse ausgeschlossen. Das heißt die quantitativen Auswertungen beziehen sich auf 39 Kinder (N=39). 26 Kinder waren zu allen Erhebungszeitpunkten anwesend. Zehn Kinder haben zu einem Termin und drei zu zwei Zeitpunkten gefehlt.

9.2 Ergebnisse[49]

Die Aufbereitung der Forschungslage hat gezeigt, dass zum Interaktionskonzept *Sustained Shared Thinking* bislang kaum empirische Ergebnisse aus Studien vorliegen. Das Konzept basiert auf Befunden der EPPE-Erweiterungerungsstudie REPEY (vgl. Siraj-Blatchford et al. 2002; Siraj-Blatchford 2010), die seine Bedeutung als Merkmal qualitativ hochwertiger frühpädagogischer Praxis belegen. Siraj-Blatchford (2009) hat das Konzept theoretisch verortet und weist damit die Bedeutung der Interaktionsform für die kindliche Entwicklung auch theoriebasiert nach. Empirische Untersuchungen der Pädagogin-Kind-Interaktionen im Kindergartenalltag zeigen, dass *Sustained Shared Thinking* dort nur sehr selten zu finden ist (König 2006; auch Albers 2009). Vor diesem Hintergrund werden die sprachlichen Interaktionsstrukturen in Einheiten zum frühen naturwissenschaftlich-technischen Lernen gezielt auf das Vorkommen von *Sustained Shared Thinking* Prozessen untersucht. Bevor mit der Beantwortung der eingangs formulierten Fragestellungen und Hypothesen begonnen wird, werden die Befunde der Eingangsuntersuchungen des Sprachstandes und der kognitiven Fähigkeiten der Kinder dargestellt. Im Anschluss werden dann zunächst deskriptive Ergebnisse präsentiert, um einen Eindruck der interaktiven Oberflächenstrukturen der Lehr-Lern-Einheiten zu vermitteln. Hierfür werden die Sprechverteilung der Beteiligten, die Dauer der Redezeit von Pädagogin und Kindern sowie die durchschnittliche Dauer einzelner Äußerungen, der so genannten Turns, dargestellt. Darauf folgend wird anhand der Ergebnisse einzelner Kategorien das Vorgehen der Identifikation von *Sustained Shared Thinking* dargestellt. Abschließend erfolgt die Prüfung der zentralen Hypothesen, die den Einfluss der Zeit auf die beobachtbare Häufigkeit von *Sustained Shared Thinking*, die Verteilung der Anteile der Sprecher an unterschiedlichen Interaktionskonzepten sowie die Auswirkungen des Sprachstands und der kognitiven Fähigkeiten auf die Teilhabe an *Sustained Shared Thinking*, umfassen.

Ergebnisse der Sprachstandserhebung

Der Sprachstand wurde mit dem „Hamburger Verfahren zur Analyse des Sprachstandes bei 5-Jährigen" (HAVAS5, vgl. 8.4) erhoben. Insbesondere für die sprachliche Beteiligung wird eine Erklärungskraft des Sprachstandes erwartet. Für die Analyse liegen die Werte der drei HAVAS 5-Auswertungsskalen vor: C: Wortschatz, D: Form und Stellung des Verbs und E: Satzverbindung. Wie oben dargestellt, liegen keine normierten Vergleichswerte für die HAVAS 5-Skalen vor. Lediglich für die Skala C: Wortschaft wird eine Bezugsnorm mit durchschnittlich 11,5 verwendeten Verben angegeben (Reich & Roth 2004). Die Auswertung der C-Skalen aus den HAVAS 5-Erhebungen der Eingangsuntersuchung ergibt einen arithmetischen Mittelwert von 13.63 und liegt damit über dem Wert der Bezugsnorm. 13 Kinder bleiben mit maximal elf verwendeten Verben unter dieser Bezugsnorm. Die Anzahl verwendeter Verben wird als Indikator für den verbalen Wortschatz betrachtet (Reich 2010, 426). Vor diesem Hintergrund wird die Wortschatzentwicklung im Deutschen der an

---

49 Eine auszugsweise Präsentation der Ergebnisse findet sich in abgekürzter Form auch in Hopf (2011).

der Untersuchung teilnehmenden Kinder als gut eingeschätzt. Der Median liegt bei knapp 13 verwendeten Verben, wobei fünf Kinder sogar mehr als 16 Verben in ihrer Erzählung verwendet haben. Die folgende Abbildung zeigt die absoluten Häufigkeiten der verwendeten Verben.

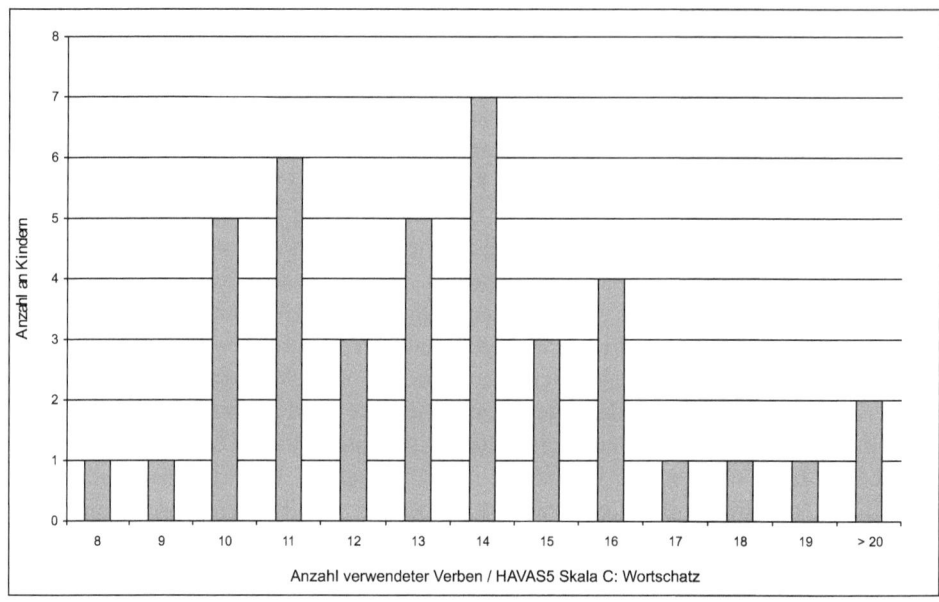

Abbildung 11: Absolute Häufigkeiten der HAVAS5 Eingangserhebung, Skala C: Wortschatz; N=40

Die Sprachleistungen können nur innerhalb der Gruppe der teilnehmenden Kinder deskriptiv dargestellt und verglichen werden. Die Vorgaben des Auswertungsmanuals schreiben vor, dass eine Stufe dann als erreicht eingeschätzt wird, wenn ein Kind die Form mindestens einmal aktiv verwendet. Hinter dieser Kodieranweisung liegt die Annahme, dass sprachliche Formen nur dann angewendet werden können, wenn sie auch beherrscht werden. Die Auswertung der Verbverwendung zeigt, dass lediglich ein Kind nur einfache Verben für die sprachliche Darstellung der Bildergeschichte verwendet (vgl. Abbildung 12). Ein weiteres Kind bleibt auf der sprachlichen Ebene zweiteiliger Verbformen. Die restlichen 38 Kinder der Stichprobe können Verben mindestens in den Stellungen „am Ende von Nebensätzen" bzw. „vor dem Subjekt (Inversion)" verwenden. 27 Kinder konnten zeigen, dass sie die verbalen Formen zusammengesetzer Vergangenheitsformen „im Perfekt" bzw. „im Plusquamperfekt" beherrschen. Weitere zehn Kinder zeigten sogar Verben in noch weiterentwickelteren Formen. Auch die Verteilung der Skala D: Form und Stellung des Verbs deutet auf eine zweisprachliche Entwicklung der Kinder hin, die als gut eingeschätzt werden kann. Die Verwendung zweiteiliger Verformen kann als Indikator betrachtet werden, dass die Satzklammer des Deutschen als Verbzweitsprache bereits erarbeitet wurde (Schulz et al. 2008). Bei Tracy (2007, 78; vgl. für die Zweitsprachentwicklung auch Schulz et al. 2008, 23) wird diese Stufe als dritter von vier möglichen Meilensteinen der Sprachentwicklung bezeichnet.

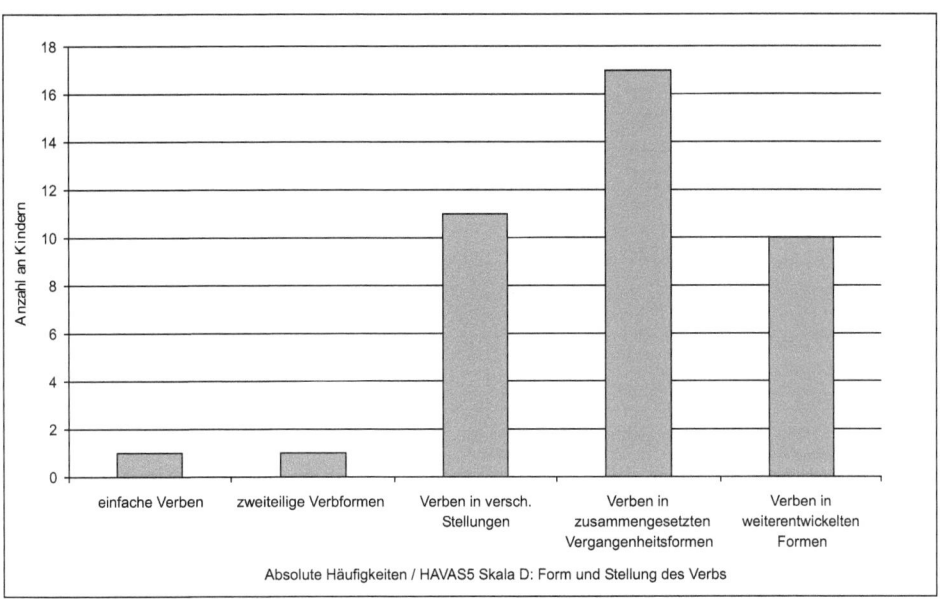

Abbildung 12: Absolute Häufigkeiten der HAVAS5 Eingangserhebung, erreichte Stufen auf der Skala D: Form und Stellung des Verbs; N=40

Bei den verwendeten Satzverbindungen, die über die Skala E: Satzverbindungen in HAVAS5 erfasst werden, konnten 32 Kinder mindestens eine Satzverbindung mit der Konjunktion „weil" demonstrieren. Sieben Kinder verwendeten „der, die, das als Relativpronomen", „was, wer, wie als Nebensatzeinleitung", die Konjunktion „aber" und/oder „dass". Sechs Kinder konnten eine Begründung mit der Konjunktion „denn" einleiten, die Konjunktionen „ob", „wenn", „als" und/oder „damit" anwenden. Lediglich ein Kind verband keine Sätze und drei Kinder zeigten lediglich Satzverbindungen mit „und". Die Verwendung komplexer Satzstrukturen, die durch die Verwendung von Konjunktionen angezeigt wird, ist im Vergleich zur Verbverwendung und dem Wortschatz etwas geringer in der Untersuchungsgruppe ausgeprägt. Im Vergleich beschreibt Tracy (2007, 79), dass einsprachig Deutsch aufwachsende Kinder die Verwendung komplexer Satzstrukturen ab etwa dem 30. Lebensmonat beherrschen. Die Zweitsprachlerner in der Untersuchungsgruppe zeigen also vor allem hier im Schnitt einen Sprachförderbedarf. Die folgende Abbildung veranschaulicht die überwiegende Verwendung der Konjunktion „weil" sehr deutlich.

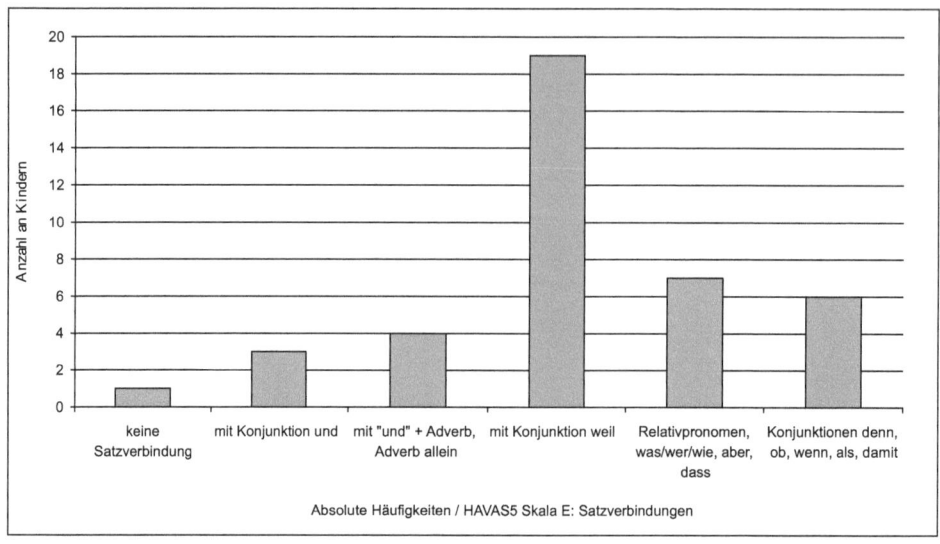

Abbildung 13: Absolute Häufigkeiten der HAVAS5 Eingangserhebung, erreichte Stufen auf der Skala E: Satzverbindungen; N=40

Die zweitsprachlichen Fähigkeiten der Kinder zeigen sich in den Bereichen Wortschatz und Verbverwendung entsprechend der HAVAS 5-Auswertungsskalen in der oberen Hälfte. Die verwendeten Satzverbindungen machen die eingeschränkten Sprachmöglichkeiten der Kinder deutlich. Tracy (2007) geht davon aus, dass der Meilenstein IV der Sprachentwicklung, der die höchste Stufe in der Entwicklung der Satzklammer darstellt, durch die Verwendung von Konjunktionen angezeigt wird. Zwar hat fast die Hälfte der Kinder dies mit der Konjunktion „weil" eingelöst, jedoch erreicht fast ein Viertel der Kinder diese Stufe in der HAVAS 5-Erhebung nicht.

Ergebnisse der Erhebung kognitiver Fähigkeiten

Für die Erfassung der kognitiven Fähigkeiten der Kinder, d.h. der Intelligenz, wurde der „Culture Fair Intelligence Test – Scale 1" (CFT1) ausgewählt. Der Gesamtscore aller fünf Subskalen, die zur Erfassung der Grundintelligenz im Sinne der fluiden Intelligenz nach Catell geeignet ist (vgl. Catell, Weiß & Osterland 1997, Holling et al. 2004), zeigt Intelligenzwerte der Kinder, die zwischen 73 und 124 liegen. Das arithmetische Mittel beträgt 91,58. Die Auswertung aller fünf Subskalen zeigt die folgende Abbildung.

Catell, Weiß & Osterland haben die Normierung des CFT1 an der für die Vergleichbarkeit von Intelligenztests orientierten Skala mit einem arithmetischen Mittelwert von 100 angepasst (Holling et al. 2004). Der Mittelwert der untersuchten Gruppe liegt mit 91,58 signifikant unter der durchschnittlichen Intelligenz, die bei dem Wert 100 zu finden ist (T=-3.817; df=37; $p \leq 0.01$). Die untersuchte Stichprobe weist eine insgesamt etwas niedrigere Intelligenz als die Grundgesamtheit aller gleichaltrigen Schüler auf.[50]

---

50 Vgl. die Prozentrangangaben in Catell, Weiß & Osterland 1997.

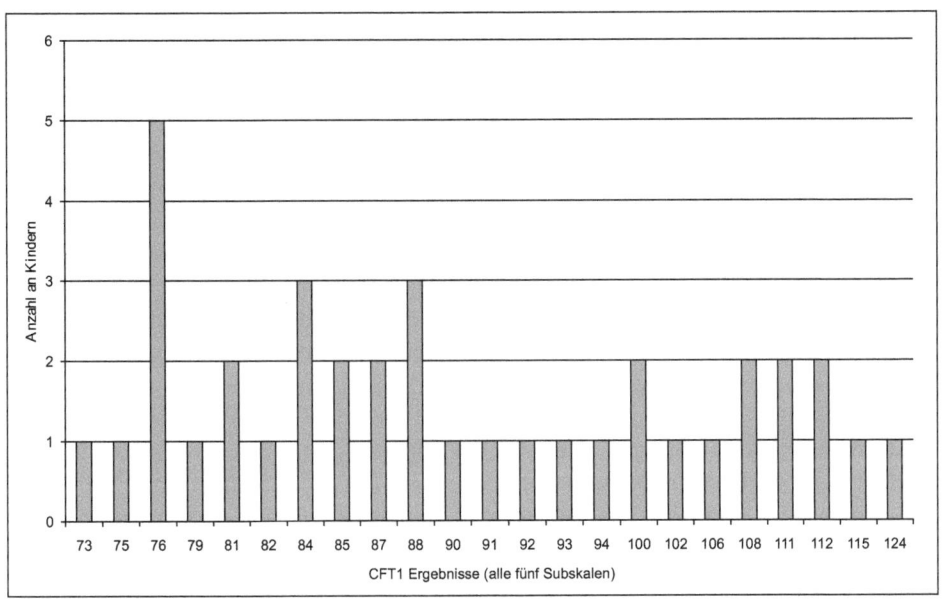

Abbildung 14: Ergebnisse zur Grundintelligenz der Kinder (CFT1 Ergebnisse aller fünf Subskalen);
n=38

Statistik CFT1 Gesamt	
n	38,00
Mittelwert	91,58
Standardabweichung	13,60
Standardfehler des Mittelwertes	2,21
T-Test CFT1 Gesamt	
	Testwert = 100
T	-3,38
df	37,00
zweiseitige Signifikanz	0,00 *

Signifikanzniveau: * $p < 0.10$

Tabelle 2: Übersicht über die zusammengefassten Ergebnisse der CFT1 (alle fünf Subskalen)
Erhebung sowie T-Test bei einer Stichprobe; Signifikanzniveau: *p < 0.05.

Die drei Subskalen „Klassifikationen", „Ähnlichkeiten" und „Matrizen" werden in geringerem Maß durch kulturelle Erfahrungen beeinflusst. Liegt der geringere Mittelwert der untersuchten Gruppe an den migrationsspezifischen kulturellen Vorerfahrungen der Kinder, so sollte die Auswertung dieser drei Skalen eine
Annäherung an die Bezugsnorm von 100 liefern. Im Vergleich zu den Befunden der
Grundintelligenz (alle fünf Subskalen), die mit einem Mittelwert von 91,58 bereits
unter der Bezugsnorm lag, zeigt sich für die drei Subskalen ein noch deutlich darunter
liegender Mittelwert von 83,19. Da diese drei Subskalen empfohlen werden, um die

„grundlegende intellektuelle Leistungsfähigkeit" (Catell et al. 1997, 18) der Probanden einzuschätzen, wird der Eindruck bekräftigt, dass die kognitiven Fähigkeiten der untersuchten Kinder durchschnittlich geringer sind, als in der Grundgesamtheit. Die Werte der Subskalen „Substitutionen" und „Labyrinthe", die Wahrnehmungsgeschwindigkeit, Wahrnehmungsumfang, visuelle Aufmerksamkeit sowie die visomotorische Entwicklung erfasst (vgl. Holling et al. 2004, 90), sind durchschnittlich bei 100,45. Im Durchschnitt werden in der Gruppe somit dann höhere Werte erreicht, wenn zeitliche Vorgaben und die visuell-motorische Umsetzung eine Rolle bei der Bearbeitung der Aufgaben spielen, während die Kinder in den Aufgabenbereichen, die vornehmlich nicht durch kulturelle Einflüsse mitbedingt werden, schlechter abschneiden.

Da im Rahmen der Untersuchung die sprachlich-aktive Beteiligung der Kinder von Interesse ist und zu diesem Zweck auch der Sprachstand eine mögliche Einflussgröße darstellen kann, wird kontrolliert, ob Merkmale des Sprachstandes einen Zusammenhang mit den erzielten Intelligenzwerten besitzen. Dies kann die Einschätzung nachfolgender Ergebnisse beeinflussen. Für die Kontrolle eines möglichen Zusammenhanges wird der Wortschatz der Kinder, gemäß der HAVAS 5-Erhebung Skala C, als Indikator herangezogen. Eine Korrelation zwischen beiden Merkmalen wurde nicht gefunden (Pearson's r = -0,153).

Für die Untersuchung muss davon ausgegangen werden, dass die Gruppe der untersuchten Kinder im Durchschnitt etwas geringere kognitive Fähigkeiten aufweist, dies gilt vor allem für Problemstellungen, die in geringerem Maß durch visomotorische Fähigkeiten beeinflusst werden. Ziel der Studie ist es, naturwissenschaftlich-technische Lehr-Lern-Einheiten mit einem sprachförderlichen Ansatz zu verbinden. Die vorliegende Untersuchung dient der Analyse interaktiver Strukturen, vor allem der Erwachsenen-Kind-Interaktionen. Vor diesem Hintergrund sind die Ergebnisse der kognitiven Fähigkeiten der Kinder zu bewerten. Für die Interpretation muss berücksichtigt werden, dass die niedrigeren kognitiven Fähigkeiten der Kinder eine geringe Teilnahme an kognitiv anspruchsvollen Interaktionen bedingen könnten. Für die Erfassung der Erwachsenen-Kind-Interaktion wird der Lehrkontext explizit miteinbezogen. Interaktionen werden für die Kodierung danach unterschieden, ob es sich um Interaktionen mit sozialen Inhalten oder kognitiven Inhalten handelt. Soziale Interaktionen umfassen dabei beispielsweise den sprachlichen Austausch, der entweder eine einfache Konversation über nicht thematisch zugehörige Inhalte umfasst oder im Rahmen der sozialen Kontrolle regelgeleitet eine Verhaltensregulation anleitet. Kognitive Interaktionen sind dadurch gekennzeichnet, dass sie in einem thematischen Zusammenhang zur Lehr-Lern-Einheit stehen. Vor diesem Untersuchungskontext stellt die erhobene, durchschnittliche Grundintelligenz keine Einschränkung für den Analysefokus dar. Die kognitiven Fähigkeiten der Kinder werden in den nachfolgenden Analysen kontrolliert bzw. berücksichtigt.

Die interaktive Oberflächenstruktur der Lehr-Lern-Einheiten

Neben der Identifikation *Sustained Shared Thinking*, die das Ziel der Analyse darstellt, ist die Sprecherverteilung von Interesse für die Fragestellungen, da sie einen Indikator darstellt, der beispielsweise für die Qualitätsanalyse von Unterricht genutzt wird (vgl. Göbel 2007). Darüber hinaus dient er der Beschreibung der interaktiven

Oberflächenstruktur der videographierten Einheiten und lässt Rückschlüsse auf die aktive Einbeziehung und Beteiligung der Kinder zu. An diesem Kriterium müssen sich auch die durchgeführten Lehr-Lern-Einheiten messen lassen, da es erklärtes Ziel des Projektes „Sprachförderung von Kindern im Kontext frühen naturwissenschaftlich-technischen Lernens" ist, die Redeanteile der Kinder hoch zu halten, um eine aktive sprachliche Auseinandersetzung der Kinder mit den inhaltlichen Gegenständen zu ermöglichen.

Um die Sprecherverteilung möglichst genau zu erfassen, wurde für die Kodierung ein Ereignisstichprobenplan gewählt. Auf diese Weise kann der jeweils aktive Sprecher bzw. die aktive Sprechergruppe kodiert werden. Erfasst werden die Äußerungen in Turns (vgl. die ausführliche Beschreibung in Kapitel 8.6). Der Turn ist die kleinste kodierte Einheit im vorliegenden Videomaterial. Zwei aufeinanderfolgende Äußerungen zweier Personen stellen zwei Turns dar. Die Mindestzeiteinheit einer Kodierung umfasst eine Sekunde, da ein kleineres Zeitintervall nicht durch das Softwaretool Videograph® unterstützt wird. Für die Variable Sprecher werden die Kategorien *Pädagogin, Kind, Pädagogin und Kind/Kinder gleichzeitig, mehrere Kinder gleichzeitig, andere, keiner* sowie die Ersatzkategorie *nicht kodierbar* verwendet. In einem ersten Schritt wird die absolute Redezeit der jeweiligen Sprechergruppen über die vier erfassten Zeitpunkte dargestellt. Insgesamt hat die Pädagogin in den Lehr-Lern-Einheiten einen Redeanteil von 40,3 Prozent. 32,3 Prozent der Redezeit entfällt auf ein einzelnes Kind. Zusätzlich finden in 9,2 Prozent der Redezeit parallele Wortbeiträge mehrerer Kinder statt. In 10,4 Prozent der Redezeit sprechen die Pädagogin und ein oder mehrere Kinder gleichzeitig. In 4,2 Prozent der Redezeit sprechen andere Personen (dies kann die zweite anwesende Projektmitarbeiterin sein, die die Technik betreut oder aber auch Erzieherinnen aus der Einrichtung, die aus unterschiedlichsten Gründen den Raum kurzzeitig aufsuchen mussten). Lediglich in 3,4 Prozent der möglichen Redezeit spricht niemand.

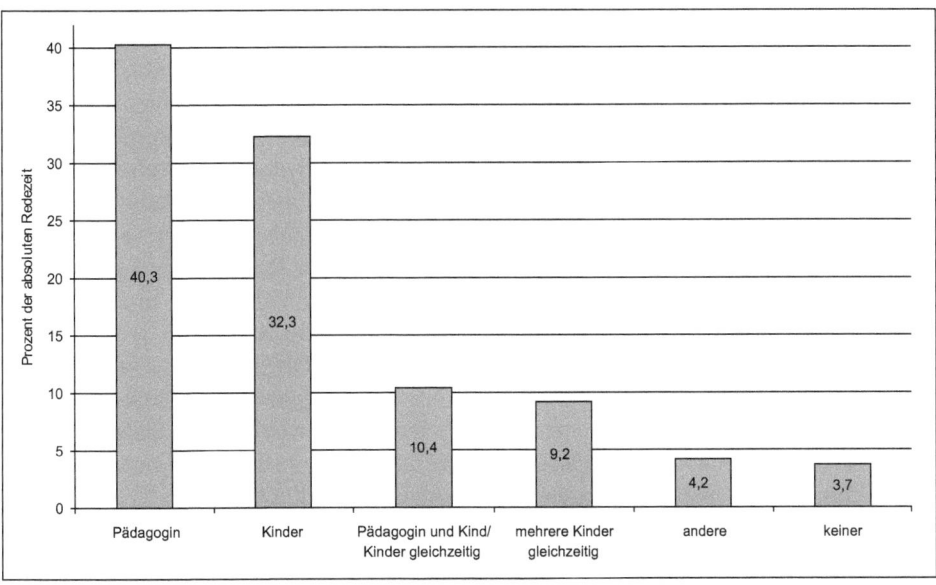

Abbildung 15: Anteil an der absoluten Redezeit aus drei Erhebungszeitpunkten in Prozent

Diese Verteilung bleibt auch über die einzelnen Gruppen hinweg stabil, wie Abbildung 16 zeigt. Dieses Ergebnis kann als Indiz dafür gedeutet werden, dass die Gestaltung der interaktiven Oberflächenstrukturen ein stabiles Merkmal darstellt, dass durch die inhaltliche, didaktische und sprachförderliche Stundenplanung beeinflusst ist.

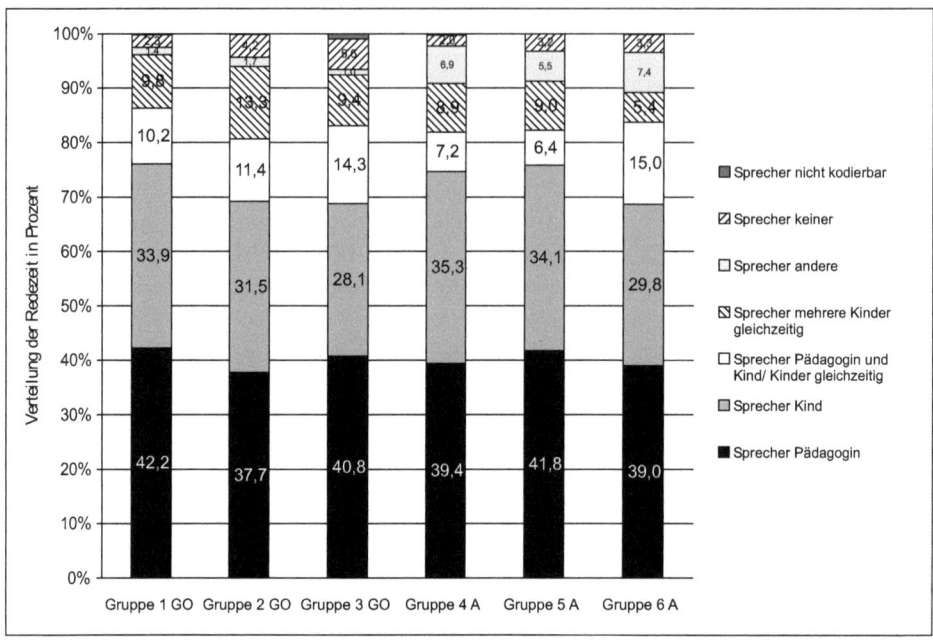

Abbildung 16: Verteilung der absoluten Redezeit nach Gruppen

Die Interaktionsstruktur in den Einheiten ist damit geprägt durch eine ausgeglichene sprachliche Aktivität von Erwachsenen und Kindern. Bereits oben wurde deutlich, dass aus dem elementarpädagogischen Bereich keine empirischen Vergleichswerte zur Erwachsenen-Kind-Interaktion bekannt sind, die im Rahmen eines Lehr-Lern-Kontextes erhoben wurden. Für den naturwissenschaftlichen Unterricht in der Sekundarstufe liegen zwar Befunde vor, diese können jedoch nicht als Vergleichs-maßstab herangezogen werden. Trotzdem machen diese Ergebnisse deutlich, dass sich die Gesprächsstrukturen in den untersuchten vorschulischen Lehr-Lern-Settings von den schulischen unterscheiden. Die erfahrbaren Werte der Redezeit der Lehrpersonen aus dem naturwissenschaftlichen Unterricht in der TIMS-Videostudie in Deutschland liegen bei 69 Prozent (Stigler, Gonzales, Kawanaka, Knoll & Serrano 1999, 106). In der „Deutsch Englisch Schülerleistungen International – DESI" Studie wurde dagegen ein Anteil von 51 Prozent Sprechzeit der Lehrpersonen gemessen (Helmke u.a. 2008, 351). Richert (2005) weist in einer Untersuchung naturwissenschaftlicher und nicht naturwissenschaftlicher Unterrichtsstunden in 5., 6. und 7. Klassen einen Redeanteil der Lehrpersonen von 60 Prozent in naturwissenschaftlichen und 53 Prozent in nicht naturwissenschaftlichen Unterrichtsstunden nach (Richert 2005, 124). Röhner & Oliva Hausmann (2008, 89) weisen für die Sprachproduktivität von Kindern mit Migrationshintergrund einen Rückgang beim Übergang in die Grundschule nach. Es muss davon ausgegangen werden, dass die aktive Sprachverwendung von Kindern im Kindergartenalltag generell höher ist, als später in der Grundschule. Die Redeanteile der Kinder in den analysierten Lehr-Lern-Einheiten, deren Setting sich von den von Röhner & Oliva Hausmann (2008) beobachteten Freispielphasen durch eine stärkere Restriktivität unterscheidet, werden vor diesem Hintergrund als zufriedenstellend eingestuft.

Die dargestellten Verteilungen stellen jedoch auf die Einheit bezogene Mittelwerte dar und sagen noch relativ wenig über einzelne Äußerungen der jeweiligen Sprechgruppen aus. Die absolute Redezeit verteilt sich auf Turns unterschiedlicher Länge, die in der nachfolgenden Tabelle dargestellt sind. Die Analyse dieser Turns ergibt, dass kurze Turns von bis zu drei Sekunden vergleichbar häufig von der Pädagogin und den Kindern genutzt werden. Entsprechend sind knapp 50 Prozent der Sprechbeiträge, die auf die Kategorien Pädagogin oder Kind entfallen, kurz. In den längeren Sprechbeiträgen zeigt sich eine Diskrepanz zwischen dem Anteil kindlicher Äußerungen und dem der Pädagogin. Sprechbeiträge mit einer Dauer von zehn oder mehr Sekunden sind eher dann zu erwarten, wenn der Sprecher eine dozierende Rolle einnimmt. Dies kann dann der Fall sein, wenn etwas erklärt, angeleitet oder eingefordert wird. Bei den Äußerungen der Kinder machen Sprachbeiträge in dieser Kategorie weniger als ein Prozent der gesamten Redezeit in den Lehr-Lern-Einheiten aus.

			1 bis 3 Sek	4 bis 6 Sek	7 bis 9 Sek	10 und mehr Sek	Gesamt
			Dauer der einzelnen Turns				
Absolute Redezeit der Sprecher	Pädagogin	Anzahl	2.573	965	402	347	4.287
		Anteil in %	24,17	9,07	3,78	3,26	40,28
	Kind	Anzahl	2.715	503	141	77	3.436
		Anteil in %	25,51	4,73	1,32	0,72	32,28
	Pädagogin und Kind/ Kinder gleichzeitig	Anzahl	599	207	111	192	1.109
		Anteil in %	5,63	1,94	1,04	1,80	10,42
	mehrere Kinder gleichzeitig	Anzahl	685	188	55	51	979
		Anteil in %	6,44	1,77	0,52	0,48	9,20
	andere	Anzahl	289	98	39	18	444
		Anteil in %	2,72	0,92	0,37	0,17	4,17
	keiner	Anzahl	289	70	14	16	389
		Anteil in %	2,72	0,66	0,13	0,15	3,65
Gesamt		Anzahl	7.150	2.031	762	701	10.644
		Anteil in %	67,17	19,08	7,16	6,59	100

Tabelle 3:   Absolute Redezeit der Sprechergruppen in Abhängigkeit der Turndauer

Aus Sicht des Sprachförderanspruches, der im Rahmen des Projektes bestand, wären längere Äußerungen der Kinder wünschenswert, da vor allem in diesen sprachliche Strukturen, wie die Bildung von Nebensätzen, geübt werden können. Das gemeinsame gedankliche Weiterentwickeln einer Idee oder Vorstellung im Sinne des *Sustained Shared Thinking* stellt einen Prozess dar, der durch engagierte und aktive Gesprächspartner gekennzeichnet ist und häufig aus kurzen Gesprächsbeiträgen besteht. Dies wird in den obigen Transkriptauszügen deutlich. Kurze Turns sind hier ein Hinweis auf eine hohe Beteiligung und Mitwirkung der Kinder.

Sustained Shared Thinking *in den Lehr-Lern-Einheiten*

Für die Identifikation von *Sustained Shared Thinking* wurde das Videomaterial der Lehr-Lern-Einheiten, wie oben erläutert, in drei Schritten kodiert. Die Befunde aus den jeweiligen Kodierungsschritten werden dargestellt, um in der Folge die identifizierten Prozesse aufzuzeigen. Von den insgesamt 10.624 Turns fanden 7.782 in langandauernden und 2.842 in kurzen Interaktionen statt. 93,3 Prozent der langandauernden Interaktionen werden als Kognitive Interaktionen eingeschätzt. Die Analyse der Kategorie der Kognitiven Interaktionen zeigt die identifizierten *Sustained Shared Thinking* Prozesse auf. Abbildung 17 ist zu entnehmen, dass 33,8 Prozent der Turns in Kognitiven Interaktionen in *Sustained Shared Thinking* stattfinden.

Trotz der bewussten Gestaltung der bereichsspezifischen Interaktionen, indem den Kindern ein größtmöglicher Raum des sprachlichen Aktivwerdens und gedanklich-sprachlichen Ausprobierens eingeräumt werden sollte, handelt es sich bei mehr als doppelt so vielen Kognitiven Interaktionen um *Direkte Unterweisungen*. Es wurde erörtert, dass diese nicht als Gegenkonzept zu *Sustained Shared Thinking* verstanden werden dürfen, sondern eine ergänzende Funktion besitzen. Die *Begleitende Beobachtung* spielt dagegen eine untergeordnete Rolle, was dem Konzept der engagierten und involvierten Pädagogin entspricht, die die Inhalte mit den Kindern gemeinsam entdeckt und erarbeitet. Im Vergleich zu Befunden aus elementarpädagogischen Alltagssituationen (vgl. König 2006, Albers 2009) sind die als *Sustained Shared Thinking* eingeschätzten Interaktionen dennoch erwartungsgemäß in höherer Zahl anzutreffen. Dies wird vor allem auf die moderat konstruktivistische Lernumgebung und die sprachbewusste Grundhaltung der Projektmitarbeiterin zurückgeführt. Darüber hinaus bietet die Arbeit in Kleingruppen eine größere Wahrscheinlichkeit von Interaktionen mit der Pädagogin, als dies in Alltagssituationen gegeben ist. Beinbrech, Kleickmann und Tröbst (2009, 207) bestätigen für Unterrichtsgespräche im naturwissenschaftsbezogenen Grundschulunterricht eine geringe Dichte an „anspruchsvolleren Argumentationsstrukturen". Eine naturwissenschaftliche Lernumgebung an sich führt demnach nicht von alleine zu anregenden und förderlichen Interaktionen, kann aber, wie die Ergebnisse zum *Sustained Shared Thinking* zeigen, für diese gut genutzt werden.

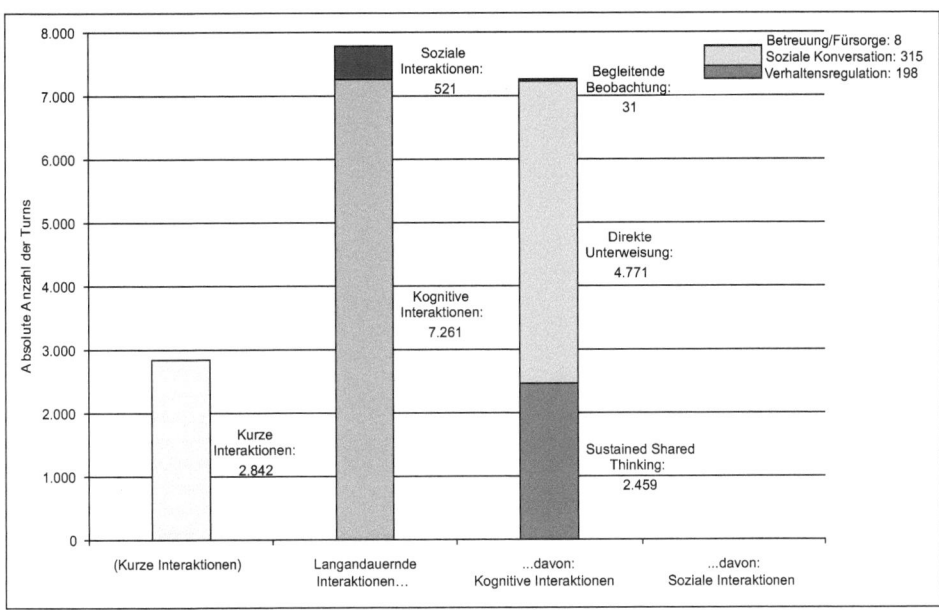

Abbildung 17: Anteil der Kognitiven und Sozialen Interaktionen an den langandauernden Interaktionen (n=7.782). N=10.624 Turns in allen Interaktionen (Kurzen und Langandauernden).

Die Entwicklung von Sustained Shared Thinking über die Zeit

Die Befunde zum *Sustained Shared Thinking*, wie sie in Abbildung 17 dargestellt
sind, beziehen sich auf alle analysierten Einheiten. Darüber hinaus ist die Frage von
Interesse, wie sich die Interaktionskategorien langandauernder Interaktionen über
den Untersuchungszeitraum hinweg verändern. Nachgegangen wird der Frage, ob
Sustained Shared Thinking über die Messzeitpunkte und Gruppen hinweg gleich häufig auftritt. Dabei wird die Hypothese verfolgt, dass mit zunehmender Erfahrung der
Kinder im Kontext der Lehr-Lern-Settings auch häufiger *Sustained Shared Thinking*
Prozesse zu beobachten sind. Begründet wird diese Annahme damit, dass die Kinder
sowohl die Struktur der naturwissenschaftlichen Lernumgebungen als auch das Inter-
aktionsangebot der pädagogischen Fachkraft erst kennenlernen müssen, um es angemessen, im Sinne der untersuchten kognitiven Interaktionsprozesse, nutzen zu können.

In Abbildung 18 wird die absolute Anzahl an *Sustained Shared Thinking* Prozessen
nach Messzeitpunkten und Untersuchungsgruppen dargestellt. Dabei wird deutlich,
dass die vorab formulierte Erwartung eines Anstiegs von *Sustained Shared Thinking*
über die Zeit nicht bestätigt werden kann. Im Gegenteil zeigt sich, dass es zwar
nicht signifikante Unterschiede in den Häufigkeiten zwischen den Gruppen zu den
jeweiligen Messzeitpunkten gibt, die Gesamtanzahl von *Sustained Shared Thinking*
jedoch nicht über die Zeit ansteigt. Der Unterschied in der Anzahl von *Sustained
Shared Thinking* Prozessen über die Messzeitpunkte hinweg, der in allen sechs
Gruppen beobachtbar ist, könnte im inhaltlichen Aufbau der jeweiligen Lehr-Lern-
Einheit zum Messzeitpunkt begründet liegen. Messzeitpunkt 1 umfasst eine Einheit

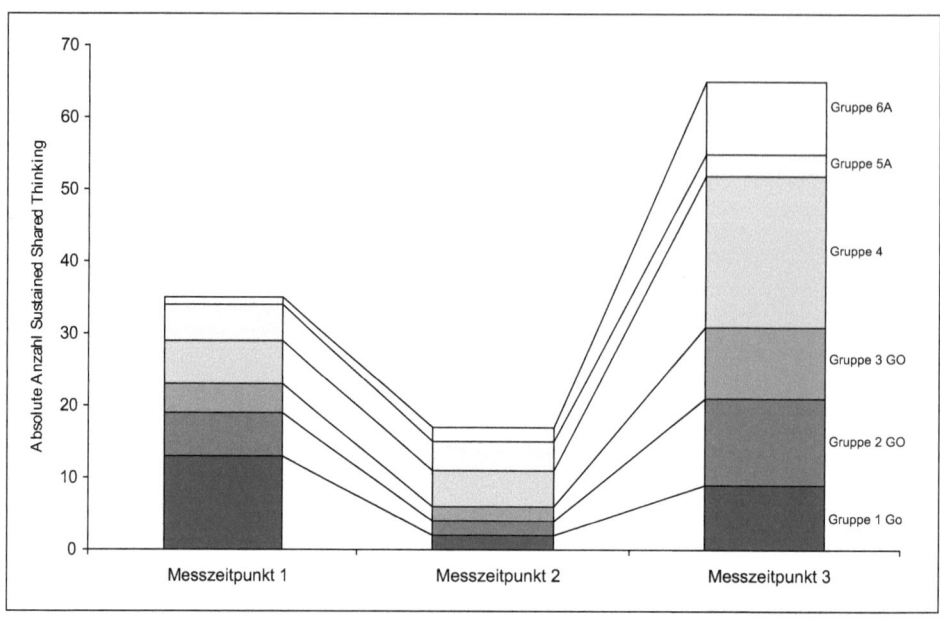

Abbildung 18: Absolute Anzahl *Sustained Shared Thinking* in den sechs Interventionsgruppen nach Messzeitpunkten zu Beginn, in der Mitte und am Ende des Interventionszeitraumes (n=113 Prozesse).

zum Stromkreis, die Einheit zum Messzeitpunkt 2 stellt den Abschluss einer Reihe zum Thema Magnetismus dar und zum dritten Messzeitpunkt wurde die Lehr-Lern-Einheit zur Frage konzipiert, warum ein Ball springt. Dabei ist vor allem die Lehr-Lern-Einheit zum Messzeitpunkt 2 durch einen hohen Anteil an Bastelarbeit gekennzeichnet. Die Kinder haben Fische auf Tonpapier gezeichnet und diese ausgeschnitten. An einem dünnen Holzstab wurden mit einem Bindfaden Stabmagneten befestigt. Um die Papierfische mit den Magnetangeln angeln zu können, wurden Büroklammern an die Fische geheftet. In einem ebenfalls aus Tonpapier gestalteten Aquarium konnten die Fische schließlich von den Kindern geangelt werden. Es wird vermutet, dass sich hier aufgrund der Wiederholung der physikalischen Inhalte und der Konzentration auf das Bastelergebnis, nämlich das Spiel, wenig offene Fragestellungen ergeben haben, wodurch in der Folge ein geringerer Anteil an kognitiv hochwertigen Interaktionen entstand. Entsprechend zeigen auch die Ergebnisse multipler Regressionsanalysen, dass ein signifikanter Einfluss der einzelnen Messzeitpunkte auf die absolute Zahl der Beteiligungen der Kinder an den jeweiligen *Sustained Shared Thinking* Prozessen besteht.

Interaktionsprozesse, die als *Sustained Shared Thinking* kodiert wurden, dauern durchschnittlich 36,58 Sekunden. Dabei gibt es kaum Unterschiede zwischen den Messzeitpunkten, wie Tabelle 4 darstellt.

Die Dauer der *Sustained Shared Thinking* Prozesse ist über die Zeit stabil. Anhand der univariaten Varianzanalyse wird geprüft, ob die Mittelwerte der *Sustained Shared Thinking* Prozesse über die Zeitpunkte hinweg signifikant voneinander verschieden sind. Angenommen wurde, dass mit zunehmender Vertrautheit der Kinder mit dem

	Dauer *Sustained Shared Thinking*				
Messzeitpunkt	Mittelwert	N	Standard-abweichung	Minimum	Maximum
1	40	33	42,921	7	238
2	34,44	16	15,113	13	66
3	35,34	64	27,004	7	136
Insgesamt	36,58	113	31,179	7	238

Tabelle 4: Durchschnittliche Dauer der *Sustained Shared Thinking* Prozesse nach drei Messzeitpunkten (n=113 Prozesse).

Interaktionskonzept deutlich längere *Sustained Shared Thinking* Prozesse auftreten. Die Varianzanalyse liefert kein signifikantes Ergebnis ($F_{(2)}$= .283; p= .754; df=2). Es bestehen demzufolge keine signifikanten Unterschiede in der Dauer von *Sustained Shared Thinking* Prozessen. Auffällig sind insbesondere hohe Standardabweichungen, die sehr heterogen sind. Zum ersten Messzeitpunkt ist die Standardabweichung der Mittelwerte nahezu dreimal so hoch wie zum zweiten Messzeitpunkt. Insgesamt ist die Länge der *Sustained Shared Thinking* Prozesse beim zweiten Messzeitpunkt deutlich homogener, aber immer noch als eher heterogen, anzusehen.

Zusammenfassend lässt sich an dieser Stelle festhalten, dass *Sustained Shared Thinking* zu allen drei Untersuchungszeitpunkten identifiziert werden konnte. Den geringsten Anteil an den Kognitiven Interaktionen macht *Sustained Shared Thinking* beim zweiten Analysezeitpunkt aus. Hier konnten besonders viele Kognitive Interaktionen ausgemacht werden, die als *Direkte Unterweisung* kodiert wurden. In einem nächsten Schritt wurde die durchschnittliche Dauer von *Sustained Shared Thinking* betrachtet. Eine varianzanalytische Prüfung zeigt jedoch keinen systematischen Einfluss des Messzeitpunkts auf diese Dauer. Über den Verlauf der Untersuchung, d.h. der Messzeitpunkte hinweg, stellt der Zeitpunkt 2 einen Sonderfall in Bezug auf die absolute Anzahl an *Sustained Shared Thinking* dar. Die Rolle des didaktischen Einflusses auf die interaktive Gestaltung wird im Rahmen der Diskussion der Ergebnisse ausführlich behandelt. Die Vermutung, dass im zeitlichen Verlauf der Studie *Sustained Shared Thinking* häufiger und länger auftreten, konnte nicht bestätigt werden.

Vergleich von Sustained Shared Thinking *und* Direkter Unterweisung

Nachdem *Sustained Shared Thinking* erfolgreich zu allen Messzeitpunkten nachgewiesen werde konnte und darüber hinaus deutlich wurde, dass Veränderungen in der Interaktionsstruktur über den Untersuchungszeitraum nicht durch die fortschreitende Interventionsdauer erklärbar sind, soll in einem nächsten Schritt analysiert werden, ob sich die kognitiven Interaktionsprozesse voneinander unterscheiden. Betrachtet werden soll, ob sich die Zeitanteile der Sprecher bei den einzelnen Prozessen von *Sustained Shared Thinking* im Vergleich zur *Direkten Unterweisung* unterscheiden. Da die *Direkte Unterweisung* stärker durch die Pädagogin gelenkt wird, sowohl inhaltlich als auch bezogen auf die Einhaltung von Gesprächsregeln und somit auch der Wortmeldungen, wird davon ausgegangen, dass der Sprechanteil zwischen Pädagogin und Kindern hier zugunsten der Pädagogin überwiegt, während beim *Sustained Shared Thinking* die Redeanteile ausgeglichen bzw. sogar durch höhere Anteile der Kinder gekennzeichnet sind. Die Analyse erfolgt auf der Grundlage der Sprecherverteilung gemessen an den absoluten Turns der jeweiligen Sprecher. Bereits die deskriptive Auswertung verdeutlicht, dass sich die Sprechverteilung zwischen den beiden Interaktionsprozessen *Sustained Shared Thinking* und *Direkter Unterweisung* kaum unterscheidet. Die Pädagogin hat in beiden Kategorien ungefähr 43 Prozent Redeanteil. In der Sprecherkategorie Kinder ist der Unterschied etwas größer. Kinder formulieren 33,7 Prozent der Turns in *Direkten Unterweisungen* und immerhin 38,1 Prozent der Turns in allen *Sustained Shared Thinking* Prozessen.

Somit ist eine minimale Tendenz in Richtung der formulierten Annahme auszumachen, dass der Sprechanteil von Kindern beim *Sustained Shared Thinking* größer ist, als in der Kategorie der *Direkten Unterweisung*. Auch wenn mehrere Kinder gleichzeitig sprechen, werden mehr Turns im Kontext von *Sustained Shared Thinking* geäußert, als in der *Direkten Unterweisung*. Aus Sicht eines produktionsorientierten Sprachförderansatzes ist *Sustained Shared Thinking* als effektivere Interaktionsstrategie zu bezeichnen. Insgesamt bestätigt sich nur tendenziell, dass das Interaktionskonzept *Sustained Shared Thinking* einen deutlich höheren Redeanteil auf Seiten der Kinder begünstigt und sich somit durch die Oberflächenstruktur deutlich von der *Direkten Unterweisung* unterscheidet.

Es wurde bereits weiter oben darauf hingewiesen, dass sich die Dauer einzelner Turns deutlich voneinander unterscheiden kann. Auf dieser Ebene konnte keine Unterscheidung zwischen den Interaktionskategorien der *Direkten Unterweisung* und des *Sustained Shared Thinking* nachgezeichnet werden. Eine Analyse der durchschnittlichen Turndauer, unterteilt nach Sprecherkategorien und den Interaktionsprozessen, wird abschließend zur Beschreibung der einzelnen Interaktionsprozesse herangezogen.

Tabelle 5 verdeutlicht, dass der Median bei allen Sprechergruppen der *Direkten Unterweisung* über dem Median von *Sustained Shared Thinking* liegt. Betrachtet man in einem ersten Schritt ausschließlich die Pädagogen-Turns, so fällt auf, dass die Äußerungen der Pädagogin im Kontext von *Sustained Shared Thinking* im

	Direkte Unterweisung				Sustained Shared Thinking				
Dauer/Sek	Päda-gogin	Kind	Päda-gogin und Kind/er	mehrere Kinder	Dauer/Sek	Päda-gogin	Kind	Päda-gogin und Kind/er	mehrere Kinder
1	15,3	33,4	19,9	28,4	1	45,9	53,6	50,4	55,7
2	18,9	**28,9**	23,5	**27**	2	21,5	**25,9**	28,7	**23,4**
3	**16,5**	14,6	**14,5**	16,9	3	**11,7**	8,7	**10,9**	12,3
4	10,7	9,3	7,9	12	4	7,8	4,5	4,7	4,7
≥5	38,6	13,8	34,2	15,7	≥5	13,1	7,3	5,3	3,9
Maximum in Sekunden	69	28	15	24	Maximum in Sekunden	15	24	14	10

Tabelle 5: Verteilung der Turns nach Sprecher und Turndauer (n=7.261); hervorgehoben ist Median in der jeweiligen Sprecherkategorie.

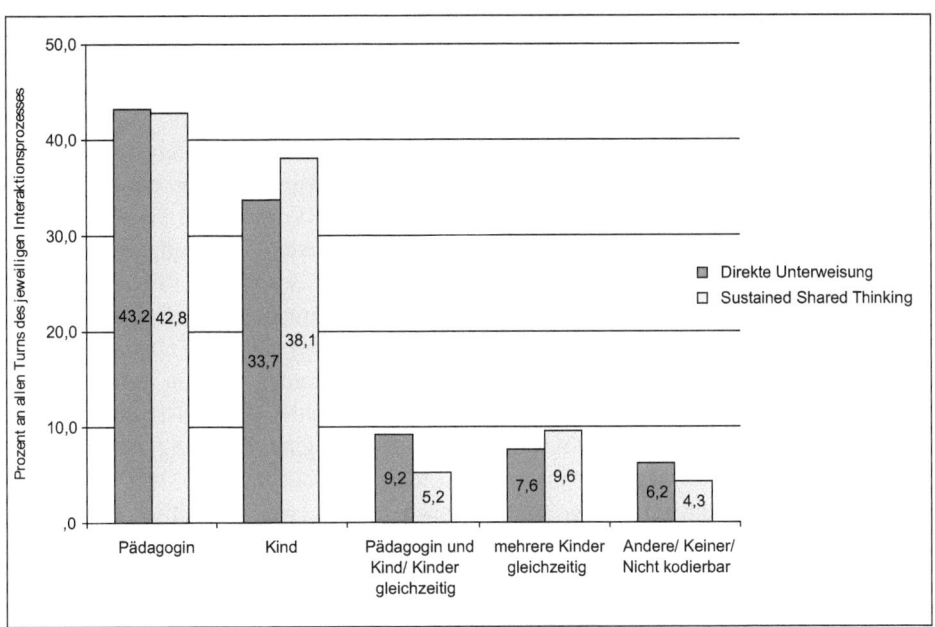

Abbildung 19: Verteilung der Turns in den Kategorien *Direkte Unterweisung* und *Sustained Shared Thinking* nach Sprechergruppen (n=7.261 Turns).

Durchschnitt deutlich kürzer sind. Die maximale Dauer eines Pädagogen-Turns umfasst hier 15 Sekunden. Bei der *Direkten Unterweisung* liegt der Median um eine Sekunde höher bei einer Turnlänge von 3 Sekunden, während immer noch 38,6 Prozent der Turns mindestens 5 Sekunden dauern (bei den *Sustained Shared Thinking* Turns sind das nur 13,1 Prozent). Diese Werte deuten darauf hin, dass die Pädagogin in *Sustained Shared Thinking* Prozessen eine andere Gesprächsrolle einnimmt als bei der *Direkten Unterweisung*. Auch die Turns der Kinder als alleinigem Sprecher unterscheiden sich zwischen den beiden Prozessen der *Direkten Unterweisung* und des *Sustained Shared Thinking*. Allerdings ist es hier anders als erwartet ebenfalls so, dass die Turns kürzer ausfallen. Die maximale Turndauer unterscheidet sich dagegen nur geringfügig (28 Sekunden bei der *Direkten Unterweisung* und 24 Sekunden bei den *Sustained Shared Thinking*). Diese Verteilung belegt, dass die Turnwechsel während eines *Sustained Shared Thinking* Prozesses schneller vollzogen werden. Kurze Turns und damit einhergehende Sprecherwechsel vollziehen sich in kürzeren Abständen und ermöglichen die Beschreibung einer anspruchsvollen und schnellen Interaktion, wie sie durch das *Sustained Shared Thinking* erfasst wird.

Die individuelle Teilhabe an Sustained Shared Thinking

Bezogen auf *Sustained Shared Thinking* sind neben Entwicklungen über den Untersuchungszeitraum vor allem auch individuelle Merkmale auf Kindebene interessant, da sie einen Einfluss auf die Teilhabe an *Sustained Shared Thinking* haben könnten. Dabei steht die Frage im Zentrum des Interesses, ob es Kinder gibt, die häufiger als andere Kinder an *Sustained Shared Thinking* teilnehmen und wenn ja, welche Kinder das sind. Um Gruppenzugehörigkeiten zu diagnostizieren, eignet sich die Methode der logistischen Regression. Die deskriptiven Auswertungen der Prozesse haben gezeigt, dass sich alle Kinder an *Sustained Shared Thinking* Prozessen beteiligen. Für die vorliegenden Fragestellungen muss die abhängige Variable eine Aussage darüber treffen, ob ein Kind häufiger als andere Kinder an *Sustained Shared Thinking* beteiligt ist. Als Indikator für die Berechnung wurde deshalb ein dichotomer Aktivitätsindex für 37 Kinder[51] ermittelt, mit dessen Hilfe ein Kind als aktiv eingestuft wird, wenn es zu allen drei Messzeitpunkten mindestens so häufig an *Sustained Shared Thinking* Prozessen beteiligt war wie 50 Prozent der Kinder. Sieben Kinder[52] konnten identifiziert werden, die diesem Kriterium entsprechen und die zu allen drei Messzeitpunkten überdurchschnittlich häufig an *Sustained Shared Thinking* beteiligt waren. Die Verteilung des Geschlechtes beim Aktivitätsindex wird in Tabelle 6 dargestellt. Auch wenn nur eine bivariate Beziehung betrachtet wird, lässt das Ergebnis erwarten, dass auch bei der multivariaten Analyse eine gute Trennung zwischen den als aktiv bzw. weniger aktiv eingestuften Kindern erreicht werden kann. Allerdings sind die ‚aktiven' Kategorien nur sehr schwach besetzt, was vermutlich dazu führt, dass die Ergebnisse der logistischen Regression nicht signifikant werden. Für das Modell der logistischen Regression bedeutet diese geringe Besetzung, dass nur wenige und aussichtsreiche Variablen aufgenommen werden sollten, um eine Interpretation des Ergebnisses zu erlauben.

| | | | Geschlecht | | |
			männlich	weiblich	Gesamt
	0	Anzahl	16	14	30
Aktivitäts-index		Prozent innerhalb von Aktivitätsindex	53,5	46,7	100,0
	1	Anzahl	6	1	7
		Prozent innerhalb von Aktivitätsindex	85,7	14,3	100,0

Tabelle 6: Verteilung des Aktivitätsindex in der kategorialen Prädiktorvariable Geschlecht (n=37).

Die Eignung der metrischen Merkmale Sprachstand (Wortschatz), Grundintelligenz und Alter wird über eine Korrelation mit dem Aktivitätsindex geprüft (Tabelle 7). Zwischen der Kognitiven Intelligenz und dem Aktivitätsindex besteht eine geringe Korrelation (vgl. Bühl 2008, 269). Die Korrelation von Alter und Aktivitätsindex ist nahe Null, ebenso wie der Zusammenhang zwischen dem Sprachstand (Wortschatz) und dem Aktivitätsindex (der eine sehr geringe negative Tendenz aufweist). Aufgrund des niedrigen linearen Zusammenhangs wird in einem nächsten Schritt geprüft, ob ein Zusammenhang über die logistische Funktion nachweisbar ist.

---

51 Zwei Kinder wurden für diese Berechnung nicht berücksichtigt, da sie eine Fehlzeit von 50 Prozent aufweisen.
52 Eine Tabelle zum Aktivitätsindex findet sich im Anhang (vgl. Tabelle 12)

	Aktivitätsindex	Alter	nonverbale Intelligenz	Wortschatz
Aktivitätsindex	1	0,083	0,325	-0,115
Alter	0,083	1	-0,103	-0,212
nonverbale Intelligenz	0,325	-0,103	1	-0,151
Wortschatz	-0,115	-0,212	-0,151	1

Tabelle 7:   Korrelation der abhängigen Variablen nach Pearson.

Mithilfe einer Regressionsanalyse wird geprüft, ob die Variablen Alter, Geschlecht, zweitsprachliche Fähigkeiten und kognitive Leistungen in der Lage sind, eine überdurchschnittlich häufige Beteiligung an *Sustained Shared Thinking* vorherzusagen. Der Fragestellung gemäß wird erwartet, dass sich aufgrund der Prädiktoren nonverbale Intelligenz, Geschlecht, Alter und Sprachstand (hier: Wortschatz) vorhersagen lässt, ob Kinder als aktiv an der Beteiligung von *Sustained Shared Thinking* eingestuft werden können. Es wird vermutet, dass ein höherer Sprachstand eine höhere Beteiligung an *Sustained Shared Thinking* zur Folge hat, ebenso die kognitiven Fähigkeiten.

Für Modell A (vgl. Tabelle 8) lässt sich feststellen, dass sowohl das Alter als auch der Sprachstand keinen Einfluss auf die Wahrscheinlichkeit der Einschätzung als *aktiv* haben. Für die Prädiktoren nonverbale Intelligenz und Geschlecht zeigt sich jedoch ein signifikanter Einfluss, weshalb das Modell angepasst und nur noch mit diesen beiden Prädiktoren gerechnet wurde. Geschlecht hat in diesem Modell einen Regressionskoeffizienten von -2,274, d.h. die Wahrscheinlich, als aktiv eingestuft zu werden, ist für Mädchen geringer. Insgesamt können durch die gewählten Prädiktoren im reduzierten Modell B 31,5 Prozent der Varianz erklärt werden, womit eine zufriedenstellende Erklärungskraft erreicht wird. Für eine überdurchschnittliche Beteiligung an *Sustained Shared Thinking* sind das Geschlecht und die nonverbale Intelligenz bedeutsam. Eine Determination durch die identifizierten Prädiktoren liegt nicht vor. Die Fokussierung dieser Interaktionsprozesse im Rahmen des frühen naturwissenschaftlichen Lernens eignet sich deshalb auch für die sprachliche Förderung von Kindern mit schlechteren Deutschkenntnissen.

	Modell A	Modell B
Einflussgrößen		
Konstante	-13,525	-7,892
	-0,301	-0,025
Untersuchungsvariablen		
nonverbale Intelligenz	0,071 *	0,068 **
	-0,051	-0,043
Geschlecht	-2,376 *	-2,274 *
	-0,081	-0,078
Alter	0,088	
	-0,543	
Sprachstand (Wortschatz)	-0,098	
	-0,632	
-2 Log Likelihood	27,125	27,83
Nagelkerkes R²	0,34	0,315

Signifikanzniveaus: ** $p < 0,05$; * $p < 0,10$
Fehlerwahrscheinlichkeiten in Klammern

Tabelle 8:   Ergebnisse der logistischen Regression[53]

Die Klassifikationsmatrix des angenommenen Modells B wird in Tabelle 9 dargestellt. Der Prozentsatz der richtig vorhergesagten Kinder liegt bei 81,1 Prozent, wobei in die Interpretation einbezogen werden muss, dass die Gruppengröße stark variiert und die Gruppen sehr klein sind, so dass auch bei einer zufälligen Zuordnung von einer deutlich über 50 Prozent liegenden Trefferwahrscheinlichkeit ausgegangen werden muss (vgl. Backhaus et al. 2008, 267).

		Vorhergesagt		
		Aktivitätsindex		Korrekte
Beobachtet		0	1	Vorhersagen
Aktivitätsindex	0	28	2	93,3
	1	5	2	28,6
Gesamtprozentsatz				81,1

Tabelle 9:   Klassifikationsmatrix des logistischen Regressionsmodells

---

53 Für das Geschlecht wurde folgende Kodierung verwendet: 0 = männlich, 1 = weiblich.

134

10. Diskussion der quantitativen Ergebnisse

Die hier vorgestellten Forschungsergebnisse zeigen, dass die naturwissenschaft-lich-technischen Lehr-Lern-Einheiten durch einen hohen Redeanteil der beteiligten Vorschulkinder geprägt sind. Die Kinder machen dabei häufiger kurze Äußerungen als die Pädagogin. Ein Großteil der Sprechbeiträge findet in langandauernden, kognitiven Interaktionen statt. Die kurzen Turns können somit als Hinweis darauf gedeutet werden, dass die Kinder engagiert an den Interaktionen beteiligt sind, da viele Einzeläußerungen sich abwechseln. Darüber hinaus konnte *Sustained Shared Thinking* in den Lehr-Lern-Einheiten mit 23,1 Prozent an allen kodierten Interaktionen nennenswert häufig identifiziert werden. Die Häufigkeit der beobachteten *Sustained Shared Thinking* Prozesse wird auf die moderat-konstruktivistische Lernumgebung, die sprachbewusste Grundhaltung der Pädagogin und die Arbeit in Kleingruppen zurückgeführt. Der Kindergartenalltag, aus dem die Ergebnisse zitierter Studien (vgl. König 2006, Albers 2009) stammen, bot andere Formen der Lernumgebung und keine Kleingruppensituation. Die *Direkte Unterweisung* darf dabei nicht als Gegenkonzept zu *Sustained Shared Thinking* oder in bewertendem Sinne als „schlechtere" Form der Interaktion verstanden werden. Im Gegenteil weisen Siraj-Blatchford und Siraj-Blatchford (2002) darauf hin, dass für effektives Lehren und Lernen im Elementarbereich beide Interaktionsformen bedeutsam sind. Auch die Ergebnisse von Möller et al. (2002), dass Strukturierungselemente, wie eine inhaltliche Sequenzierung durch Teilfragen u.a., einen Konzeptwechsel erleichtern, zeigen, dass die *Direkte Unterweisung* eine wichtige und ergänzende Interaktionsform neben *Sustained Shared Thinking* ist. Bei der *Direkten Unterweisung* handelt es sich nicht um eine lehrerzentrierte, frontale Lehrmethode, sondern um eine Form der Interaktion, die vor allem durch Fragen, Beschreibungen der Aktivität, didaktische Instruktionen, Aufgabenmanagement sowie dem Organisieren und Bereitstellen von Aufgaben gekennzeichnet ist. Vor diesem Hintergrund ist das Ergebnis zu bewerten, dass trotz der konstruktivistisch ausgerichteten Lernumgebung mit 44,9 Prozent an allen Interaktionen *Direkte Unterweisungen* am häufigsten stattfinden. Siraj-Blatchford und Siraj-Blatchford (2002) beschreiben die didaktische Bedeutung, die dieser Interaktionsform als Ergänzung zum *Sustained Shared Thinking* zukommt. Was die Kinder ihrer Studie mit den Bauklötzen versucht und ausprobiert haben, sei dabei sehr stark durch ihr Vorwissen und ihre Erfahrungen geprägt (Siraj-Blatchford & Siraj-Blatchford 2002, 209; vgl. auch Seite 37 in dieser Arbeit). Eine *Direkte Unterweisung,* im Sinne eines Vorschlages oder auch einer gezielten Anleitung durch die Pädagogin, kann ein Kind dann weiterbringen, wenn es seine eigenen Ideen und Vorstellungen ausgeschöpft hat. An diesem Punkt sind vielleicht auch die Möglichkeiten für *Sustained Shared Thinking* aufgebraucht. Eine konkrete Anleitung durch die Pädagogin kann zu Ergebnissen führen, entsprechend dem Beispiel der zitierten Studie beim Bauen mit Holzklötzen, die dem Kind alleine nicht möglich gewesen wären. Vor diesem Hintergrund sowie der Ergebnisse aus der REPEY-Studie (Siraj-Blatchford, Sylva, Muttock, Gilden & Bell 2002, 67) kann das beobachtete Verhältnis von *Direkter Unterweisung* und *Sustained Shared Thinking* als sehr zufriedenstellend eingeschätzt werden.

Es konnte kein Anstieg von *Sustained Shared Thinking* über die Interventionszeit nachgewiesen werden. Anders als vermutet führt der zur Verfügung gestellte Sprachraum während der Einheiten nicht dazu, dass es mit der Zeit zu häufigeren *Sustained Shared Thinking* Prozessen kommt. Der Häufigkeitsunterschied beobachteter *Sustained Shared Thinking* Prozesse ist somit wahrscheinlicher auf die inhaltliche Gestaltung der Einheiten zurückzuführen. Eine besonders geringe Anzahl an *Sustained Shared Thinking* wurde in einer Einheit zum Magnetismus beobachtet, in der als Abschluss der Reihe ein Magnetangelspiel entworfen, gebastelt und ausprobiert wurde. Sowohl das Konzept der Magneten als auch die Art des Spieles an sich war den Kindern bekannt. Es bleibt zu vermuten, dass diese Umgebung für die Kinder keine Herausforderung dargestellt hat, die sie zu vielen Vermutungen oder Ideen, die gemeinsam weiterzuentwickeln gewesen wären, angeregt hätte. Eine kognitiv anregende fachliche Lehr-Lern-Umgebung ist damit ein wichtiger Bestandteil für die Förderung hochwertiger Erwachsenen-Kind-Interaktionen. Die Beobachtungen aus den Lehr-Lern-Einheiten zeigen, dass vor allem die Beschäftigung mit Phänomenen aus dem Alltag der Kinder eine besonders hohe Dichte an kognitiv hochwertigen Interaktionen induzieren kann. Im Falle der analysierten Einheiten wurde die Frage, warum ein Ball springt, besonders intensiv, gemessen an der Anzahl identifizierter *Sustained Shared Thinking* Prozesse, bearbeitet. Physikalisch wird mit dieser Frage ein Phänomen angesprochen, das durchaus auch Erwachsenen Probleme bei der Beantwortung bereiten kann. Die Kinder nehmen diese Herausforderung uneingeschüchtert an und formulieren bereits sehr spontan aus ihrem Erfahrungswissen heraus Antworten. Durch genaues, gemeinsames Beobachten und verschiedene Experimente verändern die Kinder ihre ursprünglichen Antworten teilweise im Verlauf der Lehr-Lern-Einheit. Ob dadurch auch tatsächlich eine Konzeptveränderung im Sinne des Conceptual Change angestoßen werden konnte, kann im Rahmen einer Beobachtungsstudie jedoch nicht beantwortet werden.

Im Bereich der zweitsprachlichen Fähigkeiten konnte nicht nachgewiesen werden, dass der Wortschatz für eine überdurchschnittliche Teilhabe an *Sustained Shared Thinking* determinierend ist. Für eine Förderung sprachlicher Strukturen ist die Interaktionsform *Sustained Shared Thinking* im Kontext des frühen naturwissenschaftlich-technischen Lernens deshalb gut geeignet. Die Analyse hat jedoch auch gezeigt, dass zwischen dem Geschlecht sowie den kognitiven Fähigkeiten und einer überdurchschnittlichen Beteiligung an *Sustained Shared Thinking* ein Zusammenhang besteht. Die hier dargestellten Ergebnisse deuten auf die Notwendigkeit hin, dass Interaktionen im Kontext des frühen naturwissenschaftlichen Lernens mit Mädchen bewusst gesucht werden müssen, da diese nach den vorliegenden Ergebnissen seltener an hochwertigen Interaktionen im frühen naturwissenschaftlich-technischen Lernen teilnehmen. Auch Kinder mit unterdurchschnittlichen kognitiven Fähigkeiten könnten im frühen naturwissenschaftlich-technischen Lernen davon profitieren, wenn Erwachsene verstärkt versuchen *Sustained Shared Thinking* Prozesse mit ihnen zu entwickeln (vgl. hierzu z.B. Viernickel 2009). Das Ergebnis reiht sich damit zu einer Vielzahl von Befunden, die geschlechtsspezifische Unterschiede zum naturwissenschaftlichen Lernen präsentieren (eine Übersicht liefern Blumberg, Hardy & Möller 2008). Für die Praxis wäre es wichtig, das fördernde Potential von Erwachsenen-Kind-Interaktionen im frühen naturwissenschaftlichen Lernen nicht nur zu erkennen, sondern auch zu nutzen. Vor allem Interaktionen, die eine gedankliche Zusammenarbeit zur Entwicklung von Ideen und Erklärungen von Erwachsenem und Kind beinhalten, finden in der Praxis seltener statt. Eine qualitative Untersuchung der identifizierten Kognitiven Interaktionen soll im Detail klären, wann es zu *Sustained Shared Thinking* kommt und wie diese Prozesse gezielt gefördert werden können.

Die Ergebnisse und Erfahrungen aus der Studie unterstützen die Idee geplanter und arrangierter Lernsettings in vorschulischen Kontexten, wie sie in Projekten wie „Natur-Wissen schaffen" (Fthenakis et al. 2009) umgesetzt werden. Neben der Entwicklung naturwissenschaftlichen Grundwissens und der Freude, die Kinder ganz offensichtlich bei herausfordernden Aufgaben vorantreibt, sind es ideale Gelegenheiten, um eine interessierte und fragende Haltung gegenüber der belebten und unbelebten Natur (Lück 2009) sowie anregende und förderliche Erwachsenen-Kind-Interaktionen im Sinne des *Sustained Shared Thinking* zu unterstützen. Deshalb müssen die Bedingungen, unter denen kognitiv hochwertige Interaktionen zwischen Kindern und Pädagoginnen stattfinden, intensiver untersucht werden, um Anhaltspunkte für die Entwicklung effektiver Interaktionsförderstrategien zu entwickeln. Dabei muss auch die Vorstellung bzw. das Verständnis von Sprachförderung weiterentwickelt werden, weg von einer defizitorientierten Förderstrategie hin zu einem ressourcenorientierten Sprachförderverständnis, das neben additiven Fördermaßnahmen auch auf eine alltagsintegrierte Förderung gerichtet ist (vgl. Lisker 2010, 2011). Diese umfasst auch die Förderung bildungssprachlicher Fähigkeiten in Verbindung mit einer kognitiven Aktivierung, die im fachlichen Lernen angesiedelt werden kann.

Teil 3: Videoanalysen von Interaktionsprozessen. Die Dokumentarische Interpretation von *Sustained Shared Thinking*

Bezogen auf den in dieser Arbeit verfolgten Untersuchungsfokus, das *Sustained Shared Thinking* zwischen Pädagogin und Kindern, erlauben die empirischen Ergebnisse der quantitativen Auswertung die ausführliche Beschreibung der interaktiven Sichtstrukturen der naturwissenschaftlichen Lehr-Lern-Einheiten und darüber hinaus die Berechnung von kategorealen Wahrscheinlichkeiten, d.h. wie wahrscheinlich Kinder, die einer bestimmten Gruppe (z.B. Mädchen vs. Jungen) angehören, an den untersuchten Interaktionsprozessen partizipieren. Es wurde ausführlich dargelegt, dass diese Ergebnisse von Bedeutung sind, da im Feld der empirischen frühpädagogischen Forschung kaum belastbare Befunde zu Interaktionsstrukturen in institutionellen Settings vorliegen (vgl. König 2006, Albers 2009). Während die Schul- und Unterrichtsforschung auf eine lange Tradition der Analyse von Lehrer-Schüler- bzw. Unterrichtsinteraktion zurückblickt (Trolldenier 1985, Hofer 1997, Nolda 2000, Richert 2005, Thies 2008, Naujok et al. 2008), ist die Interaktion zwischen Pädagogin und Kind in frühpädagogischen Settings ein weitgehend unerforschter Raum. Dieses Nichtwissen steht dabei neben den empirischen Erkenntnissen um die Bedeutung, die die Pädagogin-Kind-Interaktion nicht nur für die pädagogische Qualität besitzt (vgl. Roßbach 2005, 69; Tietze & Viernickel 2007, 101ff.), sondern die sich auch in kognitiven und sozialen Outcomes der Kinder messen lässt (vgl. Sylva, Melhuish, Sammons, Siraj-Blatchford & Taggart, 2004, 37; Sylva 2010, 86).

Pädagogin-Kind-Interaktionen können in unterschiedlicher Weise stattfinden. In der vorliegenden quantitativen Analyse wurde das Konzept des *Sustained Shared Thinking* als effektives pädagogisches Interaktionskonzept angenommen und untersucht. Hierfür wurde eine kategoriengeleitete Identifikation und Analyse der Interaktionsstruktur vorgenommen, die mithilfe eines bereits existierenden Beobachtungsinstrumentes durchgeführt wurde. Die Grenzen des Erkenntnisgewinnes liegen bei dieser Vorgehensweise empirischer Sozialforschung in den Beobachtungsinstrumenten selbst. Gefunden und analysiert werden kann auf diese Art nur, was bereits zuvor im Instrument selbst definiert wurde. In der vorliegenden Studie wurden die Erwachsenen-Kind-Interaktionen entsprechend des Target-Child-Observation-Instruments eingeschätzt und ausgewertet. Dabei stand vor allem die operationalisierte Kategorie des *Sustained Shared Thinking* im Fokus des Erkenntnisinteresses und konnte erfolgreich, neben den anderen Kategorien kognitiver und sozialer Interaktionen, nachgewiesen werden. Es konnten Aussagen darüber getroffen werden, dass ein geringerer Sprachstand der Kinder kein Hindernis für eine häufigere Beteiligung an *Sustained Shared Thinking* darstellt und bessere kognitive Fähigkeiten durchaus dazu führen, dass die Kinder häufiger an Prozessen des *Sustained Shared Thinking* beteiligt sind (alle Ergebnisse siehe vorherige Kapitel). Die Erkenntnisse bewegen sich dabei immer innerhalb der gesteckten Grenzen des Verständnisses der operationalisierten Kategorien des Erhebungsinstrumentes. *Sustained Shared Thinking* konnte im frühen naturwissenschaftlich-technischen Lernen nachgewiesen und mit individuellen Merkmalen auf Kindebene verbunden werden. Das Wissen und Verständnis über die Interaktionsstrukturen innerhalb der *Sustained Shared Thinking* Prozesse kann durch diese Art der Analyse nicht weiterentwickelt werden. So zeigen die Ergebnisse der quantitativen Auswertung zwar, dass *Sustained Shared Thinking* häufig zu beobachten ist, jedoch nicht was tatsächlich, d.h. kommunikativ, zwischen einem Kind bzw. Kindern und der Pädagogin in einer Interaktion ausgehandelt wird, die als *Sustained Shared Thinking* eingeschätzt wird.

Die Kategorien des *Sustained Shared Thinking* und der *Direkten Unterweisung* sind deutlich voneinander abgegrenzt. Trotzdem stellte sich im Verlauf der Kodierung, die am Videomaterial erfolgt, immer wieder die Frage, wie genau die gemeinsame Erfahrung oder das gemeinsame Wissen zwischen Pädagogin und Kindern hergestellt wird, das den Kern den Konzeptes von *Sustained Shared Thinking* ausmacht. *Sustained Shared Thinking* wird verstanden als „an episode in which two or more individuals 'work together' in an intellectual way to solve a problem, clarify a concept, evaluate activities, extend a narrative etc. Both parties must contribute to the thinking and it must develop and extend thinking" (Siraj-Blatchford, Sylva, Taggart, Sammons, Melhuish & Elliot 2003, V). Das Konzept wird als gemeinsames Weiterentwickeln einer Idee beschrieben und zielt darauf ab, eine gemeinsame Erfahrung oder ein gemeinsames Wissen hervorzubringen. Aber wie genau wird dieses Wissen von den Beteiligten konstruiert? Auch in der *Direkten Unterweisung* wird das Ziel verfolgt, auf den Wissensstand oder das Verständnis des Interaktionspartners einzuwirken und dieses zu verändern. Auch hier soll etwas hergestellt werden, das als gemeinsame Erfahrung bezeichnet werden kann. Die theoretische Unterscheidung beider Konzepte bezieht sich auf die verschiedenen Formen der Prozesshaftigkeit von *Direkter Unterweisung* und *Sustained Shared Thinking*. Der Grundgedanke des *Sustained Shared Thinking* ist das gemeinsame Erarbeiten von Wissen, während das theoretische Verständnis der *Direkten Unterweisung* die Vermittlung von Wissen umfasst. Damit ist grob ausgedrückt, was unter beiden Konzepten verstanden wird, es erklärt aber nicht, wie dies in der konkreten Situation umgesetzt oder erreicht wird. Die Analyse der quantitativen Daten ist an dieser Stelle des Forschungsprozesses ausgeschöpft. Aber „die videographische Aufzeichnung [ermöglicht] die Trennung von ‚Grunddaten' und Interpretation, d.h. die wiederholte Anschauung und Beobachtung dessen, was sich im Feld ‚abgespielt' hat" (Wagner-Willi 2005, 255). Der Vorteil der videographischen Erhebungsmethode liegt daneben auch in der Offenheit gegenüber den angewandten Analyseverfahren. Diese Vorteile sollen genutzt und das vorliegende Material mit einem weiteren Verfahren analysiert werden.

Eine weitere Analyse des Materials setzt an der Fragestellung an, was in einem Interaktionsprozess, der global als *Sustained Shared Thinking* eingeschätzt wird, zwischen der Pädagogin und dem Kind passiert. Was macht *Sustained Shared Thinking* aus? Wenn das Konzept eine Interaktion beschreibt, in der Wissen oder Ideen gemeinsam von Pädagogin und Kind erzeugt werden, dann muss es analytisch möglich sein, genau diesen Prozess sichtbar und damit nachvollziehbar zu machen. Ein Verfahren, das genau darauf abzielt, ist die Dokumentarische Methode der Interpretation.

Bevor das Vorgehen der dokumentarischen Analyse des videographierten Materials beschrieben wird, konzentriert sich der folgende Abschnitt auf die Darstellung der Grundidee der Dokumentarischen Methode und ihrer Entstehungsgeschichte, die sich auf die Wissenssoziologie Karl Mannheims stützt (Mannheim 1969, 227; Mannheim et al. 1980; Nentwig-Gesemann 1999, 214; Bohnsack 2009a, 15; Bohnsack 2010a, 57).

11. Die Dokumentarische Methode

Die Dokumentarische Methode zählt zu den Verfahren der rekonstruktiven Sozialforschung und wird damit von den hypothesenprüfenden Verfahren abgegrenzt (Bohnsack 2010a). Während diese die Generierung von empirischem Wissen auf die Überprüfung allgemeiner Sätze reduzieren, wie es dem Vorgehen im ersten Teil dieser Arbeit entspricht, stellen die rekonstruktiven Verfahren „den entgegengesetzten Weg" (Bohnsack 2010a, 20) dar. Der Forscher ist dazu angehalten, möglichst wenig auf die Erforschten einzuwirken, um den Forschungsprozess methodisch so kontrolliert wie möglich zu gestalten. Erreicht wird dies dadurch, dass die Inhalte nicht durch den Forscher gesetzt werden und dem Erforschten selbst so viel Freiraum ermöglicht wird, dass Akzentuierungen von ihm gesetzt werden können. In einer Interviewsituation bedeutet dies, dass nicht der Forscher nach Details fragt, die ihn interessieren, sondern dass dem Interviewten der Raum zugesprochen wird, Details anzusprechen, die für ihn bedeutsam sind. Diese sind es, die wiederum den Forscher interessieren sollen und die er im Prozess der Dokumentarischen Interpretation zu rekonstruieren versucht. Bohnsack (2010a, 21) weist an dieser Stelle auf die Bedeutung der Kontexteingebundenheit hin. Die einzelne Äußerung des Erforschten kann, im Falle zum Beispiel des Interviews, erst verstanden werden, wenn sie im Ganzen der Erzählung betrachtet wird. Auf diese Weise soll auch vermieden werden, dass alleinstehende Äußerungen lediglich vor dem Erfahrungshintergrund des Forschers gedeutet werden. Der Rahmen, in dem er die Darstellung des Interviewten interpretiert, ist das Fremdverstehen. Das bedeutet für den Forscher gleichzeitig aber auch, „daß [sic!] die Standortgebundenheit und Aspekthaftigkeit des eigenen Wissens und interpretativen Zugangs ständig Gegenstand der Selbstreflexion sein muß [sic!]" (Nentwig-Gesemann 1999, 223). Andererseits unterliegt die Interpretation der Gefahr der Beliebigkeit. Bohnsack (2010a, 21) spricht in diesem Fall nicht mehr von einem interpretativen Vorgehen, sondern vielmehr von der Projektion eigener Vorstellungen auf die Erzählfragmente des Befragten. Der Anspruch der Dokumentarischen Methode als Verfahren empirisch-rekonstruktiver Sozialforschung ist auf die intersubjektive Überprüfbarkeit generierter Typen oder Typologien bezogen.

11.1 Methodologie und Grundverständnis der Dokumentarischen Interpretation

Die Grundidee der Dokumentarischen Interpretation basiert auf der Wissenssoziologie Karl Mannheims. Dieser geht von der „Seinsverbundenheit des Denkens" (Mannheim 1969, 230) aus. Darunter subsummiert er die Überlegung, dass Denken nicht das logische Ergebnis der Auseinandersetzung mit dem Gegenstand darstellt und vor allem nicht als Ergebnis „einer inneren ‚geistigen Dialektik'" (Mannheim 1969, 230) konstruiert wird. Denken konsolidiert sich vielmehr aus den Einflüssen, die als „Seinsfaktoren" (Mannheim 1969, 230) bezeichnet werden. Diese „Seinsfaktoren" beeinflussen den Wahrnehmungs-, Denk- und Darstellungsprozess eines Individuums. Knoblauch (2005, 104) fasst die Vorstellung Mannheims über die „Seinsverbundenheit des Denkens" wie folgt zusammen: „Denken ist in einem sozialen Raum verankert, und diese Verankerung ist konstitutiv für den Inhalt des Denkens". In der Differenzierung von Subjekt und Gemeinschaft wird die Bedeutung dieses Verständnisses deutlich. Das Subjekt wird immer verstanden als Mitglied einer Gemeinschaft. Als solches besitzen wir Erfahrungen. „Diesen Typus an Erfahrungen schöpfen wir nicht aus uns selbst, sondern aus der Gemeinschaft, in der wir leben." (Mannheim et al. 1980, 241) Diese Erfahrungen sind wiederum spezifisch für den Erfahrungsraum einer Gemeinschaft und „sind nicht ohne weiteres in einen anderen übertragbar" (Mannheim et al. 1980, 241). Der gemeinsame Erfahrungsraum wird auch als konjunktiver Erfahrungsraum bezeichnet. Für die Dokumentarische Interpretation stellt der konjunktive Erfahrungsraum die zu erfassende Sinnkategorie dar.

Konjunktive Erfahrung ist dann möglich, wenn der Erfahrungsraum ein gemeinsamer ist. Wenn die Interaktionspartner einem Erfahrungsraum angehören, teilen sie alltägliche Erfahrungen und Orientierungen, die ihren Äußerungen zugrunde liegenden Ansichten und Einstellungen sind einander bekannt und es existiert ein gemeinsamer Orientierungsrahmen. Mannheim (1980, 271f.) spricht hier von Verstehen. Erst der konjunktive Erfahrungsraum ermöglicht Verstehen. „Ein unmittelbares Verstehen ist unter denjenigen möglich, denen dieselben konjunktiven Erfahrungsräume gemeinsam sind, die also sozialisationsbedingt über gemeinsames atheoretisches Wissen verfügen." (Bohnsack 2009a, 18) Im Kontext eines Gespräches unter Kindergartenkindern über die Medienfiguren Power Rangers macht eine Äußerung über Adler erst Sinn, wenn man weiß, dass eine der Figuren sich in einen Adler verwandeln kann. Dass die Kinder diese Äußerung als selbstverständlich erachten und sich direkt über die Fähigkeiten des Adlers austauschen können, setzt einen konjunktiven Erfahrungsraum voraus. Man versteht sich, ohne die Regeln der Interaktion oder die Inhalte der Interaktion explizieren zu müssen. „Man *erklärt* einander nicht mehr, sondern *versteht* einander." (Przyborski 2004, 27, Hervor. i. O.) Dieses unmittelbare Verstehen (Bohnsack 2010a, 59f.), das nur im konjunktiven Erfahrungsraum möglich ist, unterscheidet Mannheim (1980, 272) vom Begreifen. Während wir einander auf einer unmittelbaren Ebene verstehen können, wenn wir den Erfahrungsraum teilen, bezeichnet Begreifen das Verständnis gegenüber einem Wissensgehalt. In diesem Sinne kann zum Beispiel das Prinzip des Magnetismus nur begriffen, nicht aber verstanden werden. Eine weitere Differenzierung zeigt sich in folgendem Beispiel, wenn ein Kindergartenkind nach einer (gemeinsamen) Einheit zu Gegenständen, die magnetisch sind und solchen, die es nicht sind sagt: „Ich finde Magneten toll". Die beteiligte Pädagogin kann die Äußerung aus dem gemeinsamen Erfahrungsraum heraus verstehen. Erzählt dieses Kind am Abend dem nach Hause kommenden Vater dasselbe und weiß dieser nichts von der gemachten Erfahrung des Kindes, ist ihm ein unmittelbares Verstehen nicht möglich. Der Vater wird vielleicht über Nachfragen versuchen, einen Sinn in dem vom Kind Erzählten zu konstruieren. Der Vater, dem ein direktes Verstehen nicht möglich ist, muss den Weg über die kommunikative Verständigung gehen, „einer Verständigung auf der Basis kommunikativ-generalisierender Wissensbestände" (Bohnsack 2009a, 18). Basiert die Verständigung also nicht auf atheoretischen, d.h. vorbewussten, Wissensbeständen, die einen konjunktiven Austausch ermöglichen, wird über die Interpretation Verständigung möglich. Neben diesen unterscheidbaren Modi der direkten Verständigung, lassen sich an diesem Beispiel auch die unterschiedlichen Sinnebenen verdeutlichen. Sowohl das direkte Verstehen, als auch der interpretative Weg zum Verstehen zielen auf die Erfassung des dokumentarischen Sinns oder Dokumentsinns der Äußerung ab (Bohnsack 2010a, 60). Hiervon unterschieden wird der immanente Sinn, der den objektiven Gehalt einer Äußerung fasst. Im Falle der Äußerung „Ich finde Magneten toll." erfahren wir auf der immanenten Ebene, dass das Kind Gefallen an Magneten findet. Als dokumentarischen Sinn, den wir nur interpretativ erfassen können, kann die Äußerung beinhalten, dass das Kind Magneten kennengelernt hat. Es hat ein Konzept darüber, was es gut und was es weniger gut findet und sieht irgendeinen Sinn darin, dies mitzuteilen. Eine dritte Sinnebene stellt der „intendierte Ausdruckssinn" dar (Bohnsack 2010a, 61). Dieser Sinnebene zufolge ist jede Äußerung jenseits von Dokument- oder immanentem Sinn mit der Selbstdarstellung des Äußernden verbunden. Ob das Kind Magneten tatsächlich toll findet oder lediglich den Begriff von einem älteren Geschwister aufgeschnappt hat und sich als wissend darstellen möchte, kann vom Gegenüber nicht interpretiert werden. Ein Problem alltäglicher Missverständnisse mag darin begründet liegen, dass die Beteiligten dies in der Alltagskommunikation häufig tun, vor allem wenn die Verständigung einen hohen Grad an kommunikativem Austausch beinhaltet. Für den Forscher gilt diese Ebene als nicht zugänglich. Über eine kontinuierliche Reflexion muss sichergestellt werden, dass der intendierte Ausdruckssinn als solcher nicht in den Prozess der Interpretation eingeht. Für den Prozess der empirischen Analyse sind die Erfassung von immanentem Sinn und Dokumentsinn zentral.

Bohnsack (2009a) weist auf die sich für den Forschenden ergebende Problematik hin, dass diese in der Regel keinen direkten Zugang zum konjunktiven Erfahrungsraum der Erforschten haben. Während der Zugang zu theoretischem Wissen als einfach beschrieben wird, da es über den Weg der Befragung zugänglich gemacht werden kann, ist das konjunktive Wissen nur über die „begrifflich-theoretische Explikation" (Bohnsack 2009a, 19) erfassbar. Die Dokumentarische Interpretation zielt somit auf die begrifflich-theoretische Explikation atheoretischer Wissensbestände ab, die den konjunktiven Erfahrungsraum ausmachen und sich in Orientierungsmustern niederschlagen (Nentwig-Gesemann 1999, 224). Der Forscher versucht durch eine verstehende Haltung einen Zugang zur Lebens- und Erlebniswelt der Erforschten zu erreichen. Dazu nutzt er die von den Erforschten selbst berichteten Zusammenhänge und Erfahrungen. Im Sinne der Zieldimension der Dokumentarischen Interpretation geht es hierbei nicht darum, das vom Erforschten Gesagte auf seine Richtigkeit oder Wahrheit hin zu überprüfen. Die Aufgabe des Forschers ist es vielmehr, die hinter dem Gesagten stehenden Orientierungen aus dem Berichteten zu erfassen und in den Gesamtkontext des Erfahrungsraums einzuordnen (Nentwig-Gesemann 1999, 228; Bohnsack 2010a, 64).

11.2 Das empirische Vorgehen der Dokumentarischen Methode

Die Dokumentarische Methode als empirisch-methodische Vorgehensweise geht auf die forschungsmethodischen Arbeiten von Bohnsack zurück (1989, 2010). Die originär für das Gruppendiskussionsverfahren entwickelte Analysemethode hat eine breite Akzeptanz in der qualitativ-empirischen Sozialforschung gefunden (vgl. Bohnsack et al. 2007, Bohnsack 2010a, 31). Neben der Interpretation von Gruppendiskussionen wurde die Methode auch für die Analyse von Bild- und Videomaterial weiterentwickelt (vgl. z.B. Wagner-Willi 2005, Bohnsack 2009a, Hampl 2010).

Unabhängig von der Erhebungsmethode umfasst der erste Schritt, sich das gesamte Material anzusehen und in Anlehnung an die Forschungsfragen Passagen für die Analyse auszuwählen. Im Sinne eines forschungsökonomischen Vorgehens wird man erst in einem anschließenden Schritt die ausgewählten Passagen, im Falle von Video- oder Tonaufnahmen, transkribieren. Für die Auswahl der Passagen schlägt Nentwig-Gesemann (1999, 232) vor, „eine Passage mit hoher interaktiver und metaphorischer Dichte auszuwählen, da die Orientierungsmuster einer Gruppe dort besonders prägnant und plastisch zum Ausdruck kommen."

Die methodischen Schritte des interpretativen Vorgehens sind an der Rekonstruktion der dargelegten Sinnebenen, vom immanenten zum dokumentarischen Sinn, orientiert. Diese Schritte werden in Anlehnung an Bohnsack (2010a, 134ff.) für die Rekonstruktion des immanenten Sinngehaltes als „Formulierende Interpretation" und für die Rekonstruktion des Dokumentsinns als „Reflektierende Interpretation" bezeichnet. Die „Typenbildung" erfolgt schließlich auf der Grundlage der Reflektierenden Interpretation.

11.3 Die Formulierende Interpretation

Nachdem der gesamte Datenkorpus gesichtet und Passagen ausgewählt wurden, die für den Forschungszusammenhang von besonderer Bedeutung sind, geht es um die Erfassung der Inhaltsstruktur. Diese wird explizit herausgearbeitet und durch die Gliederung in Ober- und Unterthemen sowie Kurzformulierungen des Inhalts festgehalten. Dieser Arbeitsschritt dient dem Forscher dazu, sich auf der Ebene der wörtlichen Bedeutung einen Überblick über die diskutierten Inhaltsbereiche, auch die nur am Rande angesprochenen, zu verschaffen. Die explizite Benennung der Inhalte erlaubt es dem Forscher im weiteren Vorgehen, sich darauf zu konzentrieren, wie und mit welchen metaphorischen Mitteln die Verständigung vollzogen wird. Bei der Bildinterpretation umfasst der Schritt der Formulierenden Interpretation die Bildbeschreibung und ebenfalls die Benennung des Themas des Bildinhalts (Bohnsack 2009a, 19f.).

11.4 Die Reflektierende Interpretation

Nachdem das Was der Verständigung in der Formulierenden Interpretation herausgearbeitet wurde, umfasst der nächste Schritt, die Reflektierende Interpretation, die Rekonstruktion des Wie (Bohnsack 2009a, 19). „Die Frage nach der Erlebnisgebundenheit von Orientierungen und nach dem interaktiven Prozeß [sic!] der Herstellung von Wirklichkeit bestimmt nun den Interpretationsvorgang." (Nentwig-Gesemann 1999, 233) Der Orientierungsrahmen entfaltet sich in der Auffächerung positiver und negativer Gegenhorizonte, die im Diskurs hervorgebracht werden (Bohnsack 2010a, 135f.). Der positive Gegenhorizont bezeichnet die Darlegung eines

Orientierungsgehaltes, den Przyborski (2004, 56) als „positive Ideale" bezeichnet. Der negative Gegenhorizont stellt den gegensätzlichen Orientierungsgehalt dar. Nicht zwangsläufig müssen beide Horizonte im Diskurs dargelegt werden (Bohnsack 2010a, 136). Als Enaktierungspotential wird die Möglichkeit bezeichnet, inwieweit die eigenen Orientierungen tatsächlich umgesetzt werden (können). Die Horizonte stellen die Ankerpunkte des interpretativen Vorgehens dar. Die rekonstruierten Orientierungen gilt es im Diskurs an anderen Stellen herauszuarbeiten und somit empirisch zu fundieren. Die Orientierungen, die im ersten Schritt darauf angewiesen sind, dass der Forscher einen Gegenhorizont gedanklich entwirft, werden erst durch die komparative Analyse intersubjektiv kontrollierbar und dem Gütekriterium der Validität gerecht (Nentwig-Gesemann 1999, Nohl 2007, Bohnsack 2010a). Praktisch folgt die Reflektierende Interpretation der diskursiven Rekonstruktion. Das heißt durch die Offenlegung und Benennung der Diskursorganisation wird es dem Forscher möglich, einen verstehenden Zugang zum konjunktiven Erfahrungsraum der Erforschten zu bekommen. Expliziert und analysiert wird, wie die Beteiligten im Diskurs aufeinander Bezug nehmen, ob sie sich zum Beispiel Zustimmen, Widersprechen, Ergänzen, Beschneiden oder Ermuntern. In der sogenannten Dramaturgie des Diskurses „finden jeweils andere Formen *fundamentaler Sozialität* ihren Ausdruck, und es zeigt sich, ob den Beteiligten ein Erfahrungsraum gemeinsam ist oder nicht" (Przyborski 2004, 11, Hervorh. i. O.). Als formales Handwerkszeug des methodischen Vorgehens hat Przyborski (2004) ein Begriffsinventar zur Diskursorganisation vorgelegt, das auch in dieser Arbeit angewendet wird.

11.5 Komparative Analyse

Die Praxis des Vergleichens gilt als grundlegendes methodisches Prinzip in der Dokumentarischen Methode. Da der Forscher, wie bereits betont, in der Regel nicht dem konjunktiven Erfahrungsraum der Beforschten angehört, benötigt er den Weg über Vergleichshorizonte, um Sinngehalte zu rekonstruieren. Der erste Vergleichshorizont, der dem Forscher zur Verfügung steht, wenn er sich dem ersten Fall nähert, ist dabei sein eigener Erfahrungshintergrund, der wissenschaftlich-theoretische aber auch alltäglich-praktische Elemente enthält. Für die empirisch basierte Rekonstruktion existiert hier nach Nohl (2007, 256) die Gefahr, dass „das Unbekannte, zu Erforschende, … in das Muster der eigenen Selbstverständlichkeiten eingeordnet" wird. Die Berücksichtigung von Vergleichshorizonten stellt in der dokumentarischen Vorgehensweise der Interpretation eine feste Größe dar und wird auf den empirischen Vergleich reduziert. Dadurch entsteht die Möglichkeit einer methodischen Kontrollierbarkeit (Nohl 2007).

Für die Rekonstruktion von Sinngehalten über den empirischen Vergleich beschreibt Nohl (2007, 257ff.) drei unterscheidbare Ebenen, die er als fallimmanente Vergleichshorizonte, themenbezogene Vergleichshorizonte und Orientierungsrahmen bezeichnet. Fallimmanente Vergleichshorizonte beschreibt Nohl (2007, 257ff.) als „Eigenrelationierungen" von Personen oder Gruppen, die über den immanenten Sinn bereits in der Formulierenden Interpretation rekonstruierbar sind. Sie entsprechen aber noch nicht Orientierungsrahmen. Überhaupt ist es erst möglich diese

„Eigenrelationierungen" einzuordnen, nachdem auch ein thematischer Vergleichshorizont identifiziert werden konnte. Diesen fasst Nohl (2007, 258) unter der themenbezogenen Suchebene zusammen. Der themenbezogene Vergleich kann ebenfalls über die Formulierende Interpretation erfolgen und zwar sowohl innerhalb eines Falles als auch zwischen Fällen. Wird ein Thema in mehreren, also mindestens zwei Fällen behandelt, kann ein erster Vergleichshorizont dargelegt werden. In der je spezifischen Weise, wie die positiven und negativen Gegenhorizonte zu einem Thema in den Fällen ausgefächert werden, können auf der Basis des empirischen Vergleichs Kontraste und Gemeinsamkeiten herausgearbeitet werden. Dieses Vorgehen entspricht der Dokumentarischen Interpretation und zielt auf die Rekonstruktion von Orientierungsrahmen ab, die von Nohl als dritte Vergleichsebene (2007, 259) beschrieben wird.

11.6 Fallbeschreibung und Typenbildung

Die Fallbeschreibung dient im Sinne einer Ergebnisdarstellung vor allem der Kommunikation zentraler Inhalte in einem überschaubaren Rahmen. Dabei geht es nicht nur um die Darstellung der herausgearbeiteten Erfahrungsräume und Orientierungen in den Fällen, sondern ebenso um die thematische Struktur und den diskursorganisatorischen Ablauf, in welchem sich die Orientierungen offenbaren (Bohnsack 2010a). Praktisch wird die Fallbeschreibung, die zum einen als empirischer Beleg für die Interpretationen dient, aber auch das „Spannungsverhältnis zwischen der Sprachebene der Erforschten, der Diskursteilnehmer einerseits und derjenigen der Interpreten andererseits" (Bohnsack 2010a, 141) aufzeigt und verdeutlicht, mit Transkriptzitaten unterlegt.

Während die Fallbeschreibung die konzeptionelle Erfassung des Einzelfalls darstellt, ist die Typenbildung auf die Generalisierbarkeit von Ergebnissen ausgerichtet. In diesem Sinne werden innerhalb der Dokumentarischen Methode zwei aufeinander aufbauende Schritte unterschieden, die sich wiederum auf der komparativen Analyse gründen (Nentwig-Gesemann 2007, 279ff.). Der erste Schritt, die sinngenetische Typenbildung, zielt auf die Erfassung der „Basistypik" (Bohnsack 2009a, 22) ab. Als Basistypik wird ein Orientierungsrahmen bezeichnet, der fallintern und fallübergreifend als Gemeinsamkeit der Fälle herausgearbeitet werden kann (Nentwig-Gesemann 2007, 293f.). Die Basistypik muss in allen Fällen zu finden sein. Im Sinne des maximalen bzw. minimalen Kontrasts lassen sich unterschiedliche Spezifizierungen im Rahmen des Typus benennen, die Nentwig-Gesemann (2007, 294) als „Modi" bezeichnet. Der zweite Schritt, die soziogenetische Typenbildung, baut nun auf den Typen der sinngenetischen Typenbildung auf, jedoch werden „die Typen wieder vollständig neu komponiert" (Nentwig-Gesemann 2007, 297). Während, vereinfacht dargestellt, die sinngenetische Typenbildung auf gemeinsame Themen rekurriert und diese erfasst sowie bearbeitet werden, zielt die soziogenetische Typenbildung auf die Erfassung des dahinterliegenden konjunktiven Erfahrungsraums, der das typische der Bearbeitung begründet. Ziel der soziogenetischen Typenbildung ist die Verdichtung der einzelnen Typiken zu einer Typologie, in welcher der einzelne Fall wiederum einordbar ist. Aufgrund der Notwendigkeit dieser verkürzten Darstellung, die damit begründet wird, dass der Schritt der Typenbildung in der hier vorliegenden Arbeit keine forschungs-praktische Anwendung findet, wird für eine ausführliche Darstellung auf Nentwig-Gesemann (2007) und Bohnsack (2010a) verwiesen.

12. Methodisches Vorgehen der qualitativen Datenanalyse

Die dargestellte Methodologie bezieht sich auf die forschungsmethodische Verfahrensweise der Dokumentarischen Methode, die für die Analyse von Gruppendiskussionen auf die forschungstheoretischen Arbeiten von Bohnsack (vgl. 1989) zurückgeht. Für die Anwendung auf das vorliegende Datenmaterial in Form der videographierten Einheiten kann das Verfahren nur modifiziert angewendet werden. Für eine geeignete Anpassung der Methode müssen sowohl das forschungsleitende Interesse als auch die Beschaffenheit des zu analysierenden Materials berücksichtigt werden.

12.1 Das Forschungsinteresse

Anders als die Analysen von Gruppendiskussionen, die in der Regel darauf gerichtet sind, Einstellungen, Erfahrungen und Orientierungen von Erforschten vor dem Hintergrund einer Fragestellung zu untersuchen, ist das Forschungsinteresse in der vorliegenden Arbeit auf das Immanent-Genuine von Interaktionsprozessen zwischen Pädagogin und Kindern gerichtet, die auf der Grundlage einer theoretischen Konzeption erfasst wurden, um originär für die quantitative Analyse eingesetzt zu werden. Entsprechend der Einschätzung mit dem Target-Child-Observation-Instrument werden zwei Arten von Interaktionsräumen unterschieden, die sozialen und die kognitiven Interaktionen. Die Kognitiven Interaktionen umfassen *Sustained Shared Thinking*, *Direkte Unterweisung* und begleitende Beobachtung. Die *Soziale Interaktion* wird unterteilt in Ermutigung, Verhaltensregulation, Soziale Konversation und Betreuung/Fürsorge. Im Zentrum des Forschungsinteresses stehen die Erwachsenen-Kind-Interaktionsprozesse, die als *Sustained Shared Thinking* bezeichnet werden. Die quantitative Untersuchung hat gezeigt, dass diese Prozesse in den durchgeführten Lehr-Lern-Einheiten zum frühen naturwissenschaftlich-technischen Lernen identifiziert werden konnten. Daneben wurden spezifische Merkmale der Kinder dahingehend geprüft, ob sie einen Einfluss auf die Teilhabe an *Sustained Shared Thinking* besitzen. Auf theoretischer Ebene wurde die Bedeutsamkeit dieser Form der Kognitiven Interaktion herausgearbeitet und der Interaktionsform der direkten Unterweisung gegenübergestellt. Die quantitative Analyse der Daten bleibt aber einen empirischen Hinweis darauf schuldig, was diese Bedeutsamkeit von *Sustained Shared Thinking*, die theoretisch stringent dargelegt werden kann, empirisch ausmacht.

Einleitend wurde in diesem Kapitel auf die Grenzen der quantitativen Datenauswertung im Rahmen dieser Arbeit hingewiesen. Das Ziel der qualitativen Datenanalyse besteht nun darin, von den einzelnen Interaktionsprozessen ausgehend zu rekonstruieren, wie gemeinsame Orientierungen zwischen Kindern und Pädagogin hergestellt werden und wie *Sustained Shared Thinking* sich in der kommunikativen Praxis im Detail von den anderen Prozessen unterscheidet. Angestrebt wird somit eine empirisch basierte Rekonstruktion von *Sustained Shared Thinking*, im Sinne einer verdichteten Zusammenfassung der zentralen Rahmenbedingungen, Komponenten und prozesshaften Struktur. Die Grundlage der Analyse stellen zwanzig *Sustained Shared Thinking* Prozesse, fünf *Direkte Unterweisungen* und fünf *Soziale Interaktionen* dar.[54]

12.2 Das vorliegende Material

Das videographierte Material erfordert darüber hinaus eine Anpassung der methodischen Verfahrensweise der Dokumentarischen Methode. Wagner-Willi (2005, 247ff.) hat sich intensiv mit der Anwendung der Dokumentarischen Methode an Videodaten auseinandergesetzt und ein angepasstes Vorgehen vorgeschlagen.

Wagner-Willi (2005) expliziert für die Verfahrensweise die Rolle des Forschenden und der Videokamera im Klassenkontext und spricht damit einen, der Videographie häufig gemachten, Vorwurf an, dass die Anwesenheit des Forschers und der Kamera störend bzw. irritierend auf die Situation und damit die Erforschten einwirken können. Dass der Forscher in den Erfahrungsraum eingreift, ist ein Grundproblem der teilnehmenden Beobachtung, besonders der Videographie, da diese durch technische Gerätschaften noch ergänzt wird (Huhn, Dittrich, Dörfler & Schneider 2000, Voigt 2003, Bortz & Döring 2006, 267ff.). Brandt, Krummheuer und Naujok (2001, 19) sprechen in diesem Zusammenhang von einem „Inszenierungseffekt", der durch möglichst wenige Eingriffe der Forscher so gering wie möglich zu halten ist. Wagner-Willi (2005, 248) stellt die Prinzipien der Kommunikation und Offenheit heraus, um eine Vertrauensbeziehung zwischen Forscher und Erforschten herzustellen, die deren Anwesenheit mit möglichst wenig Inszenierung verbinden lässt. Darüber hinaus setzt sie lediglich eine Hand-Videokamera im Klassenkontext ein, um möglichst gering einzugreifen. Auf eine bewegte Kameraführung wird aus demselben Grund verzichtet (Wagner-Willi 2005, 251). Bei einer unbewegten Kameraführung muss der Kamerafokus bezogen auf das Untersuchungsinteresse ausgewählt und eingestellt werden. Wagner-Willi (2005, 252f.) weist darüber hinaus darauf hin, dass die Kamera auch eine potentielle Kontrollinstanz darstellen kann, was sie in ihrer eigenen Untersuchung vereinzelt feststellen konnte „etwa als […] bei einem Konflikt zwischen zwei Kindern [ein Mädchen] den Blick zu einem der beiden wendete, während sie zugleich zur Kamera deutete und ausrief: ‚Da hinten ist die Kamera!'" Für das vorliegende Material kann zu diesen Hinweisen festgehalten werden, dass es keine Unterrichts- oder Gruppenaufzeichnungen sind, die alltägliche Lehr-Lern-Situationen erfassen sollen, sondern die gesamten Lehr-Lern-Einheiten stellen sich als *Inszenierungen frühen naturwissenschaftlich-technischen Lernens* dar. Das Setting dieser Lehr-Lern-Einheiten war für die Kinder eine neue Umgebung, die von Beginn an mit der Videoaufzeichnung und der vorhandenen Kamera verbunden war. Die Forscherinnen selbst nehmen eine zweifache Rolle in den Settings ein. Sie sind den Kindern gegenüber offen als Forscherinnen aufgetreten und haben ihr Anliegen ebenso offen kommuniziert. Gleichzeitig haben sie die Rolle der Pädagogin inne, die die Einheiten mit den Kindern erarbeitet und damit eine andere Beziehung zu den Kindern einnimmt, als dies bei einer ausschließlich teilnehmenden Beobachtung der Fall wäre.

---

54 Im Anhang findet sich zu allen drei Kategorien eine exemplarische Auswertung.

Auch Bohnsack (2009a) schlägt für die Interpretation der beiden Dimensionen Bild und Ton ein modifiziertes Vorgehen der Dokumentarischen Methode vor. Er schlägt für die Bearbeitung von wissenschaftlichen Videoaufzeichnungen die Interpretationsbereiche „Montage, Einstellung und Sequenzialität" (Bohnsack 2009a, 158) vor. Da im vorliegenden Videomaterial eine feststehende Kameraeinstellung gewählt wurde, kann der Bereich der „Einstellung" für die Interpretation nicht berücksichtigt werden. Durch die im Fokus des Interesses stehenden Erwachsenen-Kind-Interaktionen entfällt auch das Problem der Interpretation von simultanen Handlungsabläufen. Erfasst und Interpretiert wird der Handlungsstrang, an dem die Pädagogin beteiligt ist. In diesem Sinne stellt die hier gewählte forschungsmethodische Zugangsweise die „Videoanalyse in ergänzender Funktion zur Gesprächsanalyse" (Bohnsack 2009a, 137) dar. Die Analyse konzentriert sich auf die Dimension des transkribierten Tons, d.h. also des Textes.

13. Ergebnisse der Dokumentarischen Auswertung: die Fallanalysen

Das empirisch-methodische Vorgehen der Dokumentarischen Methode (vgl. Bohnsack 1989, 1997, 2009a, b, 2010a; Bohnsack, Nentwig-Gesemann & Nohl 2007), an der sich die rekonstruktive Analyse des Materials orientiert, wurde oben ausführlich dargestellt. In Anlehnung an die Arbeit von Wagner-Willi (2005) wurde darüber hinaus auf die Besonderheiten des videographischen Vorgehens hingewiesen, die in der vorliegenden Arbeit berücksichtigt wurden.

Die nachfolgende Darstellung der Ergebnisse bezieht sich auf die Herstellung kommunikativer Erfahrungsräume zwischen Pädagogin und Kind bzw. Kindern in den untersuchten naturwissenschaftlichen Lehr-Lern-Einheiten. Als Fall wird dabei nicht ein einzelnes Kind oder eine Lehr-Lern-Einheit verstanden, sondern die Interaktionskategorien, wie sie mithilfe des Target-Child-Observation-Instruments eingeschätzt wurden. Die einbezogenen Interaktionskategorien sind dabei *Sustained Shared Thinking*, *Direkte Unterweisung* und *Soziale Interaktion*. Diese Falldefinition basiert auf dem vorliegenden Forschungsinteresse, das Interaktionskonstrukt *Sustained Shared Thinking* eingehender beschreiben und nachvollziehen zu können. Zu diesem Zweck werden die *Direkte Unterweisung* und die *Soziale Interaktion* als Vergleichshorizonte in die Analyse einbezogen. Für die Ergebnisdarstellung wird folgendes Vorgehen gewählt: Die Analyse von *Sustained Shared Thinking* wird als zentraler Bezugspunkt vorangestellt, um anschließend durch die kontrastive Analyse der Fälle der *Direkten Unterweisung* und der *Sozialen Interaktion* das genuine der jeweiligen kommunikativen Erfahrungsräume herausstellen zu können (Baltruschat 2010). Dabei muss auch das Vorverständnis der Interpretin zu den Interaktionskonzepten einbezogen werden, das auf der einen Seite durch das vorliegende Kodiersystem geprägt, aber auch durch die eigene Standortgebundenheit der Durchführung beeinflusst ist. Über den fallinternen Vergleich verschiedener *Sustained Shared Thinking* Interaktionen kann sichergestellt werden, dass der beschriebene kommunikative Erfahrungsraum sich im Material findet. Die fallübergreifende komparative Analyse mit der *Direkten Unterweisung* und *Sozialen Interaktionen* kann zeigen, ob und inwieweit sich die kommunikativen Erfahrungsräume voneinander unterscheiden. Im Anschluss an die Darstellung der Fallbeschreibungen werden Elemente von *Sustained Shared Thinking* dargestellt, die als Ergebnis der fallimmanenten und fallübergreifenden vergleichenden Analyse als konstituierend beschrieben werden können und das bestehende Konzept des Interaktionsprozesses erweitern.

In der nachfolgenden Darstellung der empirischen Analyse werden die Befunde zu *Sustained Shared Thinking* vorangestellt. Daran anschließend finden sich die Analysen zum Konzept der *Direkten Unterweisung* und der *Sozialen Interaktionen*, die durch die Vergleichsperspektive einen Eindruck über die Varietäten der Interaktionsprozesse gibt.

13.1 Fallanalysen: *Sustained Shared Thinking*

Sustained Shared Thinking umfasst das Verständnis einer Kognitiven Interaktion, das die aktive Beteiligung der Pädagogin und eines oder mehrerer Kinder voraussetzt, die gemeinsam einen Problemlöseprozess vorantreiben oder ein gedankliches Konzept weiterentwickeln (vgl. Siraj-Blatchford et. al. 2002). Dieses Verständnis liegt in operationalisierter Form den Gesprächsabschnitten zugrunde, die im ersten empirischen Teil dieser Arbeit als *Sustained Shared Thinking* eingeschätzt wurden. Diese Art von Interaktion ist mit der Vorstellung gleichberechtigter Gesprächspartner verbunden, die sich über einen Inhalt austauschen, den sie in irgendeiner Weise in einen Bedeutungszusammenhang einordnen. Gleichwohl finden die Interaktionen in einem institutionellen Kontext statt, der durch die pädagogisch-didaktische Gestaltung der Lehr-Lern-Settings einen formalen Rahmen schafft.

Einstieg in Sustained Shared Thinking *Prozesse*

In den Eröffnungsphasen von *Sustained Shared Thinking* Prozessen wird deutlich, dass sich die Rollen von Pädagogin und Kindern im Diskursverlauf unterscheiden. *Sustained Shared Thinking* wird überwiegend durch die Pädagogin eingeleitet. Offene Fragen übernehmen dabei die Funktion der Gesprächseröffnung, sie dienen der Aufmerksamkeitsbündelung und auch der Motivierung der Kinder für die inhaltliche Auseinandersetzung, indem nicht nur Fragestellungen präsentiert werden, sondern, wie im Transkriptausschnitt 1, auch ein Vorschlag für die Lösung angeboten wird.

10	[Pädl:	Der Ball kommt runter. Was passiert mit dem Ball, wenn er ganz unten auf'm Boden ist. (1)
11		schaut mal ganz genau hin.
12	Narin:	(xxx)
13	Hidir:	Hoch wieder.
14	Narin:	(Da wird der so-)
15	[Pädl:	Der will wieder hoch-
16	Narin:	Weil weil- (.) weil er (.) weil der weil der weil der hoch ma=ag?

Transkriptausschnitt 1:   *Sustained Shared Thinking* SST2_KW17_OG_G3

Fragen, die *Sustained Shared Thinking* Prozesse eröffnen, werden häufig als Herausforderung für die Kinder formuliert. Es lässt sich beobachten, dass die Kinder dadurch in eine Situation des untereinander Wetteiferns eintreten. Sie antworten sehr spontan, ohne lange zu überlegen. Gegebene Antworten anderer Kinder werden dabei häufig wiederholt. Die Geschwindigkeit der Interaktion wird durch die Verwendung von Einwortsätzen erhöht, was im nachfolgenden Transkriptausschnitt 2, der die Eröffnung eines *Sustained Shared Thinking* Prozesses zeigt, deutlich wird.

9	Pädl:	Ok. Und wer kann mir sagen, was das hier ist? *[Pädl nimmt etwas aus der Mitte des Tisch*
10		*(vermutlich eine kleine Glühbirne) und hält diese hoch.]*
11	Aldrin/Nevin/Vadim:	Licht
12	Nevin:	Licht *[Nevin steht auf und dreht sich zu Pädl um, um etwas sehen zu können]*
13	Pädl	Ist gar kein Licht da drin.
14	Adnan:	Lampe
15	Vadim/Adil/Lajos:	Lampe

Transkriptausschnitt 2: *Sustained Shared Thinking* SST15_Woche5A_G2

Im Prozess des Ausprobierens können auch beobachtete Phänomene zum Anlass von *Sustained Shared Thinking* werden. Zu beobachten sind zwei sich unterscheidende Diskursverläufe. Erstens: Kinder entdecken ein interessantes Phänomen und weisen darauf hin. Dieser Stimulus wird von der Pädagogin aufgegriffen und in Form einer offenen Frage oder auch der Aufforderung zu beschreiben, was beobachtet werden kann, an die Kinder zurückgegeben wie im Transkriptausschnitt 3.

2	[Tamer:	(xxx) zwei!
3	Pädl:	Ooohhh. Was fällt dir denn daran jetzt auf? Sind die genauso hell wie die anderen?
4	Tamer:	Nein.
5	Pädl:	Was ist'n damit passiert?
6	Simran:	Guck.
7	Pädl:	Simran, hörst du einmal zu?
8	Tamer:	Das leuchtet wenig.

Transkriptausschnitt 3: *Sustained Shared Thinking* SST13_Woche5A_G1

Zweitens: Das Kind selbst fordert zu einer Auseinandersetzung mit dem entdeckten Phänomen oder der Problemstellung auf. *Sustained Shared Thinking* Prozesse werden dann von einem Kind eingeleitet, auch wenn dies seltener stattfindet. Während die Pädagogin die Interaktion über die Formulierung offener Fragen eröffnet, lässt sich beobachten, dass die Prozesse dann von Kindern eingeleitet werden, wenn diese ein Problem wahrgenommen haben, auf das sie aufmerksam machen möchten, bzw. das sie offenbar nicht alleine lösen können. Der folgende Transkriptausschnitt 4 zeigt eine Situation im Lehr-Lern-Setting, in welcher die Pädagogin versucht eine Bastelphase abzuschließen. Damit ist ein Mädchen nicht einverstanden, das festgestellt hat, dass das Bastelergebnis nicht dem angekündigten Ziel entspricht, die Fische (aus Papier) angeln zu können. Dabei reagiert die Pädagogin untypisch, wenn man von einer all-täglichen Gesprächssituation ausgeht. Sie antwortet nicht direkt auf die Äußerung des Mädchens, sondern bestätigt ihre Feststellung und wiederholt diese für die Gruppe. Die Beobachtung des Mädchens wird von der Pädagogin positiv bewertet. Die

Reformulierung des beobachteten Problems hat eine frageähnliche Funktion für den Diskursverlauf. Dies wird durch die Reaktionen der Jungen Hakan und Timo deutlich, die Erklärungsvorschläge anbieten.

1	PädII:	...legen jetzt mal bitte die Angeln hin.
2	Zarife:	Aber (.) aber er klebt nicht guck hier.
3	PädII:	Ganz genau. Da hat die Zarife was erkannt. (.) Die Fische bleiben ja gar nicht an den
4		Angeln hängen.
5	[Hakan:	Weil da f die Fische sind nicht aus Magneten die sind aus Papier.
6	[Timo:	Ja weil weil die klam- weil da muss die Klammer noch dran.
7	Zarife:	(Ja) so.

Transkriptausschnitt 4: *Sustained Shared Thinking* SST6_KW5_OG_G2

Es kann festgehalten werden, dass innerhalb dieses institutionellen Kontextes die Gesprächspartner nicht gleichberechtigt in dem Sinne sind, dass alle Teilnehmer die gleichen Rechte zur Lenkung des Diskursverlaufes besitzen bzw. für sich in Anspruch nehmen.

Bereitschaft und Konzentration der Kinder

Die Einleitung der analysierten *Sustained Shared Thinking* Prozesse ist überwiegend erwachseneninitiiert. Sie führt nur dann zu einem erfolgreichen Interaktionsprozess, wenn sie auf die deutliche Bereitschaft mindestens eines Kindes trifft, sich auf die vorgegebene Interaktionsstruktur und das von der Pädagogin festgelegte Thema einzulassen. In der Eingangsphase des *Sustained Shared Thinking* Prozesses im Transkriptausschnitt 5 wird deutlich, dass die Bereitschaft des Kindes auch beinhaltet, nicht auf Störversuche anderer Kinder zu reagieren. Im Transkriptausschnitt 5 fragt die Pädagogin explizit einen Jungen, Salem, nach seinen Erwartungen bezogen auf ein Phänomen. Es entsteht eine dyadische Interaktionssituation zwischen den beiden, die durch eine Frage von Daniela gestört wird. Daniela macht deutlich, dass sie nicht beim gleichen Thema wie die Pädagogin ist, sie folgt der Gesprächseinführung nicht, sondern verfolgt ein eigenes Thema. Die Pädagogin reagiert nonverbal verneinend auf Danielas Einwand und beendet damit gleichzeitig die Interaktion mit ihr. Salem lässt sich nicht von dieser kurzen Unterbrechung ablenken, sondern greift das Gesprächsangebot der Pädagogin auf und entscheidet sich damit für die inhaltlich-thematische Auseinandersetzung.

1	PädII:	Salem, was ist der Unterschied, wenn wir die Steinkugel fallen lassen. Wie sieht`n des
2		aus?
3	[Daniela:	(xxxx) gleich schreien?
4	PädII:	\<nickt verneinend>]
5	Salem:	Weil da ist klein da is da da is groß da is klein.
6	[Timm:	heißt du Salem?]
7	PädII:	Woran könnte des liegen, dass bei der Steinkugel so große Abdrücke sind und beim
8		Holz-
9	[Aydil:	((haa))]
10	Salem:	(xxx) wegen der Steinkugel ist groß und diese Holzkugel ist klein.

Transkriptausschnitt 5:   *Sustained Shared Thinking* SST1_KW17_OG_G1

Fehlt diese Bereitschaft auf Seiten der Kinder, dann laufen auch die Bemühungen der Pädagogin um eine Interaktion ins Leere. Kommt es in diesen Situationen nicht zu einem Gesprächsabbruch, übernimmt die Pädagogin in der Regel die Lenkung der Interaktion, die im Sinne der *Direkten Unterweisung* als erwachsenenzentriert beschrieben werden kann. Im nachfolgenden Transkriptausschnitt 6, der aus einer *Direkten Unterweisung* stammt, erhält die Pädagogin eine abweisende Rückmeldung auf ihre Frage. Diese erhält sie jedoch erst, nachdem sie das aufmerksamkeitsbündelnde Signal *Hallo* (Transkriptausschnitt 6, Z. 48) vor ihre wiederholte Frage setzt. Die Kinder machen durch ihr Verhalten ihre nichtvorhandene Gesprächsbereitschaft deutlich. Diese äußert sich in einem fehlenden Blickkontakt und der Weigerung der Aufforderung nachzukommen, zu prüfen *was dazwischen* (Transkriptausschnitt 6, Z. 43) ist. Brea macht mit ihrer Äußerung *Ich seh gar nichts* (Transkriptausschnitt 6, Z. 52) deutlich, dass ihre situative Orientierung nicht mit der der Pädagogin vereinbar ist.

43	PädI:	Also was ist denn hier dazwischen? *[Brea und Jiao Yu sitzen wieder. Emine „lümmelt"*
44		*in ihrem Stuhl und hat dabei ihr Glühbirnchen in der Hand. Keines der Kinder blickt in*
45		*PädIs Richtung.]*
46	[Brea:	kaputt gegang.
47	Rasim:	ich wollte das]
48	PädI:	Hallo. Was ist denn hier dazwischen, zwischen den zwei Stäben hier? *[Die Kinder*
49		*blicken wieder zu PädI bzw. auf das Whiteboard. PädI blickt auch auf das*
50		*Whiteboard.]*
51	Jiao Yu:	\<ruft (XXX)>
52	Brea:	Ich seh gar nichts.

Transkriptausschnitt 6:   *Direkte Unterweisung* DU2_Woche5A_G2

Neben der Bereitschaft der Kinder, sich auf das inhaltliche Gespräch mit der Pädagogin einzulassen, ist die beobachtbare Konzentration der Kinder, die im Transkriptausschnitt 5 bei Salem durch eine geringe Ablenkbarkeit durch konkurrierende Gesprächs- bzw. Aktivitätsangebote deutlich wird, ein weiteres Merkmal, das *Sustained Shared Thinking* Prozesse charakterisiert. Die aktive Bereitschaft, sich auf das von der Pädagogin vorgeschlagene Thema einzulassen und sich darauf zu konzentrieren, lässt sich auch mit den Konstrukten der motivationalen Orientierung und der Fähigkeit der Selbstregulation beschreiben, die hier in gleichem Maße für die Aufrechterhaltung der Interaktion bedeutsam sind. Beide werden als Bestandteil der kognitiven Basisqualifikationen beschrieben (vgl. Expertenrat Herkunft und Bildungserfolg 2011, 31). *Sustained Shared Thinking* unterstützt die Entwicklung dieser Fähigkeiten. Daneben kann die Konzentration auf den Gesprächsverlauf nicht nur bei den aktiv beteiligten Kindern beobachtet werden, sondern auch bei den zuhörenden Kindern. Der Transkriptausschnitt 7 aus einem *Sustained Shared Thinking* Prozess umfasst einen Diskurs zwischen der Pädagogin und Jolie darüber, was mit den zuvor gebastelten Fischen weiter geschehen soll.

8	PädII:	...fertig sind. (.) aber du kannst schon mal überlegen, was könnten wir denn mit den Fischen
9		machen? *[Jolie und PädII sehen sich an]*
10	Jolie:	Da da dran tun. *[Jolie blickt von PädII auf den Tisch. Mit der rechten Hand und gestrecktem*
11		*Zeigefinger zeigt sie in Richtung der, auf dem Tisch liegenden Bastelmaterialien. PädII folgt*
12		*ihrer Zeigegeste und blickt zu den Materialien.* **Tim blickt kurz auf in Richtung von Jolie.**]
13	PädII:	Mh=mh. (.) aber halten die denn einfach an der Schnur? *[PädII sieht wieder Jolie an. Ludwig*
14		*und Jolie antworten gleichzeitig.* **Tim blickt kurz auf.**]
15	Ludwig:	Ja. *[Ludwig schneidet weiter seinen Fisch dabei aus. Er blickt nicht auf.]*
16	[Jolie:	Nee mit zu da muss man ein Loch machen und zubinden. *[Jolie verdeutlich das „Zubinden"*
17		*gestisch, indem sie die linke Hand zur Faust geschlossen hochhält und mit der rechten Hand*
18		*kreisende Bewegungen darüber macht. PädII sitzt wieder mit verschränkten Armen da und*
19		*beobachtet Jolie aufmerksam.]*
20	PädII:	Aber macht denn Angeln Spaß, wenn wir den Fisch schon hin gebunden haben? *[PädII hebt*
21		*ihre rechte Hand und bewegt diese leicht hoch und runter.]* Wir wollen den doch angeln.
22		*[3sekündige Redepause in der Jolie und PädII sich ansehen.]* Mmh. Was könnten wir denn-
23		wie ham wir denn letzte Woche geangelt? Weißte des noch?
24	Jolie:	Ja (.) diesen Magnet haben wir so geangelt mit den den runden Büroklammern. *[Jolie*
25		*nimmt den auf dem Tisch liegenden Stabmagneten in die rechte Hand und „angelt" damit*
26		*Büroklammern, die am Stabmagneten hängen bleiben. Sie hält den Magneten mit den*
27		*daran hängenden Büroklammern zwischen sich und PädII hoch.* **Hidir blickt kurz auf und in**
28		**Richtung von Jolie.**]
29		*[PädII beginnt gleichzeitig zu sprechen]*

Transkriptausschnitt 7:   *Sustained Shared Thinking* SST7_KW5_OG_G3

Während die beiden sich unterhalten, sind die anderen Kinder in der Gruppe noch damit beschäftigt ihre Fische zu basteln. Durch nonverbale Aufmerksamkeitssignale wird deutlich, dass sowohl Tim als auch Hidir dem Gespräch aufmerksam folgen. Tim blickt von seiner Basteltätigkeit auf, als Jolie durch eine sprachbegleitende Gestik das Gesagte verdeutlicht. Tim verfolgt das Gespräch offensichtlich, denn er blickt an dieser Stelle auf. Er könnte dem Inhalt des Gesprächs nicht weiter folgen, würde er an dieser Stelle nicht zu ihr blicken (Transkriptausschnitt 7, Z. 12 auch Z. 14). Tim verschafft sich dadurch, dass er hinsieht, einen Eindruck über die Gegenstände, über die PädII und Jolie sich unterhalten. Später, als Jolie eine Idee vorträgt und diese ebenfalls ausprobierend begleitet, hebt Hidir seinen Blick, um verfolgen zu können, was Jolie demonstriert (Transkriptausschnitt 7, Z. 27f.). In beiden Situationen heben die Jungen exakt dann den Blick, als das Gesagte der Gesprächspartner nicht selbsterklärend ist, sondern erst durch die begleitenden Handlungen verstehbar wird.

Dyadische und polyadische Gesprächsstruktur

Obwohl die Lehr-Lern-Einheiten in Kleingruppen von sechs bis sieben Kindern durchgeführt werden zeigt sich, dass *Sustained Shared Thinking* häufig im dyadischen Gespräch umgesetzt wird. Der obige Transkriptausschnitt 7 macht deutlich, dass sich das Gespräch zwischen der Pädagogin und Jolie vollzieht. Dabei sind die anderen Kinder durchaus aufmerksam und beteiligen sich in Form von Zwischenrufen, die entweder keinen Einfluss auf den Fortgang des Gesprächs haben oder als externe Anregung aufgenommen werden, ohne die Person in die Interaktion aktiv einzubeziehen. Im weiteren Verlauf des Gesprächs zeigt sich, dass in dem Moment, in dem ein zweites Kind sich aktiv in die Interaktion einzubringen versucht, die Interaktion rituell beendet wird, wobei ein divergierendes Verhalten der Pädagogin beobachtbar ist. Als Ludwig aktiv versucht sich in das Gespräch einzubringen (Transkriptausschnitt 8, Z. 44), beginnt der Interaktionsprozess sich aufzulösen und wird schließlich rituell abgebrochen. Die Pädagogin ist zwar bemüht, Ludwig in das Gespräch einzubeziehen, indem sie ihn bittet zu erklären, warum er davon ausgeht, dass der Papierfisch nicht halten wird (Transkriptausschnitt 8, Z. 45). Gleichzeitig bringt sie nicht die gleiche Intensität an Zuwendung und Konzentration für Ludwig auf, wie zuvor für Jolie. Ihr nonverbales Verhalten weist die Elemente einer rituellen Konklusion des Gespräches auf, indem sie sich von Ludwig abwendet und sich währenddessen damit beschäftigt, die Bastelmaterialien aufzuräumen. Später (Z. 59) spricht sie sogar parallel zu Ludwigs Äußerung, indem sie Anweisungen zum Aufräumen an Ludwig erteilt. Der Prozess des *Sustained Shared Thinking* ist in dieser Konstellation als exklusiver Austausch zwischen Jolie und der Pädagogin angelegt, der durch die Einmischung von Ludwig unterbrochen wird. In der Situation dokumentiert sich eine divergente Orientierung der Pädagogin, die eine nicht restriktive Gesprächskultur in der Gruppe umzusetzen versucht, jedoch in der Situation daran scheitert, die dyadische Konstellation zugunsten der Beteiligung mehrerer Kinder aufzulösen.

41	Jolie:	Warte mal. *[Jolie greift zur Hand von PädII und nimmt den Stabmagnaten in ihre eigene*
42		*rechte Hand. Jolie führt die Handlung nun selbst aus und drückt den Stabmagneten*
43		*mehrfach auf den vor ihr liegenden Papierfisch. Ludwig beobachtet Jolies Handlung.]*
44	Ludwig:	Nein. Geht nicht. *[PädII wendet sich zu Ludwig, der rechts neben ihr sitzt.]*
45	[PädII:	Warum geht des nicht Ludwig? *[PädII wendet sich danach von Ludwig ab und sitzt wieder*
46		*„gerade" am Tisch. Sie greift gleichzeitig zum Mikrofon und berührt es kurz.]*
47	Ludwig:	Ich weiß wie. Mit ein Büroklammer. *[Ludwig wendet sich langsam PädII zu. PädII dreht sich*
48		*wieder zu Ludwig.]*
49	PädII:	Ah-h. Wie meinst du denn? Zeig mal. *[PädII blickt auf den Tisch und nimmt eine*
50		*Büroklammer in die Hand, die sie Ludwig hinhält. Ludwig nimmt die Büroklammer. Mit der*
51		*nun freien Hand greift PädII auf den Tisch und nimmt das dort liegende, restliche Tonpapier*
52		*und zerknüllt es.]*
53		*[Ludwig und Jolie beginnen gleichzeitig zu sprechen. Ludwig hat neben der Büroklammer*
54		*seinen Papierfisch in den Händen und probiert etwas aus. Jolie hält auch ihren Papierfisch in*
55		*der Hand. Ludwig wird von PädII unterbrochen.]*
56	Ludwig:	Auf den (xxx) w- wenn man immer (.) s- s hier so...
57	[Jolie:	ich ich hab noch nicht (xxx)- *[Jolie blickt in Richtung von PädII und öffnet kurz die Hände, in*
58		*denen sie ihren Fisch festhält.]*
59	[PädII:	Die Schere bitte zurück. *[PädII unterbricht Ludwig und blickt in dem Raum zwischen sich und*
60		*Ludwig auf den Boden [[nicht sichtbar: wo die Materialien liegen]]. Ludwig redet weiter*
61		*(Z.57) und gibt dabei die Schere zurück]*
62	[PädII:	danke. *[PädII unterbricht Ludwig erneut, der aber weiterspricht.]*

Transkriptausschnitt 8:   *Sustained Shared Thinking,* Fortsetzung SST7_KW5_OG_G3

Wird der Prozess von Beginn an durch die Beteiligung mehrerer Akteure getragen, kommt es nicht zu dem oben beobachteten Gesprächsabbruch. Anders als in der dyadischen Konstellation ist hier nicht die Förderaufmerksamkeit der Pädagogin auf ein Kind gerichtet, sondern auf das gemeinsame Weiterentwickeln der Idee. Das versehentliche Verschütten von Wachs im Transkriptausschnitt 9 zeigt, wie der Einstieg in einen *Sustained Shared Thinking* Prozess mit mehreren Akteuren erfolgreich gelingt. Die Beteiligten formulieren, was für Ereignisse sie erwarten, und wägen eigene Vorstellungen gegenüber den Vorschlägen anderer Kinder ab. Die Rolle der Pädagogin ist weniger zentral als in der dyadischen Konstellation. Im Vordergrund steht die Beobachtung des Phänomens, d.h. zu beobachten, was aus dem verschütteten, flüssigen Wachs auf dem Tisch wird.

Diskursverlauf

Die Lenkung des Diskurses wird von der Pädagogin übernommen, die Rederechte verteilt und Redebeiträge gezielt eingefordert. Trotzdem lässt sich eine grundsätzliche Offenheit beobachten, die es den Kindern erlaubt, Vorschläge und Ideen spontan einzubringen (vgl. Zarife im Transkriptausschnitt 9, Z. 8), wenn der Diskurs nicht explizit als dyadischer angelegt ist.

1	Timo:	...ausgegossen.
2	Pädl:	und was passiert jetzt mit dem Wachs? sollen wir mal gucken?
3	Timo:	das wird kalt und dann wird hart (.) das wird hart
4	[Pädl:	und wie-
5	Hakan:	nein (.) das wird austrocknen.
6	Pädl:	Hakan. was passiert denn mit dem Wachs, wenn ´s (.) kalt wird?
7	[Hakan:	dann wird´s austrocknen]
8	[Zarife:	klebt
9	Timo:	hart

Transkriptausschnitt 9: *Sustained Shared Thinking* SST16_KW20_OG_G2

Die Kinder richten ihre Äußerungen innerhalb des Diskurses direkt an die Pädagogin, wodurch deren dominante Rolle in der Diskurslenkung gestärkt wird. Die Orientierung an der Pädagogin ist selbst dann zu beobachten, wenn die Sitzordnung um einen Gruppentisch aufgelöst wird und die Gruppe im Kreis auf dem Boden sitzt, wie im Transkriptausschnitt 10 aus einer Lehr-Lern-Einheit, in der untersucht wurde, warum Bälle springen[55]. Ausgehend von einer von der Pädagogin formulierten Frage verläuft der Diskurs in einer Abfolge von Propositionen und Anschlusspropositionen, die das Verständnis der Kinder, aber auch der Pädagogin, über den jeweiligen Gegenstand zum Inhalt haben. Abwechselnd kommen dabei Kinder und die Pädagogin zu Wort. Die Aufrechterhaltung der Interaktion verläuft jedoch immer über die Formulierung von Fragen, die von der Pädagogin ausgehen (vgl. Transkriptausschnitt 5, Z. 7; Transkriptausschnitt 7, Z. 20; Transkriptausschnitt 10, Z. 13). Dabei lassen sich die Grundelemente des Scaffoldings, wie sie in Kapitel 3.3 vorgestellt wurden, entdecken. Die Pädagogin nutzt ihren Wissensvorsprung, um die Kinder dazu anzuregen eine Aufgabe oder Fragestellung zu lösen. Während die einleitenden Fragen das Interesse der Kinder an der spezifischen Frage wecken sollen, sind die im Diskursverlauf formulierten Fragen geeignet, um die Motivation und Konzentration der Kinder am Problemlöseprozess aufrechtzuerhalten. Diese inhaltliche Lenkung wird in Zeile 13 (Transkriptausschnitt 10) deutlich.

---

55 Da in der Einheit die praktischen Phasen des Ausprobierens viel Platz in Anspruch genommen hatten, wurde die Einheit in den Turn- bzw. Mehrzweckräumen der Einrichtungen durchgeführt. Die inhaltlichen Gespräche wurden entsprechend nicht wie üblich an einem Gruppentisch durchgeführt (vgl. Seite 129), sondern auf Sitzkissen bzw. Sportmatten auf dem Boden. Die Sitzordnung war kreisförmig angeordnet.

1	Pädl:	...und zwar (.) warum springt ein Ball?
2	Vadim:	Darum, dass er zum spielen ist.
3	[Lajos:	Weil-
4	Pädl:	Das ist zum Spielen ein Ball.
5	Adnan:	Weil wir haben da drinne Pumpe gemacht.
6	[Vadim:	Und vom Fußball...
7	Pädl:	Der (1) der Adnan hat grade ges-
8	Lajos:	Weil der macht Luft.
9	Pädl:	Ja. Da ist Luft drin. Der ist aufgepumpt, ne. Das ist richtig. Hier ist Luft drin und der ist
10		aufgepumpt.
11	Vadim:	Ich (.) ich-
12	Adnan:	Ich habe auch ein Ball.
13	Pädl:	Also was passiert denn jetzt mit dem Ball, wenn ich den fallenlasse?
14	Lajos:	Der macht bum bum bum.

Transkriptausschnitt 10: *Sustained Shared Thinking* SST4_KW17_A_G3

Die Auflösung von Sustained Shared Thinking

Im Transkriptausschnitt 8 wurde deutlich, dass die dyadisch angelegte *Sustained Shared Thinking* Interaktion rituell von der Pädagogin beendet wird, als sich ein weiteres Kind aktiv versucht zu beteiligen. In diesem Moment divergieren sprachliche und gestische Signale der Pädagogin, die auf der einen Seite das Kind sprachlich animiert, seinen Erklärungsansatz darzulegen, sich andererseits gestisch jedoch deutlich von dem Jungen abwendet und sich schließlich auch mit etwas anderem beschäftigt. Als sie ihm schließlich ins Wort fällt, d.h. parallel beginnt ihn aufzufordern seine Bastelutensilien zurückzugeben (Transkriptausschnitt 8, Z. 59), sind die grundlegenden Voraussetzungen von *Sustained Shared Thinking* nicht mehr vorhanden. Die Pädagogin teilt nicht die inhaltliche Orientierung mit dem Jungen Ludwig, sondern beschäftigt sich mit der organisatorischen Gestaltung der Lehr-Lern-Situation. Die Pädagogin hat die Interaktion in eine *Direkte Unterweisung* überführt, die nicht mehr durch die inhaltliche Auseinandersetzung mit der eigentlichen Frage oder Problemstellung gekennzeichnet ist, sondern sich auf die Aufgabenorganisation beschränkt. Die Überleitung von *Sustained Shared Thinking* in eine *Direkte Unterweisung* ist immer dann zu beobachten, wenn der *Sustained Shared Thinking* Prozess durch die Pädagogin beendet wird. Dies geschieht nicht abrupt, sondern entwickelt sich, wenn der Prozess der gemeinsamen Problemlösung ins Stocken gerät, weil die Kinder entweder an einer (unpassenden) Vorstellung festhalten oder nicht auf eine neue Idee kommen. Dabei ist auch der Versuch des Scaffoldings als nicht erfolgreich zu beobachten, mithilfe lenkender Fragen zu veränderten Vorschlägen der Kinder zu kommen. Das Scaffolding, bzw. der Versuch des Scaffoldings, wird dann dadurch abgelöst, dass die Pädagogin eine Erklärung für das ungelöste Problem gibt bzw. einen Sachverhalt richtig stellt, um eine Problemlösung zu unterstützen. Die Pädagogin bricht somit den *Sustained Shared Thinking* Prozess ab und leitet eine *Direkte Unterweisung* ein. Im nachfolgenden Transkriptausschnitt 11 haben die Kinder beobachtet, dass ein Teelicht erlischt, wenn man ein Glas darüber stellt. Sie sind bereits dabei, ihre Vorstellungen darüber zu sammeln, warum die Flamme ausgeht. Hidir ist überzeugt davon, dass die Kerze unter dem Glas erloschen ist, weil sich Luft in dem Glas befindet. Trotz der ergänzenden Information der Pädagogin, dass auch im Raum Luft ist (Z. 17f.), antwortet Narin etwas später (Z. 28) wieder, *weil da viel Luft drin ist*. Es kommt zu keiner weiteren bzw. davon abweichenden Idee, obwohl Jolie mehrfach zu einer Antwort ansetzt. Am Ende stellt sie lediglich fest, dass das Glas heiß wird (Z. 29). Der Prozess des gemeinsamen Vorantreibens der Vorstellung wird an dieser Stelle von der Pädagogin unterbrochen (Z. 30). Sie unternimmt keinen erneuten Versuch des Scaffoldings, sondern beginnt damit, eine Erklärung anzubieten.

14	Pädl:	Was is´n deine Idee, warum die Kerze ausgegangen ist?
15	[Narin:	(xxx)]
16	Hidir:	Weil da drinne Luft ist.
17	Pädl:	Weil da drin Luft ist aber hier ist doch auch Luft. Da geht die Kerze doch auch nicht aus. (1)
18		warum geht die Kerze aus, wenn ich das Glas da drauf stelle?
19	Narin:	Weil das (pinkelt)
20	Pädl:	Onur
21	[<lachen>]	
22	Pädl:	Da (.) es geht wieder aus.
23	Jolie:	Wenn ich das-
24	[Pädl:	Jolie. Weißt du warum die ausgeht?
25	Jolie:	Ja=a.
26	Pädl:	Was ist deine dein Vorschlag?
27	Jolie:	Es geht ka (.) es geht aus weil weil da-
28	[Narin:	Weil da (.) viel Luft drin ist.
29	Jolie:	Oh ich fühl da schon, dass da heiß ist.
30	Pädl:	Also ich erzähl´s euch (.) bei der Luft ist das genauso, wie wenn man bei uns...

Transkriptausschnitt 11: *Sustained Shared Thinking* SST17_KW20_OG_G3

Die Überleitung eines *Sustained Shared Thinking* Prozesses in eine *Direkte Unterweisung* ist daneben auch beobachtbar, wenn das gemeinsame Voranbringen einer Vorstellung gelingt. Im Transkriptausschnitt 12 überlegen die Kinder, dass sie Strom benötigen, um ein Glühbirnchen zum Leuchten zu bringen. Die Pädagogin wirft die Frage auf, wo sich Strom befindet, den sie nutzen können. Adnan deutet auf die Blockbatterien auf dem Tisch. Offensichtlich fehlt ihm der Batterie-Begriff, da er sich ausschließlich der Zeigegeste bedient (Z. 45f.). Die Pädagogin benennt die Blockbatterie nicht, sondern greift lediglich seine Äußerung auf *Adnan sagt gerade, hier ist Strom drinne.* (Z. 49). Diesen Vorschlag Adnans greift die Pädagogin als Impuls auf, um eine neue Aufgabe einzuführen. Die Kinder sollen mit den Drähten, der Blockbatterie und dem Glühbirnchen einen einfachen Stromkreis basteln. Um diesen herzustellen instruiert die Pädagogin die Kinder und beginnt schrittweise das Vorgehen zu erläutern. Der Prozess des *Sustained Shared Thinking* diente an dieser Stelle, um gemeinsam zu erarbeiten, dass es notwendig ist, eine Verbindung zwischen der Stromquelle und dem Birnchen herzustellen.

36	Pädl:	Nee. Das wird auch nicht funktionieren. Wer hat noch `ne Idee wie man diese Lampe hier
37		zum Leuchten bringt?
38	Vadim:	Mit das. Da muss (mal das) vielleicht.
39	Pädl:	Also ihr habt schon gesagt, da muss Strom rein. Wo haben wir denn hier Strom?
40	[Adnan:	Strom.
41		*[Adnan und Vadim zeigen mit ausgetreckten Armen zur Deckenlampe.]*
42	Vadim:	Da.
43	Adnan:	Da.
44	Aldrin:	Hier. *[Aldrin zeigt aus der Kameraperspektive nach rechts.]*
45		*[Adnan langt mit ausgestrecktem Arm in die Mitte des Tisches und deutet auf etwas, dabei*
46		*blickt er Pädl direkt an.]*
47	Pädl:	Wo ist hier Strom? Adnan?
48	Aldrin:	In der Steckdose. *[Aldrin zeigt immer noch nach rechts.]*
49	Pädl:	Der Adnan sagt gerade hier ist Strom drinne. Da nimmt sich jeder jetzt mal eins von den
50		Drähten hier. *[Pädl deutet auf die Drähte in der Mitte des Tisches, auf die Adnan immer*
51		*noch zeigt. Sie nimmt ein Bündel Drähte und verteilt diese einzeln an die Kinder.]*
52	Vadim:	Mit diesem.
53	Pädl:	Jeder bekommt jetzt mal hier so ein Ding. Die sehen auch...

Transkriptausschnitt 12: *Sustained Shared Thinking* SST15_Woche5A_G2

Beendet nicht die Pädagogin den Prozess des *Sustained Shared Thinking*, indem sie die Interaktion in eine *Direkte Unterweisung* überführt, sondern kommt es durch die Kinder zu einer Beendigung, lassen sich fast ausschließlich rituelle Konklusionen beobachten. Diese Konklusionen sind dadurch gekennzeichnet, dass die Kinder neue Orientierungen in die Interaktion einbringen, die nicht zu der vorherigen passen. Die Aushandlung von Orientierungen wird noch als eigenständiges Kriterium von *Sustained Shared Thinking* besprochen. Deshalb wird hier einfach nur von einer unterschiedlichen Orientierung ausgegangen, die dann zu einem Abbruch der Interaktion führt, wenn die Kinder ihre Orientierung nicht an die der Pädagogin anpassen, sondern ihre eigene verfolgen. Im Transkriptausschnitt 13 wird das Gespräch beendet, als Hidir seine Orientierung durchsetzt, die nicht darauf gerichtet ist, sich sprachlich-kognitiv mit der Frage auseinanderzusetzen, ob der Flummi springt, sondern es praktisch auszuprobieren (Z. 67f.). Durch die Bemerkung *Siehste. Jetzt fliegt er nämlich weg* (Z. 72) macht die Pädagogin deutlich, dass sie dieses Ergebnis vermeiden wollte.

56	Pädl:	weil der aus Flummigummi ist.(.) oder ist da vielleicht auch Luft drin? Tim ist hier Luft in dem
57		Flummi drin?
58	[Lisa:	nein]
59	Tim:	Mh=mh. Nein.
60	[Hidir:	Gummi]
61	Pädl:	Hidir?
62	[Ludwig: Lass mich mal riechen.]	
63	Hidir:	Das da drin ist Gummi.
64	Pädl:	Da drin ist Gummi, ne. Da ist überhaupt keine Luft drin.
65	[Hidir:	(xxx)]
66	[Ludwig: Lass mich mal riechen.]	
67	Hidir:	Warte das is- das mach ich dann so. *[Hidir nimmt den Flummi schnell in die Hand und wirft ihn*
68		*auf den Boden]*
69	[Ludwig: (xxx)]	
70	Pädl:	Hidir warte mal!
71	Hidir:	Bang (.) o-oh
72	Pädl:	Siehste. Jetzt fliegt er nämlich weg …

Transkriptausschnitt 13: *Sustained Shared Thinking* SST2_KW17_OG_G3

Diese Art der rituellen Konklusion lässt sich immer dann beobachten, wenn ein *Sustained Shared Thinking* Prozess durch die Kinder beendet wird. Aus der gleichen Lehr-Lern-Einheit zur Frage „Warum springt ein Ball?" wird anhand eines *Sustained Shared Thinking* Prozesses aus einer anderen Gruppe verdeutlicht, dass diese unterschiedlichen Orientierungen zwischen Pädagogin und Kindern regelmäßig stattfinden und zur Beendigung der Interaktion führen. Auch im Transkriptausschnitt 14 führt die abweichende Orientierung der Kinder, im Gegensatz zu der von der Pädagogin verfolgten Perspektive, zum Abbruch der Interaktion, da es sozusagen kein gemeinsames Thema gibt, auf das sich der inhaltliche Austausch beziehen kann.

25	PädII:	Genau (.) ist Timm ist denn in der Steinkugel Luft?
26	Timm:	Äh nein. Nein. Das ist steinhart und das ist aus ein (.) Stein
27	[Aydil:	kann ich die Bälle geschenkt?
28	PädII:	nee] Genau.
29	Salem:	Darf ich die anfassen?
30	PädII:	Ja. Aber Timm ihr bleibt alle sitzen.
31	[Daniela:	Darf ich gleich springen lassen?]

Transkriptausschnitt 14: *Sustained Shared Thinking* SST1_KW17_OG_G1

Die Einleitung von *Sustained Shared Thinking* Interaktionen verläuft in der Regel über eine von der Pädagogin formulierte Frage, die das Interesse und die Aufmerksamkeit der Kinder gezielt bündelt. Auch über den Verlauf der Interaktion hinweg sind offene Fragen von großer Bedeutung für die Aufrechterhaltung der Interaktion. Im Sinne des Scaffoldings wird der Problemlöseprozess durch die gezielten Fragen der Pädagogin vorangetrieben. Abhängig ist eine gelingende Interaktion dabei von der Bereitschaft der Kinder, sich auf das von der Pädagogin vorgeschlagene Thema einzulassen. Beendet wird *Sustained Shared Thinking* dann von der Pädagogin, wenn keine inhaltliche Weiterentwicklung im gemeinsamen Austausch mehr zu erkennen ist. *Sustained Shared Thinking* Prozesse erfahren dann eine Überleitung in *Direkte Unterweisung*en, die häufig durch eine referierend-erklärende Gesprächshaltung der Pädagogin gekennzeichnet ist. Beenden die Kinder *Sustained Shared Thinking* Prozesse ist zu beobachten, dass die Herstellung einer gemeinsamen Orientierung nicht gelungen ist.

13.2 Fallanalysen: *Direkte Unterweisung*

Mit der Kategorie der *Direkten Unterweisung* wurden im Rahmen der quantitativ-empirischen Auswertung im ersten Auswertungsteil dieser Arbeit Erwachsenen-Kind-Interaktionen erfasst, die durch die gezielt-lenkende Einflussnahme der Pädagogin gekennzeichnet sind. Diese wird realisiert in einfachen Fragen und didaktischen Instruktionen sowie Aktivitätsbeschreibungen. Auch Interaktionen, die im Kontext der Stundenorganisation stattfinden oder auf das Aufgabenmanagement bezogen sind, werden hierunter erfasst. Der Gesprächsimpuls geht entsprechend dieser Vorannahme von der Pädagogin aus, die die Interaktion unter einer bestimmten Zielperspektive einleitet.

Einstieg in Direkte Unterweisungen

Ausgehend von den diskursbeschreibenden Handlungen der Akteure ist eine einleitende Frage noch kein bestimmender Faktor für den Interaktionsprozess. Von der Pädagogin eröffnete *Sustained Shared Thinking* Prozesse werden durch offene Fragen oder Problemfeststellungen initiiert. Die *Direkte Unterweisung* basiert dagegen eher auf geschlossenen Fragen, die im Sinne eines fragend-entwickelnden Unterrichtsgespräches präsentiert und nach der Beantwortung durch die Kinder mit einem zusätzlichen Erklärungsgehalt durch die Pädagogin belegt werden. Im Transkriptausschnitt 15 wird die einleitende, beschreibungsgenerierende Frage der Pädagogin in eine *Direkte Unterweisung* dargestellt, die nach der Beantwortung durch die Kinder letztlich durch sie selbst mit einem erklärungsergänzenden Inhalt vervollständigt wird (vgl. Transkriptausschnitt 16).

11	Pädl:	Ok. Schaut mal dahinten auf der Tafel, was da drauf ist. Was ist'n das?

Transkriptausschnitt 15: *Direkte Unterweisung* DU2_Woche5A_G2

Im Transkriptausschnitt 16 spezifiziert die Pädagogin die beschreibungsgenerierende Frage (Z. 48), die von Hakim (Z. 55) und Rasim (Z. 57 und 59) unterschiedlich beantwortet wird. Die Pädagogin validiert die Antwort von Rasim, indem sie diese unter Einbezug der Steigerungsform mit *Ganz genau richtig* bestätigt. Im Fortgang der Interaktion reformuliert die Pädagogin nun die gegebene Antwort von Rasim und ergänzt die für die Beschreibung notwendigen Begriffe (Z. 63f.).

48	Pädl:	Hallo. Was ist denn hier dazwischen, zwischen den zwei Stäben hier? *[Die Kinder*
49		*blicken wieder zu Pädl bzw. auf das Whiteboard. Pädl blickt auch auf das*
50		*Whiteboard.]*
51	Jiao Yu:	<ruft (XXX)>
52	Brea:	Ich seh gar nichts.
53	Pädl:	Du siehst das nicht, dann guck mal genau hin. Das ist in deiner Lampe auch. *[Pädl*
54		*geht zurück zu ihrem Stuhl.]*
55	Hakim:	Ein Kopf. *[Rasim hält den gestreckten Arm in Richtung Pädl, während diese*
56		*vorbeigeht zu ihrem Stuhl. Pädl blickt dabei zu Rasim.]*
57	Rasim:	Da sind (Ringe) die sind da drin.
58	[Jiao Yu:	Nein. Des ist ein Klammer nicht ein Kopf.
59	Rasim:	Die sind da drin. *[Rasim hat immer noch den Arm ausgestreckt und hält ihn nach*
60		*oben. Er hält etwas in der Hand. Pädl blickt zu ihm und zeigt mit ausgestrecktem Arm*
61		*auf seine Hand. Emine, Brea, Hakim Samira sind auf ihre eigene Glühbirnen fokussiert.*
62		*Jiao Yu ist zu Hakim gewandt.]*
63	Pädl:	Super. Ganz genau richtig. In der Glühlampe ist nämlich'n kleiner Draht drin. Und der
64		leuchtet. *[Die Kinder blicken kurz auf, als Pädl ihre Stimme erhebt, sehen dann aber*
65		*wieder zu ihren Birnchen.]*

Transkriptausschnitt 16: *Direkte Unterweisung* DU2_Woche5_A_G2

Auch die *Direkte Unterweisung* kann durch die Formulierung offener Fragen angeregt werden, die dann jedoch nicht genutzt werden, um eine gemeinsame Lösung zu erarbeiten bzw. das Kind in die Lage zu versetzen, ein Ergebnis zu produzieren, zu dem es alleine nicht in der Lage gewesen wäre. Transkriptausschnitt 17 stammt aus einer Sequenz, in der mithilfe von Schablonen auf Bastelpapier Fischumrisse gezeichnet werden sollen, die anschließend ausgeschnitten werden können. Die Interaktion geht darauf zurück, dass Sarinee abstrakt feststellt, dass sie etwas nicht kann (Z. 3). Die Pädagogin bietet Sarinee einen neuen Impuls an. Sie korrigiert sich selbst, indem sie ihre ursprüngliche Frage, die keinen Hinweis auf eine mögliche Problemlösung gibt, neu formuliert (Z. 4f.). In der zweiten Frage präsentiert sie Sarinee zusätzliche Informationen, indem sie darauf hinweist, dass *die* Schablonen benutzt werden sollen, um einen Fisch zu basteln. Sie geht somit davon aus, dass diese hierfür zu nutzen sind. Sarinee greift den Gesprächsimpuls der Pädagogin direkt auf, macht mit ihrer Äußerung aber deutlich, dass sie bei einem anderen Thema ist. Während die Pädagogin auf den Fisch-Herstellungsprozess konzentriert ist, verweist Sarinee auf den angestrebten Angelprozess. Zu diesem Zeitpunkt ist die Eröffnungssequenz geeignet, einen *Sustained Shared Thinking* Prozess einzuleiten. Eine andere Ausrichtung erhält die Interaktion durch die Proposition von Simran, die eine didaktische Instruktion formuliert und Sarinee vormacht, was sie mit der Schablone tun soll (Z. 8). Diesen Impuls aufgreifend wendet sich die Pädagogin nun ebenfalls mit der konkret-anweisenden Vorgehensbeschreibung an Sarinee, indem sie beginnt, ihr die Arbeitsschritte zu erklären (Z. 9f.).

3	[Sarinee:	Kann nicht.
4	Pädl:	Hast du denn ´ne Idee, wie wir das machen können? Wie wir die benutzen können, damit
5		du einen Fisch basteln kannst?
6	Sarinee:	Hier dran hängen.
7	Pädl:	Da dran hängen?
8	[Simran:	Guck mal. Wir müssen das nur noch n so nach mmm malen.
9	Pädl:	Ah. Ok, genau Simran. Das meinte ich Sarinee. Dann kannste jetzt den einfach drauf
10		nehmen und dann benutzt du das als Schablone.

Transkriptausschnitt 17: *Direkte Unterweisung* DU1_KW5A_G1

Diskursverlauf der Direkten Unterweisung

Anders als bei Prozessen des *Sustained Shared Thinking* lässt sich für die *Direkten Unterweisungen* kein einheitlicher Diskursverlauf rekonstruieren. Als durchgehendes Charakteristikum zeigt sich die Abhängigkeit der Gesprächsstruktur und der inhaltlichen Ausrichtung von den lenkenden Impulsen der Pädagogin. In der *Direkten Unterweisung* erfolgt die Festlegung des Themas durch die Pädagogin. Im Transkriptausschnitt 18 wird dies durch die Formulierung eines Arbeitsauftrages realisiert. Die Pädagogin legt den Zeitpunkt des Arbeitsschrittes, nämlich *jetzt,* fest und gibt ein festgelegtes Prozedere vor. Sie impliziert, dass alle Kinder ihrer Aufforderung nachkommen werden (Z. 4). Nachfragen der Kinder sind auf das praktische Vorgehen beschränkt und umfassen keine neuen inhaltlichen Gehalte (Z. 5 und Z. 7).

3	PädII:	Gut ich würde sagen, wir fangen damit an Fische zu basteln und zwar haben wir
4		Schablonen mit Fischen mitgebracht (.) hier und ich möchte dass jeder-
5	[Pamela:	Dass wir die jetzt anmalen?
6	PädII:	Nein. Das sind ja meine Schablonen.
7	[Daniela:	Dass wir die(s) nachmalen?]
8	PädII:	Die muss ich- (.) Genau. Ausschneiden.

Transkriptausschnitt 18: *Direkte Unterweisung* DU5_KW5_OG_G1

Weiter oben (vgl. 13.1) wurde bereits deutlich, dass *Sustained Shared Thinking* Prozesse in *Direkte Unterweisung*en übergeleitet werden, wenn die gemeinsame, d.h. gleichberechtigte inhaltliche Weiterentwicklung einer Fragestellungen oder Versuchsanordnung von Pädagogin und Kindern, ins Stocken gerät. *Direkte Unterweisung*en finden dann im Verständnis eines gezielten, inhaltlichen Inputs statt, der eine Handlungsanweisung, wie im Transkriptausschnitt 17, oder auch die Darbietung einer Erklärung, wie im Transkriptausschnitt 19, umfassen kann.

1	PädI:	...ich erzähl's euch (.) bei der Luft ist das genauso wie wenn man bei uns den Mund zuhält
2		(.) die Kerze bekommt kein' Sauerstoff mehr. Die Kerze muss- das Feuer muss auch atmen.
3		das braucht auch Sauerstoff und wenn ich jetzt hier das Licht ähm das Glas drauf mache
4		dann braucht die Kerze den Sauerstoff und ist bald gar kein Sauerstoff mehr da drin, dann
5		kann die Kerze auch nicht mehr brennen, ne. Wir brauchen auch Sauerstoff und (xxx) wir
6		hier zuhalten, kommt nix mehr rein (.) können wir nicht mehr atmen und dann kippen wir
7		um (.) und hier geht halt die Kerze aus, weil die auch kein' Sauerstoff mehr kriegt.
8	[Narin:	Was ist wenn ich (.) und was ist wenn ich keine Luft kriege? Dann sterb ich.

Transkriptausschnitt 19: *Direkte Unterweisung* DU4_KW20_OG_G3

In beiden Fällen wird die Interaktion durch die Pädagogin eröffnet, die durch die Einbettung in einen unterschiedlichen Handlungskontext mit unterschiedlichen Zielperspektiven belegt sind. Während im Transkriptausschnitt 18 die Interaktion der Organisation der Lehr-Lern-Einheit zuzurechnen ist und einen nächsten Arbeitsschritt einleitet, ist die Sequenz aus Transkriptausschnitt 19 im Übergang von *Sustained Shared Thinking* zur *Direkten Unterweisung* durch die Präsentation fachlicher Inhalte gekennzeichnet. Auch im weiteren Verlauf der Interaktionen zeigt sich diese Unterschiedlichkeit in der Ausrichtung des Diskurses. Wie für die Einleitung der *Direkten Unterweisung,* lässt sich auch für den Verlauf keine einheitliche Gestalt darstellen. Im Transkriptausschnitt 20, der aus einer Sequenz stammt, in der die Bestandteile einer Glühbirne erarbeitet werden, verläuft der Diskurs im Sinne eines

Unterrichtsgespräches. Dieser Eindruck wird durch das räumliche Setting, in dem die Pädagogin an einem Whiteboard steht, das ein Äquivalent zur Tafel darstellt, und gezielt Informationen zu einer schematischen Darstellung erfragt, verstärkt.

11	Pädl:	Ok. Schaut mal dahinten auf der Tafel, was da drauf ist. Was ist'n das?
12		*[Pädl zeigt mit ausgestrecktem Arm zu einem Whiteboard, dass sich hinter Rasim und*
13		*Jiao Yu an der Wand (gegenüberliegende Seite der Kamera) befindet. Auf das*
14		*Whiteboard ist eine schematische Glühbirne aufgemalt. Die Kinder wenden sich zum*
15		*Whiteboard.]*
16	Jiao Yu:	Licht. *[Jiao Yu hat sich wieder nach vorne gedreht und hat sein Glühbirnchen und die*
17		*Batterie in der Hand.]*
18	Emine:	Lampe.
19	Brea:	aaaaah *[Brea lässt ihr Glühbirnchen an und schüttelt ihre Hände.]*
20	Pädl:	Da ist auch eine Glühbirne, nee. *[Pädl steht auf und geht zum Whiteboard]*
21	Hakim:	Ah meine ist geklebt.
22	Rasim:	Hm=m. (xxx) wegen Lampe
23	Brea:	Der lebt nie im Leben mehr.
24	Pädl:	Was ist denn das hier drumrum um der äh um die Glühlampe? *[Pädl spricht zum*
25		*Whiteboard gewandt. Die Kinder blicken alle zu ihr.]*
26	Samira:	Die Lampe. *[Jiao Yu steht auf, geht um seinen Stuhl und schiebt von hinten an seinem*
27		*Stuhl herum.]*
28	Brea: Lampe.	
29	Pädl:	Aus was für'm Material ist das? *[Brea steht auch auf, schiebt ihren Stuhl nach hinten,*
30		*bleibt aber am Tisch stehen.]*
31	Hakim:	Guck mal (.) meine klebt. *[Hakim hält mit der linken Hand etwas in Richtung Pädl und*
32		*Jiao Yu.]*

Transkriptausschnitt 20: *Direkte Unterweisung* DU2_Woche5_A_G2

Im Vergleich zum Diskursverlauf der *Sustained Shared Thinking* Prozesse fallen vor allem die Beteiligung und Konzentration der Kinder auf. Die Kinder zeigen im Transkriptausschnitt 20 ein hohes Maß an sprachlicher Beteiligung, folgen dabei aber nicht der inhaltlichen Vorgabe der Pädagogin. Dies zeichnet sich bereits relativ früh durch oppositionelle Äußerungen von Brea (Z. 19) und Hakim (Z. 21) ab, die sich zu einem parallelen Diskurs zwischen Hakim, Rasim und Brea darüber entwickeln, ob ihre Glühbirnchen an etwas kleben. Die drei Gesprächspartner interagieren in einem konjunktiven Erfahrungsraum, sie verstehen sich gegenseitig. Die Pädagogin reagiert nicht auf den sich parallel entwickelnden Diskurs. Der explizite Versuch von Hakim die Pädagogin in diesen Paralleldiskurs einzubinden (Z. 31f.) scheitert, da die Pädagogin auf die oppositionell-performative Darstellung von Jiao Yu (Z. 26f.) reagiert, der sich Brea anschließt (Transkriptausschnitt 21, Z. 38f.). Die Berechtigung dieser parallelen Diskurslinie wird von der Pädagogin entzogen, die bemüht ist, die unterrichtsähnliche Frontallehrsituation wiederherzustellen.

33	Pädl:	Jiao Yu, bleibst du bitte sitzen. *[Brea zieht schnell ihren Stuhl heran und setzt sich, sie*
34		*blickt dabei zu Pädl.]*
35	Jiao Yu:	Ja=a. Da rutsche immer von mein Stuhl. *[Vier Sekunden dauernde Redepause. Pädl*
36		*beobachtet die Kinder vom Whiteboard aus. Jiao Yu schiebt seinen Stuhl zu Recht und*
37		*versucht sich über die seitliche Stuhllehne und die Tischkante auf seinen Stuhl zu*
38		*hieven. Mit Beginn der Redepause steht auch Brea wieder auf und geht um ihren*
39		*Stuhl herum. Sie sich schiebt ihn nach vorne, zum Tisch.]*
40	Hakim:	(xxx) ahh
41	Pädl:	Brea, was machst'n du da jetzt? *[Brea setzt sich wieder.]*
42	Rasim:	Au klebt. (xxx)
43	Pädl:	Also was ist denn hier dazwischen? *[Brea und Jiao Yu sitzen wieder. Emine „lümmelt"*
44		*in ihrem Stuhl und hat dabei ihr Glühbirnchen in der Hand. Keines der Kinder blickt in*
45		*Pädls Richtung.]*

Transkriptausschnitt 21: *Direkte Unterweisung*, Fortsetzung DU2_Woche5_A_G2

Die Bereitschaft der Kinder, sich auf das vorgegebene Thema der Pädagogin einzulassen, geht im Diskursverlauf zurück und wird durch begleitende Versuche der Verhaltensmodifikation von der Pädagogin eingefordert. Die Interaktion hat keinen „intrinsischen" Verlauf, der durch die Beteiligung der Gesprächspartner vorangetrieben wird, sondern wird einseitig durch die Pädagogin forciert. Im Fortgang von Transkriptausschnitt 18, der im Kontext der Direkten Unterweisung die Einführung eines neuen Arbeits- bzw. Bastelschrittes umfasst, zeigt sich die Bereitschaft der Kinder, sich auf den eingebrachten Orientierungsgehalt einzulassen und diesen fortzuführen (vgl. Transkriptausschnitt 22). Der Diskurs zeigt, dass Pädagogin und Kinder sich auf die Verfolgung einer gemeinsamen Absicht geeinigt haben, die die organisierende Tätigkeit der Pädagogin rechtfertigt und von den Kindern angenommen wird, nachdem das genaue Vorgehen ausgehandelt wurde (Z. 5–10).

Die unterschiedlichen Diskursverläufe, mit denen *Direkte Unterweisung*en zu beschreiben sind, finden sich zwar in den operationalisierten Kategorien der Target-Child-Observation-Skala wieder, deuten aber darauf hin, dass *Direkte Unterweisung*en heterogen ausgeprägte Interaktionen umfassen. Interaktionen, die auf eine direkte Instruktion gerichtet sind, weisen dabei unter Umständen andere diskursive Elemente auf als solche, die im Bereich des Aufgabenmanagements angesiedelt werden können. Hinweise darauf liefern die vorliegenden Analysen. Diese Vermutung wird auch unterstützt, wenn man die Beendigung oder Auflösung von Prozessen der *Direkten Unterweisung* betrachtet.

3	PädII:	Gut ich würde sagen, wir fangen damit an Fische zu basteln und zwar haben wir
4		Schablonen mit Fischen mitgebracht (.) hier und ich möchte dass jeder-
5	[Pamela:	Dass wir die jetzt anmalen?
6	PädII:	Nein. Das sind ja meine Schablonen.
7	[Daniela:	Dass wir die(s) nachmalen?]
8	PädII:	Die muss ich- (.) Genau. Ausschneiden.
9	Daniela:	Und dann ausmalen.
10	PädII:	Ausmalen brauchen wir nicht. Ich hab buntes Papier mitgebracht und ich möchte, dass
11		jeder von euch- jeder bekommt zwei Farben (.) dass jeder von euch zwei Fische malt. ich
12		zeig's euch mal einfach. Schaut, seht ihr alle? (1) einfach mit'm Stift (.) einfach hier
13		außen rum um den Fisch malen.
14	Pamela:	Das hab ich auch schon mal gemacht.
15	Timm:	Mh=mh (.) so ähnlich.
16	PädII:	Einfach einmal außen rum (1) und dann kann man's einfach ausschneiden und hat einen
17		Fisch, den wir angeln können. Ok (.) Salem welche Farbe?.
18	[Pamela:	(xxx)]
19	Salem:	äh weiß
20	PädII:	Und welche noch?
21	Salem:	äh rot
22	PädII:	ok. Was du?
23	Pamela:	äh

Transkriptausschnitt 22: *Direkte Unterweisung* DU5_KW5_OG_G1

Auflösung von Direkten Unterweisungen

Während für Prozesse des *Sustained Shared Thinking* beobachtet werden konnte, dass die Auflösung häufig mit einem Übergang in eine *Direkte Unterweisung* verbunden ist, zeigt sich bei der Beendigung der *Direkten Unterweisungen* ein uneinheitliches Bild. Je nach Ausprägung der *Direkten Unterweisung*, ob es sich um eine frontalunterrichtsähnliche Instruktion oder die Anleitung einer konkreten Arbeitsanweisung handelt, lassen sich unterschiedliche Formen der Auflösung bzw. Übergänge in andere Interaktionsprozesse beobachten. Sehr häufig erfolgt die Auflösung der *Direkten Unterweisung*, wenn sich eine aktive Arbeitsphase anschließt, die durch kurze Interaktionen gekennzeichnet ist. Mit dem Transkriptausschnitt 17 wurde bereits weiter oben die Einleitung einer *Direkten Unterweisung* vorgestellt, die im Rahmen der Vorbereitung einer Bastelphase entstand. Die Pädagogin hat Sarinee beim ersten Ausprobieren der Schablone begleitet, indem sie das Mädchen auffordert, ihre Handlungen sprachlich zu begleiten. Im Transkriptausschnitt 23 ist die Auflösung der *Direkten Unterweisung* zu beobachten. Die Pädagogin versichert sich dabei, dass Sarinee mit der Bastelarbeit nun alleine zu Recht kommt (Z. 36) und wendet sich dann von ihr ab und Sami zu (Z. 42). Damit ist auch die *Direkte Unterweisung* beendet, die durch kurze Interaktionen der Pädagogin erst mit Sami, dann mit der Pädagogin II und schließlich mit Rayan abgelöst wird. Die *Direkte Unterweisung* findet sozusagen ein natürliches Ende, nachdem Sarinee in die Lage versetzt wurde selbständig weiterzuarbeiten.

32	[Pädl:	Super (.) und was haste jetzt gemacht?
33	Sarinee:	Fisch.
34	Pädl:	Den Fisch? (.) und wie hast du das- wie ging das? Wie hast du das gemacht?
35	Sarinee:	Mit diesen.
36	Pädl:	Mh=mh (3) prima. Kannst du´s alleine?
37	Sarinee:	Ja.
38	Pädl:	Gut.
39	[Pädll:	schau mal (1) Sami vielleicht (xxx) gell
40	[Simran:	So (.) gemacht. So schnell (.) jetzt mach ich paar Augen.
41	[Sami:	Ja.
42	Pädl:	Oder soll'n wir- soll'n wir lieber 'ne andere Farbe nehmen Sami?
43	Pädll:	Ich glaub mit dem Bleistift (xxx)] wollte unbedingt schwarz
44	Pädl:	Ja, ok gut. Was machste denn für'n Fisch?
45	[Rayan:	Ich hab schwarz gemacht. (.) schwarz auf auf hellblau kann man gut sehen.
46	Pädll:	Ja des stimmt.

Transkriptausschnitt 23: *Direkte Unterweisung*/Kurze Interaktionen DU1_KW5_A_G1

Eine rituelle Beendigung der *Direkten Unterweisung* lässt sich dagegen in der Fortführung der weiter oben präsentierten Sequenzen aus einer unterrichtsähnlichen Frontallehrsituation zum Aufbau eines Glühlämpchens (vgl. Transkriptausschnitt 20, Transkriptausschnitt 21) feststellen. Bereits im Transkriptausschnitt 20 wurde deutlich, dass sich neben dem von der Pädagogin verfolgten Diskurs ein paralleler Diskurs zwischen den Kindern entwickelt. Durch die Aufforderung zur Verhaltensanpassung hat die Pädagogin anschließend versucht, die Interaktion im Sinne der *Direkten Unterweisung* fortzuführen (vgl. Transkriptausschnitt 21). Die Kinder behalten jedoch einen Paralleldiskurs bei. Zur Auflösung der Interaktion kommt es, als die Pädagogin nicht mehr in den parallel stattfindenden Diskurs eingreift und auf die Durchsetzung ihrer inhaltlichen Ausrichtung verzichtet (vgl. Transkriptausschnitt 24).

70	Pädl:	Schaut mal ganz genau hin, da ist zwischen den zwei Stäbchen, da ist so'n so'n kleines
71		da ist so n- *[Pädl nimmt Hakim die Glühbirne aus der Hand und hält sie hoch. Brea*
72		*und Emine sehen ebenfalls zu den beiden. Alle drei Kinder wenden sich schnell wieder*
73		*ab.]*
74	[Hakim:	(xxx)]
75	Brea:	Ich seh das. *[Brea blickt zu Pädl.]*
76	[Pädl:	Guck mal. Siehst du das? Zwischen den zwei Stäben
77	Hakim:	Yo]
78	Jiao Yu:	Ich hör das (xxx) Batterie Batterie. *[Jiao Yu schüttelt die Batterie neben seinem Ohr.]*
79	Rasim:	ich auch *[Rasim schüttelt nun auch seine Batterie.]*
80	Emine:	Meine klappt niemals. *[Pädl blickt zu Brea]*
81	Brea:	Meine klappt niemals.
82	Samira:	oh wird die heiß

Transkriptausschnitt 24: *Direkte Unterweisung*/Kurze Interaktionen DU2_Woche5_A_G2

*Direkte Unterweisung*en werden häufig eingeleitet, wenn im Rahmen einer *Sustained Shared Thinking* Interaktion eine erfolgreiche inhaltliche Weiterentwicklung nicht mehr aussichtsreich erscheint. Über einen präsentierten Erklärungsgehalt oder ergänzende Informationen soll dies erreicht werden. Daneben werden geschlossene Fragen, die auf die Generierung einer ganz bestimmten Benennung oder Beschreibung fokussiert sind, genutzt, um in *Direkte Unterweisung*en einzuleiten. Der Verlauf der *Direkten Unterweisung* ist durch die Lenkung der Pädagogin charakterisiert, während für *Sustained Shared Thinking* eine hohe Bereitschaft und Konzentration der Kinder für die inhaltliche Weiterentwicklung rekonstruiert werden konnte. *Direkte Unterweisung*en erweisen sich als besonders störanfällig. Dieses Potential kann auf die Verfolgung unterschiedlicher Orientierungen der Gesprächspartner zurückgeführt werden, die beispielsweise zu Paralleldiskursen führen. Eine Aushandlung dieser Orientierungen fand in den analysierten Interaktionsprozessen nicht statt. Die Pädagogin greift in *Direkten Unterweisungen* eher auf steuernde Elemente zur Verhaltensregulation der Kinder zurück, um das Interaktionssetting der *Direkten Unterweisung* aufrechtzuerhalten und ihre Orientierung durchzusetzen. Andererseits sind auch *Direkte Unterweisung*en beobachtbar, die im Kontext von gezielten Arbeitsanweisungen erfolgreich stattfinden. Werden *Direkte Unterweisung*en beendet, gehen die Interaktionen häufig in kurze Interaktionen über. Diese Übergänge schließen sich an, wenn die *Direkte Unterweisung* zu einem natürlichen Ende gelangt und durch eine ergänzende Arbeits- oder Organisationsform abgelöst wird. Bei einem rituellen Ende, d.h. der abrupten Beendigung aufgrund divergierender Orientierungen, kommt es entweder zur Auflösung der Struktur und einem Übergang in kurze Interaktionen oder der Fortführung des Paralleldiskurses, der sich gegebenenfalls durchgesetzt hat.

13.3 Fallanalysen: *Soziale Interaktionen*

Mit dem Target-Child-Observation-Instrument werden mit der Kategorie der *Sozialen Interaktion* solche Interaktionen zwischen Pädagogin und Kind bzw. Kindern erfasst, die inhaltlich nicht mit dem Thema der Lehr-Lern-Einheit übereinstimmen. Darunter fallen auch Interaktionen, die auf die Verhaltensregulation des Kindes abzielen und entweder als Ermahnungen oder direkte Aufforderung zur Einhaltung von Gesprächs- oder Verhaltensregeln formuliert sind. Interaktionen, die auf die physische Betreuung eines Kindes gerichtet sind, werden ebenfalls in dieser Kategorie erfasst, spielen aber in den vorliegenden Daten aus Lehr-Lern-Einheiten keine Rolle (vgl. Abbildung 17, S. 152). Die Sozialen Interaktionen umfassen die gesamte Varietät an dyadischen und polyadischen Interaktionsstrukturen und unterscheiden sich formal von *Sustained Shared Thinking* und *Direkten Unterweisungen* lediglich durch die inhaltliche Ausrichtung. Da für den Inhalt somit ausgeschlossen ist, dass er durch die Lehr-Lern-Einheit vorgegeben ist, ist zu erwarten, dass im Vergleich zu den Kategorien der Kognitiven Interaktionen das Thema der *Sozialen Interaktion* häufiger durch die Kinder eingebracht wird.

Einstieg in Soziale Interaktionen

Für die Kategorie der *Sozialen Interaktion* wird vorausgesetzt, dass eine inhaltliche Abgrenzung zum Thema der Sitzung vorhanden ist. Die Propositionen, die *Soziale Interaktion*en eröffnen, sind dabei jedoch auf assoziative Verbindungen im Rahmen von zumeist Kognitiven Interaktionen zurückführbar. Die assoziierten Inhalte, die dann *Soziale Interaktionen* eröffnen, werden von Kindern präsentiert. Während bei der *Direkten Unterweisung* die von der Pädagogin verfolgte Orientierung im Vordergrund steht, die an der inhaltlich-didaktischen Struktur der Lehr-Lern-Einheit ausgerichtet ist, dominieren in der *Sozialen Interaktion* die von den Kindern eingebrachten Themen. Im Transkriptausschnitt 25 wird dies deutlich. Die Sequenz stammt aus einer zeitlich frühen Phase im Rahmen einer Lehr-Lern-Einheit. Die Pädagogin händigt den Kindern Namensschilder aus, auf denen ein Emblem mit einem Löwen zu sehen ist.

1	Pädl:	...da ham darum haben wir auch hier den Löwen drauf gemacht. das ist nämlich der-
2		Bergische Löwe-
3	[Vadim:	Ich bin ein Löwa.]
4	Pädl:	Was bist du denn für n Sternzeichen? Vadim?
5	Vadim:	Ich bin ein nnn Löwan Sternzeichen.
6	Pädl:	Also mein Sternzeichen ist Löwe. Wer kennt denn sein Sternzeichen?

Transkriptausschnitt 25: *Soziale Interaktion* SI2_Woche5_A_G3

Vadim greift die Beschreibung der Pädagogin auf und setzt diese in einen neuen Kontext (Z. 3). Es wird an dieser Stelle noch nicht eindeutig, in welchen Bedeutungszusammenhang seine Äußerung einzuordnen ist. Deutlich wird in jedem Fall jedoch der assoziative Bezug zur beschreibenden Einführung der Namensschilder. Die Pädagogin setzt Vadims Feststellung in Bezug zu den Tierkreiszeichen und beschreibt somit den Kontext der Einordnung genauer (Z. 4). Vadim bestätigt die thematische Einbettung der Pädagogin, indem er den Begriff des *Sternzeichens* übernimmt und seiner ursprünglichen Feststellung anhängt (Z. 5). Die Pädagogin bestätigt ebenfalls die thematische Ausrichtung und berichtet von ihrem eigenen Sternzeichen (Z. 6). Die assoziative Entwicklung des Themas einer *Sozialen Interaktion* zeigt sich aus einer inhaltlichen Sequenz der Lehr-Lern-Einheit heraus. Im Kontext des Bastelprozesses von Papierfischen unterhält sich die Gruppe über die verschiedenen Wasserarten, in denen Fische leben. Dabei kommen sie auf das Thema Salzwasser (vgl. Transkriptausschnitt 26).

5	Simran:	ähm, auch in H2O. Warst du schon mal H2O? *[Simran sieht Pädl an, die den Blick*
6		*erwidert. Auch Sarinee blickt Simran an.]*
7	Pädl:	Is da auch Salzwasser? Ja stimmt, da is die Salzwassersole, ne.
8	Simran:	Ja. Da geh ich nimmer zum (blubben) bruuuu (xxx) *[Rayan hebt den rechten Arm und*
9		*blickt Pädl an.]*
10	[Pädl:	Da wollen wir äh am Freitag will ich da auch hin H2O da war ich schon so lange nicht
11		mehr.
12	[Simran:	du auch?]

Transkriptausschnitt 26: *Soziale Interaktion* SI1_KW5_A_G3

Simran stellt fest, dass es auch in einem Erlebnisschwimmbad Salzwasser gibt (Z. 5). Sie greift damit auf Erfahrungswissen zurück und erfragt explizit, ob die Pädagogin diesen Erfahrungsraum teilt. In ihrer Reaktion verfolgt die Pädagogin erst einmal weiter die inhaltlich-didaktische Ausrichtung der Lehr-Lern-Situation, in dem sie sich auf das Salzwasser konzentriert (Z. 7). Durch ihre gedankliche Rekonstruktion, dass es dort tatsächlich Salzwasser gibt, macht sie gleichzeitig aber auch deutlich, dass sie das Schwimmbad kennt. Simran verfolgt konsequent eine freizeitbasierte Orientierung, die sie mit ihren handlungspraktischen Erfahrungen ausschmückt (Z. 8f.). Die Pädagogin bestätigt nun die von Simran eingebrachte Ausrichtung und gibt die inhaltlich-didaktische auf (Z. 10f.).

Die Sequenzen zum Einstieg in *Soziale Interaktion*en machen deutlich, dass im Gegensatz zu den Kognitiven Interaktionen die Einleitung über die Einbringung eines neuen Orientierungsgehaltes von den Kindern ausgeht. Nicht überraschend geht die inhaltliche Ausrichtung in der Eröffnung von Interaktionen, die auf eine Verhaltensregulation abzielen, von der Pädagogin aus (vgl. Transkriptausschnitt 27).

1	PädII:	Und wir ham ja gesagt, wir brauchen nich so schreien, weil wir hören alle gut, oder?
2	[Patric:	Guck mal.]
3	uer:	Ja.
4		*[durcheinander]*
5	Patric:	Wir hören nicht gut.
6	PädII:	Ohh.
7	Patric:	(xxx)

Transkriptausschnitt 27: *Soziale Interaktion* SI4_KW20_OG_G2

Diskursverlauf von Sozialen Interaktionen

Innerhalb der *Sozialen Interaktionen* lässt sich eine unterschiedliche Diskursorganisation vor allem zwischen Interaktionen zeigen, die auf die Verhaltensregulation von Kindern abzielen, und solchen, die als Soziale Konversation zum Zwecke des Austausches stattfinden. Der obige Transkriptausschnitt 27 aus einem verhaltensregulierenden Diskurs macht dies bereits bei der Eröffnung der Interaktion deutlich, die

8	[Damla:	Alle sind-
9	PädII:	Ne ich möchte, dass du den hinstellt (.) setz dich bitte Hakan und stell deinen Stuhl richtig
10		hin.
11	[Hakan:	Was is passiert?
12	[Cagla:	(xxx)
13	PädI:	(xxx)
14	Damla:	Man.
15	[Zarife:	Dürfen wir Kerze nehm- mitnehm?
16	PädII:	Nein.
17	Hakan:	(xxx)
18	PädII:	Den Stuhl richtig hinstellen.
19	uer:	Mein auch?
20	PädII:	Alle Stühle stehen richtig. Setzt du dich bitte richtig auf den Stuhl?
21	Patric:	(xxx)
22	[PädII:	Weil sonst müssen wir morgen noch auf dich war- setz dich bitte richtig auf den Stuhl. Nein.
23	[Timo:	So?]
24	PädII:	So (.) setz dich bitte richtig auf'n Stuhl
25	Timo:	Ich hab doch richtig.
26	PädII:	Setz dich richtig auf'n Stuhl. Du sitzt falsch rum auf dem Stuhl.
27	[Timo:	Doch das mach ich immer.]

Transkriptausschnitt 28: *Soziale Interaktion*, Fortsetzung SI4_KW20_OG_G2

von der Pädagogin initiiert wird. Der weitere Diskursverlauf (vgl. Transkriptausschnitt 28) ist gekennzeichnet durch sich wiederholende Propositionen der Pädagogin, die auf die Einhaltung von Verhaltensregeln abzielen und an mehrere Kinder gerichtet werden. Zwischen Timo und der Pädagogin entwickelt sich ein oppositioneller Diskurs (Z. 23ff.), der durch performative Handlungen mit äußerst oppositionellem Gehalt von Timo unterstützt werden.

In Interaktionen der *Sozialen Konversation* ist die Diskursorganisation durch eine gleichberechtigte Teilnahme der Gesprächsteilnehmer gekennzeichnet, wie sie bereits im *Sustained Shared Thinking* aufgefallen ist. Das Thema wird von Kindern und der Pädagogin gemeinsam erarbeitet und weiterentwickelt. Der Diskurs ist durch eine große Bereitschaft der Kinder gekennzeichnet, eigene Erfahrungszusammenhänge einzubringen und neue Orientierungsgehalte aufzuwerfen (vgl. Transkriptausschnitt 29).

1	Lajos:	...Motorrad
2	Pädl:	Du hast'n Motorrad, aber kein echtes, oder?
3	Nevin:	Ich hab ein Auto und den kann-
4	[Lajos:	(Kein) echtes.
5	Aldrin:	Und und ich hab ein-
6	Adnan:	Ich hab auch eine Auto.
7	Adil:	Ich hab auch ein blaue.
8	Nevin:	Ich hab ein Spielzeugauto.
9	Pädl:	Oh toll.
10	PädII:	Erstmal Vadim, schau mal...
11	[Aldrin:	Und ich hab ein Totenkopf.
12	[Vadim:	(xxx) Spielzeugauto.

Transkriptausschnitt 29: *Soziale Interaktion* SI5_Woche5_A_G3

Soziale Konversationen zeichnen sich darüber hinaus dadurch aus, dass sie den Gesprächsteilnehmern eine große Offenheit für die Einbringung neuer Themen ermöglichen, die im Kontext von *Sustained Shared Thinking* und *Direkten Unterweisungen* nicht aufgefallen sind. Der Transkriptausschnitt 30 stellt die Fortsetzung der oben bereits einführend vorgestellten Interaktion zu Sternzeichen dar.

18	Vadim:	Ich bin auch eine Löwa. Bin auch ein bin eine Löwa.
19	Nevin:	Ich-
20	Lajos:	Ich kann ich kann n äh Urlaub malen und diese Film was ich gesehen kann ich malen-
21	Pädl:	Aha.
22	Lajos:	Mit das (.) Monster AG.
23	Pädl:	Ah. Monster AG hab ich auch schon geguckt. Klappt es oder ist dein Kopf zu groß, Vadim?
24	[uer:	Ich nich]
25	Pädl:	*[lacht]*

Transkriptausschnitt 30: *Soziale Interaktion* SI2_Woche5_A_G3

Im weiteren Verlauf entwickelt Lajos einen völlig neuen Orientierungsgehalt (Z. 20), den er im Gespräch erweitert (Z. 22). Ob dieser für die Pädagogin klar ist, wird nicht deutlich. Sie bestätigt aber den eingebrachten Orientierungsgehalt und führt diesen weiter, womit sie einen konjunktiven Erfahrungsraum bestätigt, dem sich auch ein nicht zu identifizierender Sprecher in der Gruppe anschließt (Z. 24). Neben dem Diskurs über das Schwimmbad entwickelt sich eine neue Diskurslinie, die durch eine neue thematische Ausrichtung von Lajos angestoßen wird. Die Pädagogin und ein weiteres Kind bestätigen Lajos Proposition. Auch wenn diese dann nicht wirklich weiterentwickelt wird, bestätigt dieser Einschub die thematische Offenheit Sozialer Konversationen. Im Interaktionsprozess der *Direkten Unterweisung* konnte gezeigt werden, dass die thematische Ausrichtung des Diskurses von der Pädagogin bestimmt wird, während die Kinder in Paralleldiskursen oppositionell geprägte Orientierungen verfolgen.

Auflösung von Sozialen Interaktionen

Das entscheidende Merkmal *Sozialer Interaktionen* wurde mit der inhaltlichen Divergenz gegenüber dem Thema der Lehr-Lern-Einheit beschrieben. Daneben zeigt sich im Gegensatz zu *Sustained Shared Thinking* oder *Direkten Unterweisungen* eine grundlegende Offenheit für die Einbringung von neuen Orientierungsgehalten, die überwiegend von den Kindern geleistet wird. Ein exakter Zeitpunkt der Auflösung von *Sozialen Interaktionen* kann vor diesem Hintergrund beschrieben werden als absichtsvolle Rückführung zum Thema der Lehr-Lern-Einheit, die von der Pädagogin vollzogen wird. Zum Beginn einer Lehr-Lern-Einheit, wie im Beispiel des Diskurses über Sternzeichen, erfolgt streng genommen keine Rückführung sondern eine Hinführung zum Thema, die über die Aufforderung geleistet wird, zusammenzufassen, was in der letzten Sitzung erarbeitet wurde (vgl. Transkriptausschnitt 31). Der Zeitpunkt der Auflösung wird von der Pädagogin bestimmt.

26	Nevin:	Und ich- und ich heiß- ich bin ein Tiger.
27	Pädl:	Ja, du bist Nevin.
28	Lajos:	Und ich bin ein Löwe.
29	Pädl:	Wer von euch kann mir denn mal erzählen, was wir...

Transkriptausschnitt 31: *Soziale Interaktion* SI2_Woche5_A_G3

Auch bei Rückführungen zum Thema der Lehr-Lern-Einheit geht die Initiative von der Pädagogin aus. Im nachfolgenden Transkriptausschnitt 32 zeigt sich jedoch, dass erst ein neuer Orientierungsgehalt von Rayan eingebracht wird (Z. 57), bevor die Pädagogin die *Soziale Interaktion* beendet und eine Kognitive Interaktion einleitet (Z. 59f.). Dem geht ein Missverständnis zwischen der Pädagogin und Simran voraus, das auf einer metasprachlichen Ebene ausgehandelt wird. Simran ist die Richtigstellung des Missverständnisses so wichtig, dass sie ihre Bastelarbeit an dieser Stelle unterbricht (Z. 53f.). Die Pädagogin klärt über die Unterscheidung des semantischen und phänomenologischen Bedeutungsgehalts das Missverständnis auf (Z. 55f.), was in der Funktion einer Konklusion dann dazu dient, den Diskurs zu beenden.

48	Simran:	Da gibt's in (meine) H_2O gibt's nur das hier (.) ähm (.) eine Salzwasser, normales
49		Wasser, Babybecken (.) ohne Salz. *[Rayan wedelt mit seiner Angel auf dem Tisch*
50		*herum.]*
51	Pädl:	Ja (.) ja das is die Bergische Sonne, was du meinst.
52	[PädlI:	(xxx) Schwebebahn drüber]
53	Simran:	Nein ohne (.) ohne Sonne (.) da is alles dunkel unten dunkel (.) mit wanne heißes
54		Wasser.*[Simran blickt Pädl nun direkt an und unterbricht ihre Tätigkeit.]*
55	[Pädl:	Nein ich mein das Schwimmbad, das heißt so. Das heißt die Bergische Sonne. (.) da
56		scheint zwar nicht die Sonne drin, aber das heißt so.
57	Rayan:	Das sieht so aus wie'n Schiff. *[Rayan hält zwei Angeln in bestimmtem Winkel*
58		*zueinander und zeigt es erst in Richtung PädlI dann zur Gruppe.]*
59	Pädl:	So Sarinee. *[Pädl nimmt Sarinees Schere und Tonpapier in die Hand.]* Soll ich dir mal
60		helfen (.) mit dem ausschneiden?

Transkriptausschnitt 32: *Soziale Interaktion* SI1_KW5_A_G1

Soziale Interaktionen umfassen alle Interaktionen, die sich thematisch nicht auf die Lehr-Lern-Einheit beziehen. Dazu zählen auch Interaktionen, die auf die Regulation des Verhaltens von Kindern durch die Pädagogin gerichtet sind. In *Sozialen Interaktionen* dominieren die von Kindern eingebrachten Inhalte, die assoziativ aus einem vorangehenden Interaktions- oder Handlungszusammenhang entwickelt werden. Hierin begründet sich der entscheidende Unterschied zu *Direkten Unterweisungen*, in denen das Thema der Interaktion von der Pädagogin eingebracht wird. Abweichend davon gehen lediglich Interaktionen mit verhaltensregulierender Intention von der Pädagogin aus, die sich auch in der Diskursorganisation von Sozialen Konversationen unterscheiden. Auf einer gleichberechtigten Gesprächsteilnahme basierend, bieten Soziale Konversationen besonders Kindern einen Raum, um neue Themen aufzuwerfen und Erfahrungszusammenhänge zu präsentieren. Anders als bei Kognitiven Interaktionen ist der Diskurs in Sozialen Konversationen inhaltlich durch eine nicht restriktive Praxis gekennzeichnet. Allerdings wird die Auflösung der Interaktionsprozesse von der Pädagogin initiiert, die mit der Beendigung Überleitungen in Kognitive Interaktionen präsentiert.

13.4 Konstitutive Elemente von *Sustained Shared Thinking*

In der Fallanalyse wurden die Strukturen rekonstruiert, die den Verlauf von *Sustained Shared Thinking* beschreiben. Vergleichend wurden die Beschreibungen der *Direkten Unterweisung* sowie *Sozialer Interaktionen* dargestellt. Sie vermitteln ein erweitertes Verständnis der Prozesse im Vergleich zu den Operationalisierungen der Target Observation Scale (vgl. Siraj-Blatchford et al. 2002) und der theoretischen Konzeptualisierung von *Sustained Shared Thinking*, wie Siraj-Blatchford (2009) sie präsentiert. Was aber macht die *Sustained Shared Thinking* Prozesse aus? Welche charakteristischen Merkmale unterscheiden diese Prozesse von *Direkten Unterweisungen* oder *Sozialen Interaktionen* und können diese einen Hinweis darauf geben, warum die Befunde aus der EPPE-Studie belegen, dass ein häufigeres Auftreten von *Sustained Shared Thinking* in den Einrichtungen zu beobachten ist, deren Kinder bessere Entwicklungsfortschritte machen (Siraj-Blatchford, Sylva, Taggart, Sammons, Melhuish & Elliot 2003)?

Das vorliegende, empirische Material enthält eine große Dichte an interaktiven Mikroprozessen, aus denen sich drei charakteristische Merkmale für *Sustained Shared Thinking* darstellen lassen. Diese Merkmale finden sich einzeln auch als Bestandteile der *Direkten Unterweisung* oder *Sozialer Interaktionen*, jedoch nicht vollständig. Die Integration aller drei Elemente kann als konstitutiver Bestandteil von *Sustained Shared Thinking* nachgewiesen werden.

Aushandeln eines gemeinsamen Themas

Um eine Idee oder einen Problemlöseprozess gemeinsam im Gespräch weiterentwickeln zu können, wie es der Definition von *Sustained Shared Thinking* entspricht (vgl. Siraj-Blatchford, Sylva, Taggart, Sammons, Melhuish & Elliot 2003, V und Seite 39ff in dieser Arbeit) scheint es eine selbstverständliche Voraussetzung zu sein, dass die Gesprächspartner über das gleiche Thema sprechen. Vor dem Hintergrund der unterschiedlichen konjunktiven Erfahrungsräume der Pädagogin auf der einen und den Kindern auf der anderen Seite, zeigt sich in den *Sustained Shared Thinking* Prozessen, dass diese Annahme nicht berechtigt ist. Vielmehr finden in diesen Interaktionsprozessen implizite Aushandlungsprozesse über das Verständnis des gemeinsamen Themas statt. Das beinhaltet auch die grundlegende Orientierung, mit der das inhaltliche Thema bearbeitet wird. Der nachfolgende Transkriptausschnitt 33 zeigt dies in einem Gespräch über Glühbirnchen und die Frage, wie diese zum

Leuchten gebracht werden können. Diese Sequenz findet sich zu Beginn einer Lehr-Lern-Einheit, in der die Materialien eingeführt und die grundlegende Fragestellung der Sitzung erarbeitet wird[56]. Der Junge Aldrin kommt schnell darauf, dass die Lampe nicht leuchtet, weil sie nicht mit einer Stromquelle verbunden ist (vgl. Zeile 19). Vadim und Nevin schlagen beide spontan Lösungen vor, die eine handlungsprakti-sche Orientierung aufweisen. Vadims Vorschlag die Zange zu benutzten, ist mecha-nisch orientiert und verdeutlicht seine technische Vorstellung über das Gesagte. Diese beinhaltet, dass die Verwendung von Werkzeugen für die Lösung des Problems eine Rolle spielt (vgl. Zeile 24). Ohne eine Begründung zu geben, lehnt die Pädagogin

19	Aldrin:	Weil weil das Strom ab ist.
20	Pädl:	*[lacht kurz]* Das ist richtig, Aldrin. Weil der Strom gar nicht da durchfließen kann. Wie
21		kriegen wir denn jetzt den Strom in das Ding hier? *[Pädl hält immer noch demonstrativ das*
22		*Glühbirnchen in die Höhe]*
23	Nevin:	(xxx)
24	Vadim:	Mit diesen *[Vadim zeigt auf die Zange in seiner Hand.]*
25	Pädl:	Mit der Zange?
26	Vadim:	Ja.
27	Pädl:	Ohweija nee. Das machen wir lieber nicht. Die Zange die können wir dafür (xxx)
28	Nevin:	(xxx)
29	Aldrin:	Mit Kleber
30	[Nevin:	Vadim, ich hör das.]
31	Pädl:	Wo willste die denn drankleben?
32	*[Adnan zeigt auf die Deckenlampe.]*	
33	Nevin:	Vadim, ich hör das.
34	Aldrin:	Ähm (zu Strom).
35	Adnan:	An die Lampe.
36	Pädl:	Nee. Das wird auch nicht funktionieren. Wer hat noch `ne Idee wie man diese Lampe hier
37		zum Leuchten bringt?
38	Vadim:	Mit das. Da muss (mal das) vielleicht.
39	Pädl:	Also ihr habt schon gesagt, da muss Strom rein. Wo haben wir denn hier Strom?

Transkriptausschnitt 33: *Sustained Shared Thinking* SST15_Woche5_A_G2

---

56 Die grundlegende Frage- bzw. Problemstellung der Sitzung besteht darin, die Glühbirne mit einer Blockbatterie zum Leuchten zu bringen. Im Anschluss wird mit einfachen Drähten ein Stromkreis gebastelt. Zu diesem Zweck liegen Glühbirnchen, Blockbatterien, 20cm lange Drähte in den Farben rot und schwarz sowie eine Abisolierzange auf dem Tisch.

Vadims Vorschlag ab. Falls die Pädagogin beabsichtigte, ein Erklärung zu präsentieren, wird sie durch weitere Wortmeldungen von Nevin (Zeile 28, unverständliche Äußerung) und Aldrin (Zeile 29) unterbrochen. Auch Aldrin bringt einen mechanischen Lösungsvorschlag ein, der handlungspraktisch ausgerichtet ist. Der Vorschlag mit Kleber zu arbeiten, um eine Verbindung zwischen Stromquelle und Glühbirnchen herzustellen, weist auf den konjunktiven Erfahrungsraum des Jungens hin. Klebstoff stellt ein alltägliches Hilfsmittel bei der Bastelarbeit dar, der ihm aus dem Kindergartenalltag bekannt ist.

Anders als auf Vadim, reagiert die Pädagogin auf Aldrins Vorschlag mit einer Rückfrage (Zeile 31), durch die Aldrin die Möglichkeit erhält, seine Vorstellung zu explizieren. Seine Vorstellung ist jedoch eher vage, die Benennung einer konkreten Stromquelle fehlt (Z. 34). Es wird deutlich, dass ihm essentielle Informationen zur Lösung des eigentlichen Problems fehlen, nämlich über die Stromquelle, mit der eine Verbindung hergestellt werden soll. Die Zielperspektive ist somit nicht allen Gesprächspartnern klar. Aldrin konnte zwar deutlich machen, dass eine Verbindung zwischen Stromquelle und Glühbirnchen hergestellt werden muss, neben der Frage, wie diese Verbindung aussehen kann, ist hier jedoch auch die Perspektive unklar, mit was das Glühbirnchen verbunden werden soll. Das Wissen um die Zielperspektive hat nur die Pädagogin, die auf die Vorschläge beider Jungen aber nicht mit einer Klärung reagiert. Die implizite Divergenz in der Gesprächsausrichtung wird durch die Pädagogin erst im weiteren Verlauf der Interaktion (Transkriptausschnitt 34, Z. 39) aufgegriffen, als sie die Frage einer Stromquelle zum gemeinsamen Thema erklärt.

39	Pädl:	Also ihr habt schon gesagt, da muss Strom rein. Wo haben wir denn hier Strom?
40	[Adnan:	Strom.
41		*[Adnan und Vadim zeigen mit ausgetreckten Armen zur Deckenlampe.]*
42	Vadim:	Da.
43	Adnan:	Da.
44	Aldrin:	Hier. *[Aldrin zeigt aus der Kameraperspektive nach rechts.]*
45		*[Adnan langt mit ausgestrecktem Arm in die Mitte des Tisches und deutet auf etwas, dabei*
46		*blickt er Pädl direkt an.]*
47	Pädl:	Wo ist hier Strom? Adnan?
48	Aldrin:	In der Steckdose. *[Aldrin zeigt immer noch nach rechts.]*

Transkriptausschnitt 34: *Sustained Shared Thinking*, Fortsetzung von SST15_Woche5_A_G2

Über das Sammeln des Vorwissens der Kinder wird im nächsten Schritt eine gemeinsame inhaltliche Ausrichtung erarbeitet, die dann zu einer Problemlösung führen kann. Das Aufdecken der unterschiedlichen Orientierungen, in diesem Fall des Vorverständnisses der Kinder und des Wissens der Pädagogin über das Vorwissen der Kinder, wird durch den Aushandlungsprozess expliziert und stellt sich als notwendiger Bestandteil im Prozess von *Sustained Shared Thinking* dar.

Im nachfolgenden Transkriptausschnitt 35 stellt sich der Aushandlungsprozess der gemeinsamen inhaltlichen Orientierung ebenfalls als expliziter Bestandteil der Interaktion dar. Die Sequenz zu Beginn der Einheit umfasst das Sammeln der Ideen der Kinder zum Begriff Luft (Transkriptausschnitt 35). Da das Thema erstmalig besprochen wird, hat zuvor noch keine Aushandlung einer gemeinsamen Perspektive stattgefunden.

9	Pädl:	...wer weiß, was in der Luft alles drin ist?
10	Tamer:	Luft
11	Pädl:	Luft (.) was ist in der Luft? Ist das einfach nur Luft, oder?
12	Adnan:	blau Gott Gott
13	Pädl:	Gott ist vielleicht in der Luft, ja das ist'ne tolle Idee.
14	[Adnan:	(xxx) Sonne Sonne Sonne
15	Pädl:	Sonne ist in der Luft, toll Adnan.
16	Adnan:	Wind.
17	[Pädl:	Was ist noch in der Luft?
18	Adnan:	Wind.
19	Pädl:	Wind (.) toll
20	Lajos:	(xxx)
21	Vadim:	Und (xxx)
22	[Pädl:	Und hast du noch 'ne Idee Sarinee?
23		<durcheinander>
24	Pädl:	Regen ist manchmal in der Luft.
25	[PädlI:	Einer nach dem anderen damit wir alle eure Ideen aufschreiben.
26	Lajos:	Und Schnee.
27	Pädl:	Schnee ist in der Luft.
28	Tamer:	Donner ist in der Luft.
29	Pädl:	Donner ist in der Luft. (.) was kann noch in der Luft sein?
30		*[Pädl verzieht das Gesicht zu einer Grimasse und wedelt mit der offenen, rechten Hand vor*
31		*ihrem Gesicht hin und her.]*
32	Tamer:	Blitz.
33	Lajos:	Fotoblitz.
34	Pädl:	Vielleicht- Blitz und (.) manchmal kann auch was anderes in der Luft sein.
35	Vadim:	Feuer.

Transkriptausschnitt 35: *Sustained Shared Thinking* SST19_KW20_A_G2

Tamer (Transkriptausschnitt 35, Z. 10) differenziert nicht zwischen dem Gasgemisch und seiner Bezeichnung. Seine Äußerung deutet auf ein wenig umfassendes konzeptuelles Wissen zum Thema Luft hin. Die Vorstellung Adnans ist dagegen auf einer mystisch-fantastischen Ebene angesiedelt (Z. 12). Durch die Bestätigung der Pädagogin bekräftigt, präsentiert er weitere Vorschläge, die nun auf einer konkret naturbeobachtenden Ebene angesiedelt sind (Z. 14 und Z. 18). Diese Ebene der konkreten Naturbeobachtung wird von anderen Kindern übernommen, die nun neben Regen, Schnee und Donner auch Blitze vorschlagen, was bei Lajos zu der Assoziation „Fotoblitz" (Z. 33) führt. Die Aushandlung einer gemeinsamen Orientierung scheint unter den Kindern gelungen zu sein. Sie haben sich offenkundig auf einen Bedeutungsgehalt geeinigt, zu dem alle etwas beitragen können und der ihre Vorstellungen von Luft und dem, was sich in Luft befinden kann, korrekt transportiert. Das beharrliche Nachfragen der Pädagogin deutet gleichzeitig darauf hin, dass keine der präsentierten Antworten mit der von ihr verfolgten Orientierung übereinstimmt. Auch in der vorherigen Beispielsequenz (vgl. Transkriptausschnitt 33 und Transkriptausschnitt 34) wurde deutlich, dass die Pädagogin Äußerungen der Kinder, die geeignet erscheinen, ihre Orientierung zu bekräftigen bzw. herauszuarbeiten, durch die Formulierung von Rückfragen aufgreift (vgl. auch Transkriptausschnitt 10 und Transkriptausschnitt 13).

Im Fortgang der Interaktion übernimmt die Pädagogin eine inhaltlich lenkende Rolle (vgl. Transkriptausschnitt 36). Sie greift nun keine der Orientierungen der Kinder auf, sondern bringt eine neue Dimension in das Gespräch ein. Diese ist zwar auch auf der Ebene der konkreten Naturbeobachtung anzusiedeln, jedoch auf die nicht sichtbaren Phänomene des Riechens bezogen. Alle zuvor präsentierten Ideen der Kinder hatten sichtbare Ereignisse zum Inhalt. Die Einführung des Unsichtbaren in das Gespräch stellt nun die entscheidende Hürde im inhaltlichen Aushandlungsprozess dar, der durch die Versuchsanordnung[57] unterstützt wird. Dass der unangenehme Geruch über die Luft transportiert wird, die Luft selbst also unsichtbar ist und etwas enthalten kann, dient als gemeinsames Thema, auf dessen Grundlage die Pädagogin eine *Direkte Unterweisung* einleitet (Z. 62f.), die durch die Präsentation eines Erklärungsgehaltes gekennzeichnet ist.

---

57 Die Glaskaraffe enthält ein Gemisch aus Wasser und Essigessenz, das sehr stark riecht.

39	Pädl:	So zum Beispiel manchmal sind komische Gerüche in der Luft. Kann man den einen Geruch
40		sehen?
41		*[Während Pädl spricht, steht Adnan auf und nimmt die Füße auf den Stuhl, um sich im*
42		*Fersensitz hinzusetzen.]*
43	Vadim:	a-a?
44	Tamer:	Nein.
45	Pädl:	Wie sieht Geruch aus?
46	[Pädll:	schaut mal]
47		*[Pädll kommt von links in das Blickfeld der Kamera. Sie hat eine Glaskaraffe in der Hand. Sie*
48		*geht zu Simran und hält dieser die Karaffe unter das Gesicht und wedelt dabei mit der Hand*
49		*über der Karaffe in Richtung Simrans Gesicht.]*
50	Tamer:	weiß ich nicht
51	Pädll:	Wo kommt der Geruch her?
52		*[Pädll wendet sich Tamer zu und hält ihm ebenfalls die Karaffe unter die Nase und wedelt*
53		*dabei mit der Hand. Danach geht sie zu Lajos.]*
54	Lajos:	Bei dir.
55	Pädl:	<lacht>
56	Tamer:	ieh ah
57	Adnan:	Bei Luft.
58	Pädll:	Danke Lajos.
59	Adnan:	Bei Luft (.) bei Luft.
60	Pädl:	Gut. Adnan toll
61		*[Die Kinder und Pädl blicken zu Pädll. Simran und Lajos müssen sich dafür umdrehen.]*
62	[Pädll:	Ganz genau. Die Flüssigkeit riecht eklig aber man riecht des. Ihr steckt ja nicht die Nase da
63		rein sondern das kommt über die Luft.

Transkriptausschnitt 36: *Sustained Shared Thinking*, Fortsetzung SST19_KW20_A_G2

Die Bedeutung des konjunktiven Erfahrungsraumes der Gesprächsteilnehmer spielt in der Aushandlung der inhaltlichen Bearbeitung eine entscheidende Rolle. Während die Perspektive oder inhaltliche Ausrichtung eines Themas bei der Pädagogin immer auf die naturwissenschaftsbezogenen Eigenschaften von Objekten oder Fragestellungen gerichtet ist, orientieren die Kinder sich an lebensweltlichen Bedeutungen. Im obigen Transkriptausschnitt 35 präsentiert Adnan spontan mystisch-fantastische Vorstellungen zur Frage, was sich in der Luft befindet. Im nachfolgenden Beispiel aus einer Lehr-Lern-Einheit zu der Frage, warum ein Ball springt, stellt das für Vadim vorrangige

Thema die Bedeutung des Balles im Kontext des Spielens dar (Transkriptausschnitt 37, Z. 2 und 6). Er und die Pädagogin sind zwar in eine Interaktion zur formulierten Frage involviert, unterhalten sich aber streng genommen über unterschiedliche Aspekte dieses Themas.

1	Pädl:	...und zwar (.) warum springt ein Ball?
2	Vadim:	Darum, dass er zum spielen ist.
3	[Lajos:	Weil-
4	Pädl:	Das ist zum Spielen ein Ball.
5	Adnan:	Weil wir haben da drinne Pumpe gemacht.
6	[Vadim:	Und vom Fußball...

Transkriptausschnitt 37: *Sustained Shared Thinking* SST4_KW17_A_G3

Adnan präsentiert währenddessen bereits eine Erklärung, die die auf die Beschaffenheit des Balles abzielt, d.h. die hergestellte Elastizität durch das Aufpumpen. Darin steckt bereits das Erfahrungswissen, dass ein nicht ausreichend aufgepumpter Ball nicht springt, sondern verformt am Boden liegen bleibt, weil die potentielle Energie nicht wieder in Bewegungsenergie verwandelt werden kann. Dass Vadim sich im Verlauf der Interaktion auf die naturwissenschaftliche Betrachtungsweise einlässt und somit eine Aushandlung auf dieses Thema gelungen ist, zeigt sich in Zeile 47, als er eine konkrete Beobachtung schildert.

40	Pädl:	Drei Mal. Also ihr seht- schaut mal was mit dem Ball passiert, wenn der auf meine Hand
41		kommt? Was passiert mit dem Ball? *[Pädl hält den Ball mit der linken Hand hoch. Die*
42		*rechte Hand hält sie ebenfalls hoch, aber flach ausgestreckt. Sie führt den Wasserball in*
43		*Zeitlupe auf ihre Hand und presst in gegen ihre rechte Handfläche (dies passiert in einer*
44		*viersekündigen Redepause). Die Kinder blicken alle nach oben zum Wasserball.]*
45	[Vadim:	kann nicht-]
46	[Adil:	Das ist von Schwimmbad.]
47	Vadim:	Wird platt (1) der verliert-

Transkriptausschnitt 38: *Sustained Shared Thinking* SST4_KW17_A_G3

Die Aushandlung eines gemeinsamen Themas ist dabei auch durch ein deutliches Bemühen der Gesprächspartner gekennzeichnet, was im Transkriptausschnitt 39 zu beobachten ist. Im Rahmen einer bereits weiter oben vorgestellten *Sustained Shared Thinking* Interaktion[58] verläuft die Aushandlung eines gemeinsamen Themas mithilfe eines dyadischen Gespräches zwischen der Pädagogin und Jolie, wie man Papierfische angeln kann. Der Austausch basiert auf unterschiedlichen Vorstellungen über das Angeln selbst, wobei für Jolie das Ergebnis, also einen Papierfisch an der Angel zu haben, in dem Begriff Angeln zusammengefasst ist. Die Pädagogin verfolgt mit dem

---

58 Vgl. Transkriptausschnitt 8.

Begriff Angeln das Prozesshafte des Tuns. Beide interagieren in dem Bemühen, inhaltlich eine Lösung zu erzielen, was alleine durch das Aufrechterhalten der Interaktion dokumentiert wird. Die Auflösung der unterschiedlichen Sichtweisen erfolgt über die Herstellung eines gemeinsamen Erfahrungszusammenhanges, indem die Pädagogin Jolie an das Vorgehen der letzten Sitzung erinnert (Z. 23).

8	PädII:	...fertig sind. (.) aber du kannst schon mal überlegen, was könnten wir denn mit den Fischen
9		machen? *[Jolie und PädII sehen sich an]*
10	Jolie:	Da da dran tun. *[Jolie blickt von PädII auf den Tisch. Mit der rechten Hand und gestrecktem*
11		*Zeigefinger zeigt sie in Richtung der, auf dem Tisch liegenden Bastelmaterialien. PädII folgt*
12		*ihrer Zeigegeste und blickt zu den Materialien.* **Tim blickt kurz auf in Richtung von Jolie.**]
13	PädII:	Mh=mh. (.) aber halten die denn einfach an der Schnur? *[PädII sieht wieder Jolie an. Ludwig*
14		*und Jolie antworten gleichzeitig.* **Tim blickt kurz auf.**]
15	Ludwig:	Ja. *[Ludwig schneidet weiter seinen Fisch dabei aus. Er blickt nicht auf.]*
16	[Jolie:	Nee mit zu da muss man ein Loch machen und zubinden. *[Jolie verdeutlicht das „Zubinden"*
17		*gestisch, indem sie die linke Hand zur Faust geschlossen hochhält und mit der rechten Hand*
18		*kreisende Bewegungen darüber macht. PädII sitzt wieder mit verschränkten Armen da und*
19		*beobachtet Jolie aufmerksam.]*
20	PädII:	Aber macht denn Angeln Spaß, wenn wir den Fisch schon hin gebunden haben? *[PädII hebt*
21		*ihre rechte Hand und bewegt diese leicht hoch und runter.]* Wir wollen den doch angeln.
22		*[3sekündige Redepause in der Jolie und PädII sich ansehen.]* Mmh. Was könnten wir denn
23		wie ham wir denn letzte Woche geangelt? Weißte des noch?
24	Jolie:	Ja (.) diesen Magnet haben wir so geangelt mit den den runden Büroklammern. *[Jolie*
25		*nimmt den auf dem Tisch liegenden Stabmagneten in die rechte Hand und „angelt" damit*
26		*Büroklammern, die am Stabmagneten hängen bleiben. Sie hält den Magneten mit den*
27		*daran hängenden Büroklammern zwischen sich und PädII hoch.* **Hidir blickt kurz auf und in**
28		**Richtung von Jolie.**]

Transkriptausschnitt 39: *Sustained Shared Thinking* SST7_KW5_OG_G3

Auch in *Sozialen Interaktionen* lässt sich die Aushandlung des gemeinsamen Themas beobachten. Dabei ähneln die Herstellungsstrukturen denen, die in den *Sustained Shared Thinking* Prozessen zu beobachten sind. Allerdings zeigt sich hier, dass die lenkende Rolle nicht ausschließlich der Pädagogin zukommt, sondern, wie im Transkriptausschnitt 40, von Kindern übernommen wird. Zur selben Lehr-Lern-Einheit wie das obige Beispiel, jedoch in einer anderen Gruppe, entwickelt sich eine Unterhaltung über Salzwasser, als die Gruppe nach einem „Lebensraum" für die Papierfische sucht. Auf einer freizeitorientierten Ebene fragt Simran bei der Pädagogin nach, ob sie ein Erlebnisschwimmbad der Gegend kennt (Z. 5). Dieser erfahrungsgeleitete Input von Simran wird von der Pädagogin aufgegriffen und in den Kontext des unterrichtlichen Gesprächs eingeordnet. Hier wird über den konjunktiven Erfahrungsraum ein gemeinsames Thema hergestellt. An der Interaktion beteiligen sich nun auch andere Kinder.

Zu einem späteren Zeitpunkt, aber immer noch innerhalb dieses Interaktionsprozesses geht es um die Frage, ob es Salzwasser auch in der Stadt gibt. Simran, die ja bereits zu Beginn implizit ihr Wissen über das Erlebnisschwimmbad deutlich gemacht

5	Simran:	ähm, auch in H2O. Warst du schon mal H2O? *[Simran sieht Pädl an, die den Blick*
6		*erwidert. Auch Sarinee blickt Simran an.]*
7	Pädl:	Is da auch Salzwasser? Ja stimmt, da is die Salzwassersole, ne.
8	Simran:	Ja. Da geh ich nimmer zum (blubben) bruuuu (xxx) *[Rayan hebt den rechten Arm und*
9		*blickt Pädl an.]*
10	[Pädl:	Da wollen wir äh am Freitag will ich da auch hin H2O da war ich schon so lange nicht
11		mehr.
12	[Simran:	du auch?]
13	[Rayan:	In Marokko, äh, Marokko da gibt´s auch so´n Strand, äh, da bin ich ausversehen rein
14		getaucht. *[Auch Sami blickt von seiner Bastelarbeit auf.]*

Transkriptausschnitt 40: *Soziale Interaktion* SI1_KW5_A_G1

hat, verweist nun abermals auf dieses, um die Frage zu beantworten (Z. 48ff.). Obwohl sich das Gespräch vom Thema Schwimmbad weg entwickelt hat, auf das Salzwasser und ob es dieses in der Stadt gibt, ist das Thema für Simran eindeutig das Schwimmbad geblieben. Die von ihr eingebrachte Erklärung ist dabei stimmig in Bezug auf die diskutierte Frage und macht die Einordnung des Gespräches aus ihrer Perspektive verstehbar. Die Kommentierung des Namens des Erlebnisbades durch die Pädagogin führt zu einem Missverständnis, das auf einer metakommunikativen Ebene geklärt wird (Z. 55f.).

43	[PädII:	Nein. was für Wasser gibt´s in Wuppertal? *[Rayan dreht sich zu PädII um.]*
44	Sami:	Wasser.
45	Simran:	Ich sag es dir. *[Simran blickt nicht zu PädII, sondern ist während des Sprechens ihrer*
46		*Bastelarbeit zugewandt.]*
47	PädII	Dann sag mal.
48	Simran:	Da gibt´s in (meine) H2O gibt´s nur das hier (.) ähm (.) eine Salzwasser, normales
49		Wasser, Babybecken (.) ohne Salz. *[Rayan wedelt mit seiner Angel auf dem Tisch*
50		*herum.]*
51	Pädl:	Ja (.) ja das is die Bergische Sonne, was du meinst.
52	[PädII:	(xxx) Schwebebahn drüber]
53	Simran:	Nein ohne (.) ohne Sonne (.) da is alles dunkel unten dunkel (.) mit wanne heißes
54		Wasser.*[Simran blickt Pädl nun direkt an und unterbricht ihre Tätigkeit.]*
55	[Pädl:	Nein ich mein das Schwimmbad, das heißt so. Das heißt die Bergische Sonne. (.) da
56		scheint zwar nicht die Sonne drin, aber das heißt so.
57	Rayan:	Das sieht so aus wie´n Schiff. *[Rayan hält zwei Angeln in bestimmtem Winkel*
58		*zueinander und zeigt es erst in Richtung PädII dann zur Gruppe.]*

Transkriptausschnitt 41: *Soziale Interaktion*, Fortsetzung SI_KW5_A_G1

Das Aushandeln der Sinnebene zwischen der Pädagogin und den Kindern wird als impliziter Bestandteil von *Sustained Shared Thinking* beobachtet. Im Gegensatz zur *Direkten Unterweisung* basiert der Austausch im Rahmen des *Sustained Shared Thinking* auf der gemeinsamen Entwicklung bzw. Weiterentwicklung einer Idee oder Problemlösung. Ähnlich wie die wissenschaftliche Kommunikation auf die Operationalisierung von Konstrukten angewiesen ist, steht in der Pädagogin-Kind-Interaktion die Einigung auf eine bestimmte Betrachtungsweise eines Gegenstandes im Vordergrund. Die Funktionen, die den Aushandlungsprozessen zukommen, sind die Einigung auf eine Ausgangs- und Zielperspektive der Interaktion sowie auf ein Betrachtungsparadigma, unter welchem das Thema bearbeitet wird. Die Funktion der Aushandlung der Ausgangs- und Zielperspektive ist grundlegend für die inhaltliche Orientierung der Gesprächspartner, in welche Richtung eine Idee oder Lösung entwickelt werden soll. Die Einigung auf ein Betrachtungsparadigma ist in allen Prozessen zu beobachten. Während die Pädagogin immer eine naturwissenschaftsorientierte Betrachtung der Themen und Gegenstände einbringt und fordert, wird diese Perspektive nicht selbstverständlich auch von den Kindern angenommen oder eingebracht. Die von den Kindern eingebrachten Perspektiven können dabei auf deren Erfahrungen und Weltwissen zurückgeführt werden. Aus Sicht der Conceptual-Change-Forschung zeigt sich hier der Rückgriff der Kinder auf ihnen verfügbare und vertraute Erklärungsstrukturen, die sie auf die zu bearbeitenden Fragestellungen anwenden. Die Kinder können jedoch auch eine naturwissenschaftliche Beobachtungsperspektive einnehmen, wie dadurch belegt wird, dass die Aushandlung mit der Pädagogin auf diese Betrachtungsweise in der Regel gelingt, jedoch mehr oder weniger explizit von dieser eingefordert werden muss. Auch in *Sozialen Interaktionen* können Aushandlungen eines gemeinsamen Themas beobachtet werden. Ausgangs- und Zielperspektive werden hier nicht verhandelt und das Betrachtungsparadigma wird nicht nur durch die Pädagogin in eine bestimmte Richtung gelenkt.

Handlungspraktische und sprachlich-kognitive Ebene der Interaktion

Als weiteres Merkmal, das die Praxis von *Sustained Shared Thinking* erfasst und beschreibt, kann die sprechergruppenabhängige kontextuelle Eingebundenheit des thematischen Austausches betrachtet werden. Diese bestimmt den Abstraktionsgrad der Interaktion, indem sie entweder völlig losgelöst von vorhandenen bzw. anschaulichen Objekten und Erfahrungen stattfinden kann oder praktisch in die Handlung des Ausprobierens oder Zeigens eingebunden ist. Es lässt sich beobachten, dass die Kinder den Einstieg in die thematische Bearbeitung aus einer sehr handlungspraktischen, auf Alltagserfahrungen beruhenden Perspektive diskutieren. In allen analysierten *Sustained Shared Thinking* Prozessen lässt sich rekonstruieren, dass die Pädagogin eine sprachlich-kognitive Auseinandersetzung mit dem Gegenstand einbringt. Diese sprachlich-kognitive Orientierung dokumentiert sich im Gespräch über die gedankliche Vorwegnahme von Ereignissen. Aufforderungen der Pädagogin enthalten dabei unterschiedlich konkrete Formulierungen zur erwarteten Antizipationsleistung durch das Kind bzw. die Kinder. Im Transkriptausschnitt 42 ist die Aufforderung der Pädagogin eindeutig darauf gerichtet, dass die Kinder sich gedanklich mit dem vorliegenden Problem auseinandersetzen sollen.

| 1 | Pädl: | ...ist da Strom drin? Aber dann warum leuchtet die denn dann nicht, wenn da gar kein |
| 2 | | Strom drin ist- |

Transkriptausschnitt 42: *Sustained Shared Thinking* SST12_Woche5_OG_G1

Im Transkriptausschnitt 43 wird die Aufforderung mit einem bestimmten Ziel nachzudenken dagegen explizit mit dem Verb *überlegen* von der Pädagogin vorgegeben.

| 1 | PädlI: | ...die fertig sind schon, überlegen mal. Ich kann den ja gar nicht angeln. |

Transkriptausschnitt 43: *Sustained Shared Thinking* SST5_KW5_OG_G1

Die Reaktion der Kinder ist dagegen auf der Ebene der handlungspraktischen Orientierung angesiedelt, die das aktive Handeln fokussiert. Dieses wird entweder in Form der direkten Einforderung, es selbst ausprobieren zu wollen, formuliert oder indirekt, durch die Darstellung praktischer Lösungsvorschläge, die dabei durch eine so-tun-als-ob-Gestik begleitet werden. Dem Transkriptausschnitt 44 geht voraus, dass die Pädagogin als Demonstration den Ball fallen lässt, wobei sie die Kinder aufgefordert hat, zu beobachten, was passiert.

1	Pädl:	...was passiert mit dem Ball, wenn er auf den Boden fällt? Bleibt der ganz rund oder passiert
2		irgendwas mit dem Ball?
3	Lisa:	Darf ich auch mal versuchen?
4	[uer:	äh
5	Lisa:	(xxx)
6	[Hidir:	ich möchte (xxx) ich kann es besser.]
7	Lisa:	Ich kann das auch.
8	Pädl:	Schaut mal.
9	Narin:	Darf ich das auch mal-

Transkriptausschnitt 44: *Sustained Shared Thinking* SST2_KW17_OG_G3

In diesem Ausschnitt ist wieder zu beobachten, dass die Aushandlung auf ein gemeinsames Thema erst einmal im Vordergrund der Interaktion steht. Diese ist durch die unterschiedliche Orientierung von Pädagogin und Kindern charakterisiert, die oben bereits ausführlich dargestellt wurde. Während die Pädagogin eine naturwissenschaftsbezogene Beobachtung auf der Grundlage einer sprachlich-kognitiven Auseinandersetzung mit dem Gegenstand mit ihrer Äußerung (Z. 1f.) vorschlägt, sind die Kinder auf den handlungspraktischen Aspekt des Vorgangs konzentriert. Während die Kinder hier ausschließlich auf das aktive Tun konzentriert sind, zeigt sich die Bedeutung des handlungspraktischen Aspekts im Transkriptausschnitt 45 durch die Begleitung des Gesagten.

8	PädII:	...fertig sind. (.) aber du kannst schon mal überlegen, was könnten wir denn mit den Fischen
9		machen? *[Jolie und PädII sehen sich an]*
10	Jolie:	Da da dran tun. *[Jolie blickt von PädII auf den Tisch. Mit der rechten Hand und gestrecktem*
11		*Zeigefinger zeigt sie in Richtung der, auf dem Tisch liegenden Bastelmaterialien. PädII folgt*
12		*ihrer Zeigegeste und blickt zu den Materialien.* **Tim blickt kurz auf in Richtung von Jolie.***]*

Transkriptausschnitt 45: *Sustained Shared Thinking* SST7_KW5_OG_G3

Die Pädagogin fordert Jolie auf, zu antizipieren, d.h. sich gedanklich mit einem bestimmten Gegenstand zu befassen, hier, was sie mit den Papierfischen machen könnte. Die Aufforderung zielt auf eine rein sprachlich-kognitive Auseinandersetzung mit der Problemstellung ab. Jolie beschreibt auf handlungspraktischer Ebene eine Lösung, die erst durch die gestische Unterstützung im kontextuellen Bezug verstehbar wird. Diese Konstellation findet sich auch im folgenden, bereits bekannten, Transkriptausschnitt 46. Auch hier ist die Frage der Pädagogin auf einer sprachlich-kognitiven Ebene formuliert, während eine handlungspraktisch orientierte Frage das aktive Ausprobieren einbeziehen würde, z.B. in Form der Aufforderung, durch Ausprobieren herauszufinden, wie es funktionieren könnte. Die Antwort von Vadim ist dagegen wieder auf das aktive Tun ausgerichtet, wobei das Gesagte erst durch den Kontext, nämlich die Zange in seiner Hand, verstehbar wird.

20	PädI:	*[lacht kurz]* Das ist richtig, Aldrin. Weil der Strom gar nicht da durchfließen kann. Wie
21		kriegen wir denn jetzt den Strom in das Ding hier? *[PädI hält immer noch demonstrativ das*
22		*Glühbirnchen in die Höhe]*
23	Nevin:	(xxx)
24	Vadim:	Mit diesen *[Vadim zeigt auf die Zange in seiner Hand.]*
25	PädI:	Mit der Zange?

Transkriptausschnitt 46: *Sustained Shared Thinking* SST15_Woche5_A_G2

Im Verlauf von *Sustained Shared Thinking* Prozessen ist beobachtbar, dass die Perspektiven nicht statisch sind, d.h. beide Sprechergruppen sind in der Lage auch die andere Perspektive zu verfolgen. Die Pädagogin formuliert einleitende Äußerungen bzw. Fragen auf einer sprachlich-kognitiven Ebene, die sie zugunsten einer handlungsorientieren aufgibt, wenn das Problem antizipierend gelöst wurde, wie im folgenden Transkriptausschnitt 47:

3	PädII:	Ganz genau. Da hat die Zarife was erkannt. (.) Die Fische bleiben ja gar nicht an den
4		Angeln hängen.
5	[Hakan:	Weil da f die Fische sind nicht aus Magneten die sind aus Papier.
6	[Timo:	Ja weil weil die klam- weil da muss die Klammer noch dran.
7	Zarife:	(Ja) so.
8	PädII:	Zeig- jetzt schauen wir alle mal wie der Timo des macht. Der zeigt uns des (.) Hakan
9		probier´s auch.

Transkriptausschnitt 47: *Sustained Shared Thinking* SST6_KW5_OG_G2

Die Pädagogin reformuliert ein von Zarife entdecktes Problem und gibt es somit an die Gruppe weiter. Hakan und Timo können spontan eine Lösung antizipieren, wobei Hakan eine Antwort auf der von der Pädagogin verfolgten sprachlich-kognitiven Ebene präsentiert (Z. 5). Timo, der gleichzeitig mit Hakan beginnt zu sprechen[59], formuliert seine Lösung dagegen als handlungspraktischen Vorschlag (Z. 6). Die Pädagogin fordert ihn daraufhin auf, seinen Lösungsvorschlag praktisch zu demonstrieren, wobei die wertende Konnotation durch „der zeigt uns des" (Z.8) andeutet, dass der Vorschlag voraussichtlich erfolgreich sein wird.

Auch die Kinder können von einer handlungspraktischen Interaktionsebene auf eine sprachlich-kognitive wechseln. Im Transkriptausschnitt 48 fragt die Pädagogin nach der Ereigniserwartung der Kinder, d.h. die Kinder sollen antizipieren, was mit der Kerze geschehen wird, wenn das Glas darüber gestellt wird. Die Kinder kommen der Aufforderung unvermittelt nach und schlagen der Frage entsprechende, mögliche Ergebnisse vor, die auf der Ebene des beobachtbaren angesiedelt sind, die wie die handlungspraktische Ausrichtung kontextuell eingebunden ist. Nachdem die Kinder die Möglichkeit hatten zu beobachten, was tatsächlich passiert (Z. 12f.), ist die naturwissenschaftsorientierte Argumentation von Simran spontan sprachlich-kognitiv ausgerichtet (Z. 16). Tamer kontextualisiert die von Simran eingebrachte Information und überträgt sie auf die dargebotene Situation (Z. 18).

1	Pädl:	Geht die Kerze geht aus, wenn ich das Glas drüber stelle? *[Auf dem Tisch steht ein*
2		*brennendes Teelicht. Pädl hält ein Glas in der Hand.]*
3	Simran:	An.
4	Ilmir:	An.
5	Pädl:	An?
6	Ilmir:	Dann geht an.
7	Pädl:	An. Was sagst du Wova?
8	[Tamer:	Aus.]
9	Wova:	Zu.
10	Pädl:	Die geht aus, ok. Was sagst du Ayman?
11	Ayman:	An.
12	Pädl:	Sie bleibt an? Dann schaut mal. Schaut ganz genau hin, was mit der Kerze- *[Pädl stellt ein*
13		*Glas über das brennende Teelicht.]*
14	[Tamer:	Sie wird aus (.) sie wird aus.
15	uer:	Aus.
16	Simran:	Die kriegt kein Luft.
17	Pädl:	A-ah.
18	Tamer:	(xxx) da drin ist Luft.

Transkriptausschnitt 48: *Sustained Shared Thinking* SST20_KW20_A_G2

59 Das gleichzeitige Sprechen zweier Interaktionsteilnehmer wird durch die eckige Klammer [angezeigt.

Für *Soziale Interaktionen* konnten, abgesehen vom Bereich der Verhaltensregulation, die häufig durch eine direkte Verhaltensanweisung begleitet wird, ausnahmslos dekontextualisierte Interaktionen auf der Ebene der sprachlich-kognitiven Bearbeitung beobachtet werden (vgl. Transkriptausschnitt 40 und Transkriptausschnitt 41). Findet die *Direkte Unterweisung* im Sinne des Aufgabenmanagements als Handlungsanweisung statt, sind die Anweisungen bzw. Aufforderungen der Pädagogin dagegen auf einer handlungspraktischen Ebene angesiedelt (vgl. Transkriptausschnitt 49).

3	PädII:	Gut ich würde sagen, wir fangen damit an Fische zu basteln und zwar haben wir
4		Schablonen mit Fischen mitgebracht (.) hier und ich möchte dass jeder-
5	[Pamela:	Dass wir die jetzt anmalen?
6	PädII:	Nein. Das sind ja meine Schablonen.
7	[Daniela:	Dass wir die(s) nachmalen?]
8	PädII:	Die muss ich- (.) Genau. Ausschneiden.
9	Daniela:	Und dann ausmalen.
10	PädII:	Ausmalen brauchen wir nicht. Ich hab buntes Papier mitgebracht und ich möchte, dass
11		jeder von euch- jeder bekommt zwei Farben (.) dass jeder von euch zwei Fische malt. ich
12		zeig's euch mal einfach. Schaut, seht ihr alle? (1) einfach mit'm Stift (.) einfach hier
13		außen rum um den Fisch malen.
14	Pamela:	Das hab ich auch schon mal gemacht.
15	Timm:	Mh=mh (.) so ähnlich.
16	PädII:	Einfach einmal außen rum (1) und dann kann man's einfach ausschneiden und hat einen
17		Fisch, den wir angeln können. Ok (.) Salem welche Farbe?.

Transkriptausschnitt 49: *Direkte Unterweisung* DU5_KW5_OG_G1

Die handlungsorientierten Aufforderungen werden dabei direkt von den Kindern aufgenommen. Überraschenderweise ist insbesondere hier zu beobachten, dass die Kinder gedanklich versuchen vorwegzunehmen, welche Aufgabe sie zu erledigen haben. Wie oben bereits dargestellt verdeutlicht sich in diesen Situationen der Aktivitätsgrad der Kinder in den vermeintlich passiven Interaktionen der *Direkten Unterweisung*.

Mit der Interaktionsebene, für die sich eine handlungsorientierte und eine sprachlich-kognitive darstellen ließ, wurde aufgezeigt, inwieweit divergierende Herangehensweisen an die Inhalte der Lehr-Lern-Einheiten zwischen Pädagogin und Kindern bestehen. Im kommunikativen Erfahrungsraum werden diese an die Möglichkeit der kontextuellen Einbettung angepasst und im Diskurs prozesshaft etabliert.

Curriculare und situative Orientierung als grundlegende Interaktionsstrategien

Die *Sustained Shared Thinking* Interaktionen weisen ein weiteres, charakteristisches Merkmal auf, das sich in divergierenden Orientierungen der Gesprächspartner zeigt. Auf der Interaktionsebene wird der Abstraktionsgrad, mit welchem über den Gegenstand gesprochen wird, bestimmt. Die grundlegenden Interaktionsstrategien stellen den Schlüssel der übergeordneten Organisation dar. Durch sie wird die inhaltliche Rahmung des Diskurses bestimmt. Die Lehr-Lern-Situationen besitzen nicht die kommunikativ-generalisierte Regelstruktur von Schulunterricht. Die Kinder befinden sich in der vorschulischen Kindergartenphase in einer Situation, in der sie erstmals in Kontakt mit Interaktionsstrukturen kommen, die dem Typus der Unterrichtsinteraktion entsprechen. Die Interaktion im Unterricht wird nach Mehan (1979 zitiert nach Naujok, Brandt und Krummheuer 2008, 783ff.) durch den drei Schritte umfassenden Ablauf „Initation-Reply-Evaluation" organisiert. Um am Unterrichtsgespräch teilnehmen zu können, müssen die Kinder nicht nur mental ihr fachliches Wissen organisieren, sondern gleichzeitig den Gesprächsverlauf verfolgen, um einen adäquaten Beitrag leisten zu können, für welchen ihnen in der Regel erst das Rederecht erteilt wird (Naujok, Brandt und Krummheuer 2008). Implizit wird dabei immer der curricular bestimmte Inhalt für die Unterrichtsinteraktion angenommen (Thies 2008). Für die Pädagogin-Kind-Interaktion in *Sustained Shared Thinking* Prozessen zeigt sich, dass diese curriculare Perspektive keineswegs von den Kindern angenommen und erwartet wird, also noch nicht inkorporierter Bestandteil der unterrichtsähnlichen Interaktionsstruktur ist. Vielmehr ist die als konjunktiv zu bezeichnende Erwartungshaltung der Kinder im Rahmen der Interaktion situativ ausgerichtet. Der folgende Transkriptausschnitt 50 verdeutlicht, dass die inhaltliche Erwartungshaltung der Kinder auf die momentane Tätigkeit konzentriert ist und nicht eingebunden in den Kontext der aufeinander aufbauenden Lehr-Lern-Einheiten verstanden wird.

5	Pädl:	Wenn wir zum Beispiel ein' Fisch angeln wollen, wie kriegen wir jetzt da dran?
6	[Emine:	Ich muss meine noch ausschneiden.]
7	Jiao Yu:	Weiß nicht.
8	Pädl:	Du weißt es nicht?
9	Rasim:	Du musst ein Loch machen.
10	Pädl:	Ein Loch in den Fisch?
11	Rasim:	Ja.
12	Pädl:	Bleibt dann der Fisch da dran hängen?
13	Samira:	Nein.
14	Jiao Yu:	Eine Schleife machen.

Transkriptausschnitt 50: *Sustained Shared Thinking* SST9_KW5_A_G2

Die Einheit findet im Kontext einer Reihe zum Thema Magnetismus statt, d.h. es wurde in mehreren Lehr-Lern-Einheiten gemeinsam erarbeitet, was Magneten sind, welche Materialien durch Magneten angezogen werden, wie Magneten sich zueinander verhalten, wo Magneten im Alltag zu finden sind u.a.m. Für die Lehr-Lern-Einheit, aus der die abgebildete Sequenz (vgl. Transkriptausschnitt 50) stammt, wurde gemeinsam überlegt, ob es Spiele gibt, für die man Magneten braucht. Die Pädagogin hat dann die Idee des Magnetspiels eingebracht, das gemeinsam gebastelt werden sollte. Hierfür wurden Fische ausgeschnitten (vgl. Transkriptausschnitt 49), an die Büroklammern geheftet wurden, um sie anschließend mit Magneten zu angeln. Deutlich wird, dass Jiao Yu das Konzept des Magnetismus nicht in seinen Problemlöseprozess einbezieht (vgl. Transkriptausschnitt 50). Vielmehr schlägt er eine situationsangemessene, handlungsorientierte Lösung vor, in der die Verwendung der Magneten nicht vorgesehen ist. Die Pädagogin verfolgt dagegen eine klare Zielperspektive in den *Sustained Shared Thinking* Interaktionen:

30	Pädl:	So 'ne kleine Beule, ne. Wenn ich hier drauf drücke, bekommt der Ball eine Delle.
31	Hidir:	Warte. Kann ich das auch mal (so'n).
32	[uer:	(xxx)]
33	Pädl:	Ja. Drück mal drauf.
34	Hidir:	Kann auch hier so fest (.) oh ja.
35	Lisa:	Darf ich auch mal?
36	Narin:	auch mal versuchen.
37	Pädl:	Was ist denn in dem Ball eigentlich drin?
38	Lisa:	Luft.
39	Pädl:	Luft.
40	Lisa:	Darf ich auch mal probieren?
41	Pädl:	Ja.
42	Hidir:	Auch kann man die flu- äh die Flummis versuchen?
43	[Narin:	Darf ich-
44	Pädl:	Wir können's auch mal mit dem Flummi probier'n. Wie ist es denn mit dem Flummi, wenn
45		ich den fallen lasse? Was passiert'n dann?
46	Ludwig:	Ey das stinkt.
47	Pädl:	Hidir was passiert'n mit dem Ball hier, wenn ich den fallen lasse?

Transkriptausschnitt 51: *Sustained Shared Thinking* SST2_KW17_OG_G3

Die Orientierung der Pädagogin ist an der inhaltlichen Weiterentwicklung des Themas ausgerichtet und weist Elemente des beschriebenen Scaffoldings auf, wie der Aufmerksamkeitsfokussierung, dem Versuch, Interesse durch eine Fragestellung zu wecken und die Schritte für den Lösungsprozess vorzugeben. Im Transkriptausschnitt 51 lassen sich dabei die zuvor bereits dargestellten, divergierenden Interaktionsebenen von Pädagogin und Kindern nachvollziehen. Die Pädagogin bringt immer wieder neue Bedeutungsgehalte in die Interaktion ein, die auf eine sprachlich-kognitive Beschäftigung mit dem Phänomen des springenden Balles gerichtet sind. Die Kinder sollen zu einer naturwissenschaftsbezogenen Beobachtung der Bälle motiviert werden. Diese Propositionen werden von keinem der Kinder aufgegriffen. Vielmehr verfolgen die Kinder eine handlungsorientierte Auseinandersetzung mit den Gegenständen, die hier als situativ orientierte Interaktionsstrategie beobachtet werden kann. In den Äußerungen der Pädagogin (vgl. Z. 37, 44f., 47) dokumentiert sich die Integration einer angemessenen Berücksichtigung der kindlichen Äußerungen, während die Bearbeitung der grundlegenden Frage strukturiert weiterverfolgt wird. Das Strukturierungskriterium, an dem das interaktionale Handeln der Pädagogin ausgerichtet ist, wird als curriculare Interaktionsstrategie wahrgenommen. Der fachliche Kontext des Gespräches stellt sich hierbei als übergeordnetes Element im Strukturierungsprozess dar. Die Lehr-Lern-Einheiten stellen als geplante und vorstrukturierte Einheiten eine fachliche Umgebung zur Verfügung, in der, an den Kompetenzen der Kinder orientiert, ein naturwissenschaftliches und sprachliches Angebot stattfindet. Die Planung der Lehr-Lern-Einheiten (vgl. exemplarische Stundengestaltung im Anhang) diente vor allem zur Sicherstellung der Vergleichbarkeit der verschiedenen Gruppen miteinander sowie zur Konzeption des sprachlichen Inputs. Es wurden keine Kompetenzen formuliert, die von den Kindern erreicht werden sollten. Ziel war die Schaffung einer nicht restriktiven Sprachumgebung im Kontext des fachlichen Lernens. Es wurden keine Lern- bzw. Kompetenzziele für das fachliche Lernen formuliert[60]. Obwohl keine explizite Zielorientierung in den Lehr-Lern-Einheiten vorgegeben ist, zeichnet sich die Interaktionsstrategie der Pädagogin in den *Sustained Shared Thinking* Interaktionen durch eine fachliche Zielperspektive aus, die an den Inhalten der Lehr-Lern-Einheiten orientiert ist. Auch in den Interaktionen der *Direkten Unterweisung* lässt sich diese Interaktionsstrategie rekonstruieren (vgl. Transkriptausschnitt 52), die in den *Sozialen Interaktionen* fehlt.

In der Sequenz aus einer *Direkten Unterweisung* wird die von der Pädagogin verfolgte fachliche Zielperspektive sehr deutlich, die auf die Erarbeitung der Bestandteile einer Glühbirne gerichtet ist. Die curriculare Interaktionsstrategie wird im Sinne eines klassischen Unterrichtsgespräches realisiert. Die Kinder zeigen ein geringes Interesse, sich an der Interaktion zu beteiligen, die nur durch die Fragen und jeweils neue inhaltliche Aspekte durch die Pädagogin aufrechterhalten wird (vgl. Z. 24 und Z. 29). Von den Kindern werden diese Impulse nicht aufgegriffen. Es kommt (typischerweise) nicht zu einer Aushandlung der Bedeutung auf semantischer Ebene. In Handlungsweisen, die den Charakter des Oppositionellen aufweisen, dokumen-

---

60 Im Rahmen einer Follow-Up-Erhebung wurden 35 Kinder aus der Hauptstudie sieben Monate nach Beendigung des Durchführungszeitraums in teilstrukturierten Interviews zu den fachlichen Inhalten der Lehr-Lern-Einheiten befragt, mit dem Ziel zu erfassen, welche Inhalte von den Kindern erinnert werden konnten (vgl. Röhner et al. 2009).

11	Pädl:	Ok. Schaut mal dahinten auf der Tafel, was da drauf ist. Was ist'n das?
12		*[Pädl zeigt mit ausgestrecktem Arm zu einem Whiteboard, dass sich hinter Rasim und*
13		*Jiao Yu an der Wand (gegenüberliegende Seite der Kamera) befindet. Auf das*
14		*Whiteboard ist eine schematische Glühbirne aufgemalt. Die Kinder wenden sich zum*
15		*Whiteboard.]*
16	Jiao Yu:	Licht. *[Jiao Yu hat sich wieder nach vorne gedreht und hat sein Glühbirnchen und die*
17		*Batterie in der Hand.]*
18	Emine:	Lampe.
19	Brea:	aaaaah *[Brea lässt ihr Glühbirnchen an und schüttelt ihre Hände.]*
20	Pädl:	Da ist auch eine Glühbirne, nee. *[Pädl steht auf und geht zum Whiteboard]*
21	Hakim:	Ah meine ist geklebt.
22	Rasim:	Hm=m. (xxx) wegen Lampe
23	Brea:	Der lebt nie im Leben mehr.
24	Pädl:	Was ist denn das hier drumrum um der äh um die Glühlampe? *[Pädl spricht zum*
25		*Whiteboard gewandt. Die Kinder blicken alle zu ihr.]*
26	Samira:	Die Lampe. *[Jiao Yu steht auf, geht um seinen Stuhl und schiebt von hinten an seinem*
27		*Stuhl herum.]*
28	Brea:	Lampe.
29	Pädl:	Aus was für'm Material ist das? *[Brea steht auch auf, schiebt ihren Stuhl nach hinten,*
30		*bleibt aber am Tisch stehen.]*

Transkriptausschnitt 52: *Direkte Unterweisung DU2_Woche5_A_G2*

tiert sich auf Seiten der Kinder ein Widerstand gegen die Interaktion, wobei keine Aussage darüber getroffen werden kann, ob der Widerstand sich gegen die Struktur der Interaktion oder deren inhaltliche Bearbeitung richtet.

Im Rahmen der *Sustained Shared Thinking* Interaktionen lassen sich für die Pädagogin und die Kinder divergierende Interaktionsstrategien beobachten. Während die Kinder Fragestellungen und Probleme als situativ eingebettet wahrnehmen und bearbeiten, jedoch ohne Hilfestellung der Pädagogin zumeist keine Einbindung in den fachlichen Kontext vornehmen, interagiert die Pädagogin im Hinblick auf die Erreichung einer Zielperspektive. Dass diese Zielorientierung auf Seiten der Pädagogin als konstituierendes Merkmal von *Sustained Shared Thinking* beschrieben wird, deutet auf die Effektivität vorstrukturierter Lehr-Lern-Einheiten im Elementarbereich hin. Durch die Vorbereitung auf und die Auseinandersetzung mit den zu erarbeiteten Inhalten wird die Pädagogin im Diskurs dabei unterstützt, auf die Argumentationsstrukturen und das sich dadurch dokumentierende kindliche Verständnis über den Gegenstand spontan zu reagieren und unterschiedliche Verstehens- und Herangehensweise anzubieten bzw. sich über diese zu verständigen.

14. Zusammenfassung und Diskussion der Ergebnisse und Ausblick

Die frühe Kindheit wird – historisch betrachtet – wieder stärker als Bildungsort wahrgenommen, der in den Einrichtungen des Elementarbereichs realisiert werden soll. Durch die bildungspolitische Entscheidung der Länder, verpflichtende Bildungspläne einzuführen, hat man begonnen, auch gesellschaftlich der frühen Kindheit eine größere Bedeutung im Kontext der Bildungsbiographie einzuräumen. Trotz dieser Einigkeit variiert das Verständnis frühkindlicher Bildung vor allem im Hinblick darauf, wie Bildungsprozesse angeregt und beeinflusst werden können. Damit wird eine Frage berührt, die existentielle Bedeutung für die pädagogische Praxis besitzt. Selbstbildungsansätze betonen die selbstreferentielle Organisation der Wissensaneignung von Kindern, während ein ko-konstruktives Verständnis den sozialen Austausch der Beteiligten als konstitutive Komponente des Bildungsprozesses betrachtet. Dabei liegt beiden Sichtweisen die Annahme des Kindes als Akteur zugrunde, das aktiv nicht nur seine Umwelt sondern auch seine eigenen Bildungsprozesse gestaltet. In den Selbstbildungsansätzen steht hierfür die Selbsttätigkeit des Kindes. Die Rolle der Pädagogin ist auf die Gestaltung und Organisation der Lernumgebung konzentriert, die geeignet sein soll, die bildenden Kräfte des Kindes anzuregen (Laewen 2002a, Schäfer 2005a). Die Interaktion zwischen beiden dient der Pädagogin, um Kenntnisse darüber zu erhalten, was das Kind aktuell beschäftigt und interessiert. In diesem Sinne betont Laewen (2002a), dass die Interaktion auch einen Raum bietet, um die kindliche Selbstbildung zu aktivieren, wenn diese droht einzuschlafen. Ko-konstruktivistische Ansätze gehen davon aus, dass Bildungsprozesse auf der Aushandlung von Bedeutungszusammenhängen basieren, die eingebunden in soziale Interaktionen ausgehandelt und konstituiert werden. Soziale Interaktionen finden dabei nicht kontextfrei statt, sondern sind situativ eingebunden. Die Pädagogin, aber auch andere Erwachsene oder Peers, werden damit zu entscheidenden Akteuren im aktiven Bildungsprozess. Die Pädagogin ist dabei für die Vorbereitung, Begleitung und Beobachtung verantwortlich. Diesem Ansatz zufolge kann die kognitive Entwicklung über gezielt gestaltete und strukturierte Pädagogin-Kind-Interaktionen gefördert werden. Entsprechende Forschungsergebnisse bestätigen die Bedeutung hochwertiger Pädagogin-Kind-Interaktionen für die kindliche Entwicklung. Siraj-Blatchford et al. (2002) können zeigen, dass in Einrichtungen, in denen die Kinder über der Erwartung liegende kognitive und soziale Entwicklungsfortschritte erzielen, häufiger Pädagogin-Kind-Interaktionen beobachtet werden können, die auf eine gemeinsame Problemlösung oder Entwicklung einer Idee gerichtet sind. Auch Burchinal et al. (2010) belegen die Bedeutung einer mindestens moderaten Qualität der Pädagogin-Kind-Interaktionen in umgekehrter Weise. Sinkt die Qualität der Pädagogin-Kind-Interaktionen unter ein bestimmtes Niveau, konnten in einzelnen Bereichen keine Entwicklungsfortschritte bei den Kindern festgestellt werden. Die Interaktionsqualität ist hier jedoch auf die Verlässlichkeit des Erwachsenen und den Umfang emotionaler Zuwendung bezogen und nicht auf eine gezielte kognitive Aktivierung. Eine hohe Qualität der Pädagogin-Kind-Interaktionen, die auch die Anregungsqualität umfasst, kann Degotardi (2010) mit dem Qualifikationsniveau der pädagogischen Mitarbeiterinnen vorhersagen. Die Interaktionsqualität ist demnach dann höher, wenn die Pädagogin über eine höhere Qualifikation verfügt. Dieses Ergebnis bestätigen auch Sylva et al. (2004). Pianta et al. (2005) weisen nach, dass eine längere Berufserfahrung mit einer höheren Anregungsqualität in den Pädagogin-Kind-Interaktionen zusammenhängt. Diese, auf die globale pädagogische Qualitätsbeschreibung gerichtete Perspektive, kann durch Befunde von Frampton et al. (2009) zur Verwendung metakognitiver Sprache von Pädagoginnen ergänzt werden. Die Autoren kommen zu dem Ergebnis, dass vor allem Gespräche, die durch eine fragend-unterstützende Haltung der Pädagogin gekennzeichnet sind, nur in geringem Maße in frühpädagogischen Einrichtungen stattfinden. Für den deutschen Kontext bestätigt König (2006) diese Ergebnisse. In ihrer Untersuchung kann sie zeigen, dass es kaum zu kognitiv anregenden, längerdauernden Interaktionen zwischen Pädagogin und Kind im Kindergartenalltag kommt. Gleichzeitig konnte sie Situationen identifizieren, die sich für diese angeboten hätten. König (2006) orientiert sich am Konzept des *Sustained Shared Thinking*, das auch den Ergebnissen von Siraj-Blatchford et al. (2002) zugrunde liegt.

Eine hohe kognitiv-sprachliche Anregung wird in Pädagogin-Kind-Interaktionen realisiert, die als *Sustained Shared Thinking* bezeichnet werden. Die Bezeichnung geht auf die Autoren der englischen „Effective Provision of Preschool Education" Studie zurück (vgl. Siraj-Blatchford et al. 2003, Sylva et al. 2004). *Sustained Shared Thinking* bezeichnet Interaktionen, die eine gedankliche Zusammenarbeit von Pädagogin und einem oder mehreren Kindern umfassen, um ein Problem zu lösen, ein Konzept auszuhandeln oder zu entwickeln. Die Interaktion wird von allen Beteiligten aktiv weiterentwickelt und ausgeweitet (Siraj-Blatchford et al. 2003, V). Siraj-Blatchford (2009) hebt hervor, dass sich dieses Konzept in Abgrenzung zu theoretischen Konstrukten durch seine Praxisevidenz auszeichnet. Theoretisch konnte im Rahmen dieser Arbeit deutlich gemacht werden, dass das Konzept geeignet ist, um die ko-konstruktive Erarbeitung von Bedeutungszusammenhängen ebenso wie Prozesse des Scaffoldings (Wood et al. 1976) zu beschreiben, die im Sinne der „Zone der nächsten Entwicklung" einen Bereich darstellen, den das Kind durch Hilfestellung erreichen kann. Dabei impliziert *Sustained Shared Thinking* auch die Vorstellung des „Interthinking" (Mercer 2000).

Ein Bildungsbereich, der sich für die Umsetzung und damit auch die Untersuchung dieser hochwertigen Pädagogin-Kind-Interaktionen anbietet, ist das naturwissenschaftlich-technische Lernen. Abgeleitet wird diese Annahme aus methodisch-didaktischen Empfehlungen verschiedener Autoren zum naturwissenschaftlich-technischen Lernen, die das gezielte und strukturierende Gespräch als Grundlage des Unterrichts bzw. Lernarrangements aufgreifen (Wagenschein 1973; Möller et al. 2002). Jüngere Ansätze begründen dies mit Forschungsergebnissen der Conceptual-Change-Forschung zur kognitiven Entwicklung und dem Wissenserwerb von Kindern, deren naive Theorien oder Alltagsvorstellungen den Erwerb von belastbaren naturwissenschaftlichen Vorstellungen erschweren und sogar verhindern können (Carey 1985; Bliss 1996, Chi 2008). Für die Erklärung von bislang unbekannten Sachverhalten greifen Kinder dieser Theorie zufolge auf ihnen verfügbares Vorwissen zurück (Carey 1987). Dieses stammt in der Regel aus den Bereichen psychologischer und sozialer Zusammenhänge. Ein darüber hinausgehender Ansatz diskutiert, dass Kinder bereits mit einem intuitiven psychologischen und physikalischen Wissen geboren werden (Sodian 1998). Die Ergebnisse von Thulin & Pramling (2009) unterstützen diese Perspektive. Sie kommen zu dem Schluss, dass Kinder dann auf anthropomorphe Erklärungen zurückgreifen, wenn sie die zu beschreibenden Sachverhalte noch nicht in anderen Worten darstellen können. Naturwissenschaftsvermittlung versteht sich aus dieser Perspektive als Unterstützung beim Wechsel und Aufbau belastbarer Konzepte (Bliss 1996). Innerhalb der Conceptual-Change-Forschung gibt es unterschiedliche Annahmen darüber, unter welchen Bedingungen es zur Entwicklung angemessener wissenschaftlicher Vorstellungen kommt. Dabei kann als belegt gelten, dass die Konzeptveränderung sich prozesshaft gestaltet und nicht sprunghaft stattfindet (Möller 1997, Koerber et al. 2011). Darüber hinaus werden die Alltagsvorstellungen der Kinder nie ganz aufgegeben, sondern neben dem belastbaren Konzept beibehalten (Limón 2001, Duit et al. 2008). Prinzipiell geht man davon aus, dass die Alltagsvorstellungen oder Präkonzepte nur sehr schwer veränderbar sind. Dies trifft besonders dann zu, wenn das Vorwissen nicht mit den belastbaren Vorstellungen kompatibel ist (Chi 2008). Laut Vosniadou (2008b) kommt es vor allem dann zu einer Veränderung bestehender Konzepte, wenn der Lernende selbst unzufrieden mit der Erklärungskraft seiner Vorannahme ist. Chi (2008) weist darauf hin, dass die günstigsten Voraussetzungen für die Entwicklung belastbarer Konzepte ein teilweises und kompatibles, richtiges Vorwissen darstellen, an welchem das wissenschaftliche Konzept angeknüpft werden kann. Aus dieser Perspektive formuliert Möller (2009) für die frühe naturwissenschaftlich-technische Bildung die Aufgabe, naturwissenschaftsbezogenes Lernen zu ermöglichen, durch das kompatible Präkonzepte entwickelt werden können, die eine Anschlussfähigkeit für naturwissenschaftliches Lernen ermöglichen. Möller et al. (2002) betonen hierfür die Bedeutung des Gespräches, um Vorstellungen zu entwickeln und Beobachtetes zu reflektieren. Die Befunde von Peterson & French (2008) bestätigen diese Sichtweise. Die Autoren können im Rahmen eines naturwissenschaftlichen Lehr-Lern-Angebotes ein großes Ausmaß an Unterstützung durch die Pädagogin in den Interaktionen feststellen. Neben Hilfestellungen bei Fachbegriffen und der Anwendung von kausalen Satzstrukturen, beobachteten Peterson & French (2008) wiederholte Aufforderungen der Pädagogin an die Kinder, Hypothesen zu formulieren sowie erarbeitete Inhalte gemeinsam zu besprechen.

In der vorliegenden Arbeit wurden die Interaktionsstrukturen zwischen Kindern und Pädagogin in Lehr-Lern-Einheiten danach untersucht, inwieweit hochwertige Interaktionsformate im Sinne des *Sustained Shared Thinking* praktisch umgesetzt und wie genau die entsprechenden Interaktionsprozesse gestaltet werden. Um diesem breiten Fragespektrum gerecht werden zu können, wurden quantitative und qualitative Auswertungsverfahren trianguliert und in zwei aufeinander aufbauenden Analyseschritten angewandt. Die Datengrundlage stellen dabei videographierte Lehr-Lern-Settings aus Einheiten zum frühen naturwissenschaftlich-technischen Lernen dar, die durch kognitive und sprachstandsbezogene Kompetenzergebnisse ergänzt werden.

Zusammenfassung der Ergebnisse

Um die interessierenden Interaktionsprozesse in den Lehr-Lern-Einheiten zu identifizieren, wurde auf ein Beobachtungsinstrument zurückgegriffen, das bereits in einer Large-Scale-Studie eingesetzt wurde, das Target-Child-Observation-Instrument (vgl. Siraj-Blatchford et al. 2002, Siraj-Blatchford et al. 2003). Dieses wurde übersetzt und als Event-Sampling-Beobachtungsinstrument zur Kodierung der videographierten Einheiten genutzt.

Die Ergebnisse der quantitativen Auswertung wurden in Kapitel 10 ausführlich diskutiert. Neben einer insgesamt hohen sprachlichen Beteiligung der Kinder, ist die hohe Anzahl identifizierter *Sustained Shared Thinking* Prozesse hervorzuheben. Die untersuchten Lehr-Lern-Settings unterscheiden sich durch drei Bedingungen vom Kontext des Kindergartenalltags, die einen Einfluss auf diese hohe Anzahl förderlicher Interaktionsprozesse haben könnten. Neben der sprachförderlichen Grundhaltung der Pädagogin sind dies die explizit moderat-konstruktivistische Lernumgebung, die im Sinne geplanter didaktischer Einheiten angeboten wurden sowie die Arbeit in Kleingruppen. Auch eine weitere Form Kognitiver Interaktionen konnte sehr häufig beobachtet werden. Die als *Direkte Unterweisung* bezeichneten Interaktionsformate zeichnen sich durch eine inhaltsbezogen-lenkende sowie strukturierende Grundhaltung der Pädagogin aus und werden im Rahmen moderat-konstruktivistischer Lernumgebungen ebenfalls als notwenige, da kognitiv unterstützende, Interaktionskategorien bewertet (Siraj-Blatchford & Siraj-Blatchford 2002, Möller et al. 2002). Im Gegensatz zum *Sustained Shared Thinking*, das die gemeinsame Weiterentwicklung einer Vorstellung oder Idee bezeichnet, ist die *Direkte Unterweisung* dann sinnvoll und unterstützend, wenn ein Kind zu keiner eigenständigen Erweiterung von Problemlösungen kommt. Darüber hinaus kann festgehalten werden, dass im Verlauf des Angebotes der Lehr-Lern-Einheiten über sechs Monate hinweg, kein Anstieg der *Sustained Shared Thinking* Interaktionsprozesse beobachtet werden kann. Es zeigte sich vielmehr, dass das fachlich-didaktische Angebot und der mit diesem verbundene kognitive Anregungsgehalt der jeweiligen Einheit vermutlich der entscheidende Faktor für eine hohe Anzahl zu beobachtender *Sustained Shared Thinking* Interaktionen ist. Dementsprechend konnte in einer Einheit, die durch einen sehr hohen Anteil an Bastelaktivität gekennzeichnet war, nur eine geringe Anzahl an kognitiv hochwertigen Interaktionen beobachtet werden, während in der untersuchten Einheit zur Frage, warum ein Ball springt, die höchste Anzahl an *Sustained Shared Thinking* Prozessen stattfand. Vermutet wird, dass Lernumgebungen, die wenig kognitive Herausforderung für die Kinder beinhalten, auch nur in geringem Maße zu kognitiv hochwertigen Interaktionen führen. Dagegen deutet das Ergebnis der Studie darauf hin, dass eine herausfordernde Lernumgebung dann zu einer besonders hohen Dichte an Interaktionen führt, die eine gemeinsame Weiterentwicklung von Ideen, Hypothesen und Lösungsvorschlägen beinhalten, wenn die zu bearbeitenden Inhalte aus der Lebenswelt der Kinder stammen und die Kinder bereits auf ausgereifte, wenn auch nicht wissenschaftlich belastbare, Vorstellungen zu den Phänomenen zurückgreifen können. Bezogen auf die erfassten Kompetenzen der Kinder zeigen die Ergebnisse kein einheitliches Bild. Während der Sprachstand der Kinder keinen Einfluss auf ihre Beteiligung an *Sustained Shared Thinking* darstellt, d.h. Kinder mit geringeren Kenntnissen im Deutschen ebenso häufig überdurchschnittlich an diesen beteiligt sein können, sind Kinder mit geringen kognitiven Kompetenzleistungen seltener involviert als solche mit hohen Ergebniswerten. Für die praktische Arbeit bedeutet dies, dass das Interaktionsformat des *Sustained Shared Thinking* einen geeigneten Raum darstellen kann, um eine produktive Erschließung von schulsprachlichen Fertigkeiten zu ermöglichen[61]. Bezogen auf das Geschlecht der Kinder wurde deutlich, dass Mädchen tendenziell in geringerem Ausmaß an *Sustained Shared Thinking* beteiligt sind. Dieses Ergebnis wird durch Befunde unterstützt, die geschlechtsspezifische Unterschiede beim naturwissenschaftlichen Lernen belegen (vgl. hierzu Blumberg et al. 2008).

Die Ergebnisse der quantitativen Untersuchung erlauben eine Beschreibung der interaktiven Oberflächenstrukturen der naturwissenschaftlichen Lehr-Lern-Einheiten, insbesondere der fokussierten Interaktionsprozesse des *Sustained Shared Thinking*. Die Ergebnissen erweitern dabei die vorliegenden Befunde zu Pädagogin-Kind-Interaktionsstrukturen aus dem Kindergartenalltag (König 2006, Albers 2009). Sie machen deutlich, dass die didaktischen Lehr-Lern-Einheiten in Kleingruppen eine nachweislich intensivere Interaktionssituation darstellen, indem sie eine deutlich umfassendere Anzahl an kognitiven Interaktionen im Allgemeinen und *Sustained Shared Thinking* im Besonderen ermöglichen. Die Grenzen dieser kategoriengeleiteten, statistischen Auswertung liegen im Verständnis, das den eingesetzten Beobachtungsinstrumenten zugrunde liegt. In einem zweiten Auswertungsschritt wurde deshalb ein qualitatives Auswertungsverfahren angewandt, das es darüber hinaus ermöglicht, das zugrunde liegende Verständnis der untersuchten Interaktionskategorie *Sustained Shared Thinking* zu erweitern. Von Interesse sind dabei vor allem, wann und wie es zu erfolgreichen *Sustained Shared Thinking* Interaktionen zwischen Pädagogin und Kind bzw. Kindern kommt. Durch diese Fragestellung lässt sich das methodische Vorgehen, die durch ein Beobachtungsinstrument identifizierten Interaktionsprozesse mit einem rekonstruktiven Verfahren zu analysieren, rechtfertigen. Es werden die mittels des Beobachtungsinstruments TCO (vgl. Kapitel 8.7) identifizierten Interaktionsprozesse *Sustained Shared Thinking*, *Direkte Unterweisung* und *Soziale Interaktion* mithilfe der Dokumentarischen Methode der Interpretation untersucht. Das zentrale Forschungsinteresse dieser Teilauswertung liegt im Prozesshaften des Interaktionsformates *Sustained Shared Thinking*. Ausgehend von der Beschreibung, dass *Sustained Shared Thinking* auf der gemeinsamen Weiterentwicklung einer Idee, Vorstellung oder Problemlösung beruht, ist das zentrale Anliegen der qualitativen Analyse auf die Rekonstruktion gerichtet, wie Pädagogin und Kind das gemeinsame Wissen bzw. die gemeinsame Erfahrung diskursiv herstellen. Die *Direkten Unterweisungen* ebenso wie die *Sozialen Interaktionen* werden dabei als Vergleichshorizonte in die Analyse einbezogen.

Das dem TCO-Beobachtungsinstrument zugrunde liegende Verständnis von *Sustained Shared Thinking* beschreibt dieses als gemeinsame Weiterentwicklung einer Idee oder Problemlösung, an der sowohl Pädagogin als auch Kind bzw. Kinder aktiv beteiligt sind. Bereits in den Fallanalysen wird deutlich, dass es darüber hinausgehende Elemente gibt, die eine Charakterisierung dieser Interaktionsform erlauben. Die Einleitung von *Sustained Shared Thinking* läuft dabei in der Regel über die Pädagogin. Dies wurde auch für die *Direkte Unterweisung* festgehalten. Während sich bei den

---

61 Vgl. hierzu auch Röhner, Li & Hövelbrinks (2010).

Direkten Unterweisungen jedoch gezeigt hat, dass vor allem geschlossene Fragen oder präsentierte Erklärungsinhalte von der Pädagogin den Interaktionsprozess einleiten, zeigt sich beim *Sustained Shared Thinking* immer eine offene Frageformulierung[62]. Auch Siraj-Blatchford & Manni (2008) weisen auf die Bedeutung offener Fragen für erfolgreiche *Sustained Shared Thinking* Interaktionen hin. Die vorliegenden Resultate bestätigen dies. Sie zeigen, dass offene Fragen nicht nur einleitend in *Sustained Shared Thinking* Prozesse dargeboten werden, sondern auch im gesamten Verlauf immer wieder von der Pädagogin im Sinne des Scaffoldings eingesetzt werden. Die offen formulierten Fragen dienen einer gezielten Unterstützung der Kinder im Hinblick auf die eigenständige Weiterentwicklung von Erklärungsansätzen. Gleichwohl ist die Lenkung der Pädagogin weniger strikt und direktiv, wie sie für die *Direkten Unterweisungen* als typisch herausgestellt werden konnte. *Sustained Shared Thinking* ist vielmehr durch eine hohe Bereitschaft der Kinder gekennzeichnet, sich auf das von der Pädagogin eingebrachte Thema einzulassen und es akzentuierend weiterzuentwickeln. Gleichzeitig zeigen die am *Sustained Shared Thinking* Prozess beteiligten Kinder ein hohes Maß an Abgrenzung gegenüber die Interaktion störenden Einflüssen. Neben der gemeinsamen Weiterentwicklung von Ideen zwischen Pädagogin und Kind zeigt sich in der Analyse auch ein, metaphorisch gesprochen, Versinken in der Interaktion als typisches Merkmal für *Sustained Shared Thinking*. *Direkte Unterweisung*en sind dagegen besonders anfällig für Störversuche, d.h. die Kinder lassen sich leicht vom Thema der Interaktion abbringen. Die Bereitschaft für das Eintauchen in den interaktiven Austausch findet sich auch in *Sozialen Interaktionen*, die aber einen prinzipiellen Sonderfall darstellen, wie gleich noch verdeutlicht wird. Auch im Ausgang bzw. der Beendigung von Interaktionsprozessen zeigen sich distinktive Merkmale. *Sustained Shared Thinking* Interaktionen werden häufig durch eine Überleitung in eine *Direkte Unterweisung* beendet. In diesen Fällen kommt es nicht zum Abbruch der inhaltlichen Auseinandersetzung, sondern es ist vielmehr zu beobachten, dass die Pädagogin mit diesem Wechsel des Interaktionsformates auf den diskursiven Stillstand reagiert. Das heißt wenn eine gemeinsame Weiterentwicklung der Frage oder eine Lösung des Problems nicht mehr erkennbar oder zu erwarten ist, bietet die Pädagogin einen konkreten Vorschlag oder eine Handlungsanweisung an. Dieser Übergang in die *Direkte Unterweisung* greift die Vorstellung von Siraj-Blatchford & Siraj-Blatchford (2002) auf, dass *Direkte Unterweisung*en ein notwendiges und *Sustained Shared Thinking* Interaktionen ergänzendes Interaktionsformat darstellen, um Kinder optimal bei der Auseinandersetzung mit herausfordernden Aufgaben zu unterstützen. *Sustained Shared Thinking* Prozesse enden somit entweder, wenn eine inhaltliche Weiterentwicklung nicht möglich ist oder eine Lösung bereits gefunden wurde. Anders verhält sich dies bei den *Direkten Unterweisungen*. Diese führen vor allem dann zu erfolgreichen inhaltlichen Auseinandersetzungen, wenn sie eine gezielte, konkret formulierte Arbeitsanweisung der Pädagogin enthalten. Die Auflösung einer solchen Interaktion findet im Übergang zu kurzen Interaktionen statt, die in anderen Arbeitsformen, wie dem selbständigen Ausprobieren, umgesetzt werden. Daneben sind bei *Direkten Interaktionen* häufig rituelle Beendigungen zu beobachten, die von den Kindern ausgehen, wenn die Pädagogin eine monologische Erklärungshaltung für

---

62 Röhner et al. (2010) zeigen darüber hinaus, dass sich offene Fragen eignen, um die Sprachaktivität von Kindern zu erhöhen.

sich beansprucht. Vor allem bei diesen rituellen Beendigungen zeigen sich divergierende Orientierungen der Gesprächspartner besonders deutlich, wenn Paralleldiskurse zwischen den Kindern zu beobachten sind, die dann in kurze Interaktionen übergehen. Die *Sozialen Interaktionen* zeigen sich in der vergleichenden Betrachtung als Sonderfall. Da sie entsprechend der Operationalisierung des Beobachtungsinstruments dann kodiert werden, wenn es zu einer thematisch nicht am Unterrichtsgegenstand orientierten Interaktion kommt oder eine der Kategorien der sozialen Fürsorge oder der Verhaltensregulation zutrifft, umfassen *Soziale Interaktion*en ein sehr breites Spektrum an Interaktionen. Der entscheidende Unterschied zu den vorangehenden Interaktionsprozessen liegt darin, dass bei *Sozialen Interaktionen* das Thema in der Regel von den Kindern eingebracht und kontrolliert wird. Das führt zu einer gleichberechtigten Gesprächsteilnahme, die sich auch darin zeigt, dass die Kinder sich das Recht herausnehmen, inhaltliche Akzentuierungen zu bestimmen, während beim *Sustained Shared Thinking* vor allem die Pädagogin berechtigt ist, den Diskursverlauf zu lenken. Die Beendigung von *Sozialen Interaktionen* wird dagegen von der Pädagogin eingeleitet, indem sie Kognitive Interaktionen eröffnet.

Über die Fallanalysen hinausgehend konnten Merkmale herausgearbeitet werden, die über die beschriebenen diskursiven Elemente das Besondere von *Sustained Shared Thinking* erfassen. Diese Merkmale werden als konstitutiv bezeichnet, da sie in allen beobachteten *Sustained Shared Thinking* Prozessen beobachtet werden konnten und vor allem in Bezug auf Prozesse der *Direkten Unterweisung* ein Unterscheidungskriterium darstellen. Die drei konstitutiven Elemente von *Sustained Shared Thinking* wurden benannt als

- Aushandeln eines gemeinsamen Themas
- Handlungspraktische und sprachlich-kognitive Interaktionsebenen
- Curricular und situativ orientierte Interaktionsstrategien

Das Aushandeln eines gemeinsamen Themas wird als grundlegende Voraussetzung einer gelingenden gemeinsamen Weiterentwicklung einer Idee oder Problemlösung in den untersuchten Prozessen des *Sustained Shared Thinking* beobachtet. Kinder und Pädagogin handeln sprachlich aus, wie der Diskussionsgegenstand zu betrachten und damit auch zu bearbeiten ist. Neben der inhaltlichen Betrachtung werden aber auch Ausgangs- und Zielperspektive ausgehandelt, d.h. die theoretische Einbettung der inhaltlichen Auseinandersetzung wird gemeinsam festgelegt. Praktisch zeigte sich in den Interaktionen aus naturwissenschaftlich-technischen Lehr-Lern-Einheiten dabei, dass die naturwissenschaftliche Orientierung immer wieder neu ausgehandelt oder implizit vereinbart werden musste und nicht von vornherein von den Kindern angenommen wurde, sondern lebensweltlich orientiert ist. Theoretisch lässt sich dieses Ergebnis an die Conceptual-Change-Ansätze angliedern, die davon ausgehen, dass Erklärungsmuster vor dem Hintergrund verfügbarer Wissensstrukturen konzipiert werden. Die naturwissenschaftliche Betrachtungsweise, die den Kindern noch nicht vertraut ist, bedarf vor diesem Hintergrund jeweils einer spezifischen Aushandlung. Dieser Aushandlungsprozess fehlt wiederum in den erklärungsfokussierten *Direkten Unterweisungen*. Dabei lässt sich jedoch an dieser Stelle nur vermuten, dass die fehlende Aushandlung einer gemeinsamen thematischen Zugangsweise zu einem mehr oder weniger regelmäßigen Scheitern der Interaktionen führt, was sich in rituellen Konklusionen zeigt. Ein weiteres konstitutives Element zeigt sich in der Ebene der Interaktion, die sich in einer handlungspraktischen Ausprägung auf Seiten der Kinder und einer sprachlich-kognitiven Orientierung seitens der Pädagogin dokumentiert. Auch lässt sich im konkreten Interaktionsprozess eine Aushandlung beobachten, wobei durchaus beide Zugänge ein Enaktierungspotential besitzen. Es wurde vielmehr deutlich, dass die kontextuelle Einbettung am Notwendigen orientiert umgesetzt wird. Grundlegend konnte beobachtet werden, dass von den Kindern ein handlungsorientierter Zugang bevorzugt wird, je nach verhandeltem Inhalt aber durchaus auch auf sprachlich-kognitiver Ebene bearbeitet werden kann. Darüber hinausgehend zeigt sich eine divergierende Orientierung von Pädagogin und Kindern, die als curriculare gegenüber einer situativen Interaktionsstrategie bezeichnet wird. Die Kinder bearbeiten Fragestellungen und Probleme vor dem Hintergrund eines situativen Interesses und betten diese in ihren aktuellen Handlungskontext ein. Das führt unter Umständen dazu, dass das übergeordnete Thema nicht wahrgenommen wird. Diese curriculare Perspektive wird von der Pädagogin verfolgt, die nie selbst einen situativen Zugang zu den erarbeiteten Gegenständen im Rahmen der *Sustained Shared Thinking* Interaktionen verfolgt. Während die Kinder sich situativ mit den eingebrachten Phänomenen beschäftigen, zum Beispiel dem Basteln und Angeln von Fischen (vgl. Transkriptausschnitt 7, Transkriptausschnitt 8), ist die Perspektive der Pädagogin curricular gebunden, d.h. auf das Thema Magnetismus ausgerichtet. Erst die Hilfestellung der Pädagogin, die den übergeordneten inhaltlichen Bezug als Rahmung anbietet, gibt den Kindern eine konkrete Zielperspektive vor, in deren Rahmen ein Erklärungsansatz eingebettet sein soll (vgl. Transkriptausschnitt 35).

Insgesamt konnten die Fallanalysen dazu beitragen, das operationalisierte Verständnis der Interaktionsprozesse, wie es der TCO zugrunde liegt (vgl. Siraj-Blatchford et al. 2002), und besonders von *Sustained Shared Thinking,* zu differenzieren. Erfasst werden konnte durch die qualitative Analyse vor allem die Unterschiedlichkeit des diskursiv-prozesshaften der einzelnen Formate. Eine deutliche inhaltliche Erweiterung erfährt das Konzept des *Sustained Shared Thinking* gegenüber der Operationalisierung im Rahmen der TCO durch die Beschreibung konstitutiver Merkmale. Auf verschiedenen Ebenen konnte hier die Bedeutsamkeit von Aushandlungsprozessen zwischen den Gesprächspartnern deutlich gemacht werden, die durch unterschiedliche konjunktive Erfahrungsräume bedingt sind. Neben der grundlegenden Aushandlung des thematischen Zugangs zu einem Inhalt sind dies unterschiedliche Zugänge in Bezug auf den Abstraktionsgrad bzw. die kontextuelle Einbettung des diskutierten Phänomens sowie divergierender Handlungsmotivationen, die bei den Kindern situativ orientiert sind und auf eine curricular bestimmte Orientierung der Pädagogin treffen. Alle drei Elemente finden sich in allen untersuchten Prozessen des *Sustained Shared Thinking*.

Die praktische Bedeutung der vorliegenden Ergebnisse stellt die Kompetenzen frühpädagogischer Fachkräfte in den Aufmerksamkeitsfokus, kognitiv hochwertige Interaktionen mit Kindern zu suchen und zu unterstützen. Dabei stellt das Konzept des *Sustained Shared Thinking* einen hohen Anspruch an die in der Praxis Tätigen, wenn man versucht, sowohl einer curricularen inhaltlichen Perspektive als auch der Aushandlung des Kontextbezuges sowie der Zugangsebene zum diskutierten Gegenstand vor dem Hintergrund der kindlichen Erfahrungen situativ gerecht zu werden. Bereits die Syntax dieses Satzes ist geeignet, eine hypothetische Umsetzung in der Praxis zu überfordern. Bezieht man in diese Forderung auch noch die schwierige Interaktionssituation von Erzieherinnen ein, auf die König (2006) hinweist, scheint eine erfolgreiche Umsetzung des Konzeptes in die alltägliche Praxis umso schwieriger. Für die elementarpädagogische Praxis wird vor diesem Hintergrund als übergreifendes Ergebnis die Bedeutung curricular ausgerichteter, vorstrukturierter Lehr-Lern-Einheiten betrachtet, die den Pädagoginnen eine inhaltliche Orientierung anbieten, während sie gleichzeitig eine Zielperspektive vorgeben. Kann die fachliche Einbettung als vorbereitet vorausgesetzt werden, kann die Pädagogin sich auf dieses Lernarrangement verlassen und sich auf die Interaktion mit einem oder mehreren Kindern konzentrieren. Die Umsetzung eines solchen Settings in einer Kleingruppe ermöglicht ihr hierfür die zeitlichen Ressourcen, die im Gruppenalltag nicht zur Verfügung stehen. Es wird angenommen, dass ein Verständnis über die Bedeutung und den Einfluss der kindlichen Präkonzepte sowie über die theoretischen Annahmen, wie diese verändert werden können, zu gelingenden Kognitiven Interaktionen in einem solchen Setting führen. Diese Annahme wird unterstützt durch die theoretische Nähe der vorliegenden Ergebnisse zu konstitutiven Merkmalen von *Sustained Shared Thinking,* die eine Aushandlung der inhaltlichen Betrachtungsweise und den Kontextualisierungsgrad der Bearbeitung beinhalten und somit auf die unterschiedlichen Vorerfahrungen und Vorannahmen der Gesprächspartner zurückzuführen sind, und den Annahmen von Conceptual-Change-Ansätzen. Wesentlich ist darüber hinaus die institutionelle Umgebung, oder exakter der zeitlich begrenzte, personell eingeschränkte und zielperspektivisch aufbereitete Raum als fördernde Umgebung für hochwertige Kognitive Interaktionen. Inwieweit das Verständnis der in der Praxis Tätigen über das Vorhandensein und die Veränderung von Präkonzepten tatsächlich eine unterschiedliche frühpädagogische Praxis bewirkt, muss als Desiderat für künftige Forschungsvorhaben formuliert werden. Das fachliche Lernen im Kontext von Bildungsbereichen wird dabei weder verstanden als Vorwegnahme schulbezogener Lernmethoden noch schulischer Inhalte, sondern als Unterstützung der Kinder beim Aufbau von anschlussfähigen Bildungsprozessen (vgl. Faust et al. 2004). Es wird davon ausgegangen, dass nicht der Primat eines Bildungsbereiches die vorschulische Förderung bestimmen darf. Vielmehr machen die Ergebnisse dieser Studie auf eine nicht neue Tatsache aufmerksam. Sie verdeutlichen, dass die Kinder Fragestellungen, Phänomene und Aufgaben in der Regel nicht von sich aus vor dem Hintergrund einer fachlichen Perspektive zu klären versuchen, sondern diese in ihrer situativen Bedeutsamkeit betrachten. Dabei sind sie durchaus in der Lage, eine fachliche Perspektive, wie in der vorliegenden Arbeit eine naturwissenschaftliche, einzunehmen, wenn sie dazu aufgefordert werden. Interessant ist deshalb die Frage, ob es bei der Bearbeitung von Fragen und Problemstellungen, die die Kinder selbst betreffen und situativ für sie von Bedeutung sind, in intensiverem Maß zu *Sustained Shared Thinking* Prozessen kommt, zum Beispiel im Kontext des „Philosophierens " (Ebers & Melchers 2006). Intensiver meint an dieser Stelle nicht nur in häufigerer Anzahl, sondern auch in einem inhaltlich umfassenderen Sinn. Versteht man die Interaktionsprozesse des *Sustained Shared Thinking* als unterstützende Interaktionsform des Nachdenkens, so ließe sich eine solche Annahme theoretisch plausibel begründen.

Ausblick

In der vorliegenden Arbeit wurde das Potential des frühen naturwissenschaftlich-technischen Lernens in additiven Lernangeboten im Hinblick auf die Realisierung von hochwertigen kognitiven Pädagogin-Kind-Interaktionen in elementarpädagogischen Settings untersucht. Vor dem Hintergrund der mangelhaften Forschungslage zu den Aspekten der Pädagogin-Kind-Interaktion in frühpädagogischen Kontexten stellen diese Ergebnisse einer Erweiterung der von König (2006) vorgelegten Ergebnisse dar, die im Kindergartenalltag kaum kognitiv hochwertige Erzieherin-Kind-Interaktionen identifizieren konnte. Die Ergebnisse der vorliegenden Untersuchung aus Lehr-Lern-Einheiten zeigen, dass vorbereitete naturwissenschaftlich-technische Bildungsangebote ein geeignetes Umfeld für diese sein können. Die von König (2006, 289) formulierte Forderung, dass kognitiv anregenden Pädagogin-Kind-Interaktionen als didaktisches Prinzip in der frühpädagogischen Praxis eine stärkere Bedeutung zukommen sollte, lässt sich durch die hier präsentierten Ergebnisse dahingehend erweitern, dass spezielle Bildungsangebote im Kontext des naturwissenschaftsbezogenen Lernens geeignet sind, um solche Interaktionen in größerem Umfang zu ermöglichen. Dies gilt im Vergleich zu Alltagssituationen, die von ihr beobachtet werden konnte. Im Anschluss an die vorliegende Arbeit erscheint es von daher notwendig, auch alltagsintegrierte Förderangebote zum naturwissenschaftlichen und technischen Lernen in Kindertageseinrichtungen mit einem vergleichbaren methodischen Vorgehen zu untersuchen, um einen Einblick in die Pädagogin-Kind-Interaktionsstrukturen zu erhalten, wie sie Kinder in ihrem täglichen Bildungsangebot erfahren. Im Hinblick auf den aktuell zu beobachtenden Trend des Primates naturwissenschaftlichen Lernens im Elementarbereich ist es wichtig, auch Pädagogin-Kind-Interaktionen im Kontext musisch-ästhetischer oder religiöser Bildungsangebote oder der Sprach- und Schriftsprachförderung zu untersuchen. Ganz konkret gehen die nachfolgend formulierten Fragestellungen über die vorliegende Untersuchung hinaus. Bezogen auf kognitiv hochwertige Interaktionsformate wie dem *Sustained Shared Thinking* lässt sich die Frage formulieren, ob das Qualifizierungsniveau des pädagogischen Personals einen Einfluss auf die Umsetzung besitzt. Hinweise darauf geben Untersuchungsergebnisse aus England (Sylva 2010, vgl. dazu auch Pianta et al. 2005 für die USA). Weiterführende Untersuchungen zur Pädagogin-Kind-Interaktion in alltagsintegrierten Lernumgebungen sollten diese Fragestellung berücksichtigen, um Hinweise auf Einflussfaktoren für gelingende kognitive Interaktionsprozesse zu erhalten. Darüber hinaus sind Fragestellungen weiter zu untersuchen, die explizit die Mehrsprachigkeit der Kinder im Kontext der Pädagogin-Kind-Interaktion untersuchen. Da in der vorliegenden Studie ausschließlich Kinder, die Deutsch als Zweitsprache sprechen, in die Stichprobe aufgenommen wurden, stellt sich für weiterführende Untersuchungen die Frage, ob der Sprachstand ähnlich wie die kognitiven Leistungen dann zu einem beeinflussendem Merkmal wird, wenn Erst- und Zweitsprachlerner in der Stichprobe repräsentiert sind. Dies ist auch für die rekonstruktive Analyse von Interaktionen von besonderem Interesse. Für den Kindergartenalltag ist darüber hinaus die Aushandlung und Herstellung von Bedeutungszuschreibungen, wie sie für *Sustained Shared Thinking* als konstitutiv herausgearbeitet werden konnten, im Allgemeinen bedeutsam und für weitergehende Untersuchungen von Interesse. Wie vollziehen sich solche Aushandlungsprozesse zwischen Pädagogin und Kind bzw.

Kindern im Kindergartenalltag ganz konkret, wenn nicht ein fachlicher Gegenstand die Interaktion bestimmt? Welche Rolle spielen sie in Routinesituationen wie dem An- und Auskleiden, gemeinsamen Mahlzeiten oder beim Aufräumen? Wie in der hier vorliegenden Studie können die Ergebnisse der rekonstruierten Interaktionen einen Hinweis darauf geben, wann Pädagogin-Kind-Interaktionen gelingen bzw. wie Routinesituationen im Alltag für kognitiv fördernde Interaktionsprozesse überhaupt genutzt werden können, da die Ergebnisse von König (2006) darauf hindeuten, dass Situationen im Kindergartenalltag kaum für diese genutzt werden. Es liegen keine deutschsprachigen Forschungsergebnisse darüber vor, wie sich die Pädagogin-Kind-Interaktionen in Routinesituationen im Vergleich zu Interaktionen in kontextuellen Lernumgebungen gestalten. Unter Berücksichtigung von Ergebnissen, die eine Einschätzung darüber zulassen, welchen zeitlichen Rahmen im Tagesablauf diese Routinehandlungen einnehmen, kann deren Bedeutung für integrierte Förderstrategien sichtbar werden.

Für den Bildungsbereich des naturwissenschaftlich-technischen Lernens im Elementarbereich sind vor allem Desiderate im Hinblick auf die Evaluation vorhandener Programme und Konzepte zu konstatieren. Lediglich im von Lück (2000) vorgestellten Vorgehen wurde die Veränderung von Wissensbeständen der Kinder nach der Durchführung von Lehr-Lern-Einheiten überprüft. Theoretisch und empirisch fundiert ist daneben das Konzept der „Klasse(n)kisten" (Jonen & Möller 2005, Möller et al. 2007c), das aber für den Primarbereich konzipiert ist. Für dieses Konzept wurde jedoch keine nachträgliche Evaluation zur Veränderung der Präkonzepte von Kindern durchgeführt, sondern ein anderes empirisch-methodisches Vorgehen zur Erstellung didaktischer Materialien gewählt. Das Konzept basiert auf den Ergebnissen umfassender Untersuchungen zur Erfassung von Prä- und Postkonzepten von Kindern im Zusammenhang mit der Durchführung von Lehr-Lern-Einheiten (Möller 1997). Diese Befunde wurden im Rahmen der „Klasse(n)kisten" in didaktische Forderungen übersetzt, die zur Gestaltung von konkreten Lehr-Lern-Settings geeignet sind. Darüber hinaus liegt eine Evaluation zum Ansatz der „Klasse(n)kisten" vor, der sich explizit mit der Wirkung dieses Ansatzes im Kontext der Implementierung im Sachunterricht der Grundschule befasst, mit dem Ergebnis, dass vor allem physikalische Themen häufiger im Unterricht beobachtet werden konnten (vgl. ausführlich Möller et al. 2008). Für das Projekt der „Natur als Werkstatt" (Schäfer et al. 2009), das explizit für den Elementarbereich konzipiert und durchgeführt wird, liegen keine Evaluationsergebnisse vor. Dies gilt auch für den projektbezogenen Ansatz „Natur-Wissen schaffen" (Fthenakis et al. 2009a).[63] Im Anschluss an die Diskussion um die Anschlussfähigkeit von Bildungs- und Lernprozessen (Faust et al. 2004, Möller & Steffensky 2010) muss für naturwissenschaftsbezogenen Bildungsangebote im Elementarbereich als Qualitätsstandard eingefordert werden, dass solche Projekte und Konzepte den Aufbau naiver Alltagstheorien sowie deren Umstrukturierung in einer Weise unterstützen müssen, die den Aufbau wissenschaftlich belastbarer Vorstellungen später unterstützen können und diesen nicht durch die Entwicklung von widersprüchlichen Konzepten erschweren. Eine Weiterentwicklung der „Klasse(n)kisten" für

---

63 Auf der Projekthomepage http://www.natur-wissen-schaffen.de/projektinhalte/teilprojekt_4/index. php (Stand 20.07.2011) wird angekündigt, dass im Teilprojekt 4 eine formative Evaluation vorgesehen ist.

den Einsatz im Elementarbereich wäre vor dem Hintergrund dieser Forderung wünschenswert. Die Bedeutung kognitiv fördernder Interaktionen für die Effektivität elementarpädagogischer Lehr-Lern-Settings sollte darüber hinaus verstärkt in der Professionalisierung frühpädagogischer Fachkräfte berücksichtigt werden. In der vorliegenden Arbeit konnte gezeigt werden, dass sich vorbereitete naturwissenschaftliche Lernumgebungen eignen, um hochwertige Pädagogin-Kind-Interaktionen zu unterstützen.

15. Literatur

Aebli, Hans (1968): Über die geistige Entwicklung des Kindes. 2. Aufl. Stuttgart: Klett.

Ahrenholz, Bernt (Hrsg.) (2008): Deutsch als Zweitsprache. Voraussetzungen und Konzepte für die Förderung von Kindern und Jugendlichen mit Migrationshintergrund. 2. überarb. u. erg. Aufl. Freiburg im Breisgau: Fillibach.

Ahrenholz, Bernt (Hrsg.) (2008): Zweitspracherwerb. Diagnosen, Verläufe, Voraussetzungen. Freiburg im Breisgau: Fillibach.

Ahrenholz, Bernt (2010): Bildungssprache im Sachunterricht der Grundschule. In: Bernt Ahrenholz (Hrsg.): Fachunterricht und Deutsch als Zweitsprache. Tübingen: Narr-Verlag, S. 15–36.

Ahrenholz, Bernt (Hrsg.) (2010): Deutsch als Zweitsprache. 2. korr. u. überarb. Auflage. Baltmannsweiler: Schneider-Verlag Hohengehren.

Ahrenholz, Bernt (2010): Einleitung. In: Bernt Ahrenholz (Hrsg.): Fachunterricht und Deutsch als Zweitsprache. Tübingen: Narr-Verlag, S. 1–14.

Ahrenholz, Bernt (Hrsg.) (2010): Fachunterricht und Deutsch als Zweitsprache. Tübingen: Narr-Verlag.

Aktionsrat Bildung (2010): Bildungsautonomie: Zwischen Regulierung und Eigenverantwortung. Jahresgutachten des Aktionsrats Bildung 2010. Unter Mitarbeit von Hans-Peter Blossfeld, Wilfried Bos, Hans-Dieter Daniel, Bettina Hannover, Dieter Lenzen, Manfred Prenzel und Ludger Wößmann. Hrsg. v. vbw – Vereinigung der Bayerischen Wirtschaft e.V.

Albers, Timm (2009): Sprache und Interaktion im Kindergarten. Eine quantitativ-qualitative Analyse der sprachlichen und kommunikativen Kompetenzen von drei- bis sechsjährigen Kindern. Bad Heilbrunn: Klinkhardt.

Altgeld, Karin; Stöbe-Blossey, Sybille (Hrsg.) (2009): Qualitätsmanagement in der frühkindlichen Bildung, Erziehung und Betreuung. Perspektiven für eine öffentliche Qualitätspolitik. Wiesbaden: Verlag für Sozialwissenschaften.

Anning, Angela (2009): The co-construction of an early childhood curriculum. In: Angela Anning, Joy Cullen und Marilyn Fleer (Eds.): Early childhood education. Society and culture. 2. ed. Los Angeles: SAGE, S. 67–79.

Anning, Angela; Cullen, Joy; Fleer, Marilyn (Eds.) (2009): Early childhood education. Society and culture. 2. ed. Los Angeles: SAGE.

Asmussen, Sören; Wagner, Bernd (2010): Naturwissenschaftliche Grundbildung in der Elementar- und Primarstufe. Skizze eines integrativen Ansatzes unter der besonderen Berücksichtigung des „forschenden Experimentierens" und der „narrativen Didaktik". In: Hartmut Giest und Detlef Pech (Hrsg.): Anschlussfähige Bildung im Sachunterricht. Bad Heilbrunn: Klinkhardt, S.31-40.

Aufschnaiter, Stefan von (Hrsg.) (2001): Nutzung von Videodaten zur Untersuchung von Lehr-Lern-Prozessen. Aktuelle Methoden empirischer pädagogischer Forschung. Münster: Waxmann.

Bachelet, Prisca; Mozère, Liane (2010): Die französische école maternelle: Verfrühte Formalisierung von Bildungsprozessen? In: Wassilios E. Fthenakis und Pamela Oberhuemer (Hrsg.): Frühpädagogik international. Bildungsqualität im Blickpunkt. 2. Aufl. Wiesbaden: Verlag für Sozialwissenschaften, S. 209–214.

Backhaus, Klaus; Erichson, Bernd; Plinke, Wulff; Weiber, Rolf (Hrsg.) (2008): Multivariate Analysemethoden. Eine anwendungsorientierte Einführung. 12., vollständig überarb. Aufl. Berlin: Springer.

Baer, Matthias; Fuchs, Michael; Füglister, Peter; Reusser, Kurt; Wyss, Heinz (Hrsg.) (2006): Didaktik auf psychologischer Grundlage. Von Hans Aeblis kognitionspsychologischer Didaktik zur modernen Lehr- und Lernforschung. Bern: h.e.p.-Verlag.

Baltruschat, Astrid (2010): Der Interpretationsprozess nach der dokumentarischen Methode am Beispiel von Kurzfilmen über die Schule. In: Michael Corsten, Melanie Krug und Christine Moritz (Hrsg.): Videographie praktizieren. Herangehensweisen, Möglichkeiten und Grenzen. Wiesbaden: Verlag für Sozialwissenschaften, S. 241–267.

Baumert, Jürgen; Stanat, Petra; Watermann, Rainer (Hrsg.) (2006): Herkunftsbedingte Disparitäten im Bildungswesen: Differenzielle Bildungsprozesse und Probleme der Verteilungsgerechtigkeit. Vertiefende Analysen im Rahmen von PISA 2000. Wiesbaden: Verlag für Sozialwissenschaften.

Bausch, Karl-Richard (Hrsg.) (2007): Textkompetenzen. Arbeitspapiere der 27. Frühjahrskonferenz zur Erforschung des Fremdsprachenunterrichts. Frühjahrskonferenz zur Erforschung des Fremdsprachenunterrichts. Tübingen: Narr-Verlag (Giessener Beiträge zur Fremdsprachendidaktik).

Bayerisches Staatsministerium für Arbeit und Sozialordnung, Familie und Frauen; Staatsinstitut für Frühpädagogik (Hrsg.) (2006): Der Bayerische Bildungs- und Erziehungsplan für Kinder in Tageseinrichtungen bis zur Einschulung. Weinheim und Basel: Beltz.

Beck, Gertrud; Rauterberg, Marcus (2005): Sachunterricht – eine Einführung. Geschichte – Probleme – Entwicklungen. Berlin: Cornelsen Scriptor.

Becker-Stoll, Fabienne (2008): Welche Bildung brauchen Kinder? In: Werner Thole, Hans-Günther Rossbach, Maria Fölling-Albers und Rudolf Tippelt (Hrsg.): Bildung und Kindheit. Pädagogik der Frühen Kindheit in Wissenschaft und Lehre. Opladen: Budrich, S. 115–123.

Becker-Stoll, Fabienne; Textor, Martin R. (Hrsg.) (2007): Die Erzieherin-Kind-Beziehung. Zentrum von Bildung und Erziehung. Berlin: Cornelsen Scriptor (Psychologie).

Becker-Textor, Ingeborg (2000): Maria Montessori. In: Wassilios E. Fthenakis und Martin Textor (Hrsg.): Pädagogische Ansätze im Kindergarten. Weinheim und Basel: Beltz, S. 30–49.

Beinbrech, Christina (2007): Wissenschaftliches Argumentieren und Begründen im naturwissenschaftsbezogenen Sachunterricht. In: Kornelia Möller, Petra Hanke, Christina Beinbrech, Anna Katharina Hein, Thilo Kleickmann und Ruth Schages (Hrsg.): Qualität von Grundschulunterricht. Entwickeln, erfassen und bewerten, Bd. 11. Wiesbaden: Verlag für Sozialwissenschaften, S. 265–268.

Beinbrech, Christina; Kleickmann, Thilo; Tröbst, Steffen (2009): Zusammenhänge zwischen Vorstellungen zum Lehren und Lernen und wissenschaftlichem Begründen im naturwissenschaftsbezogenen Sachunterricht. In: Charlotte Röhner, Claudia Henrichwark und Michaela Hopf (Hrsg.): Europäisierung der Bildung. Konsequenzen und Herausforderungen für die Grundschulpädagogik. Wiesbaden: Verlag für Sozialwissenschaften, S. 204–208.

Berger, Manfred (2000): Friedrich Fröbels Konzeption einer Pädagogik der frühen Kindheit. In: Wassilios E. Fthenakis und Martin Textor (Hrsg.): Pädagogische Ansätze im Kindergarten. Weinheim und Basel: Beltz, S. 10–22.

Blaseio, Beate (2009): Natur in den Bildungsplänen des Elementarbereichs. In: Roland Lauterbach, Hartmut Giest und Brunhilde Marquardt-Mau (Hrsg.): Lernen und kindliche Entwicklung. Elementarbildung und Sachunterricht. Bad Heilbrunn: Klinkhardt, S. 85–92.

Bliss, Joan (1996): Piaget und Vygotsky: Ihre Bedeutung für das Lehren und Lernen der Naturwissenschaften. In: Zeitschrift für Didaktik der Naturwissenschaften 2 (3), S. 3–16.

Blochmann, Elisabeth (1965): Einleitung. In: Elisabeth Blochmann, Georg Geißler, Herman Nohl und Erich Weniger (Hrsg.): Friedrich Fröbel: Fröbels Theorie des Spiels 1. 4. Aufl. Weinheim: Beltz, S. 3–14.

Blumberg, Eva; Hardy, Ilonca; Möller, Kornelia (2008): Anspruchsvolles naturwissenschaftliches Lernen im Sachunterricht der Grundschule – auch für Mädchen? In: Zeitschrift für Grundschulforschung, Bildung im Elementar- und Primarbereich 1 (2), S. 59–72.

Blümer, Heike (2004): Kinder wollen es wissen! Anspruchsvolle Inhalte aus Natur und Technik im Elementarbereich. In: KiTa aktuell NRW (7/8), S. 153–155.

Bohnsack, Ralf (1989): Generation, Milieu und Geschlecht. Ergebnisse aus Gruppendiskussionen mit Jugendlichen. Opladen: Leske + Budrich.

Bohnsack, Ralf (1997): „Orientierungsmuster": Ein Grundbegriff qualitativer Sozialforschung. In: Folker Schmidt (Hrsg.): Methodische Probleme der empirischen Erziehungswissenschaft. Baltmannsweiler: Schneider-Verlag Hohengehren, S. 49–61.

Bohnsack, Ralf (2007): Typenbildung, Generalisierung und komparative Analyse: Grundprinzipien der dokumentarischen Methode. In: Ralf Bohnsack, Iris Nentwig-Gesemann und Arnd-Michael Nohl (Hrsg.): Die dokumentarische Methode und ihre Forschungspraxis. Grundlagen qualitativer Sozialforschung. 2., erw. und aktual. Auflage. Wiesbaden: Verlag für Sozialwissenschaften, S.225–253.

Bohnsack, Ralf (2009a): Qualitative Bild- und Videointerpretation. Die dokumentarische Methode. Opladen: Budrich (UTB Erziehungswissenschaft).

Bohnsack, Ralf (2009b): Documentary Method and Group Discussions. In: Ralf Bohnsack, Nicolle Pfaff und Wivian Weller (Hrsg.): Qualitative Analysis and Documentary Method in International Educational Research. Leverkusen: Budrich, S. 99–124.

Bohnsack, Ralf (2010a): Rekonstruktive Sozialforschung. Einführung in qualitative Methoden. 8., durchges. Aufl. Opladen: Budrich (UTB Erziehungswissenschaft).

Bohnsack, Ralf (2010b): Zugänge zur Eigenlogik des Visuellen und die dokumentarische Videointerpretation. In: Michael Corsten, Melanie Krug und Christine Moritz (Hrsg.): Videographie praktizieren. Herangehensweisen, Möglichkeiten und Grenzen. Wiesbaden: Verlag für Sozialwissenschaften, S. 271–294.

Bohnsack, Ralf; Nentwig-Gesemann, Iris; Nohl, Arnd-Michael (Hrsg.) (2007): Die dokumentarische Methode und ihre Forschungspraxis. Grundlagen qualitativer Sozialforschung. 2., erw. und aktual. Auflage. Wiesbaden: Verlag für Sozialwissenschaften.

Bohnsack, Ralf; Nentwig-Gesemann, Iris; Nohl, Arnd-Michael (2007): Einleitung: Die dokumentarische Methode und ihre Forschungspraxis. In: Ralf Bohnsack, Iris Nentwig-Gesemann und Arnd-Michael Nohl (Hrsg.): Die dokumentarische Methode und ihre Forschungspraxis. Grundlagen qualitativer Sozialforschung. 2., erw. und aktual. Auflage. Wiesbaden: Verlag für Sozialwissenschaften, S. 9–27.

Bohnsack, Ralf; Pfaff, Nicolle; Weller, Wivian (Hrsg.) (2009): Qualitative Analysis and Documentary Method in International Educational Research. Leverkusen: Budrich.

Bolte, Claus; Dade, Jeannine; Krüger, Dirk (2009): Entwicklung und Erprobung eines Moduls zur Ausbildung angehender Erzieher/-innen für den Bildungsbereich „naturwissenschaftliche und technische Grunderfahrung". In: Roland Lauterbach, Hartmut Giest und Brunhilde Marquardt-Mau (Hrsg.): Lernen und kindliche Entwicklung. Elementarbildung und Sachunterricht. Bad Heilbrunn: Klinkhardt, S. 117–124.

Bortz, Jürgen; Döring, Nicola (2006): Forschungsmethoden und Evaluation. Für Human- und Sozialwissenschaftler. 4., überarb. Aufl., Heidelberg: Springer-Medizin-Verlag.

Braches-Chyrek, Rita; Bühler-Niederberger, Doris; Heinzel, Friederike; Sünker, Heinz; Thole, Werner (2011): Deutungen und Bilder von Kindern und Kindheiten. In: Promotionskolleg Kinder und Kindheiten im Spannungsfeld gesellschaftlicher Modernisierung (Hrsg.): Kindheitsbilder und die Akteure generationaler Arrangements. Wiesbaden: Verlag für Sozialwissenschaften, S. 9–18.

Brandt, Birgit; Krummheuer, Götz; Naujok, Natascha (2001): Zur Methodologie kontextbezogener Theoriebildung im Rahmen von interpretativer Grundschulforschung. In: Stefan von Aufschnaiter (Hrsg.): Nutzung von Videodaten zur Untersuchung von Lehr-

Lern-Prozessen. Aktuelle Methoden empirischer pädagogischer Forschung. Münster: Waxmann, S. 17–40.

Brinker, Klaus; Sager, Sven Frederik (2006): Linguistische Gesprächsanalyse. Eine Einführung. 4., durchges. und erg. Aufl. Berlin: Schmidt.

Broadhead, Pat (2006): Developing an understanding of young children's learning through play: the place of observation, interaction and reflection. In: Britsh Educational Research Journal 32 (2), S. 191–207.

Broadhead, Pat; Howard, Justine; Wood, Elizabeth (Eds.) (2010): Play and learning in the early years. Thousand Oaks, CA: Sage Publications.

Brown, David E.; Hammer, David (2008): Conceptual Change in Physics. In: Stella Vosniadou (Ed.): International Handbook of Research on Conceptual Change. New York: Routledge, S. 127–154.

Bühl, Achim (2008): SPSS 16. Einführung in die moderne Datenanalyse. 11., überarb. und erw. Aufl. München: Pearson Studium.

Bundesministerium für Bildung und Forschung (Hrsg.) (2007): Auf den Anfang kommt es an. Perspektiven für eine Neuorientierung frühkindlicher Bildung. Unter Mitarbeit von Wassilios E. Fthenakis, Kristin Gisbert, Wilfried Griebel, Hans-Rainer Kunze, Renate Niesel und Corinna Wustmann. Unveränderter Nachdruck (Bildungsforschung, 16).

Burchinal, Margaret; Vandergrift, Nathan; Pianta, Robert; Mashburn, Andrew (2010): Threshold analysis of association between child care quality and child outcomes for low-income children in pre-kindergarten programs. In: Early Childhood Research Quarterly 25, S. 166–176.

Carey, Susan (1985): Conceptual change in childhood: The MIT Press.

Carey, Susan (1987): Theory Change in Childhood. In: Bärbel Inhelder, Denys de Caprona und Angela Cornu-Wells (Eds.): Piaget today. Hove: Erlbaum, S. 141–163.

Carey, Susan (2000): Science Education as Conceptual Change. In: Journal of Applied Developmental Psychology 21 (1), S. 13–19.

Cattell, Raymond Bernard; Weiß, Rudolf; Osterland, Jürgen (1997): Grundintelligenztest Skala 1. CFT1. Handanweisung für die Durchführung, Auswertung und Interpretation. 5. revidierte Auflage. Göttingen: Hogrefe Verlag für Psychologie.

Cech, Diethard; Feige, Bernd; Kahlert, Joachim; Löffler, Gerhard; Schreier, Helmut; Schwier, Hans-Joachim; Stoltenberg, Ute (Hrsg.) (2001): Die Aktualität der Pädagogik Martin Wagenscheins für den Sachunterricht. Bad Heilbrunn: Klinkhardt.

Chi, Michelene T. H. (2008): Three Types of Conceptual Change: Belief Revision, Mental Model Transformation, and Categorial Shift. In: Stella Vosniadou (Ed.): International Handbook of Research on Conceptual Change. New York: Routledge, S. 61–82.

Colberg-Schrader, Hedi; Krug, Marianne (1980): Lebensnahes Lernen im Kindergarten. Zur Umsetzung des Curriculum „Soziales Lernen". München: Kösel.

Corsten, Michael; Krug, Melanie; Moritz, Christine (Hrsg.) (2010): Videographie prak-tizieren. Herangehensweisen, Möglichkeiten und Grenzen. Wiesbaden: Verlag für Sozialwissenschaften.

Cummins, Jim (2008): BICS and CALP: Empirical and Theoretical Status of the Distinction. In: Nancy H. Hornberger (Ed.): Encyclopedia of Language and Education. Boston, MA: Springer Science+Business Media LLC, S. 71–84.

Curby, Timothy W.; Grimm, Kevin J.; Pianta, Robert C. (2010): Stability and change in early childhood classroom interactions during the first two hours of a day. In: Early Childhood Research Quarterly 25, S. 373–384.

Daiber, Barbara; Weiland, Inga (Hrsg.) (2008): Impulse der Elementardidaktik. Eine gemein-same Ausbildung für Kindergarten und Grundschule. Baltmannsweiler: Schneider Verlag Hohengehren.

Degotardi, Sheila (2010): High-quality interactions with infants: relationships with early-childhood practitioners' interpretations and qualification levels in play and routine contexts. In: International Journal of Early Years Education 18 (1), S. 27–41.

Department of Education (2009): Learning, Playing and Interacting. Good practice in Early Years Foundation Stage. Hrsg. v. Schools and Families DCSF Department for Children. Online verfügbar unter http://nationalstrategies.standards.dcsf.gov.uk/node/242798, zuletzt geprüft am 01.02.2011.

DESI-Konstortium (Hrsg.) (2008): Unterricht und Kompetenzerwerb in Deutsch und Englisch. Ergebnisse der DESI-Studie. Weinheim und Basel: Beltz.

Deutscher Bildungsrat & Bildungskommission (1972): Strukturplan für das Bildungswesen. Empfehlungen der Bildungskommission. 4. Aufl. Stuttgart: Klett.

Diskowski, Detlef (2008): Bildungspläne für Kindertagesstätten – ein neues und noch unbegriffenes Steuerungsinstrument. In: Hans-Günther Roßbach und Hans-Peter Blossfeld (Hrsg.): Frühpädagogische Förderung in Institutionen. Wiesbaden: Verlag für Sozialwissenschaften, S. 47–61.

Drieschner, Elmar (2010): Bildung als Selbstbildung oder Kompetenzentwicklung? Zur Ambivalenz von Kind- und Kontextorientierung in der frühpädagogischen Bildungs-debatte. In: Detlef Gaus und Elmar Drieschner: „Bildung" jenseits pädagogischer Theoriebildung? Fragen zu Sinn, Zweck und Funktion der allgemeinen Pädagogik. Wiesbaden: Verlag für Sozialwissenschaften, S.183-220.

Duit, Reinders; Treagust, David F.; Widodo, Ari (2008): Teaching Science for Conceptual Change: Theory and Practice. In: Stella Vosniadou (Ed.): International Handbook of Research on Conceptual Change. New York: Routledge, S. 629–646.

Duncker, Ludwig; Lieber, Gabriele; Neuß, Norbert; Uhlig, Bettina (Hrsg.) (2010): Bildung in der Kindheit. Das Handbuch zum Lernen in Kindergarten und Grundschule. Seelze: Kallmeyer.

Ebers, Thomas; Melchers, Markus (2006): Praktisches Philosophieren mit Kindern. Konzepte, Methoden, Beispiele. 2. Aufl. Münster: Lit.

Eden, Hilke (2009): Klare Strukturen. Ein Tag in der Lernwerkstatt. In: Gerd E. Schäfer, Marjan Alemzadeh, Hilke Eden und Diana Rosenfelder (Hrsg.): Die Natur als Werkstatt. Weimar: Netz, S. 45–61.

Einsiedler, Wolfgang (2009): Befunde der Unterrichtsforschung und der psychologischen Forschung als Grundlage der Didaktik des Sachunterrichts. Online verfügbar unter http://www.wolfgang-einsiedler.de/pdf/Sachunterricht_2009.pdf, zuletzt geprüft am 24.02.2011.

Elschenbroich, Donata (2005): Weltwunder. Kinder als Naturforscher. München: Kunstmann.

Engelhardt, Wolf; Schreier, Helmut (2001): Vorwort. In: Diethard Cech, Bernd Feige, Joachim Kahlert, Gerhard Löffler, Helmut Schreier, Hans-Joachim Schwier und Ute Stoltenberg (Hrsg.): Die Aktualität der Pädagogik Martin Wagenscheins für den Sachunterricht. Bad Heilbrunn: Klinkhardt, S. 7–12.

Expertenrat Herkunft und Bildungserfolg (2011): Empfehlungen für bildungspolitische Weichenstellungen in der Perspektive auf das Jahr 2020 (BW2020). Unter Mitarbeit von Jürgen Baumert, Cordula Artelt, Hartmut Ditton, Helmut Fend, Marcus Hasselhorn, Ingrid Macher et al. Hrsg. v. Jugend und Sport Baden-Württemberg Ministerium für Kultus. Online verfügbar unter http://www.kultusportal-bw.de/servlet/PB/show/1285001/ExpertenberichtBaW%FC_online.pdf, zuletzt geprüft am 03.06.2011.

Faust, Gabriele; Götz, Margarete; Hacker, Hartmut; Roßbach, Hans-Günther (Hrsg.) (2004): Anschlussfähige Bildungsprozesse im Elementar- und Primarbereich. Bad Heilbrunn/ Obb.: Klinkhardt.

Fischer, Hans-Joachim (2009): Schwimmen und Untergehen – Kindergartenkinder deuten ein Naturphänomen. In: Roland Lauterbach, Hartmut Giest und Brunhilde Marquardt-Mau

(Hrsg.): Lernen und kindliche Entwicklung. Elementarbildung und Sachunterricht. Bad Heilbrunn: Klinkhardt, S. 173–180.

Fischer, Hans-Joachim; Gansen, Peter; Michalik, Kerstin (Hrsg.) (2010): Sachunterricht und frühe Bildung. Bad Heilbrunn: Klinkhardt.

Flavell, John H. (1963): The Developmental Psychology of Jean Piaget. New York: Van Nostrand Reinhold Company.

Fleiss, Joseph L.; Cohen, Jacob (1973): The equivalence of weighted kappa and the intraclass correlation coefficient as measures of reliability. In: Educational and Psychological Measurement. 33, S. 613–619.

Fliedner, Renate (2004): Erwachsenen-Kind-Interaktionen in Familien und Kindergärten. Eine Methode zur Feststellung unterschiedlicher Qualitätsniveaus kognitiver Förderung. Frankfurt am Main: Lang.

Frampton, Kristen; Perlman, Michal; Jenkins, Jennifer (2009): Caregivers' use of metacognitive language in child care centers: Prevalence and predictors. In: Early Childhood Research Quarterly 24, S. 248–262.

Frey, Andreas; Wosnitza, Marold; Gehrlein, Birgit (2006): Friedrich Fröbel und seine Pädagogik. 2. Aufl. Landau: Empirische Pädagogik e.V.

Friebertshäuser, Barbara; Prengel, Annedore (Hrsg.) (2003): Handbuch qualitative Forschungsmethoden in der Erziehungswissenschaft. Studienausgabe. Weinheim: Juventa-Verlag.

Fried, Lilian (2008a): Einleitung. In: Lilian Fried (Hrsg.): Das wissbegierige Kind. Neue Perspektiven in der Früh- und Elementarpädagogik. Weinheim: Juventa-Verlag, S. 7–20.

Fried, Lilian (2008b): Bildung und didakische Kompetenz. In: Werner Thole (Hrsg.): Bildung und Kindheit. Pädagogik der Frühen Kindheit in Wissenschaft und Lehre. Opladen: Budrich, S. 141–151.

Fried, Lilian (Hrsg.) (2008): Das wissbegierige Kind. Neue Perspektiven in der Früh- und Elementarpädagogik. Weinheim: Juventa-Verlag.

Fried, Lilian (2010): Wie steht es um die Sprachförderkompetenz der deutschen Kindergartenerzieherinnen? – ausgewählte Ergebnisse einer empirischen Studie. In: Hans-Joachim Fischer, Peter Gansen und Kerstin Michalik (Hrsg.): Sachunterricht und frühe Bildung. Bad Heilbrunn: Klinkhardt, S. 205–218.

Fried, Lilian; Dippelhofer-Stiem, Barbara; Honig, Michael-Sebastian; Liegle, Ludwig (Hrsg.) (2003): Einführung in die Pädagogik der frühen Kindheit. Weinheim: Beltz.

Fried, Lilian; Kohlruss, Mirjam; Reintjes, Mathias (2008): Wissenslandkarten von Kindern. Wissensentwicklung dokumentieren und fördern. In: Lilian Fried (Hrsg.): Das wissbegierige Kind. Neue Perspektiven in der Früh- und Elementarpädagogik. Weinheim: Juventa-Verlag, S. 167–189.

Fried, Lilian; Roux, Susanna (Hrsg.) (2006): Pädagogik der frühen Kindheit. Weinheim: Beltz.

Fröbel, Friedrich (1965): Des Kindes Leben, das erste Kindtun. In: Elisabeth Blochmann, Georg Geißler, Herman Nohl und Erich Weniger (Hrsg.): Friedrich Fröbel: Fröbels Theorie des Spiels 1. 4. Aufl.. Weinheim: Beltz, S. 39–72.

Fröbel, Friedrich (1965): Die Spieltheorie in der Menschenerziehung. In: Elisabeth Blochmann, Georg Geißler, Herman Nohl und Erich Weniger (Hrsg.): Friedrich Fröbel: Fröbels Theorie des Spiels 1. 4. Aufl. Weinheim: Beltz, S. 73–93.

Fröbel, Friedrich (1965): Erste Gabe: Der Ball als erstes Spielzeug des Kindes. In: Elisabeth Blochmann, Georg Geißler, Herman Nohl und Erich Weniger (Hrsg.): Friedrich Fröbel: Fröbels Theorie des Spiels 1. 4. Aufl. Weinheim: Beltz, S. 15–38.

Fröbel, Friedrich (1965): Fröbels Theorie des Spiels 1. In: Elisabeth Blochmann, Georg Geißler, Herman Nohl und Erich Weniger (Hrsg.): Fröbel: Fröbels Theorie des Spiels 1. 4. Aufl. Weinheim: Beltz.

Fthenakis, Wassilios E. (o. J.): Ko-Konstruktion: Lernen durch Zusammenarbeit. Online verfügbar unter http://www.natur-wissen-schaffen.de/backstage/natur_wissen_schaffen/ documentpool/Sammelmappe_8_13_Artikel_Prof_Fhtenakis.pdf, zuletzt geprüft am 22.07.2011

Fthenakis, Wassilios E. (2000): Kommentar: Die (gekonnte) Inszenierung einer Abrechung – zum Beitrag von Jürgen Zimmer. In: Wassilios E. Fthenakis und Martin Textor (Hrsg.): Pädagogische Ansätze im Kindergarten. Weinheim und Basel: Beltz, S. 115–131.

Fthenakis, Wassilios E. (2003): Zur Neukonzeptionalisierung von Bildung in der frühen Kindheit. In: Wassilios E. Fthenakis (Hrsg.): Elementarpädagogik nach PISA. Wie aus Kindertagesstätten Bildungseinrichtungen werden können. 5. Aufl. Freiburg im Breisgau: Herder, S. 18–37.

Fthenakis, Wassilios E. (2003a): Pädagogische Qualität in Tageseinrichtungen für Kinder. In: Wassilios E. Fthenakis (Hrsg.): Elementarpädagogik nach PISA. Wie aus Kindertagesstätten Bildungseinrichtungen werden können. 5. Aufl. Freiburg im Breisgau: Herder, S. 208–242.

Fthenakis, Wassilios E. (2007): Vorwort. In: Bundesministerium für Bildung und Forschung (Hrsg.): Auf den Anfang kommt es an. Perspektiven für eine Neuorientierung frühkindlicher Bildung. Unter Mitarbeit von Wassilios E. Fthenakis, Kristin Gisbert, Wilfried Griebel, Hans-Rainer Kunze, Renate Niesel und Corinna Wustmann. (Bildungsforschung, 16), S. 2–9.

Fthenakis, Wassilios E. (2011): Das „kompetente Kind". Eine überfällige Debatte für die Elementarpädgogik. In: Svendy Wittmann, Thomas Rauschenbach und Hans Rudolf Leu (Hrsg.): Kinder in Deutschland. Eine Bilanz empirischer Studien. Weinheim: Juventa, S. 198–211.

Fthenakis, Wassilios E. (Hrsg.) (2003): Elementarpädagogik nach PISA. Wie aus Kindertagesstätten Bildungseinrichtungen werden können. 5. Aufl. Freiburg im Breisgau: Herder.

Fthenakis, Wassilios E.; Oberhuemer, Pamela (Hrsg.) (2010): Frühpädagogik international. Bildungsqualität im Blickpunkt. 2. Aufl. Wiesbaden: Verlag für Sozialwissenschaften.

Fthenakis, Wassilios E.; Textor, Martin (Hrsg.) (2000): Pädagogische Ansätze im Kindergarten. Weinheim und Basel: Beltz.

Fthenakis, Wassilios E.; Wendell, Astrid; Daut, Marike; Eitel, Andreas; Schmitt, Annette (Hrsg.) (2009b): Frühe technische Bildung. Troisdorf: BildungsVerlag Eins (Natur-Wissen schaffen, 4).

Fthenakis, Wassilios E.; Wendell, Astrid; Eitel, Andreas; Daut, Marike; Schmitt, Annette (Hrsg.) (2009a): Frühe naturwissenschaftliche Bildung. Troisdorf: BildungsVerlag Eins (Natur-Wissen schaffen, 3).

Gais, Berenike; Möller, Kornelia (2006): Verstehen förderndes Lehrerhandeln im naturwissenschaftsbezogenen Sachunterricht – eine Videostudie. In: Diethard Cech, Hans-Joachim Fischer, Waltraud Giese-Holl, Martina Knörzer und Marcus Schrenk (Hrsg.): Bildungswert des Sachunterrichts. Bad Heilbrunn: Klinkhardt, S. 211-226.

Gansen, Peter (2010): Sachunterricht im Kindergarten? Anmerkungen zur frühkindlichen Bildung und zur Bildungsplanung im Elementarbereich. In: Hartmut Giest und Detlef Pech (Hrsg.): Anschlussfähige Bildung im Sachunterricht. Bad Heilbrunn: Klinkhardt (Probleme und Perspektiven des Sachunterrichts, 20), S. 99–107.

Gaus, Detlef; Drieschner, Elmar (2010): „Bildung" jenseits pädagogischer Theoriebildung? Fragen zu Sinn, Zweck und Funktion der allgemeinen Pädagogik. Wiesbaden: Verlag für Sozialwissenschaften.

Giest, Hartmut (2009): Vom Spiel zur Lerntätigkeit. In: Roland Lauterbach, Hartmut Giest und Brunhilde Marquardt-Mau (Hrsg.): Lernen und kindliche Entwicklung. Elementarbildung und Sachunterricht. Bad Heilbrunn: Klinkhardt (Probleme und Perspektiven des Sachunterrichts, 19), S. 11–18.

Giest, Hartmut (2010): Anschlussfähige Bildung im Sachunterricht. In: Hartmut Giest und Detlef Pech (Hrsg.): Anschlussfähige Bildung im Sachunterricht. Bad Heilbrunn: Klinkhardt (Probleme und Perspektiven des Sachunterrichts, 20), S. 11–22.

Giest, Hartmut; Pech, Detlef (Hrsg.) (2010): Anschlussfähige Bildung im Sachunterricht. Bad Heilbrunn: Klinkhardt.

Glauert, Esme (2010): Erkundungen und Erklärungen zur Elektrizität. Zum Sachverstehen und Sachlernen im Vorschulalter. In: Hans-Joachim Fischer, Peter Gansen und Kerstin Michalik (Hrsg.): Sachunterricht und frühe Bildung. Bad Heilbrunn: Klinkhardt (Forschungen zur Didaktik des Sachunterrichts, 9), S. 123–138.

Göbel, Kerstin (2007): Qualität im interkulturellen Englischunterricht. Eine Videostudie. Münster: Waxmann (Empirische Erziehungswissenschaft, 8).

Gogolin Ingrid (2007): Herausforderung Bildungssprache – ‚Textkompetenz' aus der Perspektive Interkultureller Bildungsforschung. In: Karl-Richard Bausch (Hrsg.): Textkompetenzen. Tübingen: Narr (Giessener Beiträge zur Fremdsprachendidaktik), S. 73–80.

Gogolin, Ingrid (2008): Förderung von Kindern im Elementarbereich. In: Hans-Günther Roßbach und Hans-Peter Blossfeld (Hrsg.): Frühpädagogische Förderung in Institutionen. Wiesbaden: Verlag für Sozialwissenschaften (Zeitschrift für Erziehungswissenschaft Sonderheft, 11), S. 79–90.

Gogolin, Ingrid (2009): Zweisprachigkeit und die Entwicklung bildungssprachlicher Fähigkeiten. In: Ingrid Gogolin (Hrsg.): Streitfall Zweisprachigkeit. The bilingualism controversy. Wiesbaden: Verlag für Sozialwissenschaften, S. 263–278.

Gogolin, Ingrid (Hrsg.) (2009): Streitfall Zweisprachigkeit. The bilingualism controversy. Wiesbaden: Verlag für Sozialwissenschaften.

Goouch, Kathy (2008): Understanding playful pedagogies, play narratives and play spaces. In: Early Years. An International Journal of Research and Development 28 (1), S. 93–102.

Gottwald, Anna (2009): Herausforderungen und Erfolgsfaktoren für die Fortbildung von Erzieher/innen im Bereich naturwissenschaftlichen Experimentierens – Ergebnisse aus dem Projekt NawiKi. In: Roland Lauterbach, Hartmut Giest und Brunhilde Marquardt-Mau (Hrsg.): Lernen und kindliche Entwicklung. Elementarbildung und Sachunterricht. Bad Heilbrunn: Klinkhardt (Probleme und Perspektiven des Sachunterrichts, 19), S. 125–132.

Graf, Dittmar; Ziemek, Hans-Peter (2008): Biologische Begriffe und Waldkindergärten. Kenntnisse/Vorstellungen von Vorschulkindern und erste Bestandsaufnahme eines umweltpädagogischen Konzeptes der Vorschulerziehung. In: Lilian Fried (Hrsg.): Das wissbegierige Kind. Neue Perspektiven in der Früh- und Elementarpädagogik. Weinheim: Juventa-Verlag, S. 69–83.

Grell, Frithjof (2010): Über die (Un-)Möglichkeit, Früherziehung durch Selbstbildung zu ersetzen. In: Zeitschrift für Pädagogik 56 (2), S. 154–167.

Grell, Frithjof; Roßbach, Hans G. (2010): (Überhöhte?) Erwartungen an die Frühpädagogik. Zur Einleitung in den Thementeil. In: Zeitschrift für Pädagogik 56 (2), S. 151–153.

Grießhaber, Wilhelm (2010): (Fach-)Sprache im zweisprachlichen Fachunterricht. In: Bernt Ahrenholz (Hrsg.): Fachunterricht und Deutsch als Zweitsprache. Tübingen: Narr-Verlag, S. 37–53.

Grundler, Elke (2010): Argumentieren in der Zweitsprache. In: Bernt Ahrenholz (Hrsg.): Fachunterricht und Deutsch als Zweitsprache. Tübingen: Narr-Verlag, S. 55–68.

Hampl, Stefan (2010): Videos interpretieren und darstellen. Die dokumentarische Methode. In: Michael Corsten, Melanie Krug und Christine Moritz (Hrsg.): Videographie praktizieren. Herangehensweisen, Möglichkeiten und Grenzen. Wiesbaden: Verlag für Sozialwissenschaften, S. 53–88.

Hasselhorn, Marcus (2010): Möglicheiten und Grenzen der Frühförderung aus entwicklungspsychologischer Sicht. In: Zeitschrift für Pädagogik 56 (2), S. 168–177.

Hebenstreit, Sigurd (2003): Friedrich Fröbel – Menschenbild, Kindergartenpädagogik, Spielförderung. Jena: IKS Garamond.

Heck, Anne (2005): Themen der Kinder. Bildungsprozesse der Wahrnehmung und Bewegung. In: Hans-Joachim Laewen und Beate Andres (Hrsg.): Forscher, Künstler, Konstrukteure. Werkstattbuch zum Bildungsauftrag von Kindertageseinrichtungen. Weinheim: Beltz, S. 88–99.

Heiland, Helmut (2010): Fröbels Pädagogik der Kindheit – didaktische Überlegungen zu seiner Spielpädagogik. In: Dagmar Kasüschke (Hrsg.): Didaktik in der Pädagogik der frühen Kindheit. Köln, Kronach: Link, S. 15–44.

Heinzel, Friederike (Hrsg.) (2000): Methoden der Kindheitsforschung. Ein Überblick über Forschungszugänge zur kindlichen Perspektive. Weinheim: Juventa-Verlag (Kindheiten, 18).

Hellmich, Frank; Köster, Hilde (Hrsg.) (2008): Vorschulische Bildungsprozesse in Mathematik und Naturwissenschaften. Bad Heilbrunn: Klinkhardt.

Helmke, Tuyet; Helmke, Andreas; Schrader, Friedrich-Wilhelm; Wagner, Wolfgang; Nold, Günther & Schröder Konrad (2008): Die Videostudie des Englischunterrichts. In: DESI-Konsortium (Hrsg.): Unterricht und Kompetenzerwerb in Deutsch und Englisch. Ergebnisse der DESI-Studie. Weinheim und Basel: Beltz, S. 345–363.

Helsper, Werner (Hrsg.) (2008): Handbuch der Schulforschung. 2., durchges. und erw. Aufl. Wiesbaden: Verlag für Sozialwissenschaften.

Helsper, Werner; Böhme, Jeanette (Hrsg.) (2008): Handbuch der Schulforschung. 2., durchges. und erw. Aufl. Wiesbaden: Verlag für Sozialwissenschaften.

Hentig, Hartmut von (1991): Einführung. In: Martin Wagenschein (Hrsg.): Verstehen lehren. Genetisch – sokratisch – exemplarisch. Mit einer Einführung von Hartmut von Hentig. 9. Aufl. Weinheim: Beltz.

Hofer, Manfred (1997): Lehrer-Schüler-Interaktion. In: Franz Emanuel Weinert, Niels Birbaumer und Carl Friedrich Graumann (Hrsg.): Psychologie des Unterrichts und der Schule. Göttingen: Hogrefe Verlag für Psychologie, S. 215–252.

Holling, Heinz; Preckel, Franzis; Vock, Miriam (2004): Intelligenzdiagnostik. Göttingen: Hogrefe Verlag für Psychologie.

Honig, Michael-Sebastian (2002): Geschichte der Kindheit. In: Heinz-Hermann Krüger und Cathleen Grunert (Hrsg.): Handbuch Kindheits- und Jugendforschung. Opladen: Leske + Budrich (Handbücher), S. 310–332.

Honig, Michael-Sebastian (2010): Geschichte der Kindheit im „Jahrhundert des Kindes". In: Heinz-Hermann Krüger und Cathleen Grunert (Hrsg.): Handbuch Kindheits- und Jugendforschung. 2., aktualisierte und erw. Aufl. Wiesbaden: Verlag für Sozialwissenschaften, S. 335–358.

Hopf, Michaela (2011): Sustained Shared Thinking in der frühpädagogischen Praxis des naturwissenschaftlich-technischen Lernens. In: Zeitschrift für Grundschulforschung, Bildung im Elementar- und Primarbereich, 4 (1), S. 73–85.

Hornberger, Nancy H. (Ed.) (2008): Encyclopedia of Language and Education. Boston, MA: Springer Science+Business Media LLC.

Hottinger, Ursula (2007): Rahmenkonzept Didaktik für altersheterogene Klassen 4- bis 8-Jähriger. In: Kornelia Möller (Hrsg.): Qualität von Grundschulunterricht. Entwickeln, erfassen und bewerten, Bd. 11. Wiesbaden: Verlag für Sozialwissenschaften, (Jahrbuch Grundschulforschung), S. 209–212.

Hugener, Isabelle; Rakoczy, Katrin; Pauli, Christine; Reusser, Kurt (2006): Videobasierte Unterrichtsforschung. In: Sibylle Rahm (Hrsg.): Unterrichtsforschung. Organisations- und Bildungsprozessforschung. Perspektiven innovativer Ansätze. Innsbruck: Studien-Verlag (Schulpädagogische Forschung, 1), S. 41–53.

Huhn, Norbert; Dittrich, Gisela; Dörfler, Mechthild; Schneider, Kornelia (2000): Video-grafieren als Beobachtungsmethode in der Sozialforschung am Beispiel eines Feld-forschungsprojekts zum Konfliktverhalten von Kindern. In: Friederike Heinzel (Hrsg.): Methoden der Kindheitsforschung. Ein Überblick über Forschungszugänge zur kindli-chen Perspektive. Weinheim: Juventa-Verlag (Kindheiten, 18), S. 185–202.

Inhelder, Bärbel; Caprona, Denys de; Cornu-Wells, Angela (Eds.) (1987): Piaget today. Hove: Erlbaum.

Jaumann-Graumann, Olga; Köhnlein, Walter (Hrsg.) (2000): Lehrerprofessionalität – Lehrer-professionalisierung. Bad Heilbrunn/Obb.: Klinkhardt.

Jonen, Angela; Möller, Kornelia (Hrsg.) (2005): Klasse(n)kisten für den Sachunterricht. Schwimmen und Sinken. Essen: Spectra.

Jordan, Barbara (2009): Scaffolding learning and co-constructing understandings. In: Angela Anning, Joy Cullen und Marilyn Fleer (Eds.): Early childhood education. Society and culture. 2. ed. Los Angeles: SAGE, S. 39–52.

Jugendministerkonferenz; Kultusministerkonferenz (2004): Gemeinsamer Rahmen der Länder für die frühe Bildung in Kindertageseinrichtungen. Hrsg. v. Jugendminister-konferenz und Kultusministerkonferenz.

Junk-Deppenmeier, Alexandra; Schäfer, Joachim (2010): Lesekompetenz als Voraussetzung für das Lernen im Fachunterricht. In: Bernt Ahrenholz (Hrsg.): Fachunterricht und Deutsch als Zweitsprache. Tübingen: Narr-Verlag.

Juul, Jesper; Engeler, Sigrid (2003): Das kompetente Kind. Auf dem Weg zu einer neu-en Wertgrundlage für die ganze Familie. 7. Aufl. Reinbek bei Hamburg: Rowohlt-Taschenbuch-Verlag.

Kahlert, Joachim; Reeken, Dietmar von (Hrsg.) (2007): Handbuch Didaktik des Sachunterrichts. Bad Heilbrunn: Klinkhardt.

Kaiser, Astrid (2010): Neue Einführung in die Didaktik des Sachunterrichts. 3. Aufl. Baltmannsweiler: Schneider Hohengehren.

Karwowska-Struczyk, Malgorzata (2010): Curriculumentwicklung in Polen: Auf dem Weg zu Meinungsfreiheit und Bildung. In: Wassilios E. Fthenakis und Pamela Oberhuemer (Hrsg.): Frühpädagogik international. Bildungsqualität im Blickpunkt. 2. Aufl. Wies-baden: Verlag für Sozialwissenschaften, S. 227–240.

Kasüschke, Dagmar (Hrsg.) (2010): Didaktik in der Pädagogik der frühen Kindheit. Köln, Kronach: Link.

Katz, Lilian G.; Chard, Sylvia C. (2000): Der Projekt-Ansatz. In: Wassilios E. Fthenakis und Martin Textor (Hrsg.): Pädagogische Ansätze im Kindergarten. Weinheim und Basel: Beltz, S. 224–248.

Keller, Anna Maria (2009): Bildung in der frühen Kindheit. 16 Bundesländer im Vergleich. Landau: Empirische Pädagogik e.V.

Keßler, Jörg; Paulick, Christian (2010): Mehrsprachigkeit und schulisches Fremd-sprachenlernen: Englischunterricht bei Lernern mit Migrationshintergrund. In: Bernt Ahrenholz (Hrsg.): Fachunterricht und Deutsch als Zweitsprache. Tübingen: Narr-Verlag, S. 257–278.

Kleickmann, Thilo; Möller, Kornelia (2007): Können Lehrerfortbildungen einen Beitrag zur Förderung naturwissenschaftlichen Verständnisses bei Schülerinnen und Schülern leis-ten? In: Kornelia Möller (Hrsg.): Qualität von Grundschulunterricht. Entwickeln, er-fassen und bewerten. Jahrbuch Grundschulforschung. Wiesbaden: VS Verlag für Sozialwissenschaften, S. 167–170.

Klinger, Thorsten; Schwippert, Knut; Leiblein, Birgit (Hrsg.) (2008): Evaluation im Modell-programm FörMig. Planung und Realisierung eines Evaluationskonzepts. Münster: Waxmann.

Kluge, Norbert (2006): Das Bild des Kindes in der Pädagogik der frühen Kindheit. In: Lilian Fried und Susanna Roux (Hrsg.): Pädagogik der frühen Kindheit. Weinheim: Beltz, S. 22–33.

Knapp, Werner; Pfaff, Harald; Werner, Sybille (2010): Verstehen durch Schreiben. Anlage einer empirischen Studie zum produktiven Umgang mit mathematischen Textaufgaben. In: Bernt Ahrenholz (Hrsg.): Fachunterricht und Deutsch als Zweitsprache. Tübingen: Narr-Verlag, S. 239–255.

Knauf, Tassilo (2003): Der Einfluss pädagogischer Konzepte auf die Qualitätsentwicklung in Kindertageseinrichtungen. In: Wassilios E. Fthenakis (Hrsg.): Elementarpädagogik nach PISA. Wie aus Kindertagesstätten Bildungseinrichtungen werden können. 5. Aufl. Freiburg im Breisgau: Herder, S. 243–263.

Knoblauch, Hubert (2005): Wissenssoziologie. Konstanz: UVK.

Kobarg, Mareike; Seidel, Tina (2003): Prozessorientierte Lernbegleitung im Physikunterricht. In: Tina Seidel, Manfred Prenzel, Reinders Duit und Manfred Lehrke (Hrsg.): Technischer Bericht zur Videostudie „Lehr-Lern-Prozesse im Physikunterricht". Kiel: IPN, S. 151–200.

Koerber, Susanne (2011): Der Umgang mit visuell-grafischen Repräsentationen im Grundschulalter. In: Unterrichtswissenschaft 39 (1), S. 49–62.

Koerber, Susanne; Sodian, Beate; Kropf, Nicola; Mayer, Daniela; Schwippert, Knut (2011): Die Entwicklung des wissenschaftlichen Denkens im Grundschulalter. In: Zeitschrift für Entwicklungspsychologie und Pädagogische Psychologie 43 (1), S. 16–21.

Köhnlein, Walter; Marquardt-Mau, Brunhilde; Schreier, Helmut (Hrsg.) (1997): Kinder auf dem Wege zum Verstehen der Welt. Bad Heilbrunn: Klinkhardt.

Köhnlein, Walter; Marquardt-Mau, Brunhilde; Schreier, Helmut (Hrsg.) (1999): Vielperspektivisches Denken im Sachunterricht. Bad Heilbrunn: Klinkhardt.

Köhnlein, Walter; Schreier Helmut (Hrsg.) (2001): Innovation Sachunterricht – Befragung der Anfänge nach zukunftsfähigen Beständen. Bad Heilbrunn/Obb: Klinkhardt.

König, Anke (2006): Dialogisch-entwickelnde Interaktionsprozesse zwischen ErzieherIn und Kind(ern). Eine Videostudie aus dem Alltag des Kindergartens. Dortmund. Online verfügbar unter https://eldorado.uni-dortmund.de/bitstream/2003/24563/1/Diss_veroeff.pdf, zuletzt geprüft am 29.04.2008.

König, Anke (2010a): Interaktion als didaktisches Prinzip. Bildungsprozesse bewusst begleiten und gestalten. Troisdorf: BildungsVerlag Eins.

König, Anke (2010b): Impulse aus der internationalen Frühpädagogik – Überlegungen zum Aufbau einer Bildungsdidaktik für den Elementarbereich. In: Dagmar Kasüschke (Hrsg.): Didaktik in der Pädagogik der frühen Kindheit. Köln, Kronach: Link, S. 385–400.

Krajewski, Kristin; Renner, Agnes; Nieding, Gerhild; Schneider, Wolfgang (2008): Frühe Förderung von mathematischen Kompetenzen im Vorschulalter. In: Hans-Günther Roßbach und Hans-Peter Blossfeld (Hrsg.): Frühpädagogische Förderung in Institutionen. Wiesbaden: Verlag für Sozialwissenschaften (Zeitschrift für Erziehungswissenschaft Sonderheft, 11), S. 91–104.

Krüger, Heinz-Hermann; Grunert, Cathleen (Hrsg.) (2010): Handbuch Kindheits- und Jugendforschung. 2., aktualisierte und erw. Aufl. Wiesbaden: Verlag für Sozialwissenschaften.

Kuger, Susanne; Kluczniok, Katharina (2008): Prozessqualität im Kindergarten – Konzept, Umsetzung und Befunde. In: Hans-Günther Roßbach und Hans-Peter Blossfeld (Hrsg.): Frühpädagogische Förderung in Institutionen. Wiesbaden: Verlag für Sozialwissenschaften, (Zeitschrift für Erziehungswissenschaft Sonderheft, 11), S. 159–178.

Kuger, Susanne; Kluczniok, Katharina (2008): Prozessqualität im Kindergarten – Konzept, Umsetzung und Befunde. In: Zeitschrift für Erziehungswissenschaft (Sonderheft 11), S. 159–178.

Kunze, Hans-Rainer; Gisbert, Kristin (2007): Förderung lernmethodischer Kompetenzen in Kindertageseinrichtungen. In: Bundesministerium für Bildung und Forschung (Hrsg.): Auf den Anfang kommt es an. Perspektiven für eine Neuorientierung frühkindlicher Bildung. Unter Mitarbeit von Wassilios E. Fthenakis, Kristin Gisbert, Wilfried Griebel, Hans-Rainer Kunze, Renate Niesel und Corinna Wustmann. (Bildungsforschung, 16), S. 15–117.

Kuplas, Simone (2010): Deutsch als Zweitsprachenförderung im Biologieunterricht. In: Bernt Ahrenholz (Hrsg.): Fachunterricht und Deutsch als Zweitsprache. Tübingen: Narr-Verlag, S. 185–202.

Laewen, Hans-Joachim (2002a): Bildung und Erziehung in Kindertageseinrichtungen. In: Hans-Joachim Laewen und Beate Andres (Hrsg.): Bildung und Erziehung in der frühen Kindheit. Bausteine zum Bildungsauftrag von Kindertageseinrichtungen. Berlin: Cornelsen Verlag Scriptor, S. 16–102.

Laewen, Hans-Joachim; Andres, Beate (Hrsg.) (2002): Bildung und Erziehung in der frühen Kindheit. Bausteine zum Bildungsauftrag von Kindertageseinrichtungen. Berlin: Cornelsen Verlag Scriptor.

Laewen, Hans-Joachim; Andres, Beate (Hrsg.) (2005): Forscher, Künstler, Konstrukteure. Werkstattbuch zum Bildungsauftrag von Kindertageseinrichtungen. Weinheim: Beltz.

Lauterbach, Roland; Giest, Hartmut; Marquardt-Mau, Brunhilde (Hrsg.) (2009): Lernen und kindliche Entwicklung. Elementarbildung und Sachunterricht; Gesellschaft für Didaktik des Sachunterrichts. Bad Heilbrunn: Klinkhardt (Probleme und Perspektiven des Sachunterrichts, 19).

Leuchter, Miriam (Hrsg.) (2010): Didaktik für die ersten Bildungsjahre. Unterricht mit 4- bis 8-jährigen Kindern. Zug, Seelze: Klett und Balmer.

Leuchter, Miriam; Saalbach, Henrik; Hardy, Ilonca (2010): Die Gestaltung von Aufgaben in den ersten Bildungsjahren. In: Miriam Leuchter (Hrsg.): Didaktik für die ersten Bildungsjahre. Unterricht mit 4- bis 8-jährigen Kindern. Zug, Seelze: Klett und Balmer, S. 98–111.

Liegle, Ludwig (2003): Kind und Kindheit. In: Lilian Fried, Barbara Dippelhofer-Stiem, Michael-Sebastian Honig und Ludwig Liegle (Hrsg.): Einführung in die Pädagogik der frühen Kindheit. Weinheim: Beltz, S. 14–53.

Liegle, Ludwig (2008): Erziehung als Aufforderung zur Bildung. In: Werner Thole (Hrsg.): Bildung und Kindheit. Pädagogik der Frühen Kindheit in Wissenschaft und Lehre. Opladen: Budrich, S. 85–113.

Limbird, Christina; Stanat, Petra (2006): Sprachförderung bei Schülerinnen und Schülern mit Migrationshintergrund: Ansätze und ihre Wirksamkeit. In: Jürgen Baumert, Petra Stanat und Rainer Watermann (Hrsg.): Herkunftsbedingte Disparitäten im Bildungswesen: Differenzielle Bildungsprozesse und Probleme der Verteilungsgerechtigkeit. Vertiefende Analysen im Rahmen von PISA 2000. Wiesbaden: Verlag für Sozialwissenschaften, S. 257–307.

Limón, Margarita (2001): On the cognitive conflict as an instructional strategy for conceptual change: a critical appraisal. In: Learning and Instruction 11, S. 357–380.

Lisker, Andrea (2010): Sprachstandsfeststellung und Sprachförderung im Kindergarten sowie beim Übergang in die Schule. Expertise im Auftrag des Deutschen Jugendinstituts. Hrsg. v. Deutsches Jugendinstitut.

Lisker, Andrea (2011): Additive Maßnahmen zur vorschulischen Sprachförderung in den Bundesländern. Expertise im Autrag des Deutschen Jugendinstituts. Hrsg. v. Deutsches Jugendinstitut.

Lorber, Katharina (2010): Elementarpädagogische Handlungskonzepte. In: Norbert Neuß (Hrsg.): Grundwissen Elementarpädagogik. Ein Lehr- und Arbeitsbuch. Berlin: Cornelsen Scriptor, S. 105–116.

Lück, Gisela (2000): Naturwissenschaften im frühen Kindesalter. Untersuchungen zur Primärbegegnung von Kindern im Vorschulalter mit Phänomenen der unbelebten Natur. Münster: Lit (Naturwissenschaft und Technik – Didaktik im Gespräch, 33).

Lück, Gisela (2003): Handbuch der naturwissenschaftlichen Bildung. Theorie und Praxis für die Arbeit in Kindertageseinrichtungen. Freiburg im Breisgau, Basel und Wien: Herder.

Lück, Gisela (2004): Naturwissenschaften im frühen Kindesalter. In: Gabriele Faust (Hrsg.): Anschlussfähige Bildungsprozesse im Elementar- und Primarbereich. Bad Heilbrunn/Obb.: Klinkhardt, S. 78–89.

Lück, Gisela (2009): Handbuch der naturwissenschaftlichen Bildung. Theorie und Praxis für die Arbeit in Kindertageseinrichtungen. 1. Aufl. der vollst. überarb. und erw. Neuausg., Freiburg im Breisgau: Herder.

Lück, Gisela (2010): Naturwissenschaften im frühen Kindesalter. In: Wassilios E. Fthenakis und Pamela Oberhuemer (Hrsg.): Frühpädagogik international. Bildungsqualität im Blickpunkt. 2. Aufl. Wiesbaden: Verlag für Sozialwissenschaften, S. 331–343.

Luhmann, Niklas (1984): Soziale Systeme. Grundriss einer allgemeinen Theorie. Frankfurt am Main: Suhrkamp.

Lütke, Beate (2010): Deutsch-als-Zweitsprache in der universitären Lehrerausbildung. Der fachintegrative Ansatz im Master of Education an der Humboldt-Universität zu Berlin. In: Bernt Ahrenholz (Hrsg.): Fachunterricht und Deutsch als Zweitsprache. Tübingen: Narr-Verlag, S. 153–166.

Mannheim, Karl (1969): Ideologie und Utopie. 5. Aufl. Frankfurt am Main: G. Schulte-Bulmke.

Mannheim, Karl; Kettler, David; Meja, Volker; Stehr, Nico (1980): Strukturen des Denkens. Frankfurt am Main: Suhrkamp (Suhrkamp-Taschenbuch Wissenschaft, 298).

Marquardt-Mau, Brunhilde; Rohen-Bullerdiek, Corina (2009): Das KIGA- und ELISA-Lab als Lernorte für Kindergartenkinder und zukünftige FrühpädagogInnen an der Universität Bremen. In: Roland Lauterbach, Hartmut Giest und Brunhilde Marquardt-Mau (Hrsg.): Lernen und kindliche Entwicklung. Elementarbildung und Sachunterricht, Bad Heilbrunn: Klinkhardt (Probleme und Perspektiven des Sachunterrichts, 19), S. 109–116.

Maturana, Humberto R.; Varela, Francisco J. (1987): Der Baum der Erkenntnis. Die biologischen Wurzeln des menschlichen Erkennens. Bern, München: Scherz.

Melle, Insa; Scheuer, Rupert (2008): Naturwissenschaftliches Experimentieren mit Kindern im Vorschulalter. In: Lilian Fried (Hrsg.): Das wissbegierige Kind. Neue Perspektiven in der Früh- und Elementarpädagogik. Weinheim: Juventa-Verlag, S. 56–83.

Mercer, Neil (2000): Words and minds. How we use language to think together. London: Routledge.

Mercer, Neil; Littleton, Karen (2007): Dialogue and the development of children's thinking. A sociocultural approach. Abingdon: Routledge.

Michalik, Kerstin (2010): Didaktische Konzepte für die naturwissenschaftliche Grundbildung von Kindern. In: Hans-Joachim Fischer, Peter Gansen und Kerstin Michalik (Hrsg.): Sachunterricht und frühe Bildung. Bad Heilbrunn: Klinkhardt (Forschungen zur Didaktik des Sachunterrichts, 9), S. 93–107.

Miller, Patricia (1993): Theorien der Entwicklungspsychologie. Heidelberg und Berlin: Spektrum Akad. Verlag

Ministerium für Kultus, Jugend und Sport Baden-Württemberg (Hrsg.) (2007): Orientierungsplan für Bildung und Erziehung für die baden-württembergischen Kindergärten. Pilotphase. 2. Aufl. Berlin: Cornelsen Scriptor.

Möller, Kornelia (1997): Untersuchungen zum Aufbau bereichsspezifischen Wissens in Lehr-Lernprozessen des Sachunterrichts. In: Walter Köhnlein, Brunhilde Marquardt-Mau und Helmut Schreier (Hrsg.): Kinder auf dem Wege zum Verstehen der Welt. Bad Heilbrunn: Klinkhardt, S. 247–262.

Möller, Kornelia (1999): Konstruktivistisch orientierte Lehr-Lernprozeßforschung im naturwissenschaftlich-technischen Bereich des Sachunterrichts. In: Walter Köhnlein,
Brunhilde Marquardt-Mau und Helmut Schreier (Hrsg.): Vielperspektivisches Denken
im Sachunterricht. Bad Heilbrunn: Klinkhardt, S. 125–191.

Möller, Kornelia (2000): Lehr-Lernforschung im Sachunterricht. In: Olga Jaumann-
Graumann und Walter Köhnlein (Hrsg.): Lehrerprofessionalität – Lehrerprofes-
sionalisierung. Bad Heilbrunn/Obb.: Klinkhardt, S. 314–325.

Möller, Kornelia (2001a): Genetisches Lehren und Lernen – Facetten eines Begriffs. In:
Diethard Cech, Bernd Feige, Joachim Kahlert, Gerhard Löffler, Helmut Schreier, Hans-
Joachim Schwier und Ute Stoltenberg (Hrsg.): Die Aktualität der Pädagogik Martin
Wagenscheins für den Sachunterricht. Bad Heilbrunn: Klinkhardt, S. 15–30.

Möller, Kornelia (2001b): Lernen im Vorfeld der Naturwissenschaften – Zielsetzungen und
Forschungsergebnisse. In: Walter Köhnlein und Helmut Schreier (Hrsg.): Innovation
Sachunterricht – Befragung der Anfänge nach zukunftsfähigen Beständen. Bad
Heilbrunn/Obb.: Klinkhardt, S. 275–298.

Möller, Kornelia (2001c): Konstruktivistische Sichtweisen für das Lernen in der
Grundschule? In: Hans-Günther Roßbach und Karin Nölle (Hrsg.): Forschungen zu
Lehr- und Lernkonzepten für die Grundschule. Opladen: Leske + Budrich, S. 16–31.

Möller, Kornelia (2006): Welche Anregungen gibt Aeblis „Psychologische Didaktik" für das
Lernen der Naturwissenschaften? In: Matthias Baer, Michael Fuchs, Peter Füglister, Kurt
Reusser und Heinz Wyss (Hrsg.): Didaktik auf psychologischer Grundlage. Von Hans
Aeblis kognitionspsychologischer Didaktik zur modernen Lehr- und Lernforschung.
Bern: h.e.p.-Verlag, S. 129–132.

Möller, Kornelia (2007a): Genetisches Lernen und Conceptual Change. In: Joachim
Kahlert und Dietmar von Reeken (Hrsg.): Handbuch Didaktik des Sachunterrichts. Bad
Heilbrunn: Klinkhardt, S. 258–416.

Möller, Kornelia (2007b): Handlungsorientierung im Sachunterricht. In: Joachim Kahlert und
Dietmar von Reeken (Hrsg.): Handbuch Didaktik des Sachunterrichts. Bad Heilbrunn:
Klinkhardt, S. 411–416.

Möller, Kornelia (2009): Was lernen Kinder über Naturwissenschaften im Elementar- und
Primarbereich? – Einige kritische Bemerkungen. In: Roland Lauterbach, Hartmut
Giest und Brunhilde Marquardt-Mau (Hrsg.): Lernen und kindliche Entwicklung.
Elementarbildung und Sachunterricht, Bad Heilbrunn: Klinkhardt (Probleme und
Perspektiven des Sachunterrichts, 19), S. 165–172.

Möller, Kornelia (Hrsg.) (2007): Qualität von Grundschulunterricht. Entwickeln, erfassen und bewerten. Wiesbaden: Verlag für Sozialwissenschaften (Jahrbuch Grundschulforschung).

Möller, Kornelia; Baumann, Stefanie; Henry, Walburga; Nachtigäller, Ingrid (Hrsg.)
(2007c): Klasse(n)kisten für den Sachunterricht. Luft und Luftdruck. Mit Kindern Luft,
Luftdruck, Wetter und Verbrennung erforschen. Westfälische Wilhelms-Universität
Münster. Essen: Spectra.

Möller, Kornelia; Beinbrech, Christina; Hanke, Petra; Hein, Anna Katharina; Kleickmann,
Thilo; Schages, Ruth (2007): Qualität von Grundschulunterricht. Entwickeln, erfassen und bewerten. Wiesbaden: Verlag für Sozialwissenschaften (Jahrbuch Grundschulforschung).

Möller, Kornelia; Hardy, Ilonca; Jonen, Angela; Kleickmann, Thilo; Blumberg, Eva (2006):
Naturwissenschaften in der Primarstufe. Zur Förderung konzeptuellen Verständnisses
durch Unterricht und zur Wirksamkeit von Lehrerfortbildungen. In: Manfred Prenzel
und Lars Allolio-Näcke (Hrsg.): Untersuchungen zur Bildungsqualität von Schule.
Abschlussbericht des DFG-Schwerpunktprogramms. Münster: Waxmann, S. 161–193.

Möller, Kornelia; Jonen, Angela; Hardy, Ilonca; Stern, Elsbeth (2002): Die Förderung von
naturwissenschaftlichem Verständnis bei Grundschulkindern durch Strukturierung

der Lernumgebung. In: Manfred Prenzel und Jörg Doll (Hrsg.): Bildungsqualität von Schule: schulische und außerschulische Bedingungen mathematischer, naturwissenschaftlicher und überfachlicher Kompetenzen. Zeitschrift für Pädagogik (45. Beiheft). Weinheim und Basel: Beltz, S. 176–191.

Möller, Kornelia; Steffensky, Mirjam (2010): Naturwissenschaftliches Lernen im Unterricht mit 4- bis 8-jährigen Kindern. In: Miriam Leuchter (Hrsg.): Didaktik für die ersten Bildungsjahre. Unterricht mit 4- bis 8-jährigen Kindern. Zug, Seelze: Klett und Balmer, S. 163–178.

Möller, Kornelia; Vehmeyer, Julia; Stadelhofer, Beate & Tröbst, Steffen (2008): Lernen mit der Klasse(n)kiste „Schwimmen und Sinken" im Sachunterricht der Grundschule. Ergebnisse einer Befragung von Grundschullehrkräften. Münster. Online verfügbar unter: http://www.uni-muenster.de/imperia/md/content/didaktik_des_sachunterrichts/dokumente/didaktischewerkstatt/evaluationsbericht_klassenkiste.pdf, zuletzt geprüft am 20.07.2011.

Montada, Leo (1998): Die geistige Entwicklung aus der Sicht Jean Piagets. In: Rolf Oerter und Leo Montada (Hrsg.): Entwicklungspsychologie. Ein Lehrbuch. 4., korrigierte Aufl. Weinheim: Beltz, Psychologie-Verlag-Union, S. 518–560.

Montessori, Maria (1972): Das kreative Kind. Der absorbierende Geist. In: Paul Oswald und Günter Schulz-Benesch (Hrsg). Wien: Herder.

Montessori, Maria (2000): Kinder sind anders. 15. Aufl. München: Deutscher Taschenbuch Verlag.

Naujok, Natascha; Brandt, Birgit; Krummheuer, Götz (2008): Interaktion im Unterricht. In: Werner Helsper und Jeanette Böhme (Hrsg.): Handbuch der Schulforschung. 2., durchges. und erw. Aufl. Wiesbaden: Verlag für Sozialwissenschaften, S. 779–799.

Nentwig-Gesemann, Iris (1999): Krippenerziehung in der DDR. Alltagspraxis und Orientierungen von Erzieherinnen im Wandel. Opladen: Leske + Budrich.

Nentwig-Gesemann, Iris (2007): Die Typenbildung der dokumentarischen Methode. In: Ralf Bohnsack, Iris Nentwig-Gesemann und Arnd-Michael Nohl (Hrsg.): Die dokumentarische Methode und ihre Forschungspraxis. Grundlagen qualitativer Sozialforschung. 2., erw. und aktual. Aufl. Wiesbaden: Verlag für Sozialwissenschaften, S. 277–302.

Neuß, Norbert (Hrsg.) (2010): Grundwissen Elementarpädagogik. Ein Lehr- und Arbeitsbuch. Berlin: Cornelsen Scriptor.

Nießeler, Andreas; Seichter, Sabine (2010): Philosophieren als eine Basiskompetenz der Elementarbildung? In: Hans-Joachim Fischer, Peter Gansen und Kerstin Michalik (Hrsg.): Sachunterricht und frühe Bildung. Bad Heilbrunn: Klinkhardt (Forschungen zur Didaktik des Sachunterrichts, 9), S. 67–79.

Nohl, Arnd-Michael (2007): Komparative Analyse: Forschungspraxis und Methodologie dokumentarischer Interpretation. In: Ralf Bohnsack, Iris Nentwig-Gesemann und Arnd-Michael Nohl (Hrsg.): Die dokumentarische Methode und ihre Forschungspraxis. Grundlagen qualitativer Sozialforschung. 2., erw. und aktual. Aufl. Wiesbaden: Verlag für Sozialwissenschaften.

Nolda, Sigrid (2000): Interaktion in pädagogischen Institutionen. Opladen: Leske + Budrich (Qualitative Sozialforschung, 8).

Oberhuemer, Pamela (2003): Bildungsprogrammatik für die Vorschuljahre: Ein internationaler Vergleich. In: Wassilios E. Fthenakis (Hrsg.): Elementarpädagogik nach PISA. Wie aus Kindertagesstätten Bildungseinrichtungen werden können. 5. Aufl. Freiburg im Breisgau: Herder, S. 38–56.

Oberhuemer, Pamela (2010): Bildungskonzepte für die frühen Jahre in internationaler Perspektive. In: Wassilios E. Fthenakis und Pamela Oberhuemer (Hrsg.): Frühpädagogik international. Bildungsqualität im Blickpunkt. 2. Aufl. Wiesbaden: Verlag für Sozialwissenschaften, S. 359–383.

Oerter, Rolf; Montada, Leo (Hrsg.) (1998): Entwicklungspsychologie. Ein Lehrbuch. 4., korrigierte Aufl. Weinheim: Beltz, Psychologie-Verlag-Union.

Ohm, Udo (2010): Von der Objektsteuerung zur Selbststeuerung: Zweitsprachenförderung als Befähigung zum Handeln. In: Bernt Ahrenholz (Hrsg.): Fachunterricht und Deutsch als Zweitsprache. Tübingen: Narr-Verlag, S. 87–105.

Peterson, Shira May; French, Lucia (2008): Supporting young children's explanations through inquiry science in preschool. In: Early Childhood Research Quarterly 23, S. 395–408.

Piaget, Jean (1969 (1959)): Das Erwachen der Intelligenz beim Kinde. Stuttgart: Ernst Klett.

Piaget, Jean (1972): Urteil und Denkprozeß des Kindes. Düsseldorf: Pädag. Verlag Schwann.

Piaget, Jean; Aebli, Hans (1992 (1947)): Psychologie der Intelligenz. 3. in der Ausstattung veränd. Auflage. Stuttgart: Klett-Cotta.

Piaget, Jean (1998 (1950)): Der Aufbau der Wirklichkeit beim Kinde. Mit einer Einführung von Hans Aebli. 2. Aufl. Stuttgart: Klett-Cotta.

Piaget, Jean; Inhelder, Bärbel (1977 (1966)): Die Psychologie des Kindes. Unter Mitarbeit von Lorenz Häfliger. Ungekürzte Ausg. Frankfurt am Main: Fischer.

Pianta, Robert; Howes, Carollee; Burchinal, Margaret; Bryant, Donna; Clifford, Richard; Early, Diane; Barbarin, Oscar (2005): Features of Pre-Kindergarten Programs, Classrooms, and Teachers: Do They Predict Observed Classroom Quality and Child-Teacher Interactions? In: Applied Developmental Science 9 (3), S. 144–159.

Prenzel, Manfred; Allolio-Näcke, Lars (Hrsg.) (2006): Untersuchungen zur Bildungsqualität von Schule. Abschlussbericht des DFG-Schwerpunktprogramms. Münster: Waxmann.

Prenzel, Manfred; Doll, Jörg (Hrsg.) (2002): Bildungsqualität von Schule: schulische und außerschulische Bedingungen mathematischer, naturwissenschaftlicher und überfachlicher Kompetenzen. Zeitschrift für Pädagogik (45. Beiheft). Weinheim und Basel: Beltz.

Promotionskolleg Kinder und Kindheiten im Spannungsfeld gesellschaftlicher Modernisierung (Hrsg.) (2011): Kindheitsbilder und die Akteure generationaler Arrangements. Unter Mitarbeit von Rita Braches-Chyrek, Doris Bühler-Niederberger, Friederike Heinzel, Heinz Sünker und Werner Thole. Wiesbaden: Verlag für Sozialwissenschaften.

Przyborski, Aglaja (2004): Gesprächsanalyse und dokumentarische Methode. Qualitative Auswertung von Gesprächen, Gruppendiskussionen und anderen Diskursen. Wiesbaden: Verlag für Sozialwissenschaften.

Qualifications and Curriculum Authority (2000): Curriculum guidance for the foundation stage. Department for Education and Employment, Qualifications and Curriuclum Authority. London Online verfügbar unter: http://www.smartteachers.co.uk/upload/documents_32.pdf, zuletzt geprüft am 22.07.2011.

Rahm, Sibylle (Hrsg.) (2006): Unterrichtsforschung. Organisations- und Bildungsprozessforschung. Perspektiven innovativer Ansätze. Innsbruck: Studien-Verlag (Schulpädagogische Forschung, 1).

Reich, Hans H. (2010): Sprachstandserhebungen, ein- und mehrsprachig. In: Bernt Ahrenholz (Hrsg.): Deutsch als Zweitsprache. 2. korrigierte und überarb. Aufl. Baltmannsweiler: Schneider-Verlag Hohengehren, S. 420–429.

Reich, Hans H.; Roth, Hans-Joachim (2004): HAVAS 5. Hamburger Verfahren zur Analyse des Sprachstandes bei 5-Jährigen. Landesinstitut für Lehrerbildung und Schulentwicklung Hamburg.

Richert, Peggy (2005): Typische Sprachmuster der Lehrer-Schüler-Interaktion. Empirische Untersuchung zur Feedbackkomponente in der unterrichtlichen Interaktion. Bad Heilbrunn: Klinkhardt (Klinkhardt Forschung).

Risch, Björn (2008): Vorschulkinder an chemische und physikalische Phänomene heranführen – Aus- und Fortbildungsmöglichkeiten für Pädagoginnen und Pädagogen. In: Frank Hellmich und Hilde Köster (Hrsg.): Vorschulische Bildungsprozesse in Mathematik und Naturwissenschaften. Bad Heilbrunn: Klinkhardt, S. 163–178.

Röhner, Charlotte; Blümer, Heike; Li, Meng; Hopf, Michaela; Hövelbrinks, Britta (2009): Abschlussbericht zum Projekt „Sprachförderung von Migrantenkindern im Kontext frühen naturwissenschaftlich-technischen Lernens". Verfügbar unter: http://www. fbg.uni-wuppertal.de/faecher/paedagogik/paed_fruehe_kindheit/roehner/drittmittel-projekte/downloads_drittmittelprojekte/p_pics/Abschlussbericht_Sprachfoerderung_von_Migrantenkindern_im_Kontext_naturwissenschaftlich_technischen_Lernens.pdf (09.06.2010).

Röhner, Charlotte; Henrichwark, Claudia; Hopf, Michaela (Hrsg.) (2009): Europäisierung der Bildung. Konsequenzen und Herausforderungen für die Grundschulpädagogik. Wiesbaden: Verlag für Sozialwissenschaften (Jahrbuch Grundschulforschung, 13).

Röhner, Charlotte; Hövelbrinks, Britta; Li, Meng (2011): Fachsprachliche Elemente in naturwissenschaftlich-technischen Lernsituationen. In: Ernst Apeltauer (Hrsg.): Sprachförderung Deutsch als Zweitsprache. Von der Vor- in die Grundschule. Tübingen: Stauffenburg-Verlag, S. 43–53.

Röhner, Charlotte; Li, Meng; Hövelbrinks, Britta (2010): Fragestrategien im fachbezogenen Sprachförderunterricht. In: Karl-Heinz Arnold, Katrin Hauenschild, Britta Schmidt und Birgit Ziegenmeyer (Hrsg.): Zwischen Fachdidaktik und Stufendidaktik. Perspektiven für die Grundschulforschung. Jahrbuch Grundschulforschung, Bd. 14. Wiesbaden, 89-92.

Röhner, Charlotte; Oliva Hausmann, Andrés (2008): Zweitsprachliche Produktivität von Migrantenkindern im Übergang vom Kindergarten zur Grundschule. In: Bernt Ahrenholz (Hrsg.): Deutsch als Zweitsprache. Voraussetzungen und Konzepte für die Förderung von Kindern und Jugendlichen mit Migrationshintergrund. 2., überarb. u. erg. Aufl. Freiburg im Breisgau: Fillibach, S. 75–93.

Rösch, Heidi (2010): DaZ im Literaturunterricht. In: Bernt Ahrenholz (Hrsg.): Fachunterricht und Deutsch als Zweitsprache. Tübingen: Narr-Verlag, S. 219–237.

Roßbach, Hans-Günther (2005): Effekte qualitativ guter Betreuung, Bildung und Erziehung im frühen Kindesalter auf Kinder und ihre Familien. In: Sachverständigenkommission Zwölfter Kinder- und Jugendbericht (Hrsg.): Bildung, Betreuung und Erziehung von Kindern unter sechs Jahren. München: Verlag Dt. Jugendinstitut, S. 55–174.

Roßbach, Hans-Günther; Blossfeld, Hans-Peter (Hrsg.) (2008): Frühpädagogische Förderung in Institutionen. Zeitschrift für Erziehungswissenschaft, Sonderheft, 11.

Roßbach, Hans G.; Kluczniok, Katharina; Kuger, Susanne (2008): Auswirkungen eines Kindergartenbesuchs auf den kognitiv-leistungsbezogenen Entwicklungsstand von Kindern. In: Hans-Günther Roßbach und Hans-Peter Blossfeld (Hrsg.): Frühpädagogische Förderung in Institutionen. Wiesbaden: Verlag für Sozialwissenschaften (Zeitschrift für Erziehungswissenschaft Sonderheft, 11), S. 139–158.

Roßbach, Hans-Günther; Nölle, Karin (Hrsg.) (2001): Forschungen zu Lehr- und Lernkonzepten für die Grundschule. Opladen: Leske + Budrich.

Rosenfelder, Diana (2009): Praktische Erfahrungen aus der Arbeit mit den Kindern. In: Gerd E. Schäfer, Marjan Alemzadeh, Hilke Eden und Diana Rosenfelder (Hrsg.): Die Natur als Werkstatt. Weimar: Netz, S. 62–71.

Rousseau, Jean-Jacques; Rang, Martin; Sckommodau, Eleonore (2009): Emile oder über die Erziehung. Stuttgart: Reclam (Universal-Bibliothek, 901).

Saalbach, Henrik; Leuchter, Miriam; Stern, Elsbeth (2010): Entwicklungspsychologische Grundlagen der Didaktik für die ersten Bildungsjahre. In: Miriam Leuchter (Hrsg.): Didaktik für die ersten Bildungsjahre. Unterricht mit 4- bis 8-jährigen Kindern. Zug, Seelze: Klett und Balmer, S. 86–97.

Sachverständigenkommission Zwölfter Kinder- und Jugendbericht (Hrsg.) (2005): Bildung, Betreuung und Erziehung von Kindern unter sechs Jahren. Sachverständigenkommission Zwölfter Kinder- und Jugendbericht. München: Verlag Dt. Jugendinstitut.

Sammons, Pam (2010): The EPPE research design. An educational effectiveness focus. In: Kathy Sylva, Edward Melhuish, Pam Sammons, Iram Siraj-Blatchford und Brenda Taggart (Eds.): Early childhood matters. Evidence from the effective pre-school and primary education project. London: Routledge, S. 24–43.

Sammons, Pam (2010b): Does pre-school make a difference? Identifying the impact of pre-school on children's cognitive and social behavioural development at different ages. In: Kathy Sylva, Edward Melhuish, Pam Sammons, Iram Siraj-Blatchford und Brenda Taggart (Eds.): Early childhood matters. Evidence from the effective pre-school and primary education project. London: Routledge, S. 92–113.

Schäfer, Gerd E. (Hrsg.) (2005): Bildung beginnt mit der Geburt. Ein offener Bildungsplan für Kindertageseinrichtungen in Nordrhein-Westfalen. 2., erw. Aufl., Nachdr. Berlin: Scriptor.

Schäfer, Gerd (2005a): Was ist frühkindliche Bildung? In: Gerd E. Schäfer (Hrsg.): Bildung beginnt mit der Geburt. Ein offener Bildungsplan für Kindertageseinrichtungen in Nordrhein-Westfalen. 2., erw. Aufl., Nachdr. Berlin: Scriptor, S. 15–74.

Schäfer, Gerd (2006): Der Bildungsbegriff in der Pädagogik der frühen Kindheit. In: Lilian Fried und Susanna Roux (Hrsg.): Pädagogik der frühen Kindheit. Weinheim: Beltz, S. 33–44.

Schäfer, Gerd (2008): Bildung in der frühen Kindheit. In: Werner Thole (Hrsg.): Bildung und Kindheit. Pädagogik der Frühen Kindheit in Wissenschaft und Lehre. Opladen: Budrich, S. 125–139.

Schäfer, Gerd E.; Alemzadeh, Marjan; Eden, Hilke; Rosenfelder, Diana (Hrsg.) (2009): Die Natur als Werkstatt. Weimar: Netz.

Schäfer, Gerd E. (2009b): Ein Treibhaus der Zukunft. In: Gerd E. Schäfer, Marjan Alemzadeh, Hilke Eden und Diana Rosenfelder (Hrsg.): Die Natur als Werkstatt. Weimar: Verlag das Netz, S. 6–9.

Schäfer, Gerd E. (2009c): Prinzipien und didaktische Elemente. Eine Zusammenfassung. In: Gerd E. Schäfer, Marjan Alemzadeh, Hilke Eden und Diana Rosenfelder (Hrsg.): Die Natur als Werkstatt. Weimar: Verlag das Netz, S. 21–22.

Schäfer, Gerd E.; Staege, Roswitha; Meiners, Kathrin (Hrsg.) (2010): Kinderwelten – Bildungswelten. Unterwegs zur Frühpädagogik. Berlin: Cornelsen Scriptor.

Schäfer, Gerd E. (2010b): Bildung und Lernen durch Erfahrung. In: Ludwig Duncker, Gabriele Lieber, Norbert Neuß und Bettina Uhlig (Hrsg.): Bildung in der Kindheit. Das Handbuch zum Lernen in Kindergarten und Grundschule. Seelze: Kallmeyer, S. 23–29.

Schmidt, Folker (Hrsg.) (1997): Methodische Probleme der empirischen Erziehungswissenschaft. Baltmannsweiler: Schneider-Verlag Hohengehren.

Schmölzer-Eibinger, Sabine; Langer, Elisabeth (2010): Sprachförderung im naturwissenschaftlichen Unterricht in mehrsprachigen Klassen. Ein didaktisches Modell für das Fach Chemie. In: Bernt Ahrenholz (Hrsg.): Fachunterricht und Deutsch als Zweitsprache. Tübingen: Narr-Verlag, S. 203–217.

Schmutzler, Hans-Joachim (2007): Maria Montessori. Kindergarten heute spezial. Pädagogische Handlungskonzepte von Fröbel bis zum Situationsansatz, S. 16–25.

Scholz, Gerold (1994): Die Konstruktion des Kindes. Über Kinder und Kindheit. Opladen: Westdeutscher Verlag.

Scholz, Gerold (2010): Die Frühe Bildung als Herausforderung an das Sachlernen. In: Hans-Joachim Fischer, Peter Gansen und Kerstin Michalik (Hrsg.): Sachunterricht und frühe Bildung. Bad Heilbrunn: Klinkhardt (Forschungen zur Didaktik des Sachunterrichts, 9), S. 29–42.

Schründer-Lenzen, Agi; Mücke, Stefan (2008): Vernetzung von Evaluation und Intervention in FörMig-Plus-Brandenburg. In: Thorsten Klinger, Knut Schwippert und Birgit Leiblein (Hrsg.): Evaluation im Modellprogramm FörMig. Planung und Realisierung eines Evaluationskonzepts. Münster: Waxmann, S. 51–63.

Schulz, Petra; Tracy, Rosemarie; Wenzel, Ramona (2008): Linuistische Sprachstandserhebung – Deutsch als Zweitsprache (LiSe-DaZ): Theoretische Grundlagen und erste Ergebnisse. In: Bernt Ahrenholz (Hrsg.): Zweitspracherwerb. Diagnosen, Verläufe, Voraussetzungen. Freiburg im Breisgau: Fillibach, S. 17–41.

Schwedes, Hannelore (1976): Lernziele – erste Erfahrungen. Bausteine für ein offenes Curriculum. Stuttgart: Klett.

Schweer, Martin K. W (Hrsg.) (2008): Lehrer-Schüler-Interaktion. Inhaltsfelder, Forschungsperspektiven und methodische Zugänge. 2., vollst. überarb. Aufl. Wiesbaden: Verlag für Sozialwissenschaften (Schule und Gesellschaft, 24).

Sedlmeier, Peter; Renkewitz, Frank (2008): Forschungsmethoden und Statistik in der Psychologie. München: Pearson Studium.

Seidel, Tina (2003): Überblick über die Beobachtungs- und Kodierungsverfahren. In: Tina Seidel, Manfred Prenzel, Reinders Duit und Manfred Lehrke (Hrsg.): Technischer Bericht zur Videostudie „Lehr-Lern-Prozesse im Physikunterricht". Kiel: IPN, S. 99– 112.

Seidel, Tina; Kobarg, Mareike; Rimmele, Rolf (2003): Aufbereitung der Videodaten. In: Tina Seidel, Manfred Prenzel, Reinders Duit und Manfred Lehrke (Hrsg.): Technischer Bericht zur Videostudie „Lehr-Lern-Prozesse im Physikunterricht". Kiel: IPN, S. 77–98.

Seidel, Tina; Prenzel, Manfred; Duit, Reinders; Lehrke, Manfred (Hrsg.) (2003): Technischer Bericht zur Videostudie „Lehr-Lern-Prozesse im Physikunterricht". Leibniz-Institut für die Pädagogik der Naturwissenschaften. Kiel: IPN.

Selting, Margret; Auer, Peter; Barden, Birgit; Bergman, Jörg; Couper-Kuhlen, Elisabeth; Günther, Susanne et al. (1998): Gesprächsanalytisches Transkriptionssystem (GAT). In: Linguistische Berichte (173), S. 91–122.

Siraj-Blatchford, Iram (2008): Understanding the Relationship between Curriculum, Pedagogy and Progression in Learning in Early Childhood. In: Hong Kong Journal of Early Childhood 7 (2), S. 6–13.

Siraj-Blatchford, Iram (2009): Conceptualising progression in the pedagogy of Play and Sustained Shared Thinking in early childhood education: A Vygotskian perspective. In: Educational & Child Psychology 26 (2), S. 77–89.

Siraj-Blatchford, Iram (2010): A focus on pedagogy: Case studies of effective practice. In: Kathy Sylva, Edward Melhuish, Pam Sammons, Iram Siraj-Blatchford und Brenda Taggart (Eds.): Early childhood matters. Evidence from the effective pre-school and primary education project. London: Routledge, S. 149–165.

Siraj-Blatchford, Iram; Manni, Laura (2008): ‚Would you like to tidy up now?' An analysis of adult questioning in the English Foundation Stage. In: Early Years. An International Journal of Research and Development 26 (1), S. 5–22.

Siraj-Blatchford, Iram; Sammons, Pam; Taggart, Brenda; Sylva, Kathy; Melhuish, Edward (2006): Educational Research and Evidence-based Policy: The Mixed-method Approach of the EPPE Project. In: Evaluation and Research in Education 19 (2), S. 63–82.

Siraj-Blatchford, Iram; Siraj-Blatchford, John (2002): Discrimination between Schemes and Schema in Young Children's Emergent Learning of Science and Technology Discrimination. In: International Journal of Early Years Education 10 (3), S. 205–215.

Siraj-Blatchford, Iram; Sylva, Kathy; Muttock, Stella; Gilden, Rose; Bell, Danny (2002): Researching effective pedagogy in the early years. Nottingham: Department for Education and Skills (Research report, 356).

Siraj-Blatchford, Iram; Sylva, Kathy; Taggart, Brenda; Sammons, Pam; Melhuish, Edward; Elliot, Karen (Eds.) (2003): Intensive Case Studies of Practice across the Foundation Stage. Effective Provision of Pre-School Education Project; Institute of Education. London: Institute of Education.

Sodian, Beate (1998): Entwicklung bereichsspezifischen Wissens. In: Rolf Oerter und Leo Montada (Hrsg.): Entwicklungspsychologie. Ein Lehrbuch. 4., korrigierte Aufl. Weinheim: Beltz, Psychologie-Verlag-Union, S. 622–653.

Sodian, Beate; Jonen, Angela; Thoermer, Claudia; Kircher, Ernst (2006): Die Natur der Naturwissenschaften verstehen. Implementierung wissenschaftstheoretischen Unterrichts in der Grundschule. In: Manfred Prenzel und Lars Allolio-Näcke (Hrsg.): Untersuchungen zur Bildungsqualität von Schule. Abschlussbericht des DFG-Schwerpunktprogramms. Münster: Waxmann, S. 147–160.

Sodian, Beate; Koerber, Susanne (2007): Entwicklung des naturwissenschaftlichen Denkens. In: Joachim Kahlert und Dietmar von Reeken (Hrsg.): Handbuch Didaktik des Sachunterrichts. Bad Heilbrunn: Klinkhardt, S. 348–353.

Sodian, Beate; Koerber, Susanne (2011): Hypothesenprüfung und Evidenzevaluation im Grundschulalter. In: Unterrichtswissenschaft 39 (1), S. 21–34.

Sodian, Beate; Thoermer, Claudia; Kircher, Ernst; Grygier, Patricia; Günther, Johannes (2002): Vermittlung von Wissenschaftsverständnis in der Grundschule. In: Zeitschrift für Pädagogik (45. Beiheft), S. 192–206.

Sodian, Beate; Thoermer, Claudia; Koerber, Susanne (2008): Das Kind als Wissenschaftler – schon im Vor- und Grundschulalter? In: Lilian Fried (Hrsg.): Das wissbegierige Kind. Neue Perspektiven in der Früh- und Elementarpädagogik. Weinheim: Juventa-Verlag, S. 29–36.

Soler, Janet; Miller, Linda (2003): The Struggle for Early Childhood Curricula: A comparison of the English Foundation Stage Curriculum, Te Whariki and Reggio Emilia. In: International Journal of Early Years Education 11 (1), S. 57–68.

Spieß, Katharina C.; Tietze, Wolfgang (2002): Qualitätssicherung in Kindertageseinrichtungen. In: Zeitschrift für Erziehungswissenschaft 5 (1), S. 139–162.

Spreckelsen, Kay (2007): Anschlussfähiges Wissen und Können grundlegen. In: Joachim Kahlert und Dietmar von Reeken (Hrsg.): Handbuch Didaktik des Sachunterrichts. Bad Heilbrunn: Klinkhardt, S. 123–127.

Steffensky, Mirjam (2008): Einen naturwissenschaftlichen Blick entwickeln: Naturwissenschaftliches Lernen im Kindergarten. In: Frank Hellmich und Hilde Köster (Hrsg.): Vorschulische Bildungsprozesse in Mathematik und Naturwissenschaften. Bad Heilbrunn: Klinkhardt, S. 179–193.

Stern, Elsbeth (2008): Je früher, desto besser? – Über Lernstrategien von Vorschulkindern. In: Lilian Fried (Hrsg.): Das wissbegierige Kind. Neue Perspektiven in der Früh- und Elementarpädagogik. Weinheim: Juventa-Verlag, S. 21–28.

Stigler, James W.; Gonzales, Patrick; Kawanaka, Takako; Knoll, Steffen; Serrano, Ana (1999): The TIMSS Videotape Classroom Study. Methods and Findings from an Exploratory Research Project on Eighth-Grade Mathematics Instructions in Germany, Japan, and the United States. Online verfügbar unter http://www.nces.ed.gov/pubs99/1999074.pdf, zuletzt aktualisiert am 31.01.2010, zuletzt geprüft am 31.01.2010.

Sylva, Kathy (2010): Quality in early childhood settings. In: Kathy Sylva, Edward Melhuish, Pam Sammons, Iram Siraj-Blatchford und Brenda Taggart (Eds.): Early childhood matters. Evidence from the effective pre-school and primary education project. London: Routledge, S. 70–91.

Sylva, Kathy; Melhuish, Edward; Sammons, Pam; Siraj-Blatchford, Iram; Taggart, Brenda (2004): The Effective Provision of Pre-School Education (EPPE) Project: Final Report. A Longitudinal Study funded by the DfES 1997-2004. Online verfügbar unter http://media.education.gov.uk/assets/files/pdf/e/eppe%20final%20report%202004.pdf, zuletzt geprüft am 31.01.11.

Sylva, Kathy; Melhuish, Edward; Sammons, Pam; Siraj-Blatchford, Iram; Taggart, Brenda (Eds.) (2010): Early childhood matters. Evidence from the effective pre-school and primary education project. London: Routledge.

Sylva, Kathy; Melhuish, Edward; Sammsons, Pam; Siraj-Blatchford, Iram; Taggart, Brenda & Elliot Karen (2004b): The Effective Provision of Pre-School Education Project – Zu den Auswirkungen vorschulischer Einrichtungen in England. In: Gabriele Faust (Hrsg.): Anschlussfähige Bildungsprozesse im Elementar- und Primarbereich. Bad Heilbrunn/ Obb.: Klinkhardt, S. 154–167.

Tajmel, Tanja (2010): DaZ-Förderung im naturwissenschaftlichen Fachunterricht. In: Bernt Ahrenholz (Hrsg.): Fachunterricht und Deutsch als Zweitsprache. Tübingen: Narr-Verlag, S. 167–184.

Textor, Martin R. (2007): Bildung in der Erzieherin-Kind-Beziehung. In: Fabienne Becker-Stoll und Martin R. Textor (Hrsg.): Die Erzieherin-Kind-Beziehung. Zentrum von Bildung und Erziehung. Berlin: Cornelsen Scriptor (Psychologie), S. 74–96.

Thies, Barbara (2008): Historische Entwicklung der Forschung zur Lehrer-Schüler-Interaktion. In: Martin K. W Schweer (Hrsg.): Lehrer-Schüler-Interaktion. Inhaltsfelder, Forschungsperspektiven und methodische Zugänge. 2., vollst. überarb. Aufl. Wiesbaden: Verlag für Sozialwissenschaften (Schule und Gesellschaft, 24), S. 77–100.

Thole, Werner (2010): Die pädagogischen MitarbeiterInnen in Kindertageseinrichtungen. In: Zeitschrift für Pädagogik 56 (2), S. 206–222.

Thole, Werner; Fölling-Albers, Maria; Roßbach, Hans-Günther (2008): Die „Pädagogik der Kindheit" im Fokus der Wissenschaften. In: Werner Thole (Hrsg.): Bildung und Kindheit. Pädagogik der Frühen Kindheit in Wissenschaft und Lehre. Opladen: Budrich, S. 17–30.

Thole, Werner; Roßbach, Hans-Günther; Fölling-Albers, Maria; Tippelt, Rudolf (Hrsg.) (2008): Bildung und Kindheit. Pädagogik der Frühen Kindheit in Wissenschaft und Lehre. Opladen: Budrich.

Thulin, Susanne; Pramling, Niklas (2009): Anthropomorphically speaking: on communication between teachers and children in early childhood biology education. In: International Journal of Early Years Education 17 (2), S. 137–150.

Tietze, Wolfgang (1998): Wie gut sind unsere Kindergärten? Eine Untersuchung zur pädagogischen Qualität in deutschen Kindergärten. Unter Mitarbeit von Tatjana Meischner, Rüdiger Gänsfuß, Katja Grenner, Käthe M. Schuster, Petra Völkel und Hans-Günther Roßbach. Neuwied: Luchterhand.

Tietze, Wolfgang (2008): Qualitätssicherung im Elementarbereich. In: Zeitschrift für Pädagogik 54 (53. Beiheft), S. 16–35.

Tietze, Wolfgang; Lee, Jong-Hee (2009): Ein System der Evaluation, Verbesserung und Zertifizierung pädagogischer Qualität von Kindertageseinrichtungen in Deutschland. In: Karin Altgeld und Sybille Stöbe-Blossey (Hrsg.): Qualitätsmanagement in der frühkindlichen Bildung, Erziehung und Betreuung. Perspektiven für eine öffentliche Qualitätspolitik. Wiesbaden: Verlag für Sozialwissenschaften, S. 43–62.

Tietze, Wolfgang; Viernickel, Susanne (Hrsg.) (2007): Pädagogische Qualität in Tageseinrichtungen für Kinder. Ein nationaler Kriterienkatalog. 3., aktual. und erw. Aufl., Nachdr. Berlin: Cornelsen Scriptor.

Toutenburg, Helge; Heumann, Christian (2006): Deskriptive Statistik. Berlin: Springer-Verlag.

Tracy, Rosemarie (2007): Wie Kinder Sprachen lernen und wie wir sie dabei unterstützen können. Tübingen: Francke.

Tröbst, Steffen; Hardy, Ilonca; Möller, Kornelia (2011): Die Förderung deduktiver Schlussfolgerungen bei Grundschulkindern in naturwissenschaftlichen Kontexten. In: Unterrichtswissenschaft 39 (1), S. 7–20.

Trolldenier, Hans-Peter (1985): Verhaltensbeobachtung in Erziehung und Unterricht mit der Interaktionsprozeßanalyse. Frankfurt a.M.: Fachbuchhandlung für Psychologie.

van der Beek, Angelika; Fuchs, Ragnhild; Schäfer, Gerd E.; Strätz, Rainer (2005): Entwurf einer Bildungsvereinbarung für Kindertagesstätten in Nordrhein-Westfalen. In: Gerd

E. Schäfer (Hrsg.): Bildung beginnt mit der Geburt. Ein offener Bildungsplan für Kindertageseinrichtungen in Nordrhein-Westfalen. 2., erw. Aufl., Nachdr. Berlin: Scriptor, S. 179–271.

Viernickel, Susanne (Hrsg.) (2009): Beobachtung und Erziehungspartnerschaft. Berlin: Cornelsen Scriptor.

Viernickel, Susanne (2009): Bindung, Bildung und Lernen in der frühen Kindheit. In: Susanne Viernickel (Hrsg.): Beobachtung und Erziehungspartnerschaft. Berlin: Cornelsen Scriptor, S. 26–34.

Viernickel, Susanne; Schwarz, Stefanie (2009): Schlüssel zu guter Bildung, Erziehung und Betreuung. Wissenschaftliche Parameter zur Bestimmung der pädagogischen Fachkraft-Kind-Relation. Berlin.

Voigt, Jörg (2003): Unterrichtsbeobachtung. In: Barbara Friebertshäuser und Annedore Prengel (Hrsg.): Handbuch qualitative Forschungsmethoden in der Erziehungswissenschaft. Studienausgabe. Weinheim: Juventa-Verlag, S. 785–794.

Vollmer, Helmut Johannes; Thürmann, Eike (2010): Zur Sprachlichkeit des Fachlernens: Modellierung eines Referenzrahmens für Deutsch als Zweitsprache. In: Bernt Ahrenholz (Hrsg.): Fachunterricht und Deutsch als Zweitsprache. Tübingen: Narr-Verlag, S. 107–132.

Vosniadou, Stella (2008b): Conceptual Change Research: An Introduction. In: Stella Vosniadou (Ed.): International Handbook of Research on Conceptual Change. New York: Routledge, S. 13-28.

Vosniadou, Stella (Ed.) (2008a): International Handbook of Research on Conceptual Change. New York: Routledge.

Vosniadou, Stella; Ioannides, Christos; Dimitrakopoulou, Aggeliki; Papademetriou, Efi (2001): Designing learning environments to promote conceptual change in science. In: Learning and Instruction 11, S. 381–419.

Vosniadou, Stella; Vamvakoussi, Xenia; Skopeliti, Irini (2008): The Framework Theory Approach to the Problem of Conceptual Change. In: Stella Vosniadou (Ed.): International Handbook of Research on Conceptual Change. New York: Routledge, S. 3–34.

Vygotskij, Lev S. (1978): Mind in society. The development of higher psychological processes. 17. print. Cambridge, Mass: Harvard University Press.

Wagenschein, Martin (1973): Verstehen lehren. Genetisch, sokratisch, exemplarisch. 4., durchges. Aufl. Weinheim: Beltz.

Wagenschein, Martin (1986): Die Sprache zwischen Natur und Naturwissenschaft. Marburg: Jonas.

Wagenschein, Martin (1991): Verstehen lehren. Genetisch – sokratisch – exemplarisch. Mit einer Einführung von Hartmut von Hentig. 9. Aufl. Weinheim: Beltz.

Wagenschein, Martin (2003): Kinder auf dem Wege zur Physik. Weinheim: Beltz.

Wagner-Willi, Monika (2005): Kinder-Rituale zwischen Vorder- und Hinterbühne. Der Übergang von der Pause zum Unterricht. Wiesbaden: Verlag für Sozialwissenschaften.

Wagner-Willi, Monika (2007): Videoanalysen des Schulalltags. Die dokumentarische Interpretation schulischer Übergangsrituale. In: Ralf Bohnsack, Iris Nentwig-Gesemann und Arnd-Michael Nohl (Hrsg.): Die dokumentarische Methode und ihre Forschungspraxis. Grundlagen qualitativer Sozialforschung. 2., erw. und aktual. Auflage. Wiesbaden: Verlag für Sozialwissenschaften, S. 125–145.

Wannack, Evelyne (2010): Bildung von 4- bis 8-jährigen Kindern: Grundlagen und Konzepte im Wandel. In: Miriam Leuchter (Hrsg.): Didaktik für die ersten Bildungsjahre. Unterricht mit 4- bis 8-jährigen Kindern. Zug, Seelze: Klett und Balmer, S. 18–35.

Weinert, Franz Emanuel; Birbaumer, Niels; Graumann, Carl Friedrich (Hrsg.) (1997): Psychologie des Unterrichts und der Schule. Deutsche Gesellschaft für Psychologie. Göttingen: Hogrefe Verlag für Psychologie.

Weltzien, Dörte (2009): Über die Beobachtung zum Dialog mit dem Kind. In: Susanne Viernickel (Hrsg.): Beobachtung und Erziehungspartnerschaft. Berlin: Cornelsen Scriptor, S. 98–120.

Windt, Anna; Scheuer, Rupert; Melle, Insa (2009): Brausepulver – Ein Thema für den Vorschulbereich? In: Roland Lauterbach, Hartmut Giest und Brunhilde Marquardt-Mau (Hrsg.): Lernen und kindliche Entwicklung. Elementarbildung und Sachunterricht. Bad Heilbrunn: Klinkhardt (Probleme und Perspektiven des Sachunterrichts, 19), S. 189–196.

Wirtz, Markus A.; Caspar, Franz (2007): Beurteilerübereinstimmung und Beurteiler-reliabilität. Methoden zur Bestimmung und Verbesserung der Zuverlässigkeit von Einschätzungen mittels Kategoriensystemen und Ratingskalen. Göttingen: Hogrefe, Verlag für Psychologie.

Wittmann, Svendy; Rauschenbach, Thomas; Leu, Hans Rudolf (Hrsg.) (2011): Kinder in Deutschland. Eine Bilanz empirischer Studien. Weinheim: Juventa.

Wood, David; Bruner, Jerome S.; Ross, Gail (1976): The Role of Tutoring in Problem Solving. In: Journal of Child Psychology and Psychiatry 17 (2), S. 89–100.

Wood, Elizabeth (2009): Developing a Pedagogy of Play. In: Angela Anning, Joy Cullen und Marilyn Fleer (Eds.): Early childhood education. Society and culture. 2. ed. Los Angeles: SAGE, S. 28–38.

Wüst, Ruth; Wüst, Jürgen (2010): Der professionelle Umgang mit Kindern. In: Norbert Neuß (Hrsg.): Grundwissen Elementarpädagogik. Ein Lehr- und Arbeitsbuch. Berlin: Cornelsen Scriptor, S. 168–178.

Yifat, Rachel; Zadunaisky-Ehrlich, Sara (2008): Teachers' Talk in Preschools During Circle Time: The Case of Revoicing. In: Journal of Research in Childhood Education 23 (2), S. 211–226.

Zimmer, Jürgen (2007): Das kleine Handbuch zum Situationsansatz. Unter Mitarbeit von Hans Josef Feldhaus. 2. Aufl. Berlin: Cornelsen Scriptor.

Zöller, Isabelle; Ross, Jeanette; Schöler, Hermann (2006): Einfluss soziokultureller Faktoren auf den Schriftspracherwerb im Grundschulalter. In: Agi Schründer-Lenzen (Hrsg.): Risikofaktoren kindlicher Entwicklung. Migration, Leistungsangst und Schulübergang. Wiesbaden: VS Verlag für Sozialwissenschaften, S. 45–65.

16. Abbildungsverzeichnis

17. Tabellenverzeichnis

18. Verzeichnis der Transkriptausschnitte

19. Anhang

Anhang 1: Leitfaden zum sprachlichen Input

> → *Was könnt ihr sehen/ beobachten? / Hat sich etwas verändert?*
> *Was verändert sich?/ Schaut noch mal genau auf... / Habt ihr gesehen, dass...?/*
> *Überprüft bitte genau, ob...*

- **Handlungen** und Situationen möglichst immediat **kommentieren** (lassen)/ **Interviewtechniken** verwenden oder **Kinderreporter** bestimmen.

> → *Was siehst du hier? Was machst du da? Wie hast du...? Was musst du jetzt tun, damit...? Hat es funktioniert?*

- **Vergleiche** anstellen.

> → *Wer hat das schnellste...?/ Wie fühlt sich...an?/ Welches ...bewegt schneller?*

- **Indirektes** Aufgreifen unvollständiger o. fehlerhafter **Äußerungen** der Kinder durch entsprechend ergänzte **Wiederholung**.[6]

> → *Wir haben der Alifolie benutzt.* Indirekte Korrektur: *Ja, wir haben die Alufolie benutzt.*

- **Vermutungen anstellen lassen und ggf. begründen** lassen.

> → *Was könnte jetzt passieren?/ Was glaubst du, warum das passiert?/*
> *Wie kann man...? / Woher weiß man, ob...?*

- **Zeitfenster** für **Fragen** und **Beratungen** der Kinder untereinander einrichten.[7]

> → *Habt ihr verstanden, wie es geht? / Möchtet ihr noch etwas dazu wissen?/*
> *Wer hat noch Fragen?*

- **Reflexion/ Wiederholendes Üben und Anwenden**

> → *Was haben wir letzte Woche gemacht?/ Was haben wir dafür benutzt?/*
> *Erzählt mir, wie der Versuch aufgebaut war./ Worauf mussten wir besonders achten?/*
> *Warum hat der Versuch vielleicht nicht funktioniert/*
> *Was habt ihr gesehen/ beobachtet?/ Wiederholt den Versuch doch mal zu Hause.*

- **Literarische Dimension einbeziehen** (Geschichten, Lieder oder Reime).

> →*Was ist in der Geschichte passiert?/ Wer kann mir die Geschichte noch mal erzählen?/ Wer kennt noch unser Gedicht? Singen wir noch einmal unser Lied von...*

Anhang 2: Transkriptionssystem

(in Anlehnung an das Gesprächsanalytische Transkriptionssystem GAT von Selting et al. 1998)

< >	Nonverbale Ausdrücke
<< >>	Bemerkungen
Äh, Öh, etc.	Verzögerungssignale
(.)	Pause bis zu einer Sekunde
(2)	Pause (ca. zwei Sekunden)
[ ]	Überlappungen und Simultansprechen
Uer	Unbekannter Sprecher
Ue	Unbekannte Sprecherin
Alle	Gleichzeitiges Sprechen aller beteiligten Personen
(xxx)	Unverständliche Stelle
(solche)	Vermuteter Wortlaut
((…))	Auslassung im Transkript
hm, hm=hm, nee	ein- bzw. zweisilbige Rezeptionssignale
AB	Pädagogin
MH	Pädagogin

Anhang 3: Target Child Observation/Adult's pedagogical interactions

(aus Siraj-Blatchford et al. 2003, 165-168)

Adult's pedagogical interactions
These codes were used for the systematic observations and are divided into two areas: cognitive and social interactions.

The cognitive codes are divided into sustained shared thinking interactions, direct teaching interactions and monitoring.

- The sustained shared thinking interactions include *scaffolding, extending, discussing, modelling,* and *playing.*

Scaffolding is an interaction which requires the teacher to know the target child's level of knowledge, and to stretch his/her abilities through a series of questions or comments in order to take the child to a higher level of knowledge than s/he would have had before.

Extending is generally a quicker interaction when the practitioner makes a suggestion to allow the child to see other possibilities in the activity in which s/he is taking part. For example the target child is arranging farm animals within a fence, the practitioner approaches and asks how the animals will get out. This then encourages the child to consider the need for a gate within the fence and his/her play takes a new direction.

Discussing means that the practitioner must have a prolonged discussion with the target child. It is more than a series of questions from adult to child, but allows an interchange of information or ideas.

Modelling includes the demonstration of activities accompanied by the child's attention and interest as well as a verbal commentary from the adult.

Playing is the adult using humour or playing with the target child.

- The direct teaching pedagogical interactions are simple *questioning, description of the activity,* didactic *instruction, task management* and *reading* to the target child, *organising and allocating* tasks.

The monitoring pedagogical interactions include:
- The practitioner is *observing* the target child.
- The practitioner was *available* to the target child in their social context.

The socially related pedagogical interactions include:
- *Encouragement.*
- *Behaviour management* such as 'sit still', and reprimanding the target child.
- *Social* conversation with the target child which is not related to the activity which the child is a part of.
- Physical *caring* for the child which also includes cuddles and sitting on knees.

Deutsche Fassung der Target Child Observation/Adult's pedagogical interactions (eigene Übersetzung)

Für die systematische Beobachtung von Interaktionen zwischen Kindern und Erwachsenen werden zwei Kodierungen eingesetzt: soziale und kognitive Interaktionen.

Die kognitiven Kodierungen werden unterteilt in andauernd geteilte Denkprozesse (*Sustained Shared Thinking*), *Direkte Unterweisung* und Begleitende Beobachtung.

- Die andauernd geteilten Denkprozesse schließen ein: Scaffolding, Erweitern der kindlichen Äußerungen und Gedanken, Diskussion, Formen und Spielen.

Scaffolding ist eine Interaktion, die von der Lehrkraft verlangt den Wissensstand des Zielkindes zu kennen und seine/ihre Möglichkeiten zu erweitern durch eine Reihe von Fragen und Kommentaren, um so das Kind auf eine höhere Wissensstufe zu heben.

Extending ist generell eine schnellere Interaktion. Der Pädagoge regt das Kind dazu an andere Möglichkeiten und Wege zu erkennen, die Aktivität an der es gerade teilnimmt umzusetzen. Zum Beispiel: das Zielkind arrangiert Bauernhoftiere innerhalb eines Zaunes. Der Pädagoge formuliert als Einstiegsfrage, wie die Tiere heraus kommen. Dadurch wird das Kind angeregt die Notwendigkeit eines Tores in Betracht zu ziehen und ihr/sein Spiel schlägt einen neuen Weg ein (das Spiel ändert sich dadurch).

Diskussion bedeutet, dass der Pädagoge eine ausgeweitete Diskussion mit dem Zielkind führt. Es ist mehr als eine Aneinanderreihung von Fragen von einem Erwachsenen an ein Kind und erlaubt einen Austausch von Informationen oder Ideen.

Formen beinhaltet die Demonstration von Aktivitäten begleitet von der Aufmerksamkeit und dem Interesse des Kindes. Der Erwachsene begleitet die Demonstration sprachlich.
Spielen bedeutet, dass sich der Erwachsene in humorvoller oder spielerischer Weise mit dem Zielkind beschäftigt.

- Direkte Unterweisung meint pädagogische Interaktionen, wie Fragen stellen, Beschreibung der Aktivität, Didaktische Instruktion, Aufgabenmanagement und dem Zielkind vorlesen, Organisieren und Verteilen von Aufgaben.

Begleitende Beobachtung beinhaltet:
- Der Pädagoge beobachtet das Zielkind.
- Der Pädagoge ist ansprechbar für das Zielkind im pädagogischen Kontext.

Die sozialen pädagogischen Interaktionen beinhalten:
- Ermutigung.
- Verhaltensregulation wie z. B. „Sitz still" und das Zielkind zu ermahnen.
- Soziale Konversation mit dem Zielkind, die nichts mit der Aktivität zu tun hat, die das Kind gerade ausführt.
- Körperliche Fürsorge für das Kind wie z. B. Knuddeln und auf dem Schoß sitzen.

Anhang 4: Tabellen

		CFT1IQ alle fünf Subskalen	Alter in Monaten CFT Erhebung
CFT1IQ alle fünf Subskalen	Korrelation nach Pearson	1	-0,1
	Signifikanz (2-seitig)		0,549
	Quadratsummen und Kreuzprodukte	6843,263	-195,211
	Kovarianz	184,953	-5,276
	N	38	38
Alter in Monaten CFT Erhebung	Korrelation nach Pearson	-0,1	1
	Signifikanz (2-seitig)	0,549	
	Quadratsummen und Kreuzprodukte	-195,211	590,769
	Kovarianz	-5,276	15,547
	N	38	39

Tabelle 10:   Zusammenhang zwischen Grundintelligenz (CFT1 alle fünf Subskalen) und Alter (in Monaten)

		CFT1IQ alle fünf Subskalen	Wortschatz HAVASC
CFT1IQ alle fünf Subskalen	Korrelation nach Pearson	1	-0,153
	Signifikanz (2-seitig)		0,358
	Quadratsummen und Kreuzprodukte	6843,263	-294,947
	Kovarianz	184,953	-7,972
	N	38	38
Wortschatz HAVASC	Korrelation nach Pearson	-0,153	1
	Signifikanz (2-seitig)	0,358	
	Quadratsummen und Kreuzprodukte	-294,947	567,375
	Kovarianz	-7,972	14,548
	N	38	40

Tabelle 11:   Zusammenhang zwischen Grundintelligenz (CFT1 alle fünf Subskalen) und Alter (in Monaten)

	Aktivitätsindex	
	0	**1**
KAMAL280700	1	0
KAMDG120900	1	0
KAMEE100900	1	0
KAMII 290800	1	0
KAMLI180700	1	0
KAMOC190401	1	0
KAMRI191000	1	0
KAMSH120401	0	1
KAMSK270601	1	0
KAMTM280900	1	0
KAMTN041100	0	1
KAMTY270401	1	0
KAMVL260700	1	0
KAWDI191200	1	0
KAWEA030401	1	0
KAWLP181200	1	0
KAWPP110701	1	0
KAWSW181100	1	0
KOMHB280900	0	1
KOMHK260101	1	0
KOMKS160800	1	0
KOMMG210700	0	1
KOMMS240701	1	0
KOMMV130301	1	0
KOMOE090800	1	0
KOMPB091200	1	0
KOMRA010700	1	0
KOMST150501	0	1
KOMTK250800	0	1
KOWAD200700	1	0
KOWAK230700	1	0
KOWAR260601	1	0
KOWCK030101	1	0
KOWDE081000	1	0
KOWJC100601	1	0
KOWLH120201	1	0
KOWRM291200	1	0
KOWSK130401	1	0
KOWZY090900	0	1
Gesamt	32	7

Tabelle 12:   Verteilung des Aktivitätsindex zu *Sustained Shared Thinking*

Anhang 5: Exemplarische Auswertung eines *Sustained Shared Thinking* Prozesses

SST7_KW5_OG_G3

Anwesend sind: Pädagogin (PädII), Ludwig, Jolie, Hidir, Tim, Narin, Onur

Videoausschnitt: 00:12:45 – 13:55

Der zufällig ausgewählte SST-Prozess ist aus einer Einheit zum Thema „Magnetismus - Fischeangeln".

Die Einheit schließt sich an eine Einheit an, in der die Kinder mit Stabmagneten ausprobiert haben, welche Gegenstände magnetisch sind, wie sich Magneten zueinander verhalten etc. Die Lehr-Lern-Einheit folgt dabei dem Schema: Wiederholung der letzten Einheit mit dem Kinderreporter, Einführung des heutigen Themas durch die Pädagogin, Erarbeitung der Materialien und der Vorgehensweise, Basteln des Spiels und Ausprobieren.

Der ausgewählte Prozess beginnt in Minute 12:45 der Einheit.

Die sechs Kinder und PädII sitzen um einen Tisch. Auf der linken Seite sitzen drei Kinder (Onur, Narin und Jolie; von vorne nach hinten aus der Perspektive der Kamera). An der Stirnseite gegenüber der Kamera sitzt Tim. Auf der rechten Seite sitzen von vorne nach hinten Hidir, PädII und Ludwig. Die der Kamera zugewandte Stirnseite ist leer, wodurch alle Kinder im Sichtfeld der Kamera sitzen.

Neben den Transkriptionsregeln gelten folgende Konventionen:

Fett = verbale Äußerungen

[Kursiv] = Beschreibung von Gebärden und Interaktionselementen (Wagner-Willi 2005, 275)

[[Kursiv und unterstrichen]] = nicht im Videoausschnitt sichtbare Information

1		*[Jolie und PädII setzen sich um einen Stuhl versetzt gegenüber. Jolie ist PädII zugewandt und*
2		*dreht sich dadurch leicht nach rechts, also zur Kamera, während PädII leicht nach links*
3		*gedreht dasitzt und Jolie zugewandt ist. PädII wendet sich leicht von der Kamera ab und sitzt*
4		*mit verschränkten, auf dem Tisch liegenden Armen da. Jolie hält ihren ausgeschnittenen*
5		*Papierfisch in den Händen. Ihre Hände und Unterarme liegen ebenfalls auf dem Tisch.*
6		*Alle anderen fünf Kinder schneiden aus Tonpapier Fische aus. Sie arbeiten konzentriert und*
7		*unterhalten sich nicht.]*

8 **PädII:** **...fertig sind. (.) aber du kannst schon mal überlegen, was könnten wir denn mit den**
9 **Fischen machen?** *[Jolie und PädII sehen sich an]*

10 **Jolie:** **Da da dran tun.** *[Jolie blickt von PädII auf den Tisch. Mit der rechten Hand und gestrecktem*
11 *Zeigefinger zeigt sie in Richtung der, auf dem Tisch liegenden Bastelmaterialien. PädII folgt*
12 *ihrer Zeigegeste und blickt zu den Materialien. Tim blickt kurz auf in Richtung von Jolie.]*

13 **PädII:** **Mh=mh. (.) aber halten die denn einfach an der Schnur?** *[PädII sieht wieder Jolie an.*
14 *Ludwig und Jolie antworten gleichzeitig. Tim blickt kurz auf.]*

15 **Ludwig:** **Ja.** *[Ludwig schneidet weiter seinen Fisch dabei aus. Er blickt nicht auf.]*

16 **[Jolie:** **Nee mit zu da muss man ein Loch machen und zubinden.** *[Jolie verdeutlich das „Zubinden"*
17 *gestisch, indem sie die linke Hand zur Faust geschlossen hochhält und mit der rechten Hand*
18 *kreisende Bewegungen darüber macht. PädII sitzt wieder mit verschränkten Armen da und*
19 *beobachtet Jolie aufmerksam.]*

20 **PädII:** **Aber macht denn Angeln Spaß, wenn wir den Fisch schon hin gebunden haben?** *[PädII*
21 *hebt ihre rechte Hand und bewegt diese leicht hoch und runter.]* **Wir wollen den doch**
22 **angeln.** *[3sekündige Redepause in der Jolie und PädII sich ansehen.]* **Mmh. Was könnten**
23 **wir denn- wie ham wir denn letzte Woche geangelt? Weißte des noch?**

24 **Jolie:** **Ja (.) diesen Magnet haben wir so geangelt mit den den runden Büroklammern.** *[Jolie*
25 *nimmt den auf dem Tisch liegenden Stabmagneten in die rechte Hand und „angelt" damit*
26 *Büroklammern, die am Stabmagneten hängen bleiben. Sie hält den Magneten mit den*
27 *daran hängenden Büroklammern zwischen sich und PädII hoch. Hidir blickt kurz auf und in*
28 *Richtung von Jolie.]*

29 *[PädII beginnt gleichzeitig zu sprechen]*

30 **[PädII:** **Genau.] Vielleicht könnten wir ja den Magneten einfach an die Angel machen (.) und (.)**
31 **vielleicht (.) aber dann können wir immer noch nicht die Fische angeln** *[Während des*
32 *Sprechens blickt PädII von Jolie auf deren Hand und übernimmt den Stabmagneten mit den*
33 *daran hängenden Büroklammer, den Jolie ihr hinhält. Sie nimmt den Stabmagneten in die*
34 *rechte Hand, nimmt die Büroklammern ab und legt diese wieder zu den anderen*
35 *Materialien. Danach nimmt sie den Magneten in die linke Hand. Sie sieht auf den*
36 *Stabmagneten in ihrer Hand. PädII drückt den Stabmagneten auf einen Papierfisch, der vor*
37 *Jolie auf dem Tisch liegt. Jolie verfolgt die Handlung von PädII. Ludwig beendet das*
38 *Schneiden. Er legt die Schere und Tonpapierreste vor sich auf den Tisch. In der Hand hält er*
39 *seinen Fisch. Da sein Oberkörper von PädII verdeckt, ist nicht sichtbar, ob er die Handlungen*
40 *beobachtet. Hidir blickt immer wieder kurz auf und beobachtet die Handlung von PädII.]*

41	Jolie:	**Warte mal.** *[Jolie greift zur Hand von PädII und nimmt den Stabmagnaten in ihre eigene*
42		*rechte Hand. Jolie führt die Handlung nun selbst aus und drückt den Stabmagneten*
43		*mehrfach auf den vor ihr liegenden Papierfisch. Ludwig beobachtet Joyces Handlung.]*

| 44 | Ludwig: | **Nein. Geht nicht.** *[PädII wendet sich zu Ludwig, der rechts neben ihr sitzt.]* |

| 45 | [PädII: | **Warum geht des nicht Ludwig?** *[PädII wendet sich danach von Ludwig ab und sitzt wieder* |
| 46 | | *„gerade" am Tisch. Sie greift gleichzeitig zum Mikrofon und berührt es kurz.]* |

| 47 | Ludwig: | **Ich weiß wie. Mit ein Büroklammer.** *[Ludwig wendet sich langsam PädII zu. PädII dreht sich* |
| 48 | | *wieder zu Ludwig.]* |

49	PädII:	**Ah-h. Wie meinst du denn? Zeig mal.** *[PädII blickt auf den Tisch und nimmt eine*
50		*Büroklammer in die Hand, die sie Ludwig hinhält. Ludwig nimmt die Büroklammer. Mit der*
51		*nun freien Hand greift PädII auf den Tisch und nimmt das dort liegende, restliche Tonpapier*
52		*und zerknüllt es.]*
53		*[Ludwig und Jolie beginnen gleichzeitig zu sprechen. Ludwig hat neben der Büroklammer*
54		*seinen Papierfisch in den Händen und probiert etwas aus. Jolie hält auch ihren Papierfisch in*
55		*der Hand. Ludwig wird von PädII unterbrochen.]*

| 56 | Ludwig: | **Auf den (xxx) w- wenn man immer (.) s- s hier so...** |

| 57 | [Jolie: | **ich ich hab noch nicht (xxx)-** *[Jolie blickt in Richtung von PädII und öffnet kurz die Hände, in* |
| 58 | | *denen sie ihren Fisch festhält.]* |

59	[PädII:	**Die Schere bitte zurück.** *[PädII unterbricht Ludwig und blickt in dem Raum zwischen sich*
60		*und Ludwig auf den Boden [[nicht sichtbar: wo die Materialien liegen]]. Ludwig redet weiter*
61		*(Z.57) und gibt dabei die Schere zurück]*

| 62 | [PädII: | **danke.** *[PädII unterbricht Ludwig erneut, der aber weiterspricht.]* |

12:45 – 13:55 Thema der Passage: Die Fische an die Angel bekommen

12:45 – 13:06 Den Fisch an die Angel binden

Der Fisch lässt sich nicht angeln. Man kann ihn auch an die Angel binden.

13:06 – 13:38 Die Fische mit dem Magneten angeln

Die Fische könnte man auch mit dem Magneten angeln.

13:38 – 13:55 Mit Magnet und Büroklammer

Um die Fische mit dem Magneten angeln zu können, braucht man zusätzlich eine Büroklammer.

Reflektierende Interpretation

09-10   Proposition von PädII im Modus einer beschreibungsgenerierenden Frage

PädII fordert Jolie auf, zu antizipieren, was man mit den ausgeschnittenen Papierfischen machen kann. Sie bestätigt damit, dass mit den Fischen irgendetwas gemacht werden soll. Die Papierfische sind also kein Selbstzweck. Die explizite Aufforderung „zu überlegen", zielt auf eine rein sprachlich-kognitive Auseinandersetzung mit der Problemstellung ab und setzt Erfahrungswissen von Jolie voraus. Wenn Jolie nicht auf Vorerfahrungen zu (Papier-)Fischen zurückgreifen kann, wird es ihr nicht möglich sein, sich auf der Ebene mentaler Repräsentationen mit dem Papierfisch zu beschäftigen. Implizit versucht PädII, diese Vorerfahrungen durch die Aufforderung „zu überlegen" zu aktivieren. Dies setzt auch voraus, dass PädII eine konkrete Vorstellung darüber hat, was mit den Fischen passieren soll.

11   Anschlussproposition von Jolie im Modus der Beschreibung

Jolie beschreibt eine Lösungsmöglichkeit für die gestellte Fragestellung. Sie möchte die Fische „Da dran tun." Damit wechselt sie die Zugangsebene. Während PädII eine sprachlich-kognitive Auseinandersetzung anvisiert hat, zeigt Joyces Antwort, ihre handlungspraktische Vorstellung über den Problemlösungsprozess. Die Formulierung „dran tun" und gleichzeitige Zeigegeste auf die mitgebrachten Materialien verdeutlichen den praktischen Gehalt ihres Vorschlages. Sie referiert dabei darauf, den Fisch zu angeln. Den Fisch zu angeln bedeutet für sie, dass der Fisch an der Angel „dran" ist. Jolie fokussiert somit das Ergebnis des Angelns, das sich in der handlungspraktischen Vorstellung dokumentiert.

13   Aufmerksamkeitssignal von Tim

Tim zeigt, dass er der Unterhaltung zwischen Jolie und PädII folgt. Während bisher nur zu beobachten war, dass er sich mit seiner Schneidearbeit beschäftigt, zeigt das Aufblicken seine Aufmerksamkeit gegenüber der Unterhaltung. Bis zu diesem Zeitpunkt war die Unterhaltung über das Gehörte Nachvollziehbar. Da Jolie ihre Äußerung nun aber durch eine Zeigegeste unterstützt („da dran tun") mit der sie auf die vorbereiteten Materialien deutet, ist es nur möglich dem Gespräch weiter zu folgen, wenn man als Hörer identifiziert, was Jolie mit „da" meint.

14   Ratifizierung und Differenzierung im Modus der Aufforderung zu Überprüfen durch PädII

PädII macht deutlich, dass sie den Vorschlag von Jolie wahr- bzw. aufgenommen hat[1]. Gleichzeitig ist das Hörersignal weder als positive noch als negative Rückmeldung einzustufen. Die anschließende kurze Pause ist ein Zeichen dafür, dass das Hörersignal bewusst von PädII eingesetzt wird, um Zeit zu gewinnen, sich über das Gesagte von Jolie klar zu werden und eine eigene Reaktion zu überdenken. PädII fordert Jolie erneut auf einer sprachlich-kognitiven Ebene auf, ihren Vorschlag auf Plausibilität zu überprüfen. Dabei geht sie nicht auf die von Jolie eingebrachte Ebene der Handlungspraxis ein. Auf dieser Ebene hätte eine Rückfrage explizit die Aufforderung an Jolie zum Ausprobieren beinhalten können. Mit dem Verbleib auf der sprachlich-kognitiven Ebene schließt sie an ihre vorige Äußerung an (Z. 09-10).

15   Aufmerksamkeitssignal von Tim

Die gleichzeitige Antwort von Jolie und Ludwig sind eine Verdichtung der Interaktion. Tim, der bereits zuvor gezeigt hat, dass er der Interaktion folgt, reagiert auf die unerwartete Antwort von Ludwig, der sich aktiv in die Interaktion einbringt.

16-17   Validierung von Ludwig und Exemplifizierung von Jolie mit propositionellem Gehalt

(Ludwig und Jolie antworten gleichzeitig.)

Ludwig bestätigt dabei die Frage von PädII und verbleibt auf einer sprachlichen Ebene. Er sieht nicht von seiner Bastelarbeit auf, mit der er weiter fortfährt. Ludwig hat die Interaktion zwischen PädII und Jolie verfolgt. Sein „ja" zeigt, dass er sich auch aktiv Gedanken über die von PädII gestellte Frage macht.

Jolie ist im dyadischen Interaktionsablauf zwischen sich und PädII an der Reihe zu sprechen. Sie knüpft direkt an ihre handlungspraktische Vorstellung (Z. 11) an und verdeutlicht nun, was sie unter „dran machen" konkret versteht. Um den Fisch „dran [zu]machen" (PädII) muss man „ein Loch machen und zubinden". Wieder argumentiert sie aus einer handlungspraktischen Vorstellung heraus, was sie durch eine einschlägige Handbewegung verdeutlicht, die das Binden einer Schleife oder eines Knotens imitiert. Thematisch verfolgt Jolie nicht den Vorgang des Angelns, sondern das Ergebnis, nämlich den Zustand, einen Fisch an der Angel zu haben. Diesem Ziel folgend baut Jolie ihre Argumentation schlüssig auf.

21-22   Differenzierung mit propositionellem Gehalt von PädII

PädII greift zwar den von Jolie eingebrachten Lösungsvorschlag, den Fisch an die Angel zu binden, auf, stellt aber gleichzeitig in Frage, ob dieses Vorgehen „Spaß" macht. Sie bestätigt zwar indirekt Joyces Vorschlag, dass man den Fisch an die Angel binden könnte, geht aber inhaltlich nicht darauf ein. Sie bringt einen völlig neuen Aspekt in das Gespräch ein, nämlich „Spaß". So wie sie die Frage formuliert „Aber macht den Angeln Spaß, wenn", d.h. durch das Aufzeigen des negativen Gegenhorizontes „wenn wir den Fisch schon hin gebunden haben." dokumentiert sich, dass ihrer Ansicht nach das Angeln Spaß machen sollte. Dass Angeln ihr zufolge nur Spaß macht, wenn man den Fisch angelt und damit nicht bereits an die Angel gebunden hat, wird durch das Aufzeigen ihrer Zieldimension „Wir wollen den doch angeln" deutlich. Ihr Bild vom Angeln umfasst den Vorgang des

---

[1] Auf den Begriff des „Verstehens" wird bewusst verzichtet (Mannheim et al. 1980, 272).

aktiven Angelns eines Fisches, während deutlich wurde, dass Jolie darauf abzielt, den Fisch an der Angel zu befestigen. Beide Interaktionspartner sind nicht beim gleichen Thema.

23 Drei Sekunden andauernde Gesprächspause

Dass beide Interaktionspartner nicht beim gleichen Thema sind, wird auch durch die drei Sekunden andauernde Pause verdeutlicht. PädII wartet auf eine Reaktion von Jolie. Der völlig neue Aspekt den PädII aufgeworfen hat und der nicht zum von Jolie dargestellten Konzept passt, führt zu einer kritischen Situation in der Interaktion: es konnte hier kommunikativ kein gemeinsamer Erfahrungsraum hergestellt werden.

23-24 Interjektion und Proposition von PädII im Modus einer erzählgenerierenden Frage

PädII versucht, die Interaktion aufrecht zu erhalten. Die Interjektion „mmh" stellt dabei den Versuch dar, die Gesprächspause zu verkürzen und gleichzeitig Zeit zu gewinnen, um zu überlegen. Auch der Satzabbruch „was könnten wir denn-" zeigt das Bemühen von PädII, eine Ebene der Verständigung mit Jolie herzustellen. Dass Jolie während der vorherigen Redepause und dem erneuten Ansetzen zum Sprechen den Blickkontakt mit PädII hält, zeigt, dass auch sie daran interessiert ist, die Interaktion aufrechtzuerhalten und fortzuführen. PädII knüpft schließlich an eine gemeinsame Erfahrung an, nämlich „wie ham wir denn letzte Woche geangelt?". PädII stellt explizit die Verbindung zur letzten Sitzung her. Thematisch kehrt sie dabei wieder zurück zum Angeln. Sie spricht wieder eine bestimmte Art und Weise des Angelns an, versucht aber Jolie durch den Zusatz „Weißte des noch?" Jolie zu dieser Erinnerung, die beide offenbar teilen, zurückzuführen. Sie bezieht sie sich jetzt also klar und deutlich auf die gemeinsame Erinnerung, d.h. die gemeinsame Erfahrung des Angelns und fordert Jolie auf, zu erzählen. PädII ist hier wieder auf die Ebene der sprachlich-kognitiven Aufforderung zurückgekehrt. Diese Aufforderung stellt den Versuch dar, eine gemeinsame Vorstellung über Angeln zu entwickeln.

25 Validierung und Elaboration der Proposition im Modus der Erzählung durch Jolie

Jolie bestätigt, dass sie sich an die vorherige Sitzung erinnert und beginnt zu erzählen, dass sie „diesen Magnet haben wir so geangelt mit den den runden Büroklammern". Jolie erinnert sich an die Sitzung der letzten Woche und aktiviert sowohl ein sprachliches Fachwissen, das in dieser Sitzung wichtig war (sie führt die Begriffe „Magnet" und „Büroklammer" in die Interaktion ein) als auch das dazugehörige handlungspraktische Wissen, das sie demonstriert, indem sie einen Stabmagneten in die Hand nimmt und auf dem Tisch liegende Büroklammern angelt. Dadurch, dass sie den Magneten samt Büroklammer hoch zwischen sich und PädII hält, stellt sie sicher, dass auch PädII sieht, was sie meint. Jolie agiert nun auf beiden Ebenen und verknüpft diese. Auf der sprachlich-kognitiven bringt sie die Fachbegriffe ein, die es ihr ermöglichen, exakt zu erzählen, was sie in der letzten Sitzung gemacht haben. Gleichzeitig demonstriert sie handlungspraktisch auch das Vorgehen aus der letzten Sitzung.

28-29 Aufmerksamkeitssignal durch Hidir

Jolie verbindet ihre sprachliche Darstellung und handlungspraktische Demonstration des Vorgehens aus der letzten Stunde „so geangelt". Sie stellt also eine bestimmte Weise des Angelns vor. Um alle Informationen von Jolie zu erfassen, ist die akustische Informationsaufnahme nicht ausreichend. Um visuell wahrnehmen zu können, was Jolie demonstriert, blickt Hidir auf. Er hat die Interaktion zwischen PädII und Jolie verfolgt.

31-32   Zwischenkonklusion im Modus der Validierung, Überprüfung und Aufzeigen des negativen Gegenhorizonts durch PädII

Noch bevor Jolie ausgesprochen hat, bestätigt PädII Jolies Erinnerung über das Vorgehen der letzten Stunde. Der gemeinsame Erfahrungsraum wurde über die Frage, d.h. die Aufforderung zu Erzählen (Z. 23-24) und die gemeinsame Erinnerung hergestellt. Die Art und Weise des Angelns, über die Jolie aus der letzten Stunde berichtet und die sie demonstriert hat, stimmt mit dem Begriff des Angelns überein, den PädII in der Interaktion verfolgt, nämlich den prozessorientierten Vorgang einen Fisch an die Angel zu bekommen und nicht diesen bereits zuvor daran zu fixieren. Sie schlägt vor, auszuprobieren, ob die Fische auf dieselbe Weise geangelt werden können, wie Jolie es mit den Büroklammern vorgemacht hat. Sie wechselt nun auf eine handlungspraktische Ebene und probiert es sprachbegleitend aus. Sie stellt fest, dass der Fisch nicht am Magneten haftet und dass es somit nicht möglich ist, den auf diese Weise zu angeln. Sie schränkt jedoch aktiv ein „können wir immer noch nicht die Fische angeln". Es wurde bereits zuvor herausgearbeitet, dass sie eine klare Vorstellung darüber besitzt, wie der Fisch zu angeln ist. Durch die Einschränkung „noch nicht" macht sie deutlich, dass die Richtung des Vorschlags ihrer Vorstellung des Angelns bzw. einer Lösung entspricht, aber eben noch nicht exakt passt.

42   Exemplifizierung im Modus des handlungspraktischen Überprüfens

Jolie greift den handlungspraktischen Impuls von PädII sofort auf. Sie nimmt PädII den Stabmagneten und Papierfisch aus der Hand und überprüft mimetisch, ob der Fisch am Magneten hängen bleibt (wie die Büroklammern dies taten). Den Raum dafür schafft sie sich, indem sie die Zeit aktiv einfordert „warte mal". Die sprachlich-kognitiv dominierte Interaktion erfährt dadurch eine neue Qualität. Auf der handlungspraktischen Ebene, auf der das praktische Ausprobieren Bestandteil des interaktiven Austausches ist, besitzen auch die Längen von Sprechpausen eine andere Dimension und können deutlich länger sein, ohne die Interaktion zu unterbrechen. Im Gegenteil sind sie Bestandteil der Interaktion was dadurch deutlich wird, dass beide Interaktionspartner, die zuvor immer Blickkontakt hatten, nun den Blick auf den sozusagen Dritten, den praktischen Versuch, gerichtet haben. Auf inhaltlicher Ebene wird deutlich, dass Jolie tatsächlich irritiert darüber ist, dass der Fisch nicht am Magneten hängen geblieben ist, als PädII es ausprobiert hat. Sie hat also erwartet, dass der Fisch wie die Büroklammern am Magneten hängen bleibt. Sie reagiert jedoch nicht, indem sie direkt ihre Erwartung revidiert, sondern macht deutlich, dass sie MHs Versuch nicht traut. Sie fordert ein, es selbst auszuprobieren und überprüfen zu wollen, ob der Fisch am Magnet hängen bleibt. Beim selbständigen Ausprobieren ist ihr eine deutliche Irritation, die als Erstaunen bezeichnet werden kann, anzusehen.

45   Antithese mit propositionellem Gehalt durch Ludwig

Ludwig kommentiert Joyces Versuch. Er stellt fest, dass es nicht funktioniert und verbleibt dabei. Ludwig bringt sich mit dieser Äußerung gleichzeitig auch aktiv in die Interaktion ein.

46   Anschlussproposition im Modus einer beschreibungsgenerierenden Frage durch PädII

PädII greift den Impuls von Ludwig auf und fordert ihn auf zu beschreiben, warum der Fisch nicht am Magneten hängen bleibt. Sie kehrt wieder zur sprachlich-kognitiven Ebene zurück. Auf der Ebene der Handlungspraxis, auf der sie mit Jolie gerade ausprobiert hat, hätte eine Aufforderung dahingehend lauten können, zu zeigen oder vorzumachen, wie es denn gehen könnte. PädII wendet sich Ludwig nur kurz zu und dann wieder ab, um sich dem Mikrofon zuzuwenden. Es ist kein äußerer Anlass erkennbar, warum das Mikrofon berührt werden muss (es kann nicht beobachtet werden, dass jemand dagegen gestoßen ist o.ä.). PädII zeigt eine andere Intensität an Zuwendung und Konzentration in der Interaktion mit Ludwig als dies bei Jolie zu erkennen war, der sie auch körperlich während der Interaktion deutlich zugewandt war.

48   Anschlussproposition im Modus der Beschreibung

Ludwig beschreibt seinen Lösungsvorschlag. Er rekurriert dabei auf die zuvor von Jolie eingebrachte Idee, die Büroklammer zu benutzen, ohne deutlich zu machen, wie er sich das genau vorstellt. Er bleibt mit seiner Rückmeldung auf der sprachlich-kognitiven Ebene. Ludwig wendet sich während seiner Äußerung PädII zu. Er hätte seine Antwort auch an Jolie richten können, die noch den Magneten in der Hand und den Papierfisch vor sich liegen hat und sie dazu auffordern, seine Idee auszuprobieren. Stattdessen wendet er sich an PädII. Dies ist ein erster Hinweis darauf, dass die Interaktion sich nicht triadisch entwickelt.

50   Validierung und Anschlussproposition im Modus einer handlungspraktischen Aufforderung durch PädII

PädII bestätigt den von Ludwig eingebrachten Lösungsvorschlag durch die Interjektion „ah-h". Diese langgezogene Interjektion verbindet sie performativ mit dem nach oben Wenden des Kopfes. Ihre Darstellung erinnert förmlich an ein *na endlich*. Sie wechselt nun wieder die Ebene. In ihren vorherigen Äußerungen konnte eine Ausrichtung auf die sprachlich-kognitive Ebene beobachtet werden (Z. 9-10, 23-24). Hier präsentiert nun Ludwig einen Vorschlag auf der sprachlich-kognitiven Ebene, d.h. er stellt seinen Lösungsvorschlag sprachlich dar, macht jedoch keine handlungspraktischen Verweise, wie er sich das Vorgehen dabei konkret vorstellt. Dieses Mal wechselt nun PädII auf die handlungspraktische Ebene und fordert ihn auf, vorzumachen, was er meint „Zeig mal.". Diese Aufforderung begleitet sie mit damit, ihm auch eine Büroklammer anzubieten. Danach wendet sie sich Tonpapierresten auf dem Tisch zu, die sie aufzuräumen beginnt. Sie verfolgt damit eine weitere Orientierung, die auf die Herstellung des ordentlichen Arbeitsraumes ausgerichtet ist und nicht im Zusammenhang mit dem inhaltlichen Diskurs steht.

Bereits zuvor hat Jolie einen Vorschlag eingebracht (Z. 11). Hier hat PädII nicht reagiert, indem sie Jolie aufgefordert hat, zu zeigen oder vorzumachen, wie Jolie es sich vorstellt. Selbst als Jolie ihre Idee ganz konkret und ausführlich erläutert hat, ist PädII nicht auf die handlungspraktische Ebene des Ausprobierens gewechselt (Z. 17 und Z. 21). Der Vorschlag von Ludwig trifft offensichtlich ihre Vorstellung des Angelns. Diese Vorstellung, die PädII in der Interaktion verwirklichen wollte und die Ludwig nun angesprochen hat, soll nun demonstriert werden.

57   Exemplifizierung im Modus einer Beschreibung durch Ludwig

Ludwig wechselt auf die handlungspraktische Ebene und beschreibt, was er mit dem Fisch und der Büroklammer macht. Diese sprachliche Darstellung ist auf die Demonstration angewiesen, um verstanden zu werden „auf den (xxx) w-wenn man immer (.) s-s hier so". Er verdeutlicht mit der Verallgemeinerung „wenn man immer (.) s-s hier so" , dass er sich seines Vorschlages sehr sicher ist.

58   Opposition im Modus einer Feststellung durch Jolie

Jolie beginnt zeitgleich mit Ludwig zu sprechen. Sie macht deutlich, dass sie mit etwas nicht einverstanden ist. Gestisch wird der Gehalt ihrer Äußerung durch die offene Handhaltung in Richtung PädII verstärkt. Sie hält den ausgeschnittenen Fisch in der Hand. Sie blickt in die Richtung von PädII und beobachtet nicht die Demonstration von Ludwig. Sie akzeptiert Ludwig in diesem Moment nicht als Teilnehmer der Interaktion, sondern verdeutlicht, dass sie es noch nicht gemacht hat. Der Übergang der dyadischen Interaktion zu einer triadischen ist nicht geglückt.

60-63   Rituelle Konklusion durch die Verschiebung des Themas durch PädII

PädII bringt die zuvor beobachtete Orientierung nun aktiv in die Interaktion ein. Sie fordert die Bastelmaterialien der Kinder zurück und unterbricht Ludwig damit. Gleichzeitig wendet sie sich auch körperlich deutlich von Ludwig ab, indem sie sich in den Raum zwischen sich und Ludwig nach unten beugt. Ludwig spricht zwar weiter, aber PädII zeigt kein Bestätigungsverhalten, dass sie der Interaktion folgt. Der Beobachter hat den Eindruck, dass Ludwig an keinen Empfänger gerichtet spricht. PädII geht auch nicht auf Äußerung von Jolie ein. Sie beendet die Interaktion.

Zusammenfassung:

Die Interaktion verläuft zu Beginn dyadisch zwischen PädII und Jolie. Dabei steht zu Beginn im Vordergrund, dass beide nicht beim gleichen Thema sind, sondern deutlich aneinander vorbeisprechen. Es kann eine deutliche Bemühung beider beobachtet werden, inhaltlich zusammenzukommen. Die Auflösung des Missverstehens erfolgt über die Herstellung eines gemeinsamen Erfahrungszusammenhanges, nämlich die Erinnerung an die letzte Stunde. Inhaltlich ist eine Lösung des Angelproblems noch nicht zwischen beiden entwickelt worden, als Ludwig sich in die Interaktion einbringt. Er greift einen Teilvorschlag von Jolie auf und bringt diesen ein. Obwohl dieser der verfolgten Vorstellung vom „Magnet-Angeln" entspricht, die PädII verfolgt, beendet sie die Interaktion, nachdem sie Ludwig auffordert zu zeigen, was er sich darunter vorstellt. Parallel gelingt es auch Jolie und Ludwig nicht, in einen gemeinsamen Diskurs einzutreten. Die gesamte Interaktion scheitert am Übergang von der dyadischen zur triadischen Interaktion. Eine explizite Lösung des Angel-Problems wird nicht besprochen.

Anhang 6: Exemplarische Auswertung einer *Direkten Unterweisung*

DU2_Woche5A_G2

Anwesend sind: Pädagogin (PädI), Jiao Yu, Hakim, Rasim, Emine, Brea, Samira

Videoausschnitt: 00:18:56 – 20:14

Der zufällig ausgewählte SST-Prozess ist aus einer Einheit zum Thema „Elektrizität".

Die Einheit schließt sich an eine Einheit an, in der dem Phänomen elektrischer Ladung nachgegangen wurde (z.B. mit einem Luftballon über die Haare reiben; Strohhalmrennbahn). Der ausgewählte Prozess findet in einer ersten Einheit zum Stromkreis statt. Die Kinder versuchen eine Glühbirne mithilfe einer Blockbatterie zum Leuchten zu bringen. Dies funktioniert nur, wenn der Kreislauf geschlossen ist. Dies wird anschließend auch noch mit Drähten erweitert.

Der ausgewählte Prozess findet statt, nachdem die Kinder die Glühbirnen mit der Blockbatterie zum Leuchten gebracht haben. Die Kinder probieren Verschiedenes aus und erkunden die Materialien, als PädI das Thema auf die Glühbirne lenkt.

Neben den Transkriptionsregeln gelten folgende Konventionen:

Fett = verbale Äußerungen

[Kursiv] = Beschreibung von Gebärden und Interaktionselementen (Wagner-Willi 2005, 275)

[[Kursiv und unterstrichen]] = nicht im Videoausschnitt sichtbare Information

1		[Die sechs Kinder und Pädl sitzen um einen Besprechungstisch. Die der Kamera
2		zugewandte Stirnseite ist leer. Von der Kamera aus links sitzen Emine und Brea. An
3		der Stirnseite gegenüber der Kamera sitzen Rasim und Jiao Yu.(Jiao Yu befindet sich
4		gerade unter dem Tisch, um etwas aufzuheben.) Rechts von hinten nach vorne sitzen
5		Hakim, Pädl und Samira. Die Kinder haben ihre Blockbatterien und eine kleine
6		Glühbirne vor sich bzw. in der Hand. Die Glühbirne von Rasim leuchtet. Pädl blickt zu
7		Rasim. Emine, Hakim und Samira blicken auf ihre eigenen Glühbirnchen.]
8	Jiao Yu:	Heiß.
9	Rasim:	Pädl, da ist etwas Weißes.
10	Jiao Yu:	(Pädl)
11	Pädl:	Ok. Schaut mal dahinten auf der Tafel, was da drauf ist. Was ist'n das?
12		[Pädl zeigt mit ausgestrecktem Arm zu einem Whiteboard, dass sich hinter Rasim und
13		Jiao Yu an der Wand (gegenüberliegende Seite der Kamera) befindet. Auf das
14		Whiteboard ist eine schematische Glühbirne aufgemalt. Die Kinder wenden sich zum
15		Whiteboard.]
16	Jiao Yu:	Licht. [Jiao Yu hat sich wieder nach vorne gedreht und hat sein Glühbirnchen und die
17		Batterie in der Hand.]
18	Emine:	Lampe.
19	Brea:	aaaaah [Brea lässt ihr Glühbirnchen an und schüttelt ihre Hände.]
20	Pädl:	Da ist auch eine Glühbirne, nee. [Pädl steht auf und geht zum Whiteboard]
21	Hakim:	Ah meine ist geklebt.
22	Rasim:	Hm=m. (xxx) wegen Lampe
23	Brea:	Der lebt nie im Leben mehr.
24	Pädl:	Was ist denn das hier drumrum um der äh um die Glühlampe? [Pädl spricht zum
25		Whiteboard gewandt. Die Kinder blicken alle zu ihr.]
26	Samira:	Die Lampe. [Jiao Yu steht auf, geht um seinen Stuhl und schiebt von hinten an seinem
27		Stuhl herum.]
28	Brea:	Lampe.
29	Pädl:	Aus was für'm Material ist das? [Brea steht auch auf, schiebt ihren Stuhl nach hinten,
30		bleibt aber am Tisch stehen.]
31	Hakim:	Guck mal (.) meine klebt. [Hakim hält mit der linken Hand etwas in Richtung Pädl und
32		Jiao Yu.]
33	Pädl:	Jiao Yu, bleibst du bitte sitzen. [Brea zieht schnell ihren Stuhl heran und setzt sich, sie
34		blickt dabei zu Pädl.]

35	Jiao Yu:	Ja=a. Da rutsche immer von mein Stuhl. *[Vier Sekunden dauernde Redepause. Pädl*
36		*beobachtet die Kinder vom Whiteboard aus. Jiao Yu schiebt seinen Stuhl zu Recht und*
37		*versucht sich über die seitliche Stuhllehne und die Tischkante auf seinen Stuhl zu*
38		*hieven. Mit Beginn der Redepause steht auch Brea wieder auf und geht um ihren*
39		*Stuhl herum. Sie sich schiebt ihn nach vorne, zum Tisch.]*
40	Hakim:	(xxx) ahh
41	Pädl:	Brea, was machst'n du da jetzt? *[Brea setzt sich wieder.]*
42	Rasim:	Au klebt. (xxx)
43	Pädl:	Also was ist denn hier dazwischen? *[Brea und Jiao Yu sitzen wieder. Emine „lümmelt"*
44		*in ihrem Stuhl und hat dabei ihr Glühbirnchen in der Hand. Keines der Kinder blickt in*
45		*Pädls Richtung.]*
46	[Brea:	kaputt gegang.
47	Rasim:	ich wollte das]
48	Pädl:	Hallo. Was ist denn hier dazwischen, zwischen den zwei Stäben hier? *[Die Kinder*
49		*blicken wieder zu Pädl bzw. auf das Whiteboard. Pädl blickt auch auf das*
50		*Whiteboard.]*
51	Jiao Yu:	<ruft (XXX)>
52	Brea:	Ich seh gar nichts.
53	Pädl:	Du siehst das nicht, dann guck mal genau hin. Das ist in deiner Lampe auch. *[Pädl*
54		*geht zurück zu ihrem Stuhl.]*
55	Hakim:	Ein Kopf. *[Rasim hält den gestreckten Arm in Richtung Pädl, während diese*
56		*vorbeigeht zu ihrem Stuhl. Pädl blickt dabei zu Rasim.]*
57	Rasim:	Da sind (Ringe) die sind da drin.
58	[Jiao Yu:	Nein. Des ist ein Klammer nicht ein Kopf.
59	Rasim:	Die sind da drin. *[Rasim hat immer noch den Arm ausgestreckt und hält ihn nach*
60		*oben. Er hält etwas in der Hand. Pädl blickt zu ihm und zeigt mit ausgestrecktem Arm*
61		*auf seine Hand. Emine, Brea, Hakim Samira sind auf ihre eigene Glühbirnen fokussiert.*
62		*Jiao Yu ist zu Hakim gewandt.]*
63	Pädl:	Super. Ganz genau richtig. In der Glühlampe ist nämlich'n kleiner Draht drin. Und der
64		leuchtet. *[Die Kinder blicken kurz auf, als Pädl ihre Stimme erhebt, sehen dann aber*
65		*wieder zu ihren Birnchen.]*
66	Jiao Yu:	He guck mal.
67	Brea:	Und das ist das
68	Pädl:	Das ist nämlich der Glühdraht und der fängt an zu leuchten.

69	[Hakim:	Uh Geister]
70	Pädl:	Schaut mal ganz genau hin, da ist zwischen den zwei Stäbchen, da ist so'n so'n kleines
71		da ist so n- *[Pädl nimmt Hakim die Glühbirne aus der Hand und hält sie hoch. Brea*
72		*und Emine sehen ebenfalls zu den beiden. Alle drei Kinder wenden sich schnell wieder*
73		*ab.]*
74	[Hakim:	(xxx)]
75	Brea:	Ich seh das. *[Brea blickt zu Pädl.]*
76	[Pädl:	Guck mal. Siehst du das? Zwischen den zwei Stäben
77	Hakim:	Yo]
78	Jiao Yu:	Ich hör das (xxx) Batterie Batterie. *[Jiao Yu schüttelt die Batterie neben seinem Ohr.]*
79	Rasim:	ich auch *[Rasim schüttelt nun auch seine Batterie.]*
80	Emine:	Meine klappt niemals. *[Pädl blickt zu Brea]*
81	Brea:	Meine klappt niemals.
82	Samira:	oh wird die heiß

Formulierende Interpretation:

18:56 – 20:14 Thema der Passage: Die Glühbirne

18:56 – 19:17 Was ist um die Glühlampe herum

Pädl weist auf die gemalte Glühbirne an der Tafel hin. Sie fragt die Kinder, was um die Glühbirne herum ist.

19:17 – 19:31 Stühle rücken

Jiao Yu muss seinen Stuhl verrücken, weil er runterrutscht. Auch Brea verschiebt ihren und Emines Stuhl

19:31 – 20:14 Der Glühdraht

Pädl zeigt an der Tafel, dass in der Glühbirne etwas drin ist. Rasim entdeckt auch in seiner kleinen Glühbirne den Glühdraht und beschreibt diesen. Pädl erklärt daraufhin die Bestanteile der Glühbirne.

Reflektierende Interpretation

11-15   Proposition im Modus einer beschreibungsgenerierenden Frage durch Pädl

Pädl leitet eine neue Gesprächssequenz ein, was sie durch das vorangestellte „ok" deutlich macht. Sie lenkt die Aufmerksamkeit der Kinder auf die schematische Darstellung einer Glühbirne auf dem Whiteboard. Das Whiteboard befindet sich in einigen Metern Entfernung, wodurch die Abstraktheit der Aufforderung verstärkt wird. Die Frage „Was ist'n das?" ist keine Wissensabfrage, sondern dient mit der Lenkung der Aufmerksamkeit dazu, eine gemeinsame Orientierung und Diskursgrundlage zu schaffen.

16-18   Anschlussproposition im Modus der Beschreibung durch Jiao Yu und Emine

Jiao Yu und Emine beschreiben beide die beobachtete Darstellung. Obwohl der Fachbegriff Glühbirne bereits eingeführt wurde, wählen beide übergeneralisierende Beschreibungen. Jiao Yu konzentriert seine Beschreibung dabei auf den Effekt, der durch eine Glühbirne erzeugt wird „Licht", während Emine einen Beschreibung wählt, die auch alltagssprachlich gebräuchlich ist „Lampe". Jiao Yu geht davon aus, dass die Whiteboard-Szene damit beendet ist, da er sich wieder zum Tisch hin umdreht und mit seinen Materialien beschäftigt.

19   Oppositionelle Äußerung durch Brea

Parallel lässt Brea, die mit ihren Materialien beschäftigt ist, ihr Glühbirnchen fallen. Sie schüttelt ihre Hände, was an eine Geste erinnert, die vollzogen wird, wenn man sich an etwas verbrannt hat. Erst danach blickt auch sie zum Whiteboard.

20   Elaboration durch PädI

PädI schließt an die Beschreibungen von Emine und Jiao Yu an. Durch die Verwendung „auch" macht sie deutlich, dass es um einen Vergleich geht. Die schematische Darstellung am Whiteboard wird als Referenz für das Glühbirnchen von ihr verwendet. Von dieser Orientierung ausgehend, steht sie nun auf und geht zum Whiteboard, während die Kinder auf ihren Plätzen sitzen. Sie stellt damit eine klassische Frontalunterrichtssituation her.

21-23   Oppositionelle Äußerung durch Hakim, Anschlussopposition durch Rasim und Elaboration durch Brea

Hakim äußert sich zu einem Phänomen, das ihm beim praktischen Ausprobieren mit seiner Glühbirne passiert ist. Dieses Thema passt nicht zu dem von PädI verfolgten. Rasim reagiert auf seine Äußerung mit einer Erklärung. Es wird nicht deutlich, was genau Hakim beschrieben hat und wie Rasims Erklärung dazu passt. Deutlich wird Aber, dass beide auf der Ebene des handlungspraktischen Ausprobierens die Materialien ausprobieren. Brea hat die Äußerung von Hakim falsch verstanden und nicht „geklebt" sondern „gelebt" gehört. Entsprechend widerspricht sie ihm, da sie davon überzeugt ist, dass es „nie im Leben mehr" lebt.

Memo: hier zeichnet sich eine erste parallele Diskurslinie Ab.

24-25   Proposition im Modus einer beschreibungsgenerierenden Frage durch PädI

PädI reagiert nicht auf die Zwischenbemerkungen, die eine andere inhaltliche Orientierung verfolgten, als die Beschreibung der schematischen Glühbirnendarstellung. Sie knüpft an die vorherige Feststellung an, dass auch die Zeichnung eine Glühbirne darstellt, und versucht nun eine differenziertere Beschreibung der Glühbirne zu erhalten. Sie fragt spezifisch danach, was um die Glühbirne herum ist, verbleibt also wieder auf einer Abstrakten und sprachlich-kognitiven Ebene.

26-28   Anschlussproposition im Modus der Beschreibung durch Samira und Brea

Samira greift die vorherige Beschreibung von Emine wieder auf und formuliert „Lampe". Sie verknüpft den Begriff Lampe mit der klassischen Birnenform einer Glühbirne, die das „außen herum" der Glühbirne darstellt. Sie bleibt damit ebenfalls auf der sprachlich-kognitiven Ebene. Brea wiederholt den vorgeschlagenen Begriff von Samira.

Memo: Da AB immer noch vor dem Whiteboard steht, wird der Diskurs über die Entfernung geführt und zwischen stehender PädI und sitzenden Kindern.

Memo: durch das Aufstehen von Jiao Yu entsteht in der sitzenden Gruppe Unruhe.

29-30   Beschreibungsgenerierende Frage durch PädI

PädI bewertet nicht die Antworten von Samira und Brea. Sie differenziert vielmehr ihre Frage. Sie fragt nun nicht mehr global, was außen herum ist, sondern ganz spezifisch nach dem Material. Dabei verweist sie immer noch auf die schematische Darstellung an der Tafel, wodurch eine sehr hohe Abstraktheit des Diskurses von ihr evoziert wird. Die Kinder müssen die schematische Darstellung auf die Glühbirne übertragen, um das Material Ableiten zu können.

31-32   Oppositionelle Äußerung durch Hakim

Hakim wiederholt fast identisch seine vorherige Äußerung. Es wird deutlich, dass er die inhaltliche Orientierung von PädI nicht teilt, sondern ein eigenes Thema verfolgt. Er versucht aktiv, eine gemeinsame Orientierung mit PädI herzustellen, indem er ihr seine Entdeckung versucht zu präsentieren.

33-34   Äußerung im Modus der Verhaltensmodifikation durch PädI

PädI fordert von Jiao Yu ein, auf seinem Platz sitzen zu bleiben. Sie beansprucht für sich eine Definitionsmacht, die über die Vorgabe des Themas hinausgeht und auch das Verhalten der Kinder und die szenische Gestaltung einschließt (Memo: PädI selbst steht am Whiteboard, hat sich also von ihrem Sitzplatz entfernt).

Die zwei aufeinanderfolgenden Äußerungen, die vom eigentlichen, von PädI anvisierten Diskursthema Abweichen, machen deutlich, dass die Kinder nicht beim diesem Thema angekommen sind. Die Kinder verfolgen offensichtlich in der Szene eigene Orientierungen, die sich für Jiao Yu in der Optimierung seines Sitzplatzes beschreiben lassen.

Memo: insgesamt sind jetzt drei Diskurslinien erkennbar.

35   Anschlussproposition im Modus der Rechtfertigung durch Jiao Yu

Jiao Yu zeigt, dass er die Definitionsmacht von PädI anerkennt, indem er sein Verhalten rechtfertigt. Gleichzeitig macht er deutlich, dass er mit der Handlung keine rein performative Darstellung verfolgt, sondern eine Absicht, die auf die Behebung der unangenehmen Sitzposition gerichtet ist.

35-40   Vier Sekunden andauernde Redepause

Die Redepause findet nicht zufällig statt, sondern stellt einen von PädI für Jiao Yu gewährten Raum dar, seine Sitzposition zu optimieren.

(Memo: hier könnte das Prinzip verfolgt werden, dass Störungen Vorrang haben?)

Jiao Yu nutzt die Zeit. Brea beginnt gleichzeitig Jiao Yus Verhalten zu imitieren. Brea beobachtet PädIs Reaktion, was wirkt, als sichere sie ihr Verhalten Ab.

41   Verhaltensmodifikation im Modus einer rechtfertigungsgenerierenden Frage durch PädI

PädI, die Abgewartet, dass Jiao Yu zu einer Sitzposition zurückfindet, macht deutlich, dass sie Breas Verhalten wahrnimmt und nicht rechtfertigungslos toleriert.

Es folgt keine verbale Reaktion von Brea. Diese blickt kurz zu PädI, nachdem sie direkt angesprochen wurde und setzt sich dann wieder hin. Sie akzeptiert damit ebenfalls die Definitionsmacht von PädI in der Situation.

42   Oppositionelle Äußerung durch Rasim

Rasim greift aktiv die Orientierung auf, die Hakim zuvor eingebracht hat. Er referiert auf ein Ergebnis, dass er beim Ausprobieren mit seinem Glühbirnchen beobachtet.

43-45 Proposition im Modus einer beschreibungsgenerierenden Frage durch Pädl

Pädl kehrt wieder zurück zu ihrem Thema. Ohne einen Anschluss herzustellen formuliert sie eine erneute Frage bezogen auf die schematische Glühbirnendarstellung am Whiteboard. Dass keines der Kinder in die Richtung von Pädl blickt zeigt, dass sich die Struktur der Situation durch die „Störungen" aufgelöst hat und die Kinder die am Frontalunterricht ausgerichtete Strukturierung nicht mittragen.

46-47 Oppositionelle Äußerungen durch Brea und Rasim

Die Äußerungen von Brea und Rasim zeigen keinen Bezug zur vorangegangenen Frage von Pädl. Vielmehr verfolgen beide ihre eigenen Themen weiter.

48-49 Wiederaufgreifen der Proposition im Modus der Elaboration durch Pädl

Pädl fordert nun explizit die Aufmerksamkeit der Kinder ein. Durch das einführende „hallo", dass in dieser Situation keine Begrüßung darstellt, ist ein Signal an die Kinder, sich auf das kommende zu konzentrieren. Die Kinder reagieren auf diese aktive Einforderung ihrer Aufmerksamkeit und blicken in Pädls Richtung.

50 Aufmerksamkeitssignal durch Jiao Yu

Als Reaktion auf Pädls Frage, ruft Jiao Yu etwas in ihre Richtung, was jedoch nicht identifiziert werden kann.

51 Antithese durch Brea

Brea kann in der schematischen Darstellung nichts erkennen. Sie stellt damit die Sinnhaftigkeit von Pädls Frage in Frage.

52-53 Elaboration der Proposition durch Pädl

Pädl fordert Brea explizit auf, genauer hinzusehen. Sie unterstellt, dass es etwas zu sehen gibt, wenn man genau hinsieht. Nur in Z. 20 hat Pädl angedeutet, dass die schematische Darstellung an der Tafel „auch" eine Glühbirne ist. Sie hat Aber nicht verdeutlicht, worauf sie das „auch" bezieht. Mit der Erweiterung „das ist in deiner Lampe auch" stellt sie jetzt explizit den Vergleich zwischen der schematischen Darstellung am Whiteboard und den Glühbirnchen der Kinder her. Die Herstellung des Fokus auf das Glühbirnchen der Kinder verbindet sie mit einem Standortwechsel, wieder zu ihrem Sitzplatz zurückzugehen.

54-55 Anschlussproposition durch Hakim

Auf die Aufforderung von Pädl, die Glühbirne genau zu untersuchen, antwortet Hakim auf einer symbolisch-fantastisch-spaßigen Ebene, dass die Birne nämlich wie ein „Kopf" aussieht. Er argumentiert damit nicht auf einer naturwissenschaftlichen Ebene und macht abermals deutlich, dass er die von Pädl verfolgte Orientierung nicht teilt.

56 Anschlussproposition durch Rasim

Rasim hat eine Entdeckung gemacht, die er Pädl präsentiert. Während sie vorbeigeht, streckt er seinen Arm in ihre Richtung, um ihr etwas zu zeigen, was er in der Glühbirne beobachtet hat. Auf der handlungspraktisch-konkreten Ebene ist er beim gleichen Thema wie Pädl. Während die abstrakte

Darstellung am Whiteboard nicht zu einer gemeinsamen Orientierung geführt hat, hat Rasim auf der Ebene des Konkreten einen Anschluss an die Vorgabe von Pädl gefunden.

57 Differenzierung durch Jiao Yu

Jiao Yu greift die Äußerung von Hakim auf und berichtigt ihn. Sein halblachender Tonfall belegt, dass er die Absurdität der Antwort begreift. Im Gegensatz zu der fantastisch-spaßigen Antwort bringt eine naturwissenschaftliche Orientierung ein, indem er anfügt, dass es nicht ein Kopf sei, sondern Klammern in der Glühbirne sind.

58-61 Elaboration durch Rasim

Nachdem Rasim sich der Aufmerksamkeit von Pädl sicher ist, was durch den Blickkontakt belegt wird, beschreibt er noch einmal seine Entdeckung an Pädl gerichtet.

62-64 Validierung und Zwischenfazit durch Pädl

Pädl bestätigt die Aussage von Rasim und macht deutlich, dass eine gemeinsame Orientierung tatsächlich vorhanden ist. Sie lobt seine Äußerung dabei explizit und bestätigt sein Verhalten, was dem Frontalunterricht entgegenkommt, indem „richtige" Schüleräußerungen auf diese Weise verstärkt werden und eine Beteiligung dadurch angespornt werden soll. Sie erweitert seine Äußerung, indem sie eine naturwissenschaftliche Erklärung anfügt. Pädl bewegt sich wieder auf einer sprachlich-kognitiven Ebene.

65-66 Oppositionelle Äußerungen von Jiao Yu und Brea

Jiao Yu und Brea sind zwar ebenfalls damit beschäftigt die Glühbirnchen zu untersuchen, sind aber nicht an der Orientierung von Pädl und Rasim beteiligt.

67 Elaboration im Modus der Erklärung durch Pädl

Pädl erweitert ihre Erklärung. Sie beschreibt auf einer sprachlich-kognitiven Ebene, was passiert, wenn das Glühbirnchen leuchtet.

68 Anschlussproposition im Modus der Beschreibung durch Hakim

Hakim erweitert die Erklärung von Pädl durch eine Beschreibung auf der Ebene des Fantastischen „Uh Geister" und bezieht sich auf den Vorgang, wenn die Glühbirne beginnt zu leuchten. Er teilt die naturwissenschaftliche Orientierung von Pädl bezogen auf die Glühbirne nicht, macht aber gleichzeitig deutlich, dass er aufmerksam verfolgt, was sie sagt.

69-73 Proposition im Modus der Aufforderung zum Praktischen Ausprobieren durch Pädl

und 75

Auf der Ebene des handlungspraktischen Ausprobierens fordert Pädl nun die Kinder auf, bewusst in ihrem Glühbirnchen zu beobachten, was sie beschrieben hat. Sie versucht durch die Beobachtung einen gemeinsamen Erfahrungshintergrund herzustellen, der ganz offensichtlich nicht besteht. Sie nimmt Hakim sein Birnchen weg und fordert ihn auf, gemeinsam mit ihr den Glühdraht zu beobachten. Sie versucht sehr aktiv, eine gemeinsame Orientierung aufzubauen.

74   Anschlussproposition im Modus der Bestätigung durch Brea

Brea bestätigt, dass sie den Glühdraht nun gesehen hat. Sie macht deutlich, dass sie der Aufforderung von Pädl gefolgt ist.

76   Anschlussproposition im Modus der Bestätigung durch Hakim

Auch Hakim bestätigt, dass er den Glühdraht gesehen hat. Dabei wendet er sich performativ von Pädl, die sich zur gemeinsamen Beobachtung zu ihm gebeugt hat, ab. Dabei nimmt er ihr das Glühbirnchen wieder ab und vertieft sich in seine Arbeit. Er wendet sich aktiv ab.

77-82   Oppositioneller Diskurs

Es entwickelt sich ein oppositioneller Diskurs. Die Kinder arbeiten und probieren aktiv mit ihren Glühbirnchen und Batterien aus, folgen Aber nicht mehr der Gesprächsführung durch Pädl. Die Kinder sind bei einem eigenen, selbstgewählten Thema, die Glühbirne zum Leuchten zu bringen.

Zusammenfassung:

Der Diskurs ist durch eine Aneinanderreihung von Propositionen im Fragemodus von Pädl charakterisiert. Insgesamt erinnert die Szene an eine performative Darstellung von Frontalunterricht. Pädl verfolgt den Diskurs auf der sprachlich-kognitiven und Abstrakten Ebene, was auch durch die schematische Darstellung an der Tafel verdeutlicht wird. Es gelingt nicht, mit allen Kindern über das Bild eine gemeinsame Erfahrung herzustellen. Einzelne Kinder haben eine andere Orientierung im Hinblick auf Thema, nämlich eine handlungspraktisch-fantastische. Auch der aktive Versuch, diese zu überwinden gelingt nicht und endet in einer Abwendung durch das Kind. Mit der Einführung des handlungspraktischen Ausprobierens löst sich der Diskurs zugunsten der von den Kindern verfolgten Orientierungen auf.

Anhang 7: Exemplarische Auswertung einer *Sozialen Interaktion*

SI1_KW5A_G1

Anwesend sind: Pädagogin (PädI), Simran, Sarinee, Rayan, Sami, Pädagogin II (PädII)

Videoausschnitt: 00:17:55 – 19:27

Der zufällig ausgewählte SST-Prozess ist aus einer Einheit zum Thema „Magnetismus - Fischeangeln".

Die Einheit schließt sich an eine Einheit an, in der die Kinder mit Stabmagneten ausprobiert haben, welche Gegenstände magnetisch sind, wie sich Magneten zueinander verhalten etc. Die Lehr-Lern-Einheit folgt dabei dem Schema: Wiederholung der letzten Einheit mit dem Kinderreporter, Einführung des heutigen Themas durch die Pädagogin, Erarbeitung der Materialien und der Vorgehensweise, Basteln des Spiels und Ausprobieren. Um ein Magnet-Angelspiel zu basteln benötigen die Kinder Fische aus Papier, die sie selbst herstellen, aber auch ein Aquarium. Die Gruppe spricht darüber, dass Fische in Wasser sind, PädI fragt nach, was für verschiedene Wasserarten es gibt und die Kinder kommen auf Salzwasser. PädI fragt, wo es Salzwasser gibt und die Kinder ergänzen im Meer. Simran fügt an, dass es auch im H2O, einem Schwimmbad, ein Salzwasserbecken gibt.

Die ausgewählte *Soziale Interaktion* findet während des Bastelns statt.

1		*[Die Gruppe sitzt um einen Besprechungstisch. Die der Kamera zugewandte Stirnseite ist leer. Aus der*
2		*Kameraperspektive links sitzen von vorne nach hinten Simran und Rayan. An der gegenüberliegenden*
3		*Stirnseite sitzt Sami, rechts neben ihm, auf der rechten Seite sitzen Ariane und vorne Sarinee. Die*
4		*Kinder sind damit beschäftigt, Fische auszuschneiden. Dazu haben sie alle Scheren in der Hand.]*
5	Simran:	ähm, auch in H2O. Warst du schon mal H2O? *[Simran sieht Pädl an, die den Blick*
6		*erwidert. Auch Sarinee blickt Simran an.]*
7	Pädl:	Is da auch Salzwasser? Ja stimmt, da is die Salzwassersole, ne.
8	Simran:	Ja. Da geh ich nimmer zum (blubben) bruuuu (xxx) *[Rayan hebt den rechten Arm und*
9		*blickt Pädl an.]*
10	[Pädl:	Da wollen wir äh am Freitag will ich da auch hin H2O da war ich schon so lange nicht
11		mehr.
12	[Simran:	du auch?]
13	[Rayan:	In Marokko, äh, Marokko da gibt´s auch so´n Strand, äh, da bin ich ausversehen rein
14		getaucht. *[Auch Sami blickt von seiner Bastelarbeit auf.]*
15	Pädl:	Ausversehen?
16	Rayan:	Ja.
17	Pädl:	Warst du auch schon mal am äh am Meer? *[Pädl wendet sich Sarinee zu.]*
18	Sarinee:	Ja.
19	[Simran:	Weißt du was?]
20	[Sami:	Ich auch]
21	Pädl:	Wo gibt´s denn noch Meer? *[Pädl ist immer noch Sarinee zugewandt.]*
22	Sarinee:	Sri Lanka
23	Pädl:	Ah in Sri Lanka.
24	Sami:	Ich weiß.
25	Pädl:	Und wo gibt´s noch Meer? *[Pädl ist jetzt zu Sami gewandt. Simran wendet sich mit*
26		*einem Stift wieder ihrer Bastelarbeit zu. Rayan beobachtet Pädl.]*
27	Sami:	Türkei.
28	Pädl:	In der Türkei und in Frankreich gibt´s Meer. (.) und in Holland gibt´s Meer-
29	Rayan:	Fast in jeden.
30	Pädl:	Fast überall ja, aber auch nich überall Salzwasser, ne.

31	PädII:	Und was gibt´s denn in Wuppertal für Wasser? *[PädII spricht aus dem Off. Sie*
32		*befindet sich links außerhalb des Kamerablickfeldes. PädI blickt zu ihr. Die Kinder*
33		*nicht, sie sind auf ihre Bastelarbeiten konzentriert.]*
34	PädI:	Da gibt´s auch ´n Meer, ne, Sarinee. *[PädI wendet sich Sarinee zu, die mit ihrer*
35		*Bastelarbeit beschäftigt ist.]*
36	Sarinee:	Ja. *[Blickt nicht von ihrer Bastelarbeit auf.]*
37	PädI:	Gibt´s da auch ein Meer?
38	Sarinee:	Ja=a. *[Blickt nicht von ihrer Bastelarbeit auf.]*
39	[Rayan:	Aber (xxx) Salzwasser. (.) da ist immer kein Salzwasser.
40	PädI:	Aber kein Meer, ne?
41	Sarinee:	Nein. *[Blickt nicht von ihrer Bastelarbeit auf.]*
42	PädI:	Kleine. *[PädI blickt nun zu PädII]*
43	[PädII:	Nein. was für Wasser gibt´s in Wuppertal? *[Rayan dreht sich zu PädII um.]*
44	Sami:	Wasser.
45	Simran:	Ich sag es dir. *[Simran blickt nicht zu PädII, sondern ist während des Sprechens ihrer*
46		*Bastelarbeit zugewandt.]*
47	PädII	Dann sag mal.
48	Simran:	Da gibt´s in (meine) H2O gibt´s nur das hier (.) ähm (.) eine Salzwasser, normales
49		Wasser, Babybecken (.) ohne Salz. *[Rayan wedelt mit seiner Angel auf dem Tisch*
50		*herum.]*
51	PädI:	Ja (.) ja das is die Bergische Sonne, was du meinst.
52	[PädII:	(xxx) Schwebebahn drüber]
53	Simran:	Nein ohne (.) ohne Sonne (.) da is alles dunkel unten dunkel (.) mit wanne heißes
54		Wasser.*[Simran blickt PädI nun direkt an und unterbricht ihre Tätigkeit.]*
55	[PädI:	Nein ich mein das Schwimmbad, das heißt so. Das heißt die Bergische Sonne. (.) da
56		scheint zwar nicht die Sonne drin, aber das heißt so.
57	Rayan:	Das sieht so aus wie´n Schiff. *[Rayan hält zwei Angeln in bestimmtem Winkel*
58		*zueinander und zeigt es erst in Richtung PädII dann zur Gruppe.]*
59	PädI:	So Sarinee. *[PädI nimmt Sarinees Schere und Tonpapier in die Hand.]* Soll ich dir mal
60		helfen (.) mit dem ausschneiden?
61	Rayan:	PädII (.) PädII
62	[PädII:	Braucht jemand beim ausschneiden ...

Formulierende Interpretation:

17:55 – 19:27 Thema der Passage: H2O und Bergische Sonne

17:55 – 18:07 Das Salzwasserbecken

Während des Bastelns spricht die Gruppe darüber, wo die Fische geangelt werden könne. PädI fragt die Kinder, wo Salzwasser gibt. Dies führt zur Assoziation eines Schwimmbades, in dem es ein Salzwasserschwimmbecken gibt. Die Gruppe unterhält sich nun über Salzwasser, Meer und wo es überall ein Meer gibt.

18:07 – 18:36 Salzwasser im Meer

Rayan erzählt, dass er in Marokko ins Meer getaucht ist. Daraufhin fragt PädI Sarinee, ob sie wüsste, wo es noch ein Meer gibt. Auch Sami berichtet von einem Meer. Rayan ergänzt, dass es fast überall Meer gibt.

18:36 – 19:27 Wasser in Wuppertal

PädII fragt aus dem Off, welches Wasser es in Wuppertal gibt. PädI übernimmt die Frage und richtet sie an Sarinee. Die Kinder überlegen, was es für Wasser in Wuppertal gibt. Simran zählt schließlich verschiedene Becken aus einem Schwimmbad auf.

Reflektierende Interpretation

6-7   Proposition im Modus einer erzählgenerierenden Frage durch Simran

Simran greift das zuvor erwähnt Schwimmbad auf und formuliert einen neuen Kontext. Während sie zuvor auf der Wissensebene referiert hat, dass es dort auch Salzwasser gibt, stellt sie nun auf einer handlungspraktischen Erfahrungsebene den Erlebniszusammenhang mit diesem Schwimmbad her. Sie erfragt, ob PädI diesen Erfahrungsraum teilt.

8   Anschlussproposition im Modus einer Feststellung durch PädI

PädI geht inhaltlich auf das Schwimmbad ein, verbleibt aber auf einer Ebene der wissensbezogenen Auseinandersetzung. Sie berichtet nicht von eigenen Erfahrungen zu diesem Schwimmbad, sondern rekonstruiert gedanklich, ob es dort Salzwasser gibt. Dabei wird deutlich, dass sie in irgendeiner Form ebenfalls auf Erfahrungen aus dem Schwimmbad zurückgreifen kann. Auch ihr ist das Schwimmbad zumindest bekannt.

9-10   Elaboration durch Simran

Simran bestätigt ABs Feststellung. Das Schwimmbad ist für sie aber vielmehr ein Ort, an dem sie Spaß hat und den sie mit Freizeitgestaltung ganz handlungspraktisch verbindet. Auf dieser Ebene setzt sie mit ihrer Beschreibung an.

11-12   Elaboration im Modus der Erzählung durch PädI

PädI bestätigt nun die freizeitbasierte Orientierung von Simran: Sie berichtet von dem privaten Vorhaben, das Bad einmal wieder besuchen zu wollen und begründet dieses auch. Das Schwimmbad ist auch für sie eine Option für die Freizeitgestaltung und nicht nur unter Betrachtung des inhaltlichen Gegenstands der Lehr-Lern-Einheit von Interesse.

14-15   Elaboration im Modus des Erzählens durch Rayan

Simran hat über ihre Erfahrungen im Schwimmbad berichtet. Rayan greift die Orientierung auf. Erfahrungsbasiert berichtet er von einem einschneidenden Erlebnis mit Salzwasser, die er nicht im Schwimmbad, sondern am Meer gemacht hat, wofür er deutlich macht, dass er seine Erfahrung in Marokko gemacht hat. Sein Bericht ist dabei eine vollständige Erzählung mit einem überraschenden Ende.

16   Elaboration im Modus des Wiederholens durch PädI

PädI greift das Überraschungsmoment von Rayans Erzählung auf, wodurch sie zum einen die Orientierung bestätigt, aber auch angemessen auf das Überraschende reagiert. Sie versichert sich sozusagen, ob sie seine Erzählung richtig verstanden hat und betont damit das „dramatische" in seinem Bericht.

17   Validierung durch Rayan

Rayan bestätigt ABs Nachfrage. Er berichtet nicht mehr über das Zustandekommen des überraschenden Endes, sondern gibt eine einfache Bestätigung an PädI zurück.

18   Proposition im Modus einer erzählgenerierenden Frage durch PädI

Die Orientierung weiter verfolgend wendet sich PädI nun an Sarinee, die sie aktiv nach ihrer Erfahrung fragt und diese in das Gespräch einzubinden versucht. In der Weiterführung des Gesprächs mit Rayan fragt sie explizit nach der Erfahrung mit Meer, nicht danach, ob sie schon einmal in den besprochenen Schwimmbad war. (Memo: schätzt sie die Wahrscheinlichkeit höher ein, dass das Mädchen etwas über Meer erzählen kann als über das Schwimmbad?)

19   Validierung durch Sarinee

Sarinee bestätigt die Frage von PädI.

20-21   Aufmerksamkeitssignale durch Simran und Sami

Durch die Äußerungen von Simran und Sami wird deutlich, dass beide dem Gespräch folgen. Sami unterstützt zusätzlich aktiv die Orientierung, indem er diese aufgreift und auf die Frage von PädI validierend reagiert

22   Proposition im Modus einer beschreibungsgenerierenden Frage durch PädI

PädI entgegnet mit der Entpersonalisation der Frage. Auf die kurze Antwort Sarinees, die von sich ihre Erfahrung nicht präsentiert hat, reagiert PädI, indem sie die Frage verallgemeinert als Wissensfrage formuliert präsentiert. Nachdem sie zuvor nach der persönlichen Erfahrung von Sarinee gefragt hat, deutet die Verallgemeinerung auf eine Verunsicherung hin. (Memo: möglich wäre an dieser Stelle auch die Nachfrage gewesen, wo oder an welchem Meer Sarinee schon einmal gewesen ist.)

23   Anschlussproposition im Modus der Beschreibung durch Sarinee

Sarinee antwortet auf die Frage von Pädl. Die abermals kurze Antwort lässt keinen Schluss darüber zu, ob es sich um tradiertes Wissen oder eine persönliche Erfahrung von Sarinee handelt.

24   Validierung durch Pädl

Bestätigend greift Pädl die Antwort Sarinees auf, geht aber nicht weiter darauf ein oder erfragt zusätzliche Informationen.

25   Anschlussproposition im Modus der Ankündigung durch Sami

Sami zeigt, dass er das Gespräch zwischen Sarinee und Pädl verfolgt hat und kündigt an, dass er auch weiß, wo es ein Meer gibt. Dabei bringt er seinen Vorschlag nicht einfach ein, sondern kündigt lediglich an, dass er auch weiß, wo es ein Meer gibt. Er wendet sich dabei Pädl zu, was darauf hindeutet, dass die Organisation der Gesprächslenkung bei ihr liegt.

26-27   Wiederholung der Proposition im Modus einer beschreibungsgenerierenden Frage durch Pädl

Pädl greift Samis Signal und Ankündigung auf. Sie wendet sich nun ihm zu und wiederholt ihre Frage. Durch die wiederholte Wissensfrage, gewinnt die Situation der sozialen Interaktion den Charakter einer kognitiven Interaktion, die jedoch nicht am eigentlichen Thema der Lehr-Lern-Einheit orientiert ist. Dabei bleibt Pädl auf der sprachlich-kognitiven Wissensebene und fragt auch Sami nicht nach seinen persönlichen Erfahrungen, sondern nach seinem Wissen. Die Interaktion findet nicht mehr auf der persönlichen, freizeitbezogenen Ebene statt.

28   Anschlussproposition im Modus der Beschreibung durch Sami

Sami bringt seinen Vorschlag ein. Er fügt keine weiteren Informationen dazu an.

29   Elaboration im Modus der Aufzählung durch Pädl

Pädl entpersonalisiert die Interaktion nun vollständig. Die Antwort von Sami aufgreifend, ohne auf den Hintergrund seiner Antwort eingehend, ob er zum Beispiel persönliche Erfahrungen damit verbindet, beginnt Pädl damit, Länder aufzuzählen, die am Meer liegen. Die Aufzählung wirkt willkürlich und wird ohne eine Erklärung gegeben. Pädl setzt voraus, dass den Kindern die Bedeutung von Ländern bekannt sind und dass die Namen der Länder, die sie nennt, für die Kinder eine Bedeutung haben.

30   Elaboration mit konkludierendem Charakter durch Rayan

Rayan fasst die Aufzählung von Pädl zusammen, indem er abermals sein Wissen präsentiert. Er argumentiert auf der sprachlich-kognitiven Ebene und resümiert, dass es „fast in jeden" Land ein Meer gibt. Er macht deutlich, dass er über ein überblickendes Wissen verfügt.

31 Differenzierung im Modus einer Einschränkung durch PädI

PädI stimmt Rayan zu. Sie verweist darauf, dass es nicht überall Salzwasser gibt und weist damit darauf hin, dass es auch Meere gibt, die eine andere Wasserart enthalten. Sie bringt das Gespräch wieder auf den Inhaltsaspekt zurück, an dem sich der Einschub der sozialen Interaktion entfaltet hat. Rayan folgend konzentriert sie sich auf der kognitiv-sprachlichen Ebene auf die Wissensaspekte zum Thema und macht die Abwendung von der Erfahrungs- und Freizeitorientierung noch deutlicher. PädI und Rayan befinden sich auf einer inhaltlichen Diskussionsebene und verfolgen die gleiche Orientierung.

32-34 Proposition im Modus einer beschreibungsgenerierenden Frage durch PädII

Die vorangehende Orientierung aufgreifend bringt PädII einen völlig neuen inhaltlichen Aspekt in das Gespräch ein. Da sie den Inhalt aber nicht feststellend, sondern als Frage formuliert präsentiert, erinnert die Interaktion an die Gestaltung fragend-entwickelnder Lehr-Lern-Sequenzen und weniger an eine spontane soziale Interaktion.

35-36 Anschlussproposition im Modus einer Feststellung durch PädI

Mit einer bewusst falschen Aussage versucht PädI eine Dissonanz herzustellen, um die Aufmerksamkeit von Sarinee zu gewinnen, die sie explizit anspricht. Die zuvor sprachlich zurückhaltende Sarinee soll aktiviert werden, sich in die Unterhaltung einzubringen.

37 Validierung durch Sarinee

Sarinee stimmt der Aussage von PädI zu. Sarinee blickt PädI dabei nicht an, wodurch sich der Eindruck verstärkt, dass sie kein Interesse an der Unterhaltung hat.

38 Wiederholung der Frage durch PädI

PädI reagiert auf die Reaktion von Sarinee, indem sie die Frage wiederholt. Auch durch die Intonation wird deutlich, dass die Antwort falsch war. Sie gibt Sarinee durch die erneute Frage die Möglichkeit, ihre Antwort noch einmal zu überdenken.

39 Validierung durch Sarinee

Sarinee bleibt bei ihrer Einschätzung. Sie hebt den Blick dabei nicht von ihrer Bastelarbeit. Durch diese Wiederholung der Situation (vgl. Zeile 36) kann davon ausgegangen werden, dass sie sich nicht unterhalten möchte, sondern ihre praktische Tätigkeiten fortsetzen. Es kommt aber nicht auf einer Metaebene zur Klärung der Situation, z.B. durch die Bitte von Sarinee, in Ruhe gelassen zu werden oder durch eine Aufforderung von PädI, eine kurze Pause einzulegen.

40 Anschlussproposition im Modus der Differenzierung durch Rayan

Rayan schließt an die Frage von PädII an und schränkt diese ein. Beide sind beim gleichen Thema, Wasser in Wuppertal. Er ist der kognitiv-sprachlichen Auseinandersetzung mit dem Thema Wasser gefolgt und stellt eine Verbindung zum zuvor besprochenen Salzwasser her. Diese Interaktion ergibt sich parallel zum Geschehen zwischen PädI und Sarinee.

41 Differenzierung durch PädI im Modus der rhetorischen Frage

PädI schließt an die zweite Bejahung von Sarinee an. Ohne sie explizit zu korrigieren, formuliert sie die richtige Antwort in einer rhetorischen Frage direkt an Sarinee, zu der sie sich hinüber beugt. PädI und

Sarinee sind nicht beim gleichen Thema und verfolgen unterschiedliche Interessen. Sarinee blickt auch jetzt nicht zu PädI. Sie sendet keine Signale einer aktiven Gesprächsbereitschaft.

42 Validierung durch Sarinee

Sarinee stimmt PädI nun wieder zu, zeigt aber nach wie vor kein Interesse an der Unterhaltung.

43 Abgebrochene Äußerung durch PädI

PädI setzt im Anschluss an Sarinee zu einer Äußerung an, wird aber unterbrochen und blickt zu PädII. Sarinee blickt sich kurz um, wendet sich dann aber erneut ihrer Bastelarbeit zu.

44 Wiederholung der beschreibungsgenerierenden Frage durch PädII

PädII wiederholt die zuvor formulierte Frage (Zeile 32-34), was darauf hindeutet, dass sie mit den zuvor erhaltenen Antworten nicht zufrieden ist. Die Gruppe wendet sich ihr zu.

45 Aufmerksamkeitssignal durch Sami

46-47 Anschlussproposition im Modus der Ankündigung durch Simran

Simran greift die Frage von PädII auf, ohne aber von ihrer Bastelarbeit aufzublicken. Ihre gewählte Formulierung im Zusammenhang mit der Geste des nicht Aufblickens verdeutlicht ein selbstsicheres Auftreten, das davon zeugt, die „richtige" Antwort zu wissen. Somit wird nochmal deutlicher, dass es nicht um ein Sammeln von bloßen Ideen geht, sondern um Faktenwissen.

48 Aufforderung zur Elaboration durch PädII

PädII greift die Vorgabe von Simran auf und fordert sie nun gezielt auf, zu erzählen. Damit räumt sie ihr auch innerhalb der Gruppe einen Aufmerksamkeitsbereich ein, da alle Simran zuhören.

49-51 Elaboration durch Simran

Simran beginnt ohne Umschweife eine detaillierte Aufzählung des zuvor von ihr eingeführten Schwimmbades, dass sich in Wuppertal befindet und auf das sie die Frage bezieht. Sie hat sich zwar auf die kognitiv-sprachliche Auseinandersetzung auf einer Wissensebene eingelassen, ist bleibt aber in ihrer Orientierung beim Schwimmbad verhaftet, dass als Ort des Freizeitvergnügens einen großen Reiz ausübt. Darüber hinaus kann Simran auf Erfahrung aus diesem Bad zurückgreifen, was sie in ihrer Aufzählung verdeutlicht. Sie geht dabei auf die Frage von PädII ein, denn sie geht in ihrer Aufzählung nicht nur auf das Salzwasserbecken ein, sondern nennt alle ihre bekannten Becken. D.h. in ihrer Orientierung „Wasser in Wuppertal" ist sie auf solches „Wasser" konzentriert, das sie mit einem emotional-affektiven Gehalt belegt.

52 Validierung und Elaboration durch PädI

PädI bestätigt die Beschreibung von Simran. Sie macht deutlich, dass sie erkannt hat, was Simran beschrieben hat, nämlich das Schwimmbad. D.h. sie benennt namentlich die Darstellung von Simran. Damit macht sie deutlich, dass sie über das gleiche Wissen verfügt wie Simran.

53   Elaboration der Proposition im Modus der beschreibungsgenerierenden Frage durch PädII

PädII geht nochmal auf die ursprüngliche Frage ein, was darauf hinweist, dass sie auf etwas Bestimmtes hinaus möchte. Deutlich wird dies durch den Hinweis den sie gibt, nämlich dass die Schwebebahn darüber fährt (die Schwebebahn fährt in Wuppertal direkt über der Wupper). Hier wird deutlich, dass sie nicht einfach wissen möchte, welches „Wasser" es in Wuppertal gibt, worauf Simran eine sehr detaillierte Antwort gegeben hat, sondern dass sie „Wasser" im Sinne von Gewässer, d.h. Meere, Seen und Flüsse eher geografisch versteht. Eine gemeinsame Orientierung zwischen den Kindern und ihr besteht offensichtlich nicht.

54-55   Antithese durch Simran

Simran reagiert auf die Feststellung von PädI ablehnend. PädI hat den Namen des Schwimmbades eingebracht, das die Bergische Sonne heißt. Simran argumentiert auf phänomenologischer Ebene aus ihrer Erfahrung heraus, dass dort nicht die Sonne herein scheint. Sie geht damit davon aus, dass PädI nicht das Schwimmbad beschreibt, von dem sie spricht und versucht dieses Missverständnis aufzuklären. d.h. hier kommt es erstmals zu einer metasprachlichen Auseinandersetzung zwischen PädI und Simran. Diese Aufklärung ist ihr so wichtig, dass sie nun auch ihre Basteltätigkeit unterbricht und PädI direkt ansieht.

56-57   Differenzierung durch PädI

PädI versucht nun ebenfalls das Missverständnis aufzuklären, indem sie auf die Unterscheidung der semantischen Bezeichnung und des tatsächlichen Erscheinungsbildes des Schwimmbades eingeht.

58-59   Proposition im Modus der Demonstration durch Rayan und rituelle Konklusion

Rayan demonstriert eine, aus zwei Angeln bestehende Konstruktion. Er führt ein völlig neues Thema ein. Zum Thema Wasser ist für ihn alles gesagt, er hat hier nichts mehr anzufügen, sondern versucht die Aufmerksamkeit auf etwas Neues zu lenken.

60-61   Proposition durch PädI

PädI greift den konkludierenden Impuls von Rayan auf und wendet sich ebenfalls einem neuen Thema zu, bzw. wieder der Basteltätigkeit. Dies macht sie deutlich, indem sie Sarinee ihre Hilfe beim Basteln anbietet. Auf die Demonstration von Rayan geht sie nicht ein. Mit der erneuten Zuwendung zum unterrichtlichen Geschehen kann die soziale Interaktion als Beendet betrachtet werden.

62   Aufmerksamkeitseinforderung durch Rayan

Rayan fordert die Aufmerksamkeit von PädI jetzt explizit ein.

Zusammenfassung

Die soziale Interaktion wird eingeleitet durch die Orientierung an freizeit- und handlungsorientierter Erfahrung der Kinder. Dieser erfahrungsgeleitete Input der Kinder wird kurzzeitig von der Pädagogin aufgegriffen, dann aber in eine erneute unterrichtliche Situation umgewandelt, bei der keine gemeinsame Orientierung hergestellt werden kann. Einzelne Kinder, hier Rayan, folgen der Orientierung, machen aber auch schnell deutlich, dass sie an dem Thema kein großes Interesse haben. Auf der anderen Seite zeigt die Steigerung zu einer diskursiven Auseinandersetzung zwischen Simran und PädI, dass diese ihr eigenes Thema verteidigt. Sie hat ein großes Interesse daran, darüber zu sprechen.

17:55 – 19:27 Thema der Passage: H2O und Bergische Sonne

17:55 – 18:07 Das Salzwasserbecken
Proposition von Simran im Modus des Fragens
Antwort von Pädl im Modus der Elaboration

Die Gruppe führt ein durch Pädl geleitetes Gespräch darüber, wo die Fische anschließend geangelt werden dürfen. Simran durchbricht die formale Struktur der Direkten Unterweisung mit der direkten Frage an Pädl „Warst du schon mal H2O?". Die Assoziation von Simran spielt auf ein Salzwasserbecken in einem Freizeitbad an. Diese Verbindung rekonstruiert Pädl mit der Frage „is da auch Salzwasser?", was sie jedoch selbst validiert „ja stimmt. Da is die Salzwassersole, ne.". Sie demonstriert Unsicherheit und versucht sich bei Simran zu versichern, was durch das nachgestellte „ne" deutlich wird. Simran weicht nun völlig vom Inhalt der Stunde Pädl und fokussiert auf die Tätigkeit, der sie dort nachgeht „da geh ich immer zum (blubben) hin". Sie beschreibt also, was sie in ihrer freien Zeit außerhalb des Kindergartens macht und bestimmt damit den Modus des Gespräches. Pädl, die zu Beginn der Passage deutlich Zeichen der Verunsicherung zeigte und versuchte, den Inhaltsaspekt von Simrans Beitrag aufzugreifen, wechselt nun auch in eine private Ebene und erzählt, von einem privaten Vorhaben, dorthin zu gehen. Sie tut es Simran gleich und erzählt von Tätigkeiten außerhalb des Kontextes, aus dem beide sich kennen.

Die Redebeiträge in dieser Sequenz zwischen Simran und Pädl sind ausgeglichen. Das Gespräch wird von Simran eingeleitet und bestimmt. Pädl lässt sich auf die Proposition von Simran ein. Sie führt und bestimmt das Gespräch nicht.

18:07 – 18:36 Salzwasser im Meer
Proposition durch Rayan im Modus der Erzählung
Aufgreifen durch Pädl

Rayan schaltet sich in die bislang dyadische Interaktion zwischen Pädl und Simran ein. Er setzt hierfür zweifach an seinen Satz zu beginnen, bis Pädl ihren Redebeitrag beendet und ihm ein Signal der Aufmerksamkeit zukommen lässt, ihn ansieht. Dann berichtet er von einem Stranderlebnis in Marokko, für das die Verbindung offensichtlich das Salzwasser darstellt. Rayan berichtet davon, „ausversehen eingetaucht" zu sein. Vermutlich ist er beim Schwimmen oder Spielen im oder am Salzwasser eingetaucht, was sich ihm eingeprägt hat. Salzwasser ist sehr eindrücklich, da es intensiv schmeckt, in Augen und Nase brennt und nach dem Trocknen auf der Haut Spuren hinterlassen kann. Pädl, die ihre Aufmerksamkeit auf Rayan richtet, versucht durch eine Nachfrage Interesse zu bekunden und die Interaktion fortzuführen. Rayan setzt jedoch nicht an seine Aussage zu erläutern, sondern antwortet sehr knapp mit „ja". Pädl wendet sich daraufhin Simran mit einer Frage zu. Sie übernimmt an dieser Stelle die Führung der Interaktion und nutzt die Situation, um den Kreis der aktiven Gesprächsbeteiligten zu erweitern. Sie wendet nicht nur ihren Kopf sondern auch den Oberkörper Sarinee zu. Nachdem Sarinee geantwortet hat, was Pädl mit einer deutlichen Ratifizierung begleitet, schaltet sich auch Sami in das Gespräch ein. Er erweitert den Informationsgehalt durch ein Land in dem es Meer gibt. ABs Rolle hat sich jedoch verändert. Sie leitet nun das Gespräch und ist nicht nur Teilnehmer in dem Gespräch, wie zu Beginn der Passage mit Simran. Sie reagiert nicht auf Sarinee oder Sami mit einer Rückfrage, woher die Kinder die Länder und Meere kennen, eine Frage die sich anbietet. Die Vermutung liegt nahe, dass es sich um die Länder handelt, aus denen die Familien der Kinder emigriert sind. Dies hätte durch die Nachfrage von

271

Pädl geklärt werden können. Pädl ist jedoch auf die Länder mit Meer konzentriert und ergänzt Samis Aussage „in der Türkei und in Frankreich gibt's Meer (.) und…". Dadurch wird der Wert Samis Äußerung heruntergespielt. Sami und auch Sarinee, die beide ein Land präsentieren konnten, zu dem sie womöglich mehr Erfahrungen besitzen, werden hier nicht ernst genommen. Dies wird auch von Rayan entsprechend kommentiert „Fas in jeden". D.h. das Besondere daran ein Land mit Meer präsentieren zu können, wird vollkommen herunter gespielt. Der Charakter des Gespräches ist ebenfalls nicht mehr beobachtbar. Die Kinder blicken auf ihre Bastelarbeiten. Pädl lektoriert in die Runde ohne einen dyadischen Gesprächspartner zu haben. Auf Rayans Kommentar hin fügt Pädl eine Elaborierung an, die auch seine Äußerung einschränkt. Sie stellt damit auch ihr eigenes Wissen gegenüber dem Wissen der Kinder in einer spezifischen Weise dar, die deutlich machen soll, dass sie mehr weiß „fast überall ja, aber auch nicht überall". Das Gespräch ist an dieser Stelle beendet, was auch durch die rituelle Konklusion von Pädl, die das Mikrofon wieder in die Haltung montiert, dokumentiert wird.

18:36 – 19:27 Wasser in Wuppertal
Proposition von PädlI im Modus des Fragens
Elaboration von Pädl im Modus des Fragens
Elaboration durch Rayan
Antwort durch Simran

Aus dem Off schaltet sich PädlI ein und stellt eine Frage „Und was gibt's denn in Wuppertal für Wasser?". Eine Frage die im Kontext schwer einzuordnen ist, da sie nicht auf ein Meer abzielt, von dem zuvor die Rede war. PädlI kann aber darauf abzielen zu prüfen, ob die Kinder wissen, dass es kein Meer in Wuppertal gibt. Pädl greift die Frage direkt auf und richtet sie, ironisch formuliert an Sarinee „da gibt es auch `n Meer, ne Sarinee". Ihre Stimme ist dabei laut. Sarinee, die zuvor völlig auf ihre Bastelarbeit konzentriert schien, wirkt deutlich erschrocken und schießt wie aus der Pistole geschossen los „ja". Pädl fragt nochmals nach, worauf Sarinee mit einem genervt klingenden „ja=a" antwortet. Pädl ist Simran zugewandt und lacht. Sarinee versucht, sich nicht von ihrer Bastelarbeit ablenken zu lassen oder zu verdeutlichen, dass sie nicht an einem Gespräch interessiert ist. Sie blickt nicht auf. Rayan ergänzt nun, was bereits in der Sequenz zuvor erörtert wurde, dass es in Wuppertal kein Salzwasser gibt. Pädl berichtigt nun Sarinees Äußerung, indem sie feststellt „aber kein Meer, ne". Sarinee stimmt ihr daraufhin zu. Aus dem Off spricht abermals PädlI. Die Gruppe wendet sich ihr zu und signalisiert damit, sie gehört zu haben. Sie wiederholt die Frage. Simran antwortet ihr, ohne sich aber von ihrer Bastelarbeit zu lösen „Ich sag es dir." Pädl weist ihr das Rederecht zu und fordert sie auf „dann sag mal". Simran berichtet nun von verschiedenen Becken aus einem der bereits besprochenen Freizeitbäder, die für sie offensichtlich „Wasser in Wuppertal" darstellen. An dieser Stelle wird deutlich, dass es keine gemeinsame Orientierung in dieser Sequenz gab, da den Kindern offensichtlich nicht verständlich war, auf was PädlI hinauswollte. Die Erläuterung von Simran ist ausführlich und wird von Pädl kommentiert, die Simrans Beschreibung benennt „Ja. Das ist die Bergische Sonne". Pädl weist nun darauf hin, dass die Schwebebahn darüber fährt (die Schwebebahn fährt größtenteils über die Wupper). Es werden nun drei Orientierungen parallel vertreten: Simran, die verschiedene Becken darstellt, Pädl die auf die Bergische Sonne hinweist und PädlI, die auf die Wupper fokussiert ist. Simran widerspricht Pädl „nein ohne Sonne". Es kommt zu einem Missverständnis zwischen Pädl und Simran, das Pädl erheiternd findet, was sie durch ein kurzes Lachen anzeigt. Simran führt die Auseinandersetzung sehr ernst und ist darauf bedacht, das Missverständnis auszuräumen „da ist alles dunkel unten dunkel (.) mit Wanne Heißwasser." Simran ist nach wie vor mit ihrer Bastelarbeit beschäftigt, weshalb es nicht zu einem Blickkontakt mit Pädl kommt. Pädl erläutert ihren Standpunkt und versucht das Missverständnis aufzuklären. Der Ausruf von Rayan „Das sieht so aus wie'n Schiff" folgt der Aussage von Pädl, die damit beschäftigt scheint, sich neu zu orientieren. Die Interaktion mit Simran scheint beendet, was durch Simrans Körperhaltung und Beschäftigung mit den Bastelsachen rituell angezeigt wird. Pädl reagiert nicht auf Rayans Äußerung und es wird nicht deutlich, ob sie seinen Ausruf wahrgenommen hat. Vielmehr wendet sie sich Sarinee zu und beendet damit endgültig die Passage „So Sarinee. Soll ich dir mal helfen…"

Die Passage ist durch ausgeglichene Gesprächsanteile gekennzeichnet. Die Interaktion wird durch eine Frage von Simran eingeleitet. In Abschnitten wird die Führung des Gesprächs durch Pädl eingefordert.

Anhang 8: Exemplarische Stundenvorbereitung einer Lehr-Lern-Einheit

Lehr-Lern-Einheit zum Thema **Elastizität** „Warum springt ein Ball?"

Material:
Bälle, Kugeln, Flummi (aufgeschnitten), Haushaltsgummis, Stahltopf, Pauspapier, Gummikugel, Kissen[64]

Phase	Zeit	Situations- und Handlungsfolge	Sprachlicher Input
Begrüßung	0:03	Kinder ankommen lassen; Begrüßung	
Einstieg, Ziel-transparenz	0:03	Kinderreporter: Wdh. letzte Stunde (Chromatographie)	
		→ Hinführung zum heutigen Thema	Alltagsphänomen einfließen lassen
		Wer von euch hat schon mal Fußball gespielt? Welches Spiel kann man mit einem Ball spielen?	
		Ausgangsfrage: **Warum springt ein Ball?**	
	0:03	• Gummiball und Knete zeigen → Variante: Den *Jonglierball* involvieren	Materialien beschreiben/ benennen lassen
		Was passiert, wenn ich den (Knet) Ball auf den Boden werfe?	
		• Gummiball und Knete auf den Boden werfen	Offene, anwendungs-bezogene Frage;
		Warum springt der Ball wieder hoch und die Knete/Jonglierball nicht?	
		Lautet die Antwort „Da ist Luft drin" Anschlussfrage: **Warum springt ein Flummi? Was ist *in* einem Flummi?**	Aufforderung zum Mitteilen eigener Ideen/Kreativität; Aufgreifen fruchtbarer Äußerungen der Kinder
		• Aufgeschnittenen Flummi zeigen	
		Was passiert mit einem Flummi, wenn er auf den Boden geworfen wird?	
		• Zeitungsausschnitt (Fußball) zeigen[1]	
		Was passiert mit dem Ball, als er auf dem Kopf auftrifft? → Der Ball bekommt eine Delle!	

---

64 Kissen oder Plastikdeckel, um einen inelastischen Stoß zu präsentieren.

		Was passiert mit dem Ball, wenn ich ihn auf ein Kissen werfe?	Hinweise auf Phänomen geben
		Warum bekommt der Ball eine Delle? → Der Ball ist <u>elastisch</u>	
		Welche dieser Bälle bekommen eine Delle?	
		• Wasserball/Schaumstoffball auf den Boden drücken • Ausprobieren lassen	
		Was brauchen wir für unser heutiges Experiment? → Bälle aufzählen lassen	
Arbeitsauftrag	0:08	**Welche Bälle springen? Wo springen die Bälle? Findet heraus: Bekommen harte Bälle auch eine Delle?** Pauspapier, Kugeln und Kissen verteilen A R B E I T S Z E I T	
Erarbeitung	0:03	**Springt eine Steinkugel? Bekommt eine Steinkugel eine Delle? Warum/Warum nicht? Was passiert, wenn die Steinkugel auf ein Kissen/auf die Wiese trifft? …. auf einen harten Stahltopf trifft?** • Kinder dürfen die Steinkugel einmal ins Kissen fallen lassen	Vermutungen anstellen lassen; Beobachtungen kommentieren lassen;
Reflexion und Abschluss	0:02	Kinderreporter: Zusammenfassen der Stunde! **<u>Warum springt ein Ball?</u>** Verabschiedung!	
	= 30 min		

1 Argumentation: Je weniger elastisch der Ball ist, desto mehr tut er weh, wenn er vor den Kopf fliegt/auf die Hand fällt.